संगीत चिंतन

वाणी प्रकाशन

नयी दिल्ली-110002

संगीत चिंतन

रवीन्द्रनाथ ठाकुर

अनुवाद

मदनलाल व्यास

वाणी प्रकाशन

वाणी प्रकाशन

'लोगो' वाणी प्रकाशन : मक़बूल फ़िदा हुसेन

वाणी प्रकाशन, 4695, 21-ए, दरियागंज, नयी दिल्ली-110002
वाणी प्रकाशन, अशोक राजपथ (पटना कॉलेज के सामने), पटना (बिहार)

SANGEET CHINTAN

by Ravindranath Thakur

Translated by Madanlal Vyas
Criticism / Music

ISBN : 978-93-5000-269-8

संस्करण : 1998

आवृत्ति : 2010

छायाचित्र : श्री रघु राय, साभार : इंडिया टुडे

मूल्य : 495/-

वाणी प्रकाशन

फोन : 0091#11#23273167, फोन व फैक्स 23275710

वेबसाइट : www.vaniprakashan.in

ई-मेल : vaniprakashan@gmail.com

जी.एस. ऑफसेट द्वारा दिल्ली-110032 में मुद्रित

विषयसूची

* आधार ग्रन्थ(का) नाम।   ✪ प्रबन्ध (का) नाम

चित्रसूची

संगीत और भाव

कुछ दिन पहले ही बंगाली समाज की नींद टूटी है, अब उसके शरीर में नव-उद्यम की प्रवृत्ति जागी है। उसके अंग-प्रत्यंग में स्फूर्ति का विकास हो रहा है। वह उस स्फूर्ति, उस उद्यम का प्रयोग करना चाहता है—वह काम करना चाहता है। आज वह शैया त्याग कर उठ खड़ा हुआ है, वह चलने-फिरने की चेष्टा कर रहा है। एक वर्ग बड़ा उद्विग्न होकर बोल उठा, 'अरे सर्वनाश हो गया ! तू उठना मत, तू उठना मत ! क्या पता कहीं गिर पड़ेगा ! उठने की जरूरत नहीं, तू सोए रह !' किन्तु शिशुओं की जैसी प्रकृति है, नव समाज की प्रकृति भी वैसी ही है। जब उसकी नींद टूट जाती है, तब वह नयी चेतना लिये दौड़-धूप करना चाहता है। गिरेगा क्यों नहीं! यदि प्रकृति शिशु के हृदय में गिरने का भय रखती, तो वह इस जन्म में चलना सीखता ही नहीं। नव-उत्थानशील समाज के अन्तर में भी गिरने का भय नहीं है। जिन्होंने अच्छी तरह चलना सीख लिया है, ऐसे बड़े-बड़े वयःप्राप्त समाज-मुखिए गिरने से भले ही डरते रहें; क्योंकि उनकी कड़ी हड्डियाँ दैवात् एक बार टूट गयीं तो उनका तत्काल जुड़ जाना सम्भव नहीं है। हमारा शिशु-समाज भले ही दस बार गिर जाए, उससे कोई विशेष हानि नहीं होगी, वरन् अच्छा ही होगा। इसीलिए कहता हूँ कि समाज किसी नए काम के लिए अग्रसर होते ही कहीं 'दस जन' 'अरे ! अरे !' कर दौड़े न आएँ ! वे आएँ भी तो इससे कोई विशेष फल नहीं होगा। रक्षणशील माँ चाहती है कि उसका बालक सदा उसका स्तनपान कर उसके घर में ही रहे। उन्नतिप्रिय पिता कहता है कि उसके बेटे की कमा कर पेट भरने की उम्र हो गयी है, अब उसे छोड़ दो, वह बाहर रोजगार कर कमा कर लाए। पुत्र की भी यही इच्छा है। अब उसे रोका नहीं जा सकता। अब उसे अस्वास्थ्यकर स्नेह के जाल में बाँधे रखना युक्ति-संगत नहीं।

हमारे बंगसमाज में एक आन्दोलन शुरू हुआ है, यहाँ तक कि इस आन्दोलन की कुछ-कुछ तरंगें यूरोप की सीमा तक भी पहुँची हैं। अब हजार प्रयास भले ही किए जाएँ, हजार तरह से कोलाहल भले ही मचाया जाए, इस तरंग को रोकना किस के

लिए साध्य है ! इस नवीन आन्दोलन के साथ-साथ हमारे देश में संगीत का नव अभ्युदय हुआ है। संगीत अभी-अभी मात्र जागा है, कार्य ठीक ढंग से आरम्भ नहीं हुआ है। अब भी संगीत के विषय में विविध प्रकार की आलोचनाएँ आरम्भ नहीं हुई हैं, नए मतामतों द्वारा हमारे देश के संगीत शास्त्र के आबद्ध जल में एक जीवन्त तरंगित स्रोत की सृष्टि नहीं हुई है। किन्तु संगीत-शिक्षा का दिन-प्रतिदिन जिस रूप में विस्तार हो रहा है, उससे लगता है कि संगीत को लेकर एक प्रकार का आन्दोलन शुरू होने का समय आ गया है। इस विषय को लेकर एक प्रकार का तर्क-वितर्क, द्वन्द्व-प्रतिद्वन्द्व न हो तो इसकी प्रत्याशित द्रुत उन्नति नहीं होगी।

हमारी संस्कृत भाषा जिस प्रकार मृत भाषा है, उसी प्रकार हमारा संगीतशास्त्र भी मृत शास्त्र है। इसका प्राणवियोग हुआ है, केवल देहमात्र अवशिष्ट है। हम इसका मात्र स्थिर, अचंचल, जीवनहीन मुख देख रहे हैं; विविध विचित्र भाव की लीलामय, छायालोकमय, परिवर्तनशील मुखश्री देख नहीं पा रहे हैं। हम कुछ शब्द सुन सकते हैं, किन्तु उसके स्वरों की उच्चनिम्नता नहीं सुन सकते, समस्वर में एक के बाद एक शब्द मात्र श्रुति-गोचर होता है। सम्भवतः उसका अर्थबोध क्रमशः मात्र होता है, किन्तु उसके अर्थ को सम्यक् रूप से आत्मसात कर अपने हृदय के रक्तप्रवाह के साथ एकरूप नहीं कर पा रहे हैं। आज यदि कोई संस्कृत भाषा में कविता लिखे, तो नस्यसेवी, केलाभातजीवी, आलंकारिक, समालोचक उसे किस दृष्टि से देखेंगे ? वे तत्काल व्याकरण-ग्रन्थ निकालेंगे, अलंकार की पूँथी खोल बैठेंगे—षत्वणत्व, तद्धित प्रत्यय, समास-सन्धि मिलाकर यदि उसे निर्दोष विवेचित करेंगे, यदि देखेंगे कि यश को शुभ्र कहा गया है, नलिनी के साथ सूर्य का और कुमुद के साथ चन्द्र का सम्पर्क सम्पादित किया गया है, तभी वे परमानन्द अनुभव करेंगे। और, यदि आज कोई गाता है तो तानपुरे के कर्णपीड़क, खरज सुर के जन्मदाता उसकी किस दृष्टि से समालोचना करते हैं ? वे देखते हैं कि कोई विशेष राग या रागिनी गायी जा रही या नहीं; उस राग या रागिनी के वादी स्वरों का यथारीति सम्मान और विसंवादी स्वरों का यथारीति अवमान हो रहा है या नहीं; इस परीक्षा में वह गायन यदि सफल होता है, तभी वे प्रशंसासूचक 'वाह ! वाह !' कह कर गर्दन हिलाते हैं। मुझे उस दिन एक व्यक्ति से एक पत्र मिला था; हस्ताक्षर से किसी भी तरह नाम पढ़ नहीं सका, किन्तु उस पत्र का उत्तर देना ही पड़ेगा। क्या किया जाए, उसने जिस ढंग से नाम लिखा था, उसी प्रकार मैंने धीरे-धीरे अविकल नकल की। यदि नाम पढ़ पाता, तो वह नाम अपने हस्ताक्षर में लिखता, घसीटता नहीं। अविकल नकल देखने पर समझा जाता है कि अनुकरणकारी अनुकृत पदार्थ का भाव हृदयंगम नहीं कर सका। मान लीजिए कि मैं साहब बनना चाहता हूँ, किन्तु मैं साहब लोगों के हावभाव बिल्कुल नहीं जानता, तब मैं क्या करूँ ? एण्डू नामक एक विशेष साहब को ध्यान में रखते हुए, उसी के समान कुर्ते-पायजामे का व्यवहार करूँ, उसका कुर्ता दो जगहों

पर फटा है, ठीक उसी प्रकार मैं अपने कुर्ते को उन्हीं दो जगहों पर फाड़ लेता हूँ और उसकी नाक के जिस स्थान पर तीन तिल हैं, मैं भी अपनी नाक पर स्याही से तीन तिल चित्रित कर लेता हूँ। इस एक ही वजह से, जिनमें स्वाभाविक भद्रता नहीं है, वे भद्र बनने की इच्छा करने पर आनुष्ठानिक भद्रता का अतिरेक करते हैं। कहा जाता है कि हमारा संगीतशास्त्र मृतशास्त्र है, यह भी कहा जाता है कि उस शास्त्र का भाव हम अधिगत नहीं कर सकते, इसीलिए राग-रागिनी, वादी और विसंवादी स्वर के व्याकरण को लेकर बड़ा कोलाहल करते हैं। जिस भाषा का व्याकरण सम्पूर्ण हो गया है, उस भाषा की परलोक-प्राप्ति हो गयी है। व्याकरण भाषा को बचा नहीं सकता, प्राचीन मिस्रवासियों के समान भाषा की एक 'ममी' मात्र तैयार करता है। जिस साहित्य में अलंकारशास्त्र का प्रभुत्व है, उस साहित्य में कविता को 'गंगाप्राप्ति' करनी पड़ी है। अलंकारशास्त्र के पिंजर से मुक्त होने से अभी-अभी कविता की कण्ठध्वनि बंगाल के आकाश में उत्थित हुई है; मेरी इच्छा है कि कविता के सहचर संगीत को भी शास्त्र की लौहकारा से मुक्त कर दोनों को विवाह-सूत्र में बाँध दिया जाए।

एक अत्यन्त पुरातन सत्य बात कहना आवश्यक हो गया है। सभी जानते हैं—पहले उद्देश्य की प्राप्ति के लिए जो एक उपाय मात्र रहता है, मनुष्य क्रमशः उस उपाय को ही उद्देश्य बना देता है। जैसे रुपया विभिन्न प्रकार के सुख पाने का उपाय मात्र है, किन्तु बहुत-से लोग सभी सुखों का विसर्जन कर रुपया ही पाना चाहते हैं। राग-रागिनी का उद्देश्य क्या था ? भावाभिव्यक्ति के अलावा और तो कुछ नहीं। जब हम बातचीत करते हैं, तब भी सुर की उच्चनिम्नता और कण्ठस्वर की तरंगलीला रहती है। किन्तु उसमें भी भावप्रकाश काफी कुछ असम्पूर्ण रह जाता है। सुर की वह उच्चनिम्नता और तरंगलीला संगीत में उत्कर्ष प्राप्त करती है। अतः संगीत मनोभावों की अभिव्यक्ति का श्रेष्ठतम उपाय मात्र है। जब हम कविता पाठ करते हैं, तब उसमें अंगहीनता रह जाती है, संगीत और कुछ नहीं—सर्वोत्कृष्ट रीति से कविता पाठ करना है। जैसे, 'मुझे आह्लाद हुआ है' ऐसा कहने पर तो उसमें असम्पूर्णता रह जाती है, किन्तु वही आह्लाद जब हास्य से मुखरित करते हैं तभी उसे सम्पूर्णता प्राप्त होती है। 'मुझे दुःख होता है' इतना मात्र कहना यथेष्ट नहीं है, रोदन करने से ही सम्पूर्ण भाव की अभिव्यक्ति होती है। उसी प्रकार मुख के कथन से जो भाव असम्पूर्ण रह जाता है, राग-रागिनी में वही भाव सम्पूर्णतर रूप में प्रकट होता है। अतएव राग-रागिनी का उद्देश्य भाव की अभिव्यक्ति मात्र है। किन्तु आज कैसी स्थिति उत्पन्न हो गयी है ? आज राग-रागिनी ही उद्देश्य बन गए हैं। जिस राग-रागिनी को भाव समर्पण कर दिए गए थे, आज वही राग-रागिनी विश्वासघातकता के साथ भाव की हत्या कर स्वयं सिंहासन पर अधिकार कर विराजमान है। आज गान सुनते ही सभी यह देखना चाहते हैं कि जयजयन्ती, बिहाग या कान्हड़ा कायम है या नहीं। अरे महाशय, जयजयन्ती के ऋण से हम ऐसे क्या आबद्ध हैं कि उसकी

इतनी अन्धदास्यवृत्ति करनी होगी ? यदि मध्यम के स्थान पर पंचम का प्रयोग सुनने में अच्छा लगता है और उससे वर्णनीय भाव की सहायता होती है, तो जयजयन्ती रहे या मर जाए, मैं पंचम का प्रयोग ही क्यों नहीं रखूँगा—मैंने जयजयन्ती से ही ऐसी कौन-सी घूस ली है, जो मैं उसके पीछे ही प्राण दूँगा ? आजकल उस्ताद-वर्ग मुखश्री विकृत कर; पसीने-पसीने होकर जब गायन करते हैं तो सर्वप्रथम तो वे भाव का गला इस प्रकार घोंट डालते हैं और भाव बिचारा इस प्रकार आर्त्तनाद कर उठता है कि सहृदय श्रोता मात्र बड़ा त्रस्त हो जाता है। वैयाकरण और कवि में जो प्रभेद है, उपर्युक्त उस्ताद के साथ एक भावुक का वही प्रभेद है। एक कहता है—'शुष्कं काष्ठं तिष्ठत्यग्रे', और दूसरा कहता है—'नीरसतरुवरः पुरतो भाति'।

किस-किस राग-रागिनी में कौन-सा स्वर लगता है और कौन-सा नहीं, यह तो मान्धाता-काल यानि आदिकाल से ही स्थिर हो गया है, उसे लेकर और अधिक परिश्रम करने की आवश्यकता मैं अनुभव नहीं करता। अब संगीतवेत्ता यदि विशेष मनोयोग से यह पता लगाना आरम्भ करें कि किस-किस रागिनी में क्या-क्या भाव है, तभी संगीत का यथार्थ उपकार होगा। हमारे राग तथा रागिनी में जो एक विशेष भाव है, वह कहाँ जाएगा। केवल उस्तादवर्ग उसे अत्यन्त उत्पीड़ित करते हैं, उसके प्रति ध्यान नहीं देते, यहाँ तक कि वे भाव उन्हें दिखाई ही नहीं देते। संगीतवेत्ता उसी भाव के प्रति ही सबका ध्यान आकृष्ट करें। विशेष-विशेष रागिनी में विशेष-विशेष भाव की उत्पत्ति क्यों होती है, उसके कारण का पता लगाएँ। जैसे, पूरबी से सन्ध्याकाल का ध्यान क्यों आता है, और भैरव से प्रभात का आभास क्यों होता है ? पूरबी में कोमल स्वरों का बाहुल्य है, और भैरव में भी कोमल स्वरों का बाहुल्य है, फिर दोनों से भिन्न फल क्यों उत्पन्न होता है ? क्या ऐसा मात्र प्राचीन संस्कारों के कारण होता है ? ऐसा नहीं है। उसका गूढ़ कारण है। प्रथमतः प्रभात की रागिनी और सन्ध्या की रागिनी दोनों में ही कोमल स्वर आवश्यक हैं। प्रभात जिस प्रकार धीरे-धीरे, अति क्रमशः नयन उन्मीलित करता है, उसी प्रकार सन्ध्या धीरे-धीरे, अति क्रमशः नयन निमीलित करती है। अतएव कोमल स्वरों का, अर्थात् जिन स्वरों के बीच व्यवधान अत्यन्त अल्प है, जो स्वर अत्यन्त धीरे-धीरे, अत्यन्त अलक्षित भाव से आपस में परस्पर मिल जाते हैं, सन्ध्या और प्रभात की रागिनियों में वे स्वर अधिक आवश्यक हैं। फिर भी प्रभात और सन्ध्या में किस विषय में प्रभेद रहना उचित है ? एक में 'सुर' (सूक्ष्म, अमूर्त, साधारण बोध का नवरूप और उपयुक्त प्रतिमा) का क्रमशः विकास होना आवश्यक है, जबकि दूसरे में अत्यन्त धीरे-धीरे 'सुर' का क्रमशः निमीलित होना आवश्यक है। भैरव और पूरबी में वही विभिन्नता रक्षित हुई है, इसीलिए प्रभात और सन्ध्या उक्त दोनों रागिनियों में मूर्तिमान हैं।

अब यह देखा जाए कि कौन-से सुर दुःख के और कौन-से सुर सुख के अभिव्यंजक हैं। किन्तु इस पर विचार करने के पूर्व यह देखना आवश्यक है कि हम

दुःख और सुख को किस प्रकार प्रकट करते हैं। हम जब रुदन करते हैं तब आस-पास के दो सुरों में व्यवधान अति अल्प रहता है। रुदन का स्वर प्रत्येक कोमल सुर के ऊपर से फिसलता निकल जाता है, सुर अत्यन्त खिंचा रहता है। जब हम हँसते हैं—हाः हाः हाः हाः, कोमल सुर एक भी नहीं लगता, प्रलंबित सुर एक भी नहीं होता, आस-पास के सुर में अधिक व्यवधान रहता है, तथा ताल के आघातों के साथ ही सुर लगता है। दुःख की रागिनी दुःख की रजनी के समान अत्यन्त धीरे-धीरे चलती है, उसे प्रत्येक कोमल सुर के ऊपर से होकर जाना पड़ता है। और सुख की रागिनी सुख के दिवस के समान अत्यन्त द्रुत पदक्षेप से चलती है, दो-तीन सुरों को लाँघती जाती है। हमारे राग-रागिनी में उल्लास का सुर नहीं है। हमारे संगीत का भाव ही है—क्रमशः उत्थान या क्रमशः पतन। सहसा उत्थान या सहसा पतन नहीं है। उच्छ्वासमय उल्लास का सुर ही अत्यन्त आकस्मिक है। हम सहसा हँस पड़ते हैं, कहाँ से आरम्भ करें, कहाँ समाप्त करें उसका कोई ठिकाना नहीं—रुदन के समान वह क्रमशः विलीन नहीं होता। इस प्रकार उत्कट उल्लास का सुर अंग्रेजी रागिनी में है, किन्तु हमारी रागिनी में नहीं के बराबर है। किन्तु हमारे देश के संगीत में रुदन के सुरों का अभाव नहीं है। सकल रागिनियों की प्रस्तुति से प्रायः रुदन सम्भव है। आर्त्तनाद से लेकर प्रशान्त दुःख, सभी प्रकार के भाव हमारी रागिनियों से प्रकट किए जा सकते हैं।

सुख की हमारी जो कुछ रागिनियाँ हैं, वे विलासमय सुख की रागिनियाँ हैं, गद्‌गद सुख की रागिनियाँ हैं। कई बार उल्लास के गीत की रचना करते समय हम उसे द्रुत ताल में बिठा देते हैं चाहे रागिनी किसी भी भाव की हो; द्रुत ताल निश्चय ही सुख के भाव की अभिव्यक्ति का एक अंग है।

जो भी हो, यहाँ देखा जाता है कि ताल भी भावप्रकाश का एक अंग है। जैसे सुर वैसे ताल भी आवश्यक है, दोनों समान रूप से आवश्यक हैं। अतएव भाव-परिवर्तन के साथ-साथ ताल का भी द्रुत और विलम्बित करना आवश्यक है—सर्वत्र ताल समान ही रखना होगा, ऐसा नहीं है। भावाभिव्यक्ति को मुख्य उद्देश्य मानकर सुर और ताल को गौण उद्देश्य मानना ही ठीक है। भाव को स्वाधीनता देने पर सुर और ताल को भी काफी कुछ स्वाधीन कर देना आवश्यक है, अन्यथा वे भाव को चारों ओर से बाँधे रखते हैं। इन सब बातों पर विचार करने पर मुझे लगता है कि हमारे संगीत में जो यह नियम है कि जैसे भी हो ठीक एक ही स्थान पर सम आना चाहिए, उसे समाप्त करना ही उचित होगा। ताल की सममात्रा रखना ही यथेष्ट है, उसे और भी कठोर करना ठीक नहीं लगता। उससे स्वाभाविकता की अधिक हानि होती है। सिर पर जलपूर्ण कलश लेकर नृत्य करना जिस प्रकार है, हजार तरह की अंग भंगिमाओं के बावजूद एक बिन्दु जल नहीं छलकता, यह भी वैसा ही एक प्रकार का कष्टसाध्य व्यायाम है। सहज स्वाभाविक नृत्य की जो एक शोभा है, इसमें उसको

मानो व्याघात होता है; इसमें मात्र कौशल प्रकट होता है। नृत्य के लिए स्वाभाविक क्या है ? जिससे नृत्य का उद्देश्य साधित होता है, वही नृत्य के लिए स्वाभाविक है। अब प्रश्न उठता है कि नृत्य का उद्देश्य क्या है। अंगभंगिमा का सौन्दर्य, अंगभंगिमा की कविता दिखाकर मन का हरण करना। इस उद्देश्य के परे जो कुछ है, वह सभी नृत्य के सम्पर्कहीन है। उसे मैं नृत्य नहीं कहूँगा, उसे मैं कोई अन्य नाम दूँगा। उसी प्रकार संगीत कौशल-प्रदर्शन का स्थान नहीं है, भावप्रकाश का स्थान है; जहाँ तक भावप्रकाश में सहायता मिलती है, वहाँ तक ही संगीत के अन्तर्गत है; जो कुछ भी कौशल प्रदर्शित करता है, वह संगीत नहीं, उसका कुछ और नाम है। एक प्रकार की कविता है, जिसे सीधे पढ़ने पर भी जो समझ में आता है, उलटी पढ़ने पर भी वही समझ में आता है; इस प्रकार की कविता कौशल-प्रदर्शन के लिए ही उपयोगी है, उससे अन्य किसी उद्देश्य की प्राप्ति नहीं की जा सकती। उसी प्रकार हमारे संगीत में कृत्रिम ताल की अनर्थक शृंखला से भाव के हाथ-पाँव बँध जाते हैं। जो इस प्रथा को रखना ही चाहते हैं, वे रखें, किन्तु जब ताल पर भाव की गहरी निर्भरता दिखाई देती है, तब मेरे मत से एक और अधिकतर स्वाभाविक ताल की पद्धति का होना श्रेयस्कर है। और कुछ करना नहीं होगा, ताल जिस प्रकार है, उसी प्रकार रहे, मात्रा-विभाजन जिस प्रकार है उसी प्रकार रहे, एक निर्दिष्ट स्थान पर सम पर आना ही होगा ऐसा बन्धन न रहने पर सुविधा ही होगी, इसमें किसी प्रकार की असुविधा मैं नहीं देखता। यहाँ तक कि गीतिकाव्य में, जहाँ आद्योपान्त सुर में अभिनय करना पड़ता है, वहाँ स्थान की जगह पर ताल का न रहना ही विशेष आवश्यक है। अन्यथा अभिनय की स्फूर्ति असम्भव है।

जो भी हो, ऐसा देखा जाता है कि संगीत का उद्देश्य ही भाव को अभिव्यक्त करना है। जिस प्रकार मात्र छन्द सुनने में मीठा भले ही लगे, फिर भी अनावश्यक है, भाव के साथ छन्द ही कवियों और भावुक व्यक्तियों के लिए आलोचनीय है, उसी प्रकार मात्र सुरसमष्टि, भाव न रहने पर प्राणहीन देह-मात्र है—उस देह का गठन सुन्दर हो सकता है, किन्तु उसमें प्राण नहीं है। कुछ गुणी कहेंगे कि तब क्या राग-रागिनी-आलाप निषिद्ध हैं ? मैं कहता हूँ कि ऐसा क्यों होगा ? राग-रागिनी-आलाप भावहीन संगीत है। अभिनय में pantomime (मूकाभिनय) जिस प्रकार भाषाहीन अंगभंगिमा द्वारा भाव प्रकट होता है, संगीत में आलाप भी उसी प्रकार है। किन्तु pantomime में जिस प्रकार मात्र अंगभंगिमा ही पर्याप्त नहीं है, उन सभी अंगभंगिमाओं द्वारा भावाभिव्यक्ति आवश्यक है; आलाप में भी उसी प्रकार कण्ठ से मात्र कुछ सुर निक्षेप करना ही पर्याप्त नहीं है, उन सभी सुर-विन्यासों से भाव अभिव्यक्त हों, यही आवश्यक है। गायक संगीत को जो आसन प्रदान करते हैं, मैं संगीत को उससे ऊँचा आसन देता हूँ; वे संगीत को चेतनाहीन कुछ जड़ सुरों के ऊपर प्रस्थापित करते हैं, मैं उसे जीवन्त अमर भाव के ऊपर स्थापित करता हूँ। वे गान

के शब्दों पर सुर स्थापित करना चाहते हैं, मैं गान के शब्दों को सुर पर प्रतिष्ठित करना चाहता हूँ। वे सुर-प्रकाश के लिए शब्द संयोजित करते हैं, मैं शब्द की अभिव्यंजना के लिए सुर संयोजित करता हूँ। यहाँ गान-रचना के सम्बन्ध में मैं एक बात कहना आवश्यक समझता हूँ। गान की कविता का साधारण कविता के साथ कोई एक मापदण्ड से वजन न करे। साधारण कविता पढ़ने के लिए है और संगीत की कविता सुनने के लिए है। दोनों में यदि श्रेणीगत इतना प्रभेद हुआ तो अन्यान्य कई क्षुद्र विषयों में बेमेल होना स्वाभाविक है। अतएव गान की कविता पढ़कर उस पर विचार करना उचित नहीं। अच्छी कविता भी गान की दृष्टि से खराब हो सकती है, बहुत अच्छा गान भी पढ़ने की दृष्टि से अच्छा नहीं भी हो सकता। मान लीजिए, एक व्यक्ति ने 'हाः' कर एक निःश्वास छोड़ा, उसे लिखने पर हम पढ़ेंगे—आकारयुक्त ह और विसर्ग—हाः। किन्तु क्या इस तरह से उस निःश्वास का मर्म हम समझ सकते हैं ? उसी प्रकार यदि हमें सुनाई पड़े कि कोई बहुत लम्बे कवित्व सूचक शब्दों में निःश्वास छोड़ रहा है, तब हास्य रस के अलावा और कोई रस मन में उदित नहीं होता। गान भी उसी प्रकार निःश्वास के समान है। गान की कविता पढ़ी नहीं जाती, गान की कविता सुनी जाती है।

उपसंहार में संगीतवेत्ताओं से मेरा यह निवेदन है कि किस-किस सुर के किस प्रकार विन्यास से कौन-कौन से भाव प्रकट होते हैं और उनकी अभिव्यक्ति क्यों होती है—उसके विज्ञान का अनुसन्धान करें। मुल्तानी, इमन-कल्याण, केदार प्रभृति में कौन-कौन से 'सुर' वादी, कौन-कौन से 'सुर' विसंवादी हैं, इसके प्रति मनोनिवेश न कर, इस बात का पता लगाने में प्रवृत्त हों कि सुख, दुःख, रोष या विस्मय की रागिनियों में कौन-कौन से सुर वादी और कौन-कौन से सुर विसंवादी हैं। मुल्तानी, केदार प्रभृति तो मानव-रचित कृत्रिम राग-रागिनियाँ हैं, किन्तु हमारे सुख-दुःख के राग-रागिनी कृत्रिम नहीं हैं। हमारी स्वाभाविक बातचीत में ये सब राग-रागिनी प्रच्छन्न रहती हैं। कुछ अर्थशून्य नामों का परित्याग कर विभिन्न भावों के नामों के अनुसार हमारी राग-रागिनियों के विभिन्न नाम रखे जाएँ। हमारे संगीत-विद्यालयों में सुर-अभ्यास और राग-रागिनी-शिक्षा की श्रेणियाँ हैं, वहाँ राग-रागिनी की भाव-शिक्षा की श्रेणियाँ भी स्थापित हों। आज जिस प्रकार संगीत सुनते ही सभी बोल उठते हैं—'वाह, इसका सुर कितना मधुर है', ऐसा दिन क्या नहीं आएगा, जबकि सभी कहेंगे—'वाह, क्या ही सुन्दर भाव है' !

हमारा संगीत जब जीवन्त था, तब भाव के प्रति जिस प्रकार मनोयोग दिया जाता था, वैसा मनोयोग और किसी देश के संगीत में दिया जाता है या नहीं, कहना मुश्किल है। चूंकि हमारे देश में विभिन्न ऋतुओं और विभिन्न समय के भावों के साथ मिलाकर विभिन्न राग-रागिनियों की रचना की जाती थी हमारी राग-रागिनियों के विभिन्न अभिव्यंजक चित्र भी थे, अतः यह स्पष्ट हो जाता है कि तब हमारे देश

में राग-रागिनियाँ भाव की सेवा में नियुक्त थीं। वे दिन लद गए। किन्तु क्या वे दिन फिरेंगे नहीं ![1]

ज्येष्ठ, 1288 (बंगाब्द)

---

1. बेथून सोसायटी में पढ़ा गया भाषण। 9 वैशाख 1288, 19 अप्रैल 1881 'इस वक्तव्य में वक्ता का मत उदाहरण द्वारा समर्थित हुआ था। इस वक्तव्य में वक्ता ने कई गान गाकर ऐसे दृष्टान्त दिए थे कि किस-किस सुर विन्यास से कौन-कौन से भाव प्रकट होते हैं, यह स्पष्ट हो उठा था। विभिन्न भाव-व्यंजक गानों के भावों को और उनके साथ सुरों का विश्लेषण कर वक्ता ने अपने मत की पुष्टि की थी। उन सब उदाहरणों के लिए कण्ठ की सहायता आवश्यक है, इस निमित्त उन समस्त अंशों का परित्याग किया गया है, मात्र भूमिका और उपसंहार प्रकाशित किया गया है।

—भारती—सम्पादक

संगीत की उत्पत्ति और उपयोगिता
हर्बर्ट स्पेंसर का मत

'संगीत और भाव' नामक प्रबन्ध लिखने के बाद हर्बर्ट स्पेंसर की रचनावली का पाठ करते-करते मैंने देखा कि 'The Origin and Function of Music' नामक प्रबन्ध में जो मत अभिव्यक्त किया गया है उससे मेरे मत का समर्थन होता है और कई स्थलों पर दोनों की कथनी समान हो गयी है।

स्पेंसर ने संगीत के शरीरगत कारण की विस्तृत आलोचना की है। उनका कहना है कि बँधा कुत्ता जब दूर से अपने मालिक को देखता है, तो बन्धनमुक्त होने की आशा से अपनी पूँछ थोड़ी-थोड़ी हिलाने लगता है। मालिक जितना उसके पास आता जाता है, वह पूँछ और शरीर अधिक हिलाने लगता है। मुक्त करने के अभिप्राय से मालिक उसकी शृंखला पर हाथ रखते ही वह इतना उछल-कूद करने लगता है कि उसका बन्धन खोलना मुश्किल हो जाता है। अन्त में जब वह पूर्णतया मुक्त हो जाता है तब कुछ समय वह इधर-उधर दौड़ लगाने लगता है तब कहीं उसके आनन्द का वेग सम्हलता है। इस प्रकार के आनन्द या विषाद या अन्य मनोवृत्ति के उदय से सभी प्राणियों की मांसपेशियों और अनुभवजनक स्नायुओं से उत्तेजना के लक्षण प्रकट होते हैं। मनुष्य भी सुख में हँसता है, यंत्रणा में छटपटाता है। क्रोध में फूलता है, लज्जा में संकुचित होता है। अर्थात्, शरीर की मांसपेशियाँ मनोवृत्ति के प्रभाव से तरंगित होती हैं। मनोवृत्ति की अधिक तीव्रता से हम अभिभूत अवश्य होते हैं, किन्तु ऐसा होते हुए भी साधारण नियम के अनुसार कहा जाता है कि शरीर की गति के साथ हृदय की वृत्ति का विशेष योग है। यह तो है, किन्तु संगीत के साथ उसका क्या योग है ? हमारा कंण्ठस्वर कुछ विशेष मांसपेशियों द्वारा उत्पन्न होता है; वे सब मांसपेशियाँ शरीर के अन्यान्य पेशी-समूह के साथ-साथ मनोभाव के उद्रेक से संकुचित हो जाती हैं। इसीलिए जब हम हँसते हैं, तब अधर की समीपवर्ती मांसपेशी संकुचित होती है, एवं हास्य का वेग गुरुतर होने पर उसके साथ ही कण्ठ से भी एक प्रकार का शब्द निकलता है। रुदन में भी ऐसी ही स्थिति होती है। संक्षेप में, विशेष-विशेष

मनोभाव-उद्रेक के साथ-साथ शरीर की नाना मांसपेशियों और कण्ठ की शब्द-निःसारक मांसपेशियों में उत्तेजना का आविर्भाव होता है। मनोभाव के विशेषत्व और परिमाण के अनुसार कण्ठस्थित मांसपेशी-समूह का संकुचन होता है, उनके विभिन्न प्रकार के संकोचन के अनुसार हमारा शब्द यन्त्र विभिन्न आकार धारण करता है; एवं इन्हीं विभिन्न आकारों के अनुसार शब्द की विभिन्नता सम्पादित होती है। अतएव देखा जाता है कि हमारे कण्ठ-निःसृत विभिन्न स्वर विभिन्न मनोवृत्तियों के ही शरीरगत विकास हैं।

हमारे मन के भाव वेगवान होने पर (हमारा) कण्ठ-स्वर उच्च होता है, अन्यथा वह अपेक्षाकृत मृदु रहता है।

उत्तेजना की अवस्था में हमारी कण्ठध्वनि में सुर का आमेज आता है, चेतना आती है। सचराचर सामान्य विषयक कथोपकथन में वैसा सुर नहीं रहता। वेगवान मनोभाव में सुर आ ही जाता है। रोष का अपना एक सुर होता है, खेद का अपना, उल्लास का अपना।

सचराचर हम जिस स्वर में बातचीत करते हैं, वही बीच का स्वर है। उस स्वर में बात कहने में हमें विशेष परिश्रम नहीं करना पड़ता। किन्तु उसकी अपेक्षा ऊँचे या नीचे स्वर में बात करने पर कण्ठस्थित मांसपेशियों के लिए विशेष परिश्रम आवश्यक हो जाता है। मनोभावों की विशेष उत्तेजना होते ही हम अपने स्वाभाविक बीच के सुर को छोड़कर उच्च सुर पर जाते हैं अथवा निम्न सुर पर। अतएव देखा जाता है कि वेगवान मनोवृत्ति के प्रभाव से हम अपनी स्वाभाविक बातचीत के सुर से हट जाते हैं।

सचराचर जब हम शान्तभाव से बातचीत करते हैं, तब हमारी बात का स्वर काफी कुछ एक ही ढर्रे का होता है। सुर का ऊँचा-नीचा खेल नहीं होता। मनोवृत्ति की तीव्रता जितनी बढ़ती है, हमारी बातों में सुर उतरने-चढ़ने का खेल खेलने लगता है—हमारा कण्ठस्वर बहुत नीचे से बहुत ऊपर तक चढ़ने-उतरने लगता है। कण्ठ की सहायता के बिना इसका दृष्टान्त देना दुरूह है। पाठक एक बार कल्पना करके देखें, हम जब किसी के प्रति क्रुद्ध होकर कहते हैं 'यह तुम्हारा कैसा आचरण है ?', 'यह' शब्द कितने ऊँचे सुर में कहते और 'आचरण' शब्द के साथ कितने नीचे सुर पर उतर आते हैं—ठीक एक ही ग्राम का वैलक्षण्य होता है।

जो भी हो, देखा जाता है कि सचराचर बातचीत से मनोवृत्ति की उत्तेजित अवस्था की बातचीत की धारा स्वतंत्र है। पाठकवृंद ध्यान देने पर देखेंगे कि उत्तेजित अवस्था की बातचीत के जो लक्षण हैं, संगीत के भी वे ही लक्षण हैं। सुख-दुःख प्रभृति की उत्तेजना से हमारे कण्ठस्वर में जो परिवर्तन होते हैं, संगीत में उनकी पराकाष्ठा मात्र है। पहले कहा गया है कि उत्तेजित मनोवृत्ति की अवस्था में हमारे कथोपकथन का स्वर उच्च होता है, स्वर में 'सुर' का आभास रहता है, सचराचर की अपेक्षा स्वर

का 'सुर' ऊँचा अथवा नीचा हो जाता है, स्वर में सुर कभी ऊँचा कभी नीचा होता रहता है। गान का स्वर भी उच्च है, गान का समस्त ही सुर है; गान का सुर सचराचर कथोपकथन के सुर से काफी कुछ ऊँचा अथवा नीचा हो जाता है, एवं गान के सुर में ऊँचा-नीचा रूप खेलता रहता है। अतएव देखा जाता है कि उत्तेजित मनोवृत्ति का सुर संगीत में यथासम्भव पूर्णता प्राप्त करता है। तीव्र सुख-दुःख के कण्ठ से अभिव्यक्ति के जो लक्षण हैं, संगीत के भी वही लक्षण हैं।

हमारे मनोभावों को गाढ़तम, तीव्रतम रूप से प्रकट करने के उपाय-स्वरूप ही संगीत की स्वाभाविक उत्पत्ति हुई है। जिस उपाय से हम भाव सर्वोत्कृष्ट रूप से प्रकट करते हैं, उसी उपाय से हम भाव सर्वोत्कृष्ट रूप से दूसरों के मन में निविष्ट कर सकते हैं। अतएव संगीत अपनी उत्तेजना के प्रकाश का उपाय और अन्य को उत्तेजित करने का उपाय है।

संगीत की उपयोगिता के सम्बन्ध में स्पेंसर का कहना है—आम तौर पर लगता है जैसे संगीत सुनकर जो अव्यवहित सुख प्राप्त होता है, उसी का साधन करना संगीत का कार्य है। किन्तु सचराचर देखा जाता है कि जिससे हम अव्यवहित सुख पाते हैं वही उसका चरम फल नहीं है। आहार करने पर क्षुधानिवृत्ति का सुख प्राप्त होता है, किन्तु उसका चरम फल शरीर पोषण है, माता स्नेहवश आत्मसुख-साधन के लिए जो करती है उससे सन्तान का मंगलसाधन होता है, यश का सुख पाने के लिए हम जो कुछ करते हैं उससे समाज के विविध कार्य सम्पन्न होते हैं—इत्यादि। संगीत से क्या केवल आमोद मात्र ही होता है ? कोई अलक्षित उद्देश्य साधित नहीं होता ?

सभी प्रकार के कथोपथन में दो प्रकार के उपकरण विद्यमान रहते हैं। शब्द और वह पद्धति जिससे वह शब्द उच्चारित होता है। शब्द भाव के चिह्न (Signs of ideas) हैं और उच्चारण-पद्धति अनुभाव के चिह्न (signs of feeling) हैं। कुछ विशेष शब्द हमारे भाव को बाहर प्रकट करते हैं एवं उस भाव के साथ-साथ हमारे हृदय में जिस सुख या दुःख का उदय होता है, सुर उसे ही प्रकट करता है। 'पद्धति' कहने से यदि सुर को वक्रता, ऊँचाई, नीचाई, सभी कुछ समझा जाए तो कहा जा सकता है कि बुद्धि शब्द से जो व्यक्त करती है, हृदय 'पद्धति' से उसकी ही टीका करता है। शब्द एक प्रस्ताव मात्र है और बोलने की पद्धति-रीति उसकी टीका और व्याख्या। सभी जानते हैं कि अधिकतर शब्द की अपेक्षा उसे कहने की रीति पर हम अधिक निर्भर रहते हैं। कई बार शब्द के माध्यम से हम जो बोलते हैं, कहने की पद्धति से उसका उलटा अर्थ निकलता है। 'बहुत उपकृत किया है' इन शब्दों को भिन्न सुर में उच्चारण करने से कैसे भिन्न-भिन्न भाव प्रकट होते हैं, यह सभी जानते हैं। अतएव देखा जाता है कि हम एक-ही-साथ दो प्रकार की बातें कहते हैं, भाव की और अनुभाव की।

हमारे कथोपकथन के ये उभय अंश ही एक साथ विकसित हो रहे हैं।

सभ्यता-वृद्धि के साथ-साथ हमारी वक्तव्य शब्दराशि बढ़ रही है, व्याकरण विस्तृत और जटिल होता जा रहा है एवं उसके साथ-साथ हमारे बोलने की रीति-पद्धति परिवर्तित और उन्नत हो रही है, इसका सहज ही अनुमान लगाया जा सकता है। सभ्यता-विस्तार के साथ-साथ जो शब्दराशि बढ़ रही है उसका अर्थ ही यह है कि भाव और अनुभाव बढ़ रहे हैं। इसके साथ-साथ भाव और अनुभाव प्रकट करने के उपाय सब प्रकार से सुसंस्कृत और उन्नत नहीं हो रहे हैं—ऐसा नहीं कहा जा सकता। कहने की आवश्यकता नहीं कि कई उन्नत भाव और सूक्ष्म अनुभाव असभ्य जातियों में नहीं हैं, उन्हें प्रकाश करने के उपकरण भी उनके पास नहीं हैं। बुद्धि की भाषा (भी) जैसे-जैसे उन्नत होती जाती है, आवेग (emotion) की भाषा भी उसी प्रकार उन्नत होती जाती है। अब बात यह है कि संगीत हमें जो अव्यवहित सुख देता है, उसके साथ-साथ वह हमारे आवेग की भाषा (language of emotions) की परिस्फुटता भी साधित करता है। आवेग की भाषा ही संगीत का मूल है। उसी कारण जन्मग्रहण कर आज यह एक स्वतन्त्र वृक्ष के रूप में परिणत हुआ है। किन्तु जिस प्रकार वस्तु निर्माण विद्या से जन्म ग्रहण कर रसायन शास्त्र स्वतन्त्र शास्त्र की श्रेणी में पहुँचा है और अन्त में वस्तु निर्माण विद्या की विशेष सहायता कर रहा है, जिस प्रकार चिकित्साविद्या से उत्पन्न शरीर तत्त्व स्वतन्त्र शास्त्र हो गया है और चिकित्साविद्या की उन्नति में सहयोग कर रहा है, उसी प्रकार संगीत आवेग की भाषा से जन्मग्रहण कर आवेग की भाषा को परिस्फुटित कर रहा है। संगीत का यही कार्य है।

कई लोग सम्भवतः ऐसा मानेंगे कि यह कार्य तो अति सामान्य है। किन्तु ऐसी बात नहीं है। मनुष्य जाति के सुखवर्धन के लिए आवेग की भाषा, बुद्धि की भाषा के समान उपयोगी है। कारण, सुर की विचित्र तरंगभंगी हमारे हृदय के अनुभाव से उत्पन्न होती है एवं वही अनुभाव अन्य के हृदय में जाग्रत करती है। बुद्धि मृतभाषा से अपने सभी भाव प्रकट करती है और सुर की लीला उसमें जीवन संचार करती है। इसका फल यह होता है कि वे भाव हम केवल समझते ही नहीं, उन्हें हम पूर्ण रूप से ग्रहण कर सकते हैं। पारस्परिक संवेदना का उद्रेक करने का यही प्रधान उपाय है। जनसाधारण का मंगल और हमारा अपना सुख इस संवेदना पर इतना निर्भर करता है कि जिससे हममें इस संवेदना का विशेष अनुशीलन होता है वह सभ्य समाज के लिए अत्यन्त आवश्यक और उपकारी है। इस संवेदना के प्रभाव से ही हम दूसरों के प्रति न्याय्य और सदय व्यवहार करते हैं; इस संवेदना का न्यूनाधिक्य ही असभ्य लोगों की निष्ठुरता और सभ्य लोगों की सार्वजनीन ममता का कारण है बन्धुत्व, प्रेम, पारिवारिक सुख, सभी इस संवेदना पर आधारित है। अतएव यह संवेदना प्रकट करने का उपाय सभ्यता के लिए कितना उपयोगी है, कहने की आवश्यकता नहीं।

सभ्यता-वृद्धि के साथ-साथ हमारे हृदय के सभी द्वन्द्वपरायण भाव अन्तर्हित होकर सामाजिक भाव का प्रादुर्भाव हो रहा है, सभी स्वार्थपर भाव दूर होकर

परार्थसाधक भाव का अनुशीलन हो रहा है। इस प्रकार सामाजिक भाव की उन्नति के साथ-साथ सभ्य जातियों की संवेदना का भाव विकसित हो रहा है और उसके साथ उनमें संवेदना की भाषा भी बढ़ रही है।

कई उन्नततर, सूक्ष्मतर और जटिलतर अनुभाव अल्पसंख्यक शिक्षित व्यक्तियों में प्रचलित हैं, कालक्रम से वे जनसाधारण में व्याप्त हो जाएँगे—तब आवेग की भाषा भी विस्तृत हो जाएगी। अब जिस प्रकार सभ्य देश में भावप्रकाशक भाषा अत्यन्त असम्पूर्ण अवस्था से इतनी द्रुत उन्नति कर रही है कि अत्यन्त सूक्ष्म और जटिल भाव भी उसमें अत्यन्त स्पष्ट रूप से प्रकट किए जा सकते हैं। उसी प्रकार आवेग की भाषा यद्यपि अभी असम्पूर्ण है, तथापि क्रमशः इतनी उन्नत हो सकेगी कि हम अपना हृदयावेग अत्यन्त स्पष्ट और सम्पूर्ण रूप से दूसरों के हृदय पर अंकित कर सकेंगे। सभी जानते हैं कि अभद्र लोगों की अपेक्षा भद्र लोगों की वाणी सुनने में मीठी है। एक अभद्र जो कहता है, भद्र व्यक्ति के वही बात कहने पर अन्य की अपेक्षा काफी कर्णमधुर लगती है। उसका कारण और कुछ नहीं, अभद्र की अपेक्षा भद्र के अनुभाव का अनुशीलन अधिक हुआ है, अतः अनुभाव-प्रकाश के उनके उपाय भी सहज और स्वाभाविक हो गए हैं। उसका सही सुर भी वे जानते हैं, कण्ठस्वर से ही समझा जाता है कि वे भद्र हैं। काफी समय से वे भद्रता का सही सुर सुनते आ रहे हैं, उसका ही व्यवहार करते आ रहे हैं। अनुभावपूर्ण संगीत का जो अनुशीलन करते हैं, उनके अनुभाव की भाषा विशेष परिमार्जित और सम्पूर्ण होगी, इसमें आश्चर्य की क्या बात है ?

सुन्दर रागिनी सुनने पर हमारे हृदय में सुख का जो उद्रेक होता है, उसका कारण सम्भवतः यह है कि दूर भविष्य की उन्नत सभ्यता की अवस्था में सुखमय अनुभाव के दिन आएँगे; सुन्दर रागिनी उसी की छाया का हमारे हृदय में संचार करती है। ये सभी रागिनियाँ, जिनका उपयुक्त अनुभाव आज हम खोज नहीं पा रहे हैं, सचराचर व्यवहार में आ सकेंगी ऐसा समय आएगा। आज सुरसमष्टि केवल हमारे हृदय को सुख देती है, उन्नत युग में अनुभाव के साथ एकाकार होकर लोगों को द्विगुण सुख देगी। अच्छा संगीत सुनने पर हमारे हृदय में एक दूरस्थ अपरिस्फुट आदर्श जगत् मायामयी मरीचिका के समान प्रतिबिम्बित होता है, यही उसका कारण है। यह तो है स्पेंसर का मत।

स्पेंसर के मत को और एक कदम आगे बढ़ाने पर ऐसा लगता है कि ऐसे दिन भी आ रहे हैं जब हम संगीत में ही बातचीत करेंगे। सभ्यता की जब इतनी उन्नति होगी कि हमारे हृदय की अंगहीन, रुग्ण, मलिन वृत्तियों को फिर सशंकित भाव से छुपाकर नहीं चलना पड़ेगा, वे परिपूर्ण, स्वस्थ और सुमार्जित हो उठेंगी—जब संवेदना की इतनी वृद्धि होगी कि हम एक-दूसरे के निकट हमारे हृदय के सभी अनुभाव निःसंकोच और सानन्द प्रकट करेंगे—तब अनुभाव-प्रकाश करने का अनुशीलन

बहुत बढ़ जाएगा, तब संगीत ही हमारे अनुभाव-प्रकाश की भाषा हो उठेगा। मनुष्य-समाज की तीन अवस्थाएँ हैं—समाज की बाल्यावस्था में मनुष्य हृदय को आच्छादित नहीं रखता, वह दोष को दोष नहीं मानता; जब दोष-गुण का विचार करना सीखता है फिर भी बहुत समय तक असंयत स्वभाव पर पूर्ण रूप से विजय प्राप्त नहीं कर सकता, तब वह अपने हृदय को बिल्कुल अनावृत्त रखने में लज्जा अनुभव करता है; जब समाज अनावृत्त रहने में लज्जा अनुभव करने लगे, तभी समझा जाएगा कि संशोधन आरम्भ हो गया है; अन्त में जब इस गुप्त चिकित्सा का फल इस सीमा तक फलीभूत हुआ कि ढककर रखने के लिए कुछ शेष नहीं रहा, तब पुनः प्रकाश करने का समय आता है। आधुनिक सभ्यता को गुप्त रखने के भाव को पार कर जब भविष्यत् सभ्यता को प्रकाश करने का समय आएगा तब प्रकाश की भाषा की भारी उन्नति होगी। अनुभाव-प्रकाश की भाषा की परम उन्नति ही संगीत है। मानव के जीवन के तीन युग हैं। प्रथम—बाल्यकाल में वह जो जी में आया बकता रहता है, उसका कोई नियम नहीं, शृंखला नहीं है। द्वितीय—उसकी शिक्षा का काल, यह उसके चुप रहने का काल है। प्रवाद है कि चुप न रहने पर बोलना नहीं सीखा जा सकता। अभी उसका चरित्र, उसका ज्ञान चुपचाप गठित हो रहा है, अभी गठन सम्पूर्ण नहीं हुआ है। तृतीय—अभिव्यक्ति का काल। चुप रहकर उसने जो सीखा है, अब उसे ही प्रकट करना शुरू किया है। उसका चरित्र संगठित हुआ है, भाव परिणत हुए हैं, भाषा सम्पूर्ण हुई है। समाज की भी वैसी ही तीन अवस्थाएँ हैं। आरम्भ में वह जो जी में आया अंट-संट बकता है, कुछ ज्ञान होने पर वह इस प्रकार बकने में लज्जा अनुभव करता है। उस समय वह चुपचाप ही रहता है। ज्ञान जब सम्पूर्ण होता है तब उसकी लज्जा दूर होती है, तब उसकी भाषा परिस्फुटता प्राप्त करती है। अनुभाव के सम्बन्ध में वर्तमान सभ्यता की वही लज्जा की अवस्था है, चुप रहने की अवस्था है। अब जो बात वह कहता है बाल्यकाल की अपेक्षा अच्छी अवश्य है, किन्तु वह छिपकर बोलता है, जो जी में आया वही नहीं। कण्ठस्वर में जैसे द्विधा, संकोच का भाव रहता है; अतः परिस्फुटता का भाव नहीं रहता। इसलिए वर्तमान काल में अनुभाव की भाषा बाल्यकाल की भाषा की अपेक्षा काफी अच्छी अवश्य होती है, किन्तु पूर्णतया अच्छी नहीं। ऐसी अवस्था आएगी, जब अनुभाव की भाषा सम्पूर्णता प्राप्त करेगी; उस समय की भाषा सम्भवतः इस समय का संगीत है। अब जिस प्रकार ज्ञान-प्रकाश को स्वतन्त्रता मिली है—freedom of thought जो पहले अत्यन्त गर्हित माना जाता था, जिसका समाज दमन करता आ रहा था, आज वह सभ्यदेश में विशेष रूप से प्रचलित हुआ है एवं ज्ञान-प्रकाश की भाषा भी विशेष रूप से उन्नत हुई है, निश्चय ही ऐसा समय आएगा जबकि अनुभाव-प्रकाश की स्वतंत्रता रहेगी—अनुभाव के परस्पर आदान-प्रदान का अनुशीलन होगा और उसके साथ ही आवेग की भाषा भी सम्पूर्णता प्राप्त करेगी।

हमारे देश में संगीत इस प्रकार शास्त्रगत, व्याकरणगत, अनुष्ठानगत हो गया है, स्वाभाविकता से वह इतना दूर हो गया है कि अनुभाव के साथ संगीत का सम्बन्ध विच्छेद हो गया है, मात्र कुछ सुरसमष्टि का कर्दम एवं रागरागिनी की प्राणहीन प्रतिकृति और ढाँचा अवशिष्ट रह गया है; संगीत एक मृत्तिकामयी प्रतिमा बन गया है—उसमें हृदय नहीं है, प्राण नहीं हैं। इस प्रकार एक ही साँचे में ढला, अ-परिवर्तनशील संगीत की जड़ प्रतिमा हमारी देवदेवी मूर्ति के समान बहुत समय से चली आ रही है। जिस किसी गायक-कुम्भकार ने संगीत गढ़ा है, उसने उसे प्रायः उस एक ही साँचे में गढ़ा है। उसका कमाल मात्र इतना ही है कि उसके द्वारा गढ़ी गयी प्रतिमा का उसके सम्मुख प्रस्थापित आदर्श मूर्ति के साथ कुछ भी भेद नहीं रहता—उसके हाथ इतने दुरुस्त, त्रुटिरहित-संयत हैं ! मनसा, शीतला, ओलाबीबी, सत्यपीर प्रभृति के समान मात्र दो-चार नयी प्रादेशिक व यावनिक मूर्तियाँ गठित हुई हैं, किन्तु वे भी प्राणशून्य मिट्टी की प्रतिमाएँ हैं। संगीत में इतना प्राण रहना चाहिए, जिससे वह समाज की आयु के साथ बढ़ता रहे, समाज के परिवर्तन के साथ परिवर्तित होता रहे, समाज पर अपना प्रभाव फैला सके और उस पर समाज का प्रभाव हो। समाजवृक्ष की शाखा पर मात्र शुद्ध अलंकार स्वरूप संगीत नामक सोने की एक डाली बाँध दी गयी है, जो वृक्ष के साथ बढ़ती नहीं, वृक्ष के रस से पुष्ट नहीं होती, वसंत में उस पर मुकुल नहीं खिलते, पक्षी उस पर बैठकर गाते नहीं। वह वृक्ष का कोई उपकार नहीं करती, मात्र शोभावर्धन करती है।

शोभावृद्धि की जब बात उठी तब उस सम्बन्ध में एक-दो बातें कहना आवश्यक है। संगीत को यदि केवल मात्र शिल्प, केवल मनोहारी विद्या ही मान लिया जाए, फिर भी यह स्वीकार करना होगा कि हमारा देशीय अनुभावशून्य संगीत निकृष्ट श्रेणी का है। चित्रशिल्प के दो प्रकार हैं। एक—अनुभावपूर्ण मुखश्री और प्रकृति की अनुकृति, द्वितीय—यथायथ रेखाविन्यास द्वारा एक नेत्ररंजक आकृति-निर्माण। कोई भी इसे अस्वीकार नहीं करेगा कि प्रथम प्रकार ही उच्चतम श्रेणी की चित्र विद्या है। हमारे देश में शाल के ऊपर, या विविध वस्त्रों की किनारियों पर रेखाविन्यास और वर्णविन्यास द्वारा विविध नयन रंजक आकृतियाँ चित्रित होती हैं, किन्तु सिर्फ उसी से हम इतालवियों की भाँति चित्रशिल्पी के रूप में विख्यात नहीं हो सकते। हमारा संगीत भी उसी प्रकार सुरविन्यास मात्र है, जब तक हम उसमें अनुभाव नहीं ला सकेंगे, तब तक हम उच्च श्रेणी के संगीतविद् के रूप में गर्व नहीं कर सकेंगे।

आषाढ, 1288 (बंगाब्द)

संगीत और कविता

इसके पूर्व हमने भारती में भावाभिव्यक्ति के उपाय-स्वरूप संगीत का उल्लेख किया था। इस बार भी हम और एक दृष्टिकोण से वैसा ही करेंगे। कविता पर हम जिस दृष्टिकोण से विचार करते हैं, ठीक उसी दृष्टिकोण से हम संगीत पर विचार करेंगे। जब हम कोई एक कविता पढ़ते हैं, तब हम उसे मात्र शब्द-समष्टि के रूप में नहीं देखते—शब्द के साथ भाव के सम्बन्ध पर भी विचार करते हैं। भाव ही मुख्य लक्ष्य है। शब्द भाव का आश्रय स्वरूप है। हम संगीत को भी उसी रूप में देखना, अनुभव करना चाहते हैं। संगीत सुर की रागरागिनी नहीं, संगीत भाव की रागरागिनी है। हमारा कहना यह है कि—कविता जिस प्रकार भाव की भाषा है, संगीत भी उसी प्रकार भाव की भाषा है। फिर, कविता और संगीत में प्रभेद क्या है ? आलोचना करके देखा जाए।

साधारणतः हम जिस भाषा में बात करते हैं वह युक्ति की भाषा है। 'हाँ' या 'ना' इसे लेकर ही इसका कारबार है। 'आज यहाँ आया', 'कल वहाँ गया', 'आज वह आया था', 'कल वह आया नहीं', 'यह चाँदी है', 'वह सोना है' इत्यादि। इन सब बातों पर युक्ति चल सकती है। 'आज मैं अमुक स्थान पर गया था', यह मैं विविध युक्तियों से प्रमाणित कर सकता हूँ। द्रव्य विशेष चाँदी है या सोना, इसका भी मैं विविध युक्तियों की सहायता से अन्य व्यक्तियों को विश्वास दिला सकता हूँ। अतएव सामान्यतया हम जिन सब विषयों पर बातचीत करते हैं, उन पर विश्वास करना या न करना युक्ति के न्यूनाधिक्य पर निर्भर करता है। इस समस्त कथोपकथन के लिए हमारी प्रचलित भाषा अर्थात् गद्य कारगर है।

किन्तु विश्वास करवाना एक बात है, और उद्रेक करवाना दूसरी। विश्वास का मूल मस्तिष्क में है और उद्रेक का मूल हृदय में। इसीलिए विश्वास कराने के लिए जो भाषा है, उद्रेक के लिए भाषा वह नहीं है। युक्ति की भाषा, गद्य हमें विश्वास कराती है, और कविता की भाषा हममें उद्रेक कराती है। जिन सब बातों के लिए युक्ति चल सकती है, उन्हें दूसरों को समझाना अत्यन्त सहज है; किन्तु जिनमें युक्ति

से काम नहीं चलता, जिन्हें युक्ति के नियम-कानून में बाँधा नहीं जा सकता, उन्हें समझाना सहज कार्य नहीं है। 'क्यों' नामक चश्मा पहने दुर्दान्त राजाधिराज ने ज्योंही कैफियत तलब की, त्यों ही सब कुछ समझाने-बुझाने के लिए वे दौड़ कर नहीं आतीं। जो सत्य 'क्यों'—राजाधिराज की प्रजा नहीं हैं, उनका निवास कविता में है। हमारे हृदयगत सत्य सभी 'क्यों' की परवाह नहीं करते। युक्ति का अपना एक व्याकरण है, अभिधान है, किन्तु हमारी रुचि अर्थात् सौन्दर्य ज्ञान का आज तक कोई व्याकरण नहीं तैयार हुआ। इसका प्रधान कारण यह है कि वह हमारे हृदय तल में निर्भय हो निवास करता है—एवं वहाँ 'क्यों'—अदालत का वारण्ट नहीं जारी हो सकता। एक बार यदि उसे युक्ति के सामने खड़ा किया जा सकता तो उसका व्याकरण बन सकता था। अतएव युक्ति जिन सब सत्यों को समझाने में अपने को असमर्थ मान चुकी है, कविता ने उन सत्यों को समझाने का भार अपने कंधों पर ले लिया है। इस निमित्त स्वभावतः युक्ति की भाषा और कविता की भाषा स्वतंत्र हो गयी है। कई बार ऐसा होता है कि शत-सहस्र प्रमाणों की सहायता से हन किसी सत्य का विश्वास जरूर कर लेते हैं, किन्तु हमारे हृदय में उस सत्य का उद्रेक नहीं होता। दूसरी ओर कई बार एक छोटी-सी बात से हमारे हृदय में किसी सत्य का उद्रेक हो जाता है, फिर शत-सहस्र प्रमाणों से भी उसका खण्डन नहीं हो सकता। एक नैयायिक जो नहीं कर सकता, एक सुवक्ता वह कर सकता है। नैयायिक और वाग्मी में प्रभेद यह है—नैयायिक के हाथ में युक्ति की कुठार है और वाग्मी के हाथ में कविता की चाबी। नैयायिक आघात पर आघात किए जा रहा है, किन्तु हृदय का द्वार नहीं टूटा; वाग्मी ने कहीं एक चाबी घुमा दी और द्वार खुल गया। दोनों के अस्त्र भिन्न हैं।

मैं जो विश्वास करता हूँ तुम्हें भी वही विश्वास करवाना और मैं जो अनुभव करता हूँ तुम्हें भी वही अनुभव करवा देना—ये दो पूर्णतया स्वतंत्र क्रियाएँ हैं। मैं विश्वास करता हूँ कि गुलाब सुगोल है, मैं उसके चारों ओर माप-जोख कर तुम्हें विश्वास करवा सकता हूँ कि गुलाब सुगोल है। और मैं अनुभव करता हूँ कि गुलाब सुन्दर है; हज़ार युक्तियों द्वारा भी तुम्हें अनुभव नहीं करवा सकता कि गुलाब सुन्दर है। तब कविता की सहायता का अवलम्बन लेना पड़ता है। मैं गुलाब के सौन्दर्य का उपभोग करता हूँ, उसे इस प्रकार अभिव्यक्त करना होता है कि जिससे तुम्हारे मन में भी उस सौन्दर्यभाव का उद्रेक हो। इस प्रकार की अभिव्यक्ति को ही कविता कहते हैं। आँखों-आँखों में दृष्टि-विनिमय की जो युक्ति है, जिसमें प्रेम लक्षित होता है,—अतिरिक्त यत्न करने में जो युक्ति है, जिससे प्रेम का अभाव लक्षित होता है—मुख से बात न कहने में जो युक्ति है, जिससे असीम की बातें अभिव्यक्त होती हैं,—कविता उन सभी युक्तियों को व्यक्त करती है।

सामान्यतया कथोपकथन में युक्ति की जितनी आवश्यकता है उसकी कहीं अधिक आवश्यकता दर्शन और विज्ञान में है। इस कारण दर्शन, विज्ञान के गद्य और

कथोपकथन के गद्य में बड़ा अन्तर है। कथोपकथन के गद्य में दर्शन, विज्ञान लिखने से युक्ति का बन्धन शिथिल हो जाता है। इस निमित्त विशुद्ध अमिश्र युक्ति शृंखला कायम रखने के लिए एक प्रकार की बाल की खाल निकालने वाली तीक्ष्ण स्पष्ट भाषा का निर्माण करना पड़ता है। किन्तु तथापि वह भाषा भी गद्य के सिवाय और कुछ नहीं। कारण, युक्ति की भाषा ही निरलंकार, सरल, परिष्कार गद्य है।

और, हम साधारणतया कथोपकथन में जितनी अनुभूति प्रकट करते हैं, उसकी चरम अभिव्यक्ति करने के लिए कथोपकथन की भाषा से एक स्वतन्त्र भाषा की आवश्यकता पड़ती है। वह भाषा है कविता की भाषा—पद्य। कारण, अनुभूति की भाषा ही अलंकारमय तुलनामय पद्य है। वह अपने को प्रकाश करने के लिए अधीर रहती है—उसके पास न युक्ति है, न तर्क, कुछ भी नहीं है। अपने को प्रकाश करने के लिए उसके पास वैसा कोई सहज मार्ग नहीं। वह अपना उपयोगी नूतन रास्ता बना लेती है। युक्ति का अभाव दूर करने के लिए वह सौन्दर्य की शरण लेती है। वह इतने सुन्दर ढंग से सजती है कि युक्ति अनुमतिपत्र न होते हुए भी सभी उस पर विश्वास करते हैं। उसका मुख इतना सुन्दर रहता है कि कोई भी उससे 'कौन', 'क्या वृत्तान्त', 'क्यों' का प्रश्न नहीं करता, कोई भी उस पर सन्देह नहीं करता, सभी अपने हृदय के द्वार खोल देते हैं—सौन्दर्य के बल पर वह उसमें प्रवेश करती है। किन्तु निरलंकार यौक्तिक सत्य को पद-पद पर कई प्रकार के प्रमाणों की सहायता से आत्मपरिचय देकर आत्म-स्थापना करनी पड़ती है, द्वारपाल का सन्देह भंजन करना पड़ता है, तब जाकर उसे प्रवेश की अनुमति मिलती है। अनुमति की भाषा छन्दोबद्ध है। पूर्णिमा के समुद्र के समान तालों पर उसके हृदय का उत्थान-पतन होता रहता है। तालों के साथ ही जल्द-जल्द उसके श्वास-प्रश्वास चलते रहते हैं। निश्वास के छन्द और हृदय के उत्थान-पतन के छन्द से उसके ताल नियमित होते हैं। बात करते-करते शब्द अपरिस्फुट हो जाते हैं, शब्दों के बीच-बीच में अश्रु झरते हैं, निश्वास बहता है, लज्जा का अनुभव होता है, भय लगता है, रुक जाती है। सरल युक्ति में ऐसा ताल नहीं है, आवेग का दीर्घनिश्वास पद-पद पर उसे रोकता नहीं। उसे भय नहीं, लज्जा नहीं, कुछ भी नहीं। इसीलिए चरम युक्ति की भाषा है गद्य, चरम अनुभूति की भाषा है पद्य।

पूर्व ही 'भारती' में प्रकाशित हुआ है कि हमारी भावाभिव्यक्ति के दो उपकरण हैं—शब्द और सुर। शब्द जितने भाव प्रकाश करते हैं, सुर भी प्रायः उतने ही भाव प्रकट करते हैं। यहाँ तक कि सुर के ऊपर ही शब्द के भाव निर्भर करते हैं। एक ही शब्द नाना सुर में नाना अर्थ प्रकाश करता है। अतएव भाव-प्रकाश के अंग में शब्द और सुर दोनों को ही साथ-साथ लिया जा सकता है। सुर की भाषा और शब्द की भाषा दोनों को मिलाने से हमारे भाव की भाषा निर्मित होती है। कविता में हम

शब्द की भाषा को प्राधान्य देते हैं और संगीत में सुर की भाषा को। जैसे कथोपकथन में हम शब्दों को जिस प्रकार शृंखला में व्यवहार करते हैं, कविता में उन सब शब्दों का उसी प्रकार शृंखला में व्यवहार नहीं करते, कविता में हम चुन-चुन कर शब्द लेते हैं और उनका सुन्दर ढंग से विन्यास करते हैं—उसी प्रकार कथोपकथन में जिन सुरों का हम जिस नियम से व्यवहार करते हैं, संगीत में उन सभी सुरों का उस प्रकार के नियम से व्यवहार नहीं करते, सुर का चयन करते हैं और उनका सुन्दर ढंग से विन्यास करते हैं। कविता में जिस प्रकार चुने हुए सुन्दर शब्दों से भाव प्रकट होते हैं, संगीत में भी उसी प्रकार चुने हुए सुन्दर सुर भाव प्रकाश करते हैं। युक्ति की भाषा में प्रचलित कथोपकथन के सुर के अलावा और कुछ आवश्यक नहीं, किन्तु युक्ति से परे आवेग की भाषा के लिए संगीत का सुर आवश्यक है। इस विषय में भी संगीत अविकल कविता के समान है। संगीत में भी छन्द है। तालों के सहारे उसके सुर की लीला नियमित होती है। कथोपकथन की भाषा में सुशृंखल छन्द नहीं है, कविता में छन्द है। उसी प्रकार कथोपकथन के सुर में सुशृंखल ताल नहीं है, संगीत में ताल है। संगीत और कविता दोनों ने भावप्रकाश के दो अंग परस्पर बाँट लिए हैं। किन्तु, भावप्रकाश के सम्बन्ध में कविता ने जितनी उन्नति की है, संगीत ने उतनी नहीं की है। उसका एक प्रधान कारण है। गर्भितार्थशून्य शब्द का कोई आकर्षण नहीं—न उसका कोई अर्थ है, न वह कर्णमधुर लगता है। किन्तु भावशून्य सुर का एक आकर्षण है, वह सुनने में मधुर लगता है। इसीलिए भाव का अभाव होते हुए भी उससे एक प्रकार का इन्द्रियसुख मिलता है। इस निमित्त संगीत में भाव के प्रति वैसा मनोयोग नहीं दिया जाता। उत्तरोत्तर अति आसक्ति, परोक्ष-अपरोक्ष प्रोत्साहन से सुर विद्रोही हो गया और उसने भाव पर आधिपत्य फैला लिया है। एक समय जो दास था वही अब प्रभु बन गया है। 'चक्रवत् परिवर्तन्ते दुःखानि च सुखानि च'। किन्तु यह चक्र क्या और नहीं घूमेगा ? जिस प्रकार भारतवर्ष की भूमि उर्वरा होने से ही भारतवर्ष की ऐसी दुर्दशा है, उसी प्रकार संगीत की भूमि उर्वरा होने के नाते संगीत की भी ऐसी दुर्दशा हुई है। मीठा सुर सुनते ही अच्छा लगता है, इस कारण संगीत को अधिक परिश्रम कर भाव-कर्षण नहीं करना पड़ता—किन्तु केवल मात्र शब्द में यथेष्ट मधुरता नहीं, इस कारण कविता को प्राणरक्षा के लिए भाव का अनुशीलन करना पड़ा है। इसीलिए कविता की ऐसी उन्नति और संगीत की ऐसी अवनति हुई है।

अतएव देखा जाता है कि कविता और संगीत में और कोई अन्तर नहीं—बस, यह भावप्रकाश का मात्र एक उपाय है, वह भावप्रकाश का और एक उपाय है। मात्र अवस्था के तारतम्य के कारण कविता उच्च श्रेणी पर पहुँची है और संगीत निम्न श्रेणी पर ही पड़ा हुआ है। कविता में वायु के समान सूक्ष्म और प्रस्तर के समान स्थूल

समुदय भाव ही प्रकाश किए जाते हैं, किन्तु संगीत में अभी तक ऐसा नहीं किया जा सकता। कवि Matthew Arnold ने अपनी `Epilogue to Lessing's Laocoon' नामक कविता में चित्र, संगीत और कविता में जो प्रभेद स्थिर किए हैं, उनके मर्म अपने शब्दों में मैं संक्षेप में प्रकट करता हूँ। वे कहते हैं—चित्र में प्रकृति के एक मुहूर्त की बाह्य अवस्था मात्र प्रकट की जाती है। जिस क्षण एक सुन्दर मुख पर हँसी दिखाई दी है वह क्षण मात्र ही चित्र में प्रकाशित हुआ है, उसके बाद के क्षण की अवस्था उसमें नहीं है। जो क्षण उनके शिल्प के लिए सर्वापेक्षा शुभ मुहूर्त है, उसी क्षण का अविलम्ब चयन कर लेना प्रकृत चित्रकार का कार्य है। उसी प्रकार मन का एक मात्र स्थायी भाव चुन लेना, भावशृंखल के मात्र एक अंश के ऊपर अवस्थान किये रहना संगीत का कार्य है। मान लीजिए—मैंने कहा 'हाय !', बात यहीं खत्म हुई; शब्द उससे और अधिक अभिव्यक्ति नहीं कर सकता। हमारे हृदय की एक अवस्था विशेष इस एक मात्र क्षुद्र शब्द में प्रकट हुई और यहीं इसका अवसान भी हो गया। संगीत इस 'हाय' शब्द को लेकर उसका विस्तार करता है—'हाय' शब्द का हृदय उद्घाटित करता है—'हाय' शब्द के हृदय में जो गहन दुःख, जो अतृप्त वासना, जो आशा-विसर्जन प्रच्छन्न है, संगीत उसे ही खींच-तान कर पूर्ण रूप से उद्घाटित करता है—'हाय' शब्द के प्राण के भीतर जो बातें थीं, उन सभी को कहलवा लेता है, प्रकट करवा लेता है। किन्तु कविता का कार्य और भी विस्तृत है। चित्रकार के समान उस क्षण की बाह्यश्री भी उनके लिए वर्णनीय है, गायक के समान क्षणकाल का भावोच्छ्वास भी उनके लिए गेय है। इसके अलावा—जीवन का गतिस्रोत उनका वर्णनीय विषय है। भाव से भावान्तर, अवस्था से अवस्थान्तर में उन्हें गमन करना होता है। भाव की गंगोत्री से भाव के सागरसंगम तक उन्हें अनुसरण करना होता है। मात्र स्थिर दण्डायमान आकृति का चित्रण वे नहीं करते, एक समय के स्थायी भाव मात्र का वे वर्णन नहीं करते—गम्यमान शरीर, प्रवहमान भाव, परिवर्तमान अवस्था उनकी कविता के विषय हैं—अतएव मैथ्यू आर्नोल्ड के मत से चलनशील भाव का प्रत्येक छायालोक संगीत में प्रतिबिम्बित नहीं हो सकता। संगीत एक स्थायी स्थिर भाव की व्याख्या मात्र करता है। किन्तु हमारा कहना यह है कि गतिशील भाव संगीत के लिए पूरी तौर से अननुसरणीय है, ऐसा नहीं, लेकिन संगीत अभी पूर्णतया उस अवस्था को पहुँचा नहीं है। संगीत और कविता में हम और कुछ प्रभेद नहीं देखते, केवल उन्नति का तारतम्य है। दोनों यमज हैं, एक ही माँ की सन्तान हैं, दोनों की शिक्षा में वैलक्षण्य मात्र हुआ है।

यह स्पष्ट हो गया कि संगीत और कविता एक श्रेणी के हैं। किन्तु दोनों के साथ हम कितना भिन्न आचरण करते हैं, ध्यानपूर्वक विचार करने से इसकी प्रतीति हो जाएगी। आज संगीत ने जो रूप अपनाया है, कविता यदि उसी प्रकार होती, तो

क्या होता ? मान लीजिए यदि ऐसा नियम होता कि जिस कविता में चतुर्दश छत्र में वसन्त, मलयानिल, कोकिल, सुधाकर, रजनीगंधा, टगर और दुरन्त जैसे कुछ शब्द विशेष शृंखला के अनुसार पाँच-पाँच बार संयोजित किए जाएँगे, उसी का नाम होगा 'कविता वसन्त' और यदि कविताप्रिय व्यक्ति कवियों को फरमाइश करते 'हे चण्डीदास, एक कविता वसन्त, छन्द त्रिपदी आवृत्ति करो तो', तभी यदि चण्डीदास पाठ करते—

वसन्त मलयानिल रजनीगन्धा कोकिल
दुरन्त टगर सुधाकर
मलयानिल वसन्त रजनीगन्धा दुरन्त
सुधाकर कोकिल टगर

और चारों ओर से 'आहा-वाहवा' की आवाजें उठतीं, क्योंकि शब्द-विन्यास ठीक नियमानुसार ही किया गया है—तब कविता आधुनिक गान के समान होती। इन शब्दों के अलावा और एक शब्द अगर कवि विद्यापति संयोजित करने की चेष्टा करते तो कविता प्रिय व्यक्ति धिक्-धिक् करते और उनकी कविता का नाम होता 'कविता जंगला वसन्त'। ऐसा होता तो हमारी कविता की कैसी द्रुत ही उन्नति होती ! कविता के छह राग, छत्तीस रागिनियाँ बनतीं, विदेश-विद्वेषी जातीय भावोन्मत्त आर्य पुरुषगण गर्व के साथ कहते, 'उः ! हमारी कविताओं की कितनी राग-रागिनियाँ हैं, और असभ्य म्लेच्छ लोगों की कविताओं में रागरागिनियों का लेशमात्र नहीं है !'

नामबद्ध रागरागिनी से और कुछ हो या न हो, संगीत की प्रतिभा के उद्भव में विषम व्याघात होता है। प्रथमतः सर्वांगीण बन्धन, नियम के अन्तर्गत निवास; द्वितीयतः कितना ही परिश्रम से गान की रचना भले ही की जाए, पुरातन राग-रागिनी के नाम से उसका नामकरण किया जाता है और रचयिता के यश का ह्रास होता है। 'अरे भई यह कौन-सी रचना है ?' 'यह भैरव है।' 'अच्छा ! भैरव अति प्राचीन राग है।' बस बात खत्म। भैरव रचना करके मुझे कोई यश नहीं। यह अति प्राचीन राग है, सर्वसाधारण की सम्पत्ति, मैं मात्र व्यवहार कर रहा हूँ। हमारे देश में व्यवस्थित स्वरलिपि नहीं थी, राग-रागिनी के नाम असम्पूर्ण रूप से स्वरलिपि का कार्य करते थे। किन्तु अब भी उस असम्पूर्ण सुविधा के लिए सम्पूर्ण असुविधा भोग करने का कोई कारण नहीं दिखाई देता। अंग्रेजी स्वरलिपि ग्रहण करने में दोष नहीं है—नहीं तो नवीन स्वरलिपि बनाई जाए। जैसे आज हम नवरस के बन्धन में ही लड़ झगड़कर कविता को बाँध नहीं रखते, अलकार शास्त्रोक्त आडम्बरपूर्ण नामों के प्रति ध्यान नहीं रखते, वैसे ही संगीत के क्षेत्र में भी कुछ नामों और नियनों में ही हम आबद्ध न रहें। कविता की भी जो स्वाधीनता है संगीत की भी वही स्वाधीनता हो; कारण, संगीत कविता का

भाई है। जैसे सन्ध्या विषयक कविता की रचना करते समय कवि सन्ध्या के भाव की कल्पना करता है और उसके हर शब्द में सन्ध्या मूर्तिमती हो उठती है, वैसे ही सन्ध्या के विषय में गान की रचना करते समय रचयिता जैसे आँख-कान बन्द कर पूरबी न गाता चले—सन्ध्या के भाव की कल्पना करे—तब अवसान दिवस के समान उसका सुर भी अपने-आप उतर आएगा, निमीलित हो जाएगा, विलीन हो जाएगा। प्रत्येक गीतिकवि की रचना में गान के नवीन राज्य का आविष्कार होगा। तभी तो गान के वाल्मीकि, गान के कालिदास जन्म ग्रहण करेंगे।

माघ, 1288 (बंगाब्द)

गान के सम्बन्ध में प्रबन्ध

द्वितीय बार विलायत जाने के पूर्व दिन[1] सायंकाल बेथून सोसायटी के आमंत्रण पर मेडिकल कालेज हाल में मैंने प्रबन्ध[2] पढ़ा था। सभास्थल में मेरा यह प्रथम प्रबन्ध-पाठ था। सभापति थे वृद्ध रेवरेण्ड कृष्णमोहन बन्द्योपाध्याय। प्रबन्ध का विषय था संगीत। वाद्य संगीत की बात छोड़कर मैंने गेय संगीत के सम्बन्ध में यह समझाने का प्रयास किया था कि गान के शब्द को ही गान के सुर द्वारा परिस्फुट करना इस श्रेणी के संगीत का मुख्य उद्देश्य है। मेरे प्रबन्ध का लिखित अंश अल्प ही था। मैंने दृष्टान्त द्वारा वक्तव्य के समर्थन की चेष्टा की और पूरे प्रबन्ध के दरम्यान विविध सुर में विविध भावों के गान गाए थे। सभापति महाशय ने 'वन्दे वाल्मीकिकोकिलं' कहकर मुझे जो साधुवाद दिया था, उसका प्रधान कारण मैं यह मानता हूँ कि उस समय मेरी आयु कम थी और बालकण्ठ से विचित्र गान सुनकर उनका मन आर्द्र हो गया था। किन्तु, उस समय जो मत इतने दर्प के साथ व्यक्त किया था, आज मैं स्वीकार करता हूँ कि वह मत सत्य नहीं। गीतिकला की अपनी एक विशेष प्रकृति और विशेष कार्य है। गान में जब शब्द रहते हैं, तब शब्द के लिए यह उचित नहीं कि वे इस सुयोग से गान से मुक्त होकर बढ़ें अथवा उस पर अपना प्रभुत्व जमाएँ, यहाँ शब्द गान के वाहन मात्र हैं। गान का अपना ऐश्वर्य ही प्रचुर है, वह वाक्य का दासत्व क्यों करेगा ? वाक्य जहाँ समाप्त हुआ, वहीं से गान का आरम्भ है। जहाँ अनिर्वचनीय है वहीं गान का प्रभाव है। वाक्य जो नहीं कह सकता, गान वही कह देता है। इसीलिए गान के शब्दों में शब्द का उपद्रव जितना कम रहे, उतना ही अच्छा

---

1. 9 वैशाख 1288 बंगाब्द (19 अप्रैल, 1881)
2. वर्तमान ग्रन्थ में संकलित प्रथम प्रबन्ध।
   वर्तमान प्रसंग में इस ग्रन्थ में अन्यत्र मुद्रित दिलीपकुमार राय को लिखा गया 6 फरवरी 1938 का पत्र, धूर्जटिप्रसाद मुखोपाध्याय को लिखित 8 अक्तूबर 1937 का पत्र एवं 'शब्द और सुर' प्रबन्ध द्रष्टव्य।

है। हिन्दुस्थानी गान के शब्द इतने अकिंचित्कर हैं कि उनका अतिक्रमण कर सुर अपना आवेदन अनायास ही प्रचारित कर सकते हैं। इसी प्रकार रागिनी जहाँ केवल मात्र स्वररूप में हमारे चित्त को अपरूप भाव से जाग्रत कर सकती है, वहीं संगीत का उत्कर्ष है। किन्तु, बंगाल में अर्से से शब्द का आधिपत्य इतना अधिक है कि यहाँ विशुद्ध संगीत अपना स्वाधीन अधिकार प्राप्त नहीं कर सका। इसीलिए इस अंचल में उसे भगिनी काव्यकला के आश्रय में ही निवास करना पड़ता है। वैष्णव कवियों की पदावली से लेकर निधुबाबू के गान तक सभी के अधीन रहकर उसने अपने माधुर्य-विकास की चेष्टा की है। किन्तु, हमारे देश में जिस प्रकार स्त्री स्वामी की अधीनता स्वीकार कर ही स्वामी के ऊपर प्रभुत्व कर सकती है, उसी तरह हमारे यहाँ गान भी वाक्य का अनुवर्तन करने का दायित्व लेकर वाक्य की सीमा से आगे निकल जाता है। गान रचना करते समय इसका बार-बार अनुभव हुआ है। गुन्-गुन् करते-करते जब मैंने एक पंक्ति लिखी–'तोमार गोपन कथाटि, सखि रेखो ना मने', तभी मैंने देखा–सुर ने जिस स्थल पर शब्द को पहुँचा दिया शब्द स्वतः उस स्थल पर नहीं पहुँच सकता था। तब मन में अनुभव होने लगा कि मैं जिस गोपनीय बात को सुनने के लिए बार-बार अनुनय कर रहा हूँ, वह जैसे वन प्रदेश की श्यामलता में लुप्त हो गयी है, पूर्णिमा रात्रि की निस्तब्ध शुभ्रता में विलीन हो गयी है, दिगन्तराल की नीलाभ सुदूरता में अवगुण्ठित हो गयी है–वह जैसे समस्त जल-स्थल-आकाश की निगूढ़ गुप्त बात है। बाल्यकाल में मैंने एक गान सुना था–'तोमाय विदेशिनी साजिये के दिले !' उस गान के उसी एक मात्र पद ने मन में ऐसा एक अपरूप चित्र अंकित कर दिया था कि आज भी वह पंक्ति मन में गुंजन करती रहती है। एक दिन उस गान के उस पद के मोह में मैं भी एक गान लिखने बैठा था। स्वरगुंजन के साथ मैंने प्रथम पंक्ति लिखी थी–'आमि चिनि गो चिनि तोमारे ओगो विदेशिनी !' साथ में यदि सुर नहीं रहता तो इस गान का भाव क्या बनता, कह नहीं सकता। किन्तु उस सुर के मंत्रगुण से विदेशिनी की एक अपरूप मूर्ति मन में जाग उठी। मेरा मन कहने लगा–हमारे इस जगत् में कौन एक विदेशिनी आवागमन कर रही है, किस रहस्यसिन्धु के उस पार घाट पर उसका घर है, उसे ही शारदप्रात में माधवी रात्रि में बार-बार देख सकता हूँ, हृदय प्रान्तर में बीच-बीच में उसका आभास मिला है, आकाश की ओर कान लगाने पर उसका कण्ठस्वर मैंने कभी-कभी सुना है। उस विश्व ब्रह्माण्ड की विश्वमोहिनी विदेशिनी के द्वार पर मेरे गान का सुर मुझे खींच लाया और मैंने कहा :

भुवन भ्रमिया शेषे
एसेछि तोमारि देशे,
आमि अतिथि तोमारि द्वारे ओगो विदेशिनी !

इसके कई दिन बाद एक दिन बोलपुर के मार्ग से न जाने कौन गाता हुआ जा रहा था :

खाँचार माझे अचिन पाखि
कमने आसे जाय,
धरते पारले मनो बेड़ि
दितेम पाखिर पाय।

मैंने अनुभव किया कि बाउल का गान भी ठीक वही बात कह रहा है। बीच-बीच में बद्ध पिंजरे में आकर अनजाना पक्षी बन्धनहीन अनजाने की बात कहता जा रहा है; मन उसे चिरन्तन मानकर रखना चाहता है किन्तु वह ऐसा नहीं कर सकता। इस अनजाने पक्षी के निःशब्द आने-जाने की खबर गान के सुर के अलावा कौन दे सकता है !

वैशाख, 1319 (बंगाब्द)

अन्तर-बाहर

प्रातः कैबिन के बिछौने पर जब नींद टूटी, तो गवाक्ष से देखा कि समुद्र में आज ऊँची लहरें उठ रही हैं, पश्चिम की ओर से तेज हवा बह रही है। कान लगाकर तरंगों के कलकल शब्द सुनते-सुनते एक बार मन में आया कि किसी एक अदृश्य वाद्य पर गान बज रहा है। उस गान का शब्द मेघ-गर्जन के समान प्रबल था ऐसा नहीं, वह गभीर और विलम्बित था; किन्तु जैसे मृदंग-करताल के सशक्त शब्द की घटा के बीच वायलिन के एक तार की अविराम तान समस्त ऐक्य को आच्छादित कर वक्ष के भीतर बज उठती है, उसी प्रकार उस धीर गम्भीर सुर की अविराम धारा समस्त आकाश के मर्मस्थल को पूर्ण कर सर्वत्र व्याप्त हो रही थी। अन्त तक ऐसा हुआ कि—मैं अपने अन्तर में जो सुर सुन रहा था उसे ही कण्ठ में लाने की चेष्टा करने लगा। किन्तु, इस प्रकार की चेष्टा तो एक तरह का दौरात्म्य था, इससे उस महत् सुर की शान्ति नष्ट हो जाती, इसलिए मैं चुप रहा।

एक बात मन में आयी—प्रभात में महासमुद्र ने मेरे अन्तर की वीणा पर जो यह गान झंकृत किया वह तो वायु का गर्जन और तरंग की कलध्वनि की प्रतिध्वनि नहीं। उसे किसी भी दृष्टि से इस आकाश व्यापी जल-वायु के शब्द का अनुकरण नहीं कहा जा सकता। वह सम्पूर्ण स्वतन्त्र है; वह एक गान है; उसमें सुर फूल की पापड़ी के समान एक के बाद एक, धीरे-धीरे, स्तर दर स्तर उद्घाटित हो रहे थे।

किन्तु मेरे मन में ऐसा अनुभव हो रहा था कि वह तो कोई निराली वस्तु नहीं है, वह इस समुद्र के विपुल शब्दोच्छ्वास की ही अन्तरतर ध्वनि है। यह गान ही पूजा-मन्दिर की सुगन्धित धूप के धूम के समान आकाश के हर रन्ध्र में व्याप्त हो कर मात्र ऊपर उठ रहा है। समुद्र के निश्वासों में जो उच्छ्वसित हो रहा है, उसके बाहर शब्द है और अन्तर में गान।

बाहर के साथ भीतर का एक योग निश्चय ही है, किन्तु वह योग अनुरूपता का योग नहीं है; वरन् मैं देख सकता हूँ कि वह योग सम्पूर्ण 'अमिल' का योग है। दोनों मिल गये हैं, किन्तु दोनों में मेल कहाँ है इसका पता लगाने का कोई उपाय

नहीं है। वह अनिर्वचनीय मेल है, वह प्रत्यक्ष प्रमाणयोग्य मेल नहीं है।

आँखों में प्रत्यक्ष हो रहा है स्पन्दन का आघात, और मन में देख रहा हूँ आलोक, देह अनुभव कर रही है वस्तु का स्पर्श, और चित्त में जाग्रत हो रहा है सौन्दर्य; बाहर घट रही है घटना, और अन्तर में सुख-दुःख की तरंग उठ रही है। एक का आयतन है, उसका विश्लेषण किया जा सकता है; अन्य एक का आयतन नहीं, वह अखण्ड है। यह जो 'मैं' कहने से हम जिसकी कल्पना करते हैं, वह बाहर की ओर कितने शब्द, गन्ध, स्पर्श, कितने क्षण का चिन्तन और अनुभूति है; किन्तु इस समस्त के भीतर से जो एक वस्तु अपनी समग्रता में प्रकट हो रही है वही मैं हूँ, एवं वह अपने बाहर के रूप का प्रतिरूप मात्र नहीं है, वरंच बाहर के वैपरीत्य के द्वारा वह व्यक्त हो रहा है।

विश्वरूप के अन्तरतर इसी अपरूप को प्रकाश करने के लिए ही शिल्पियों, गुणियों की इतनी आकुलता है। इसीलिए उनकी यह चेष्टा अनुकरण के द्वारा कभी सफल नहीं हो सकती। कई बार अभ्यासवशतः हमारी बोधशक्ति में जड़ता आ जाती है। फिर, हम जिसे देख रहे हैं, मात्र उसे ही देखते हैं। प्रत्यक्षरूप जब अपने को ही चरम मानकर वह हमारे समक्ष आत्म परिचय देता है तब यदि उस परिचय को ही मान लें तो उस जड़ परिचय से हमारा चित्त जाग्रत नहीं होता। तब यद्यपि पृथिवी पर हम चलते हैं, फिरते हैं, काम करते हैं, किन्तु पृथिवी को चित्त द्वारा ग्रहण नहीं करते। कारण, इस पृथिवी की अन्तरतर अपरूपता ही हमारे चित्त की सामग्री है। अभ्यास याने नित्य आचरण का आवरण दूर कर उस अपरूपता को ही उद्घाटित करने के लिए कवि, गुणी नियुक्त हैं, सक्रिय हैं।

इसीलिए वे हमारे अभ्यस्त रूप का अनुसरण न कर उसे झटका देते हैं। वे एक रूप को दूसरे रूप में ले जाकर उसकी चरमता के दावे को अग्राह्य कर देते हैं। जिसे हम दृश्य सामग्री मानते हैं, उसे वे श्रव्य रूप में हमारे सामने खड़ा करते हैं, उसी तरह श्रव्य सामग्री को वे दृश्य में रूपान्तरित कर देते हैं। इसी प्रकार उन्होंने दिखाया है कि जगत् में रूप नामक वस्तु ध्रुव सत्य नहीं है, वह रूपक मात्र है; उसके अन्तर में प्रवेश कर सकने पर ही उसके बन्धन से मुक्ति है, तभी आनन्द में परित्राण है।

हमारे गुणियों ने भैरव में, तोड़ी में सुर संयोजित कर कहा कि ये प्रातःकाल के गान हैं। किन्तु, उनमें क्या प्रातःकाल के नवजाग्रत संसार की नानाविध ध्वनियों की कोई नकल मिलती है ? कुछ भी नहीं। तब भैरव, तोड़ी को प्रातःकाल की रागिनी कहने का अर्थ क्या हुआ ? इसका अर्थ यह हुआ कि प्रातःकाल के समस्त शब्द और निःशब्दता के अन्तरतर संगीत को गुणियों ने अपने अन्तःकरण से सुना है। प्रातःकाल के किसी बहिरंग के साथ इस संगीत को मिलाने की चेष्टा करने पर यह चेष्टा व्यर्थ होगी।

हमारे देश के संगीत का यह विशेषत्व हमें बड़ा अच्छा लगता है। हमारे देश में प्रभात, मध्याह्न, अपराह्न, सायाह्न, अर्धरात्रि और वर्षा-वसन्त की रागिनी की रचना हुई है। ये सब रागिनियाँ सभी को उपयुक्त प्रतीत होगी या नहीं, नहीं जानता। अन्ततः मैं अपने हृदय में सारंग राग को मध्याह्नकाल के सुर रूप में अनुभव नहीं करता। वैसा भले ही हो, किन्तु विश्वेश्वर के खास महल के गुप्त नौबतखाने में भिन्न-भिन्न काल तथा भिन्न-भिन्न ऋतुओं में जो नव-नव रागिनियाँ बजती हैं, वे हमारे कलाकारों के अन्तःकरण में समाविष्ट हुई हैं। बाहर के प्रकाश के अन्तराल में जिस एक गहनतर अन्तर का प्रकाश है, हमारे देश के राग-तोड़ी, कान्हड़ा वही बता रहे हैं।

यूरोप के बड़े-बड़े संगीत रचयिताओं ने निश्चय ही किसी-न-किसी दृष्टि से अपने गान में विश्व के उस गहन अन्तर की वार्ता को प्रकट करने का प्रयास किया है। उनकी रचनाओं से यदि वैसा कुछ परिचय झलक उठेगा तो उस सम्बन्ध में आलोचना की जाएगी। फिलहाल यूरोपीय संगीतसभा के बहिर्प्रवेशद्वार पर बेकार लोगों की भीड़ में जो कुछ सुनाई पड़ता है, उस सन्दर्भ में मेरे मन में कुछ विचार उठे हैं।

हमारे जहाज के यात्रियों में कुछ लोग सन्ध्या के समय गाना-बजाना करते हैं। जब इस प्रकार की बैठक होती है तो मैं भी उसी कक्ष के एक कोने में बैठ जाता हूँ। विलायती गान मुझे स्वभावतः अच्छा लगता है, इसीलिए मैं आकृष्ट हो जाता हूँ ऐसी बात नहीं। किन्तु, मैं यह निश्चय ही जानता हूँ कि अच्छी वस्तु का उपभोग करने के लिए भी साधना आवश्यक है। बिना साधना के जो वस्तु हमें मुग्ध करती है वह प्रायसः सिर्फ मोह होता है और जो विरत करती है वही यथार्थ उपादेय है। इसीलिए यूरोपीय संगीत सुनने का मैं अभ्यास करता हूँ। जब मुझे अच्छा नहीं लगता तब भी मैं उसके प्रति अश्रद्धा दिखाकर उससे दूर नहीं जाता।

इस जहाज पर एक युवक और एक-दो महिलाएँ हैं, वे सम्भवतः बुरा नहीं गाते। देखता हूँ कि श्रोता उनका गान सुनकर विशेष आनन्द प्रकट करते हैं। जिस दिन सभा विशेष रूप से जम जाती है उस दिन एक के बाद एक इस प्रकार कई गान चलते रहते हैं। कोई गान इंगलैण्ड के गौरवगर्व का, तो कोई हताश प्रणयिनी का विदाई-संगीत, तो किसी गीत में है प्रेमी का प्रणय-निवेदन। इन सब गानों में मैंने एक विशेषत्व देखा—गान के सुर और गायक के कण्ठ में कहीं-कहीं जोर देने की चेष्टा है। वह जोर संगीत के भीतर की शक्ति नहीं जैसे बाहरी प्रयास है। अर्थात् हृदयावेग के उतराव-चढ़ाव को सुर और कण्ठस्वर के जोर से प्रत्यक्ष करने का प्रयास है।

यही स्वाभाविक है। हमारे हृदयोच्छ्वास के साथ-साथ हमारे कण्ठस्वर का वेग स्वभावतः कभी मृदु, कभी प्रबल हो उठता है। किन्तु, गान तो स्वभाव की नकल नहीं, क्योंकि गान और अभिनय एक वस्तु नहीं है। अभिनय को यदि गान के साथ मिला

देते हैं, तो यह गान की विशुद्ध शक्ति को आच्छन्न करने के समान है। इसीलिए जहाज की सलून में बैठकर जब इनका गान सुनता हूँ तो मुझे अनुभव होता है कि ये हृदय के भाव को जैसे धक्का देकर, आँख में अँगुली कोंचकर दिखाना चाहते हैं।

किन्तु, संगीत में तो हम इस प्रकार बाहर की ओर से देखना नहीं चाहते। प्रेमिक ठीक किस प्रकार अनुभव कर रहा है वह तो हमारे जानने का विषय नहीं है। उस अनुभूति की ओट में जो संगीत बज रहा है उसे ही हम गान में जानना चाहते हैं। बाहर के प्रकाश से इस अन्तर का प्रकाश बिल्कुल भिन्न जातीय है। कारण, बाहर जो आवेग है, अन्तर में वही सौन्दर्य है। ईथर का स्पन्दन और ज्योतिर्मय लोक का प्रकाश जिस प्रकार स्वतन्त्र हैं, उसी प्रकार ये भी स्वतन्त्र हैं।

हम आँसू बहाकर रोते हैं और हँस कर आनन्द प्रकट करते हैं, यही स्वाभाविक है। किन्तु, गायक यदि दुःख के गान में उसी अश्रुपात और सुख के गान में उसी हास्यध्वनि की सहायता लेता है, तो उससे संगीत-सरस्वती की अवमानना होती है, इसमें सन्देह नहीं। वस्तुतः जहाँ अश्रु के भीतर के अश्रु झरते नहीं और हास्य के भीतर का हास्य ध्वनित नहीं होता, वहीं संगीत का प्रभाव है। वहीं मनुष्य के रोने-हँसने के जरिए असीम में ऐसी एक चेतना परिव्याप्त होती है, जहाँ हमारे सुख-दुःख के सुर से समस्त वृक्ष-लता नदी-निर्झर की वाणी व्यक्त हो उठती है एवं हमारे हृदय की तरंगें विश्वहृदयसमुद्र की ही लीला-सी प्रतीत हो सकती हैं।

किन्तु, सुर और कण्ठ पर जोर देकर, वेग से तानकर, हृदयावेग की नकल करने से संगीत की उस गम्भीरता में बाधा उपस्थित होती है। समुद्र के ज्वार-भाटा के समान संगीत की अपनी एक उच्च-निम्न अवस्था है, किन्तु वह उसकी अपनी वस्तु है, कविता के छन्द के समान वह उसके सौन्दर्यनृत्य का पदक्षेप है, वह हमारे हृदयावेग के कठपुतली का खेल नहीं है।

यद्यपि अभिनयकला अन्यान्य कलाविद्या की अपेक्षा नकल की ओर अधिक जोर देती है, फिर भी वह हर नकल करने वाले का काम नहीं है। अभिनयकला ने भी स्वाभाविकता का आवरण उठाकर उसके भीतर की लीला दिखाने की जिम्मेदारी ली है। अतः स्वाभाविकता की ओर अधिक जोर देने से भीतर की वह दृष्टि, वह भावना आच्छन्न हो जाती है। रंगमंच पर प्रायः देखा जाता है कि मनुष्य के हृदयावेग को अत्यन्त बृहत् बनाकर दिखाने के लिए अभिनेता कण्ठस्वर और अंगभंगिमा का जबरदस्ती प्रयोग करते हैं। उसका कारण यह है कि जो सत्य को प्रकाश न कर सत्य की नकल करना चाहता है वह मिथ्या साक्ष्यदाता के समान बात को बढ़ा-चढ़ाकर बोलता है। संयम का आश्रय लेने का उसमें साहस नहीं है। हमारे देश के रंगमंच पर प्रत्यह मिथ्यासाक्षी का वही गलद्धर्म व्यायाम देखा जाता है। किन्तु, इस सन्दर्भ में विलायत में एक चरम दृष्टान्त देखने को मिला। वहाँ विख्यात अभिनेता आर्विंग का हैमलेट और ब्राइड आफ लामारमूर देखने गया था। आर्विंग का प्रचण्ड अभिनय

देखकर मैं हतप्रभ हो गया। इस प्रकार असंयत आतिशय्य से अभिनेतव्य विषय की स्वच्छता बिल्कुल नष्ट हो जाती है उससे बाह्य रूप तो मन को अवश्य प्रभावित करता है, किन्तु गभीरता में प्रवेश करने में ऐसी बाधा तो मैंने और कभी देखी नहीं।

'आर्ट' वस्तु में संयम का प्रयोजन सर्वाधिक है। कारण, संयम ही अन्तरलोक में प्रवेश का सिंहद्वार है। मानव जीवन की साधना में भी जो आध्यात्मिक सत्य की उपलब्धि करना चाहते हैं, वे भी बाह्य उपकरण को न्यून कर संयम का आश्रय लेते हैं। इसीलिए आत्मा की साधना में ऐसी एक अद्‌भुत बात कही गयी है : त्यक्तेन भुञ्जीताः। त्याग द्वारा भोग करो। आर्ट की चरम साधना विराट की साधना है। इसीलिए प्रबल आघात के द्वारा हृदय को मादकता से सिहरा देना आर्ट का सत्य व्यवसाय नहीं है। संयम द्वारा वह हमें अंतर की गभीरता में ले जाएगी, यही उसका सच्चा लक्ष्य है। हम जो आँखों से देखते हैं, कला उसी की नकल नहीं करेगी, किंवा उसी पर मोटी तूलिका से रंग चढ़ा कर अतिशयता से बच्चों के समान हमें छलेगी नहीं।

अरब समुद्र
25 ज्येष्ठ 1319 (बंगाब्द)

संगीत

हम ग्रीष्म ऋतु की समाप्ति पर इस देश (इंगलैण्ड) में पहुँचे, अब यहाँ संगीत-समारोहों का समय समाप्त हो आया है। अब यहाँ किसी बड़े उस्ताद के गाने या बजाने की बैठक नहीं है। ग्रीष्मकाल में पक्षी नाना समुद्र पार कर यहाँ के निकुञ्ज में आते हैं, सभा जमाते हैं और चले जाते हैं। मानव का संगीत भी यहाँ सभी ऋतुओं में ही नहीं होता, उसका भी विशेष समय है, उस समय में विश्व भर के कई उस्ताद विभिन्न दिशाओं से आकर यहाँ संगीत-सरस्वती की पूजा करते हैं।

हमारे देश में भी इसी प्रकार गीत-वाद्य का एक पर्व था। पूजा-पर्व के समय बड़े-बड़े धनिकों के निवास स्थल पर कई अंचलों के गुणी एकत्र होते थे। इन सभी संगीत सभाओं में वहाँ के साधारण लोगों का अबाध प्रवेश था। उस समय लक्ष्मी एवं सरस्वती एकत्र होतीं और संगीत का वसन्तसमीरण पूरे देश के हृदय को स्पर्श करता था। किसी समय सर्वत्र अभिजात धनी वर्ग ही देश के शिल्प, साहित्य, संगीत को आश्रय प्रदान कर उसका संरक्षण करता रहा है। यूरोप में अब जनसाधारण ने उस अभिजात वंश का स्थान ले लिया है; हमारे देश में सार्वजनिक रूप से जो घटिया होता है, वही यूरोप में सर्वत्र फैल गया है। सार्वजनिक रूप से ही यहाँ उस्ताद को बुलाकर उनका गान सुना जाता है। लोगों की कृपा से ही निरन्न कवियों का दैन्यमोचन होता है और चित्रकार छवि का अंकन कर लक्ष्मी का प्रसाद प्राप्त करते हैं। किन्तु हमारे देश में वर्तमान काल में धनिकों के धन का कोई दायित्व नहीं है; वे धन के द्वारा लैजारस अस्लर हैमिल्टन हर्मन् एवं मैकिंटश-वर्न आदि बड़ी-बड़ी कम्पनियों के मुनाफे की वृद्धि करते हैं। इस ओर जनसाधारण की न तो रुचि है और न क्षमता। हमारे देश में कलावधू का लक्ष्मी ने भी परित्याग कर दिया है, गणेश के घर तक में आज भी उनका स्थान नहीं है।

यह मेरा सौभाग्य ही था कि मेरे लन्दन पहुँचने के कुछ सप्ताह बाद ही क्रिस्टल पैलेस की गीतशाला में हैण्डेल-उत्सव का आयोजन हुआ था। प्रसिद्ध संगीत-रचयिता

हैण्डेल जर्मन थे, किन्तु उन्होंने अपना अधिकांश जीवन इंगलैण्ड में ही बिताया था। वाइबल के किन्हीं-किन्हीं अंशों को उन्होंने स्वरबद्ध किया था, उन्हें इस देश में विशेष आदर मिला था। ये गीत बहुशत वाद्यों के सहयोग से और बहुशत मिलित कण्ठों से हैण्डेल-उत्सव में गाए जाते हैं। चार हजार वादकों और गायकों के साथ इस बार का उत्सव सम्पन्न हुआ था।

इस उत्सव में मैं उपस्थित था। विराट् सभागृह की गैलरियों में गायक और वादक स्तर-स्तर में बैठ गए हैं। इतना बृहत् समागम था कि दूरबीन की सहायता के बिना किसी को भी स्पष्ट देखा नहीं जा सकता था, लगता था मानो राशि-राशि मानव रूपी मेघ उमड़ आए हैं। स्त्री और पुरुष गायक मन्द्र, मध्य और तार सुरों की कण्ठध्वनियों के अनुसार भिन्न-भिन्न श्रेणियों में बैठे हैं। एक ही रंग तथा एक प्रकार के वस्त्र परिधान किए हुए हैं; ऐसा आभास हो रहा है कि किसी एक प्रकाण्ड पट पर जैसे किसी ने रेखाओं पर पशम की बुनाई कर दी हो।

चार हजार कण्ठों और वाद्यों से संगीत मुखरित हो उठा। एक सुर भी इधर-उधर नहीं हुआ। चार हजार सुर की धारा नृत्य करते-करते एक साथ प्रवाहित हुई, उनमें से किसी ने किसी को भी आघात नहीं किया। फिर भी यह समतान नहीं था, विचित्र तानों का विपुल सम्मिलन था। इस बहुविचित्रता को इस तरह अनिन्दनीय सुसम्पूर्णता के साथ एक सम्यक् रूप देने में जो एक बृहद्शक्ति है, उसे ही अनुभव कर मैं विस्मित हो गया। इतने बड़े बृहद् क्षेत्र में भी अन्तर-बाहर इस जाग्रत शक्ति में कहीं कोई उदासीनता नहीं, जड़ता नहीं। आसन-वसन से लेकर गीतकला के सुविन्यास तक सर्वत्र उसका अमोघ विधान प्रत्येक अंश को समग्र के साथ मिलाकर नियंत्रित कर रहा था।

बीच-बीच में मुद्रित प्रोग्राम खोलकर गान के शब्दों के साथ सुर मिलाकर देखने का प्रयास किया था। किन्तु मेल देख पाया था, कह नहीं सकता। इतना बड़ा एक प्रकाण्ड संगीत-सम्मेलन संयोजित करने पर वह यांत्रिक हो उठेगा इसमें सन्देह नहीं। बाहर का आयतन बृहत् विचित्र और निर्दोष हुआ है, किन्तु भाव का रस दब-सा गया है। मुझे लगा कि बृहत् व्यूहबद्ध सैन्यदल जिस प्रकार चलता है इस संगीत की गति भी उसी प्रकार है, इसमें शक्ति तो है, किन्तु लीला नहीं है।

किन्तु यह कहना सत्य नहीं है कि समस्त यूरोपीय संगीत पदार्थ ही इसी श्रेणी का है। अर्थात्, यूरोपीय संगीत में आकार का नैपुण्य प्रधान है, भाव का रस प्रधान नहीं, यह विश्वास योग्य नहीं हो सकता। कारण, ऐसा प्रत्यक्ष देखा जाता है कि संगीत की रससुधा यूरोप को किस प्रकार पागल कर देती है। फूल के प्रति मधुमक्खी का आग्रह देखते ही समझ में आ जाता है कि फूल में मधु है, वह मधु हमें दृष्टिगोचर भले ही न हो।

यूरोप के संगीत और हमारे देश के संगीत में एक स्थान पर मूलभूत प्रभेद है, यह सत्य है। हारमनी या स्वरसंगति यूरोपीय संगीत की प्रधान वस्तु है। और, राग-रागिनी ही हमारे संगीत का मुख्य अवलम्बन है। यूरोप की दृष्टि विचित्र की ओर है, हमारी दृष्टि एक की ओर। विश्वसंगीत में हम देखते हैं कि विचित्र की तान सहस्र धारा में उच्छ्वसित हो रही है; एक-दूसरे की प्रतिध्वनि नहीं है; प्रत्येक का अपना विशेषत्व है, फिर भी समस्त ही एक होकर आकाश को पूर्ण कर रही है। जगत् की उस विराट् नृत्यलीला को हार्मनी सुर द्वारा दिखा रही है। किन्तु बीच में निश्चय ही एक रागिनी का गान चल रहा है, उस गान की तान-लय को ही घेर-घेर कर नृत्य अपनी विचित्र गति को सार्थक कर रहा है। हमारे देश का संगीत उस बीच के गान को पकड़ने की चेष्टा कर रहा है। वही गभीर, गोपन, वही एक–जिसे ध्यान द्वारा पाया जा सकता है, जो आकाश में स्तब्ध रूप में ठहरा हुआ है। चिरगतिमान विचित्र के साथ संयोग से ताल रखकर चलना, यही यूरोपीय प्रकृति है; और चिरनिस्तब्ध एक की ओर कान लगाकर, मनोयोग रखकर अपने को शान्त करना, यही हमारा स्वभाव है।

हमारे देश के संगीत में क्या हम यही अनुभव नहीं करते ? यूरोप के संगीत में हम देखते हैं कि मनुष्य के समस्त तरंग-खेल के साथ उसके ताल-मान का योग है, मनुष्य के हँसने-रोने के साथ उसका प्रत्यक्ष सम्बन्ध है। हमारा संगीत मनुष्य की जीवन-लीला के भीतर से उद्भूत नहीं होता, उसके बाहर की ओर से वह बह आता है। यूरोप के संगीत को मनुष्य ने अपने घर के आलोक, उत्सव के आलोक, विविध रंगों के झूमरों से विविधांगी कर जगमगाया है। हमारे संगीत में दिगन्त से चन्द्रमा का आलोक आया है। इसीलिए मैं बार-बार अनुभव करता हूँ–हमारा संगीत हमारे सुख-दुःख का अतिक्रमण कर चला जाता है। हमारी विवाह-रात्रि में रोशन चौकी से सहाना बजता है, किन्तु उस सहाना की तान में प्रमोद की लहर कहाँ खेलती है ? उसमें यौवन का चांचल्य का लेशमात्र नहीं है; वह गभीर है, उसकी मीड़ के अंग-अंग में करुणा है। हमारे देश में आधुनिक विवाह में शहनाई के साथ विलायती बैण्ड बड़े लोगों की बर्बरता का एक अंग है। दोनों का प्रभेद बिल्कुल स्पष्ट है। विलायती बैण्ड का सुर मनुष्य के आमोद-उल्लास की समारोह-धरा को कम्पित करता है; जैसे लोगों की भीड़, जैसे हास्यालाप, जैसी साजसज्जा, जैसे फूलपत्तों पर प्रकाश घटा है, बैण्ड के सुर का उच्छ्वास भी वैसा ही है। किन्तु विवाह के प्रमोद-समारोह को चारों ओर से वेष्टित कर अन्धकार रात्रि निस्तब्ध है, वहाँ लोक-लोकान्तर का अनन्त उत्सव नीरव नक्षत्र-सभा में प्रशान्त आलोक से देदीप्यमान है, सहाना का सुर वहीं की वाणी वहन कर प्रवेश करता है। हमारा संगीत मनुष्य की प्रमोदशाला के सिंहद्वार को धीरे-धीरे खोल देता है एवं जनसमागम के बीच असीम का आह्वान कर ले आता है। हमारा संगीत एक का गान, अकेले का गान है–किन्तु

वह किसी कोने का 'एक' नहीं, वह विश्वव्यापी एक है।

हार्मनी अत्यन्त प्रबल होने पर गीत को आच्छन्न कर लेती है, एवं गीत जहाँ अत्यन्त स्वतन्त्र होकर उभरना चाहता है वहाँ वह हार्मनी को पास आने नहीं देना। दोनों में यह विच्छेद कुछ समय तक अच्छा है। प्रत्येक का पूर्वपरिणत रूप उभरने के लिए कुछ समय के लिए प्रत्येक को स्वातन्त्र्य का अवकाश देना उचित है। किन्तु, फिर भी मैं उन दोनों को सर्वदा मिलन से वंचित रखना श्रेयस्कर नहीं मान सकता। वर और कन्या जब तक यौवन की पूर्णता प्राप्त नहीं करते तब तक उन्हें पृथक् रखकर वर्धित होते रहने देना ही ठीक है, किन्तु उसके बाद भी वे मिल न सकें तो वे असम्पूर्ण रह जाते हैं। गीत और हार्मनी के मिल जाने के दिन आ गए हैं इसमें कोई सन्देह नहीं। इस मिलन का आयोजन भी शुरू हो गया है।

गाँव में सप्ताह में विशेष एक दिन बाजार लगता है, वर्ष में विशेष एक दिन मेला होता है। उस दिन परस्पर खरीद-फरोख्त कर मनुष्य अपना अभाव मिटा लेता है। मनुष्य के इतिहास में भी वैसा एक-एक युग में हाट का दिन आता है; उस दिन अपनी-अपनी सामग्री के विनिमय में मनुष्य अन्य की सामग्री संग्रह कर ले आता है। उस दिन मनुष्य समझ लेता है कि मात्र अपने द्वारा उत्पन्न वस्तु से मनुष्य का दैन्य दूर नहीं होता; वह समझ लेता है कि अपने ऐश्वर्य की सार्थकता मात्र यही है कि उससे दूसरों की सामग्री पाने का अधिकार मिलता है। इस प्रकार के युग को यूरोप के इतिहास में रेनेसाँ का युग कहा जाता है। वर्तमान युग में पृथिवी पर रेनेसाँ का जो हाट लग गया है, इतना बड़ा हाट पहले कभी नहीं लगा। इसका प्रधान कारण यह है कि आज पृथिवी पर चारों ओर का रास्ता जिस प्रकार उन्मुक्त हुआ है वैसा पहले कभी नहीं था।

कुछ दिन पूर्व एक मनीषी ने मुझे कहा था कि यूरोप में भारतवर्षीय रेनेसाँ का समय आ गया है। भारतवर्ष के ऐतिहासिक भाण्डार में जो सम्पद् संचित है यकायक वह यूरोप को दृष्टिगोचर हो रहा है और यूरोप अनुभव कर रहा है कि उसे इस सम्पद् का प्रयोजन है। अब तक भारतवर्ष का चित्रशिल्प और स्थापत्य कला की यूरोप अवज्ञा कर रहा था, अब उसकी महिमा यूरोप देख पाया है।

अति अल्पकाल से ही भारतवर्षीय संगीत पर भी यूरोप की नजर पड़ी है। भारतवर्ष में रहते हुए ही मैंने देखा है कि यूरोपीय श्रोता सुरबहार पर बागेश्री का आलाप बड़े तन्मय होकर सुनते हैं। एक दिन मैंने देखा कि एक अंग्रेज श्रोता एक सभा में बैठकर दो बंगाली युवकों से सामवेद का गान सुन रहा है। दोनों गायक वेदमन्त्रों में इमन कल्याण, भैरवी प्रभृति बैठकी सुर सजाकर उन्हें सामगान के रूप में सुना रहे हैं। मुझे उनसे कहना पड़ा कि इसे सामगान के रूप में ग्रहण नहीं किया जा सकता। मैंने महसूस किया कि उन्हें सतर्क कर देना मेरे लिए नितान्त अतिरेक था; कारण, वे मुझसे बहुत अधिक जानते हैं। मुझे वेदमन्त्र की आवृत्ति करने को

कहने पर मैं जो कुछ अल्प जानता हूँ उसी के अनुसार मैंने आवृत्ति की। तभी उन्होंने कहा कि यह तो यजुर्वेद की आवृत्ति की प्रणाली है। वस्तुतः मैंने यजुर्वेद के मन्त्र की ही आवृत्ति की थी। वेदगान से आरम्भ कर ध्रुपद-खयाल के राग-मान-लय का उन्होंने सूक्ष्म सन्धान किया था—उन्हें धोखा देना आसान नहीं। वे भारतवर्षीय संगीत के सम्बन्ध में ग्रन्थ लिख रहे हैं।...

एक दिन डाक्टर कुमारस्वामी के एक निमन्त्रणपत्र में पढ़ा, वे मुझे रतनदेवी का गान सुनाएँगे। समझ नहीं सका कि रतनदेवी कौन है; सोचा कोई भारतवर्षीय महिला होगी। मैंने देखा कि वह एक अंग्रेज महिला हैं, जहाँ मुझे आमन्त्रित किया गया था वहीं की वे गृहस्वामिनी हैं।

फर्श पर बैठकर गोद में तानपुरा लेकर उन्होंने गान आरम्भ किया। मैं विस्मित हो गया। यह तो हलका-फुलका सुगम संगीत नहीं। शास्त्रीय रीति से आलाप के साथ उन्होंने कान्हड़ा, मालकोष, बिहाग राग गाए ! उनमें दुरूह मीड़ एवं तानों का प्रयोग किया और हाथ के संकेत से ताल देने लगीं। विलायती परिमार्जन से हमारे संगीत के भारतवर्षीयत्व को किसी प्रकार क्षतिग्रस्त नहीं किया। हमारे उस्तादों के साथ प्रभेद यह है कि इनके कण्ठस्वर में कहीं भी कोई बाधा नहीं; शरीर की मुद्रा या गले के सुर में किसी कष्टकर प्रयास के लक्षण नहीं दिखाई दिए। गान की मूर्ति बिल्कुल अक्षुण्ण, अक्लान्त रूप में दिखाई देने लगी।

इस देश में जो भारतवर्षीय संगीत की आलोचना में रुचि रखने में प्रवृत्त हैं, इससे केवल कौतूहल चरितार्थ होता है ऐसी बात नहीं; उन्हें इसमें एक अपूर्व सौन्दर्य देखने को मिला है; अतः वे उस रस को ग्रहण करने, यहाँ तक कि यथासम्भव अपने को उस संगीत के अंगीभूत कर लेने के लिए उत्सुक हुए हैं। इनकी संख्या अभी नितान्त अल्प है इसमें सन्देह नहीं, किन्तु आग यदि एक कोने में भी लगे तो अपने तेज से चारों ओर फैल जाती है।

यहाँ की 'लण्डन एकेडेमी आफ म्यूजिक' के अध्यक्ष डाक्टर इयर्कट्रटार के साथ मेरी मुलाकात हुई। उन्होंने भारतवर्षीय संगीत का कुछ-कुछ परिचय प्राप्त किया है। लन्दन में संगीत-अनुशीलन का कोई उपाय किया जाए, इस बारे में उन्होंने मेरे समक्ष बार-बार उत्सुकता प्रकट की। यदि कोई भारतवर्षीय धनी राजा किसी बड़े उस्ताद वीणा-वादक को कुछ समय के लिए यहाँ रख सके, तो उनके मतानुसार बड़ा उपकार हो सकता है।

उपकार हमारा ही सर्वाधिक है। क्योंकि, हमारे शिल्पसंगीत के प्रति श्रद्धा हमने खो दी है। हमारे जीवन के साथ उसका योग नितान्त ही क्षीण हो गया है। नदी में जब भाटा आता है तब केवल कीचड़ ही बाहर आता है; हमारे संगीत की स्रोतस्विनी में ज्वार उतर गया है इसीलिए हम आज उसके तलदेश की पंकिलता में लुढ़क रहे हैं। इससे स्नान से ठीक उलटा काम हो रहा है। हमारे घर-घर में ग्रामोफोन पर जो

सुर बजते हैं, थिएटर से हम जो गान सीख रहे हैं उन्हें सुनते ही हम समझ सकेंगे कि हमारे चित्त के दारिद्रय में कदर्यता ही प्रकट हो रही है–ऐसा नहीं, बल्कि उस कदर्यता को ही हम अंग का भूषण समझ कर ग्रहण कर रहे हैं। सस्ती निकृष्ट वस्तु को कोई भी पृथिवी से विदा नहीं कर सकता; हर समाज में एक वर्ग ऐसा होता है जिसकी संगति उससे ऊपर नहीं उठ सकती–किन्तु जब ऐसा वर्ग देश भर में फैल जाए तब सरस्वती सस्ते मूल्य की कुंजीवाली पुतली बन जाती है। तभी हमारी साधना हीनबल हो जाती है एवं सिद्धि भी उसी के अनुरूप होती है। अतः अब ग्रामोफोन और कंसर्ट पार्टी का कुतृण देखते-देखते देश भर में छा जाएगा–जिस सोने की फसल की आशा है वह फसल मर रही है।

एक दिन डाक्टर कुमारस्वामी ने मुझे कहा था, 'सम्भवतः ऐसा समय आएगा जब तुम्हारे संगीत का परिचय प्राप्त करने के लिए तुम लोगों को यूरोप जाना पड़ेगा।' हमारे देश की अनेक वस्तुओं को यूरोप से पाने के लिए हम हाथ फैलाए बैठे हैं। हमारे संगीत को भी पूरी तौर से समुद्र पार जा कर जब उसे वापस प्राप्त करेंगे तभी सम्भवतः उसे अच्छे ढंग में पाएँगे। हमने बहुत समय घर के कोने में काटा है, इसीलिए किसी वस्तु की बाजारदर नहीं जानते। अपनी वस्तु की जाँच कर सकें, कहाँ हमारा गौरव है वह निश्चित रूप से समझ सकें, वह शक्ति भी हममें नहीं है।

···हमारी शिल्पकला में सम्प्रति जो उद्‌बोधन दिखाई देता है उसके मूल में भी यूरोप की प्राणशक्ति के आघात का संचार है। मेरा विश्वास है–संगीत में भी हमारे उस बाहर के संसर्ग का प्रयोजन है। उसे प्राचीन दस्तूर की लौह सन्दूक से मुक्त कर विश्व के बाजार में भुनाना होगा। यूरोपीय संगीत के साथ भलीभाँति परिचित होने पर ही हमारे संगीत को हम सत्य रूप में, बड़े रूप में व्यवहार करना सीखेंगे। यह दुःख का विषय है कि संगीत हमारे शिक्षित लोगों की शिक्षा का अंग नहीं है; हमारे कालेज नामक करणिकगिरी-कारखाने में शिल्प-संगीत का कोई स्थान नहीं है; एवं आश्चर्य की बात यह है कि जिन सब विद्यालयों को हमने 'नेशनल' नाम देकर स्थापित किया है वहाँ भी कलाविद्या की कोई पीठ नहीं रखी गई है। मनुष्य के सामाजिक जीवन में इसका कितना बड़ा प्रयोजन है, नोट मुखस्थ करते-करते, डिग्री लेते-लेते वह बोध भी हम पूरी तरह खो बैठे हैं। इसीलिए संगीत आज तक उन सब अशिक्षित लोगों में ही आबद्ध है, जिनके समक्ष विश्व का प्रकाश नहीं है; जिन्होंने अक्षम नारी के समान अपने समस्त धन को गहने गढ़ाकर रख छोड़ा है, उनको केवल ढो सकते हैं, सब प्रकार से व्यवहार नहीं कर सकते; यहाँ तक कि व्यवहार की बात के आभास मात्र से ही वे आतंकित हो उठते हैं मुझे तो लगता है कि यह उनका सर्वस्व खो देने का मार्ग है।

अतएव, जब हम अपने धन का सदुपयोग नहीं कर सके, तो जो ऐसा कर

सकते हैं वे एक दिन उस धन को अपने व्यवसाय में लगाएँगे, इसे विश्व के लिए उपयोगी बनाने का पथ खोजेंगे। हमें उस दिन की प्रतीक्षा में रहना होगा; उसके बाद ही हम गर्व करेंगे कि हमारे-जैसा धन जगत् में और किसी के पास नहीं है पर वैसे गर्व के उपकरण दूसरों को ही जुटा कर देने होंगे।

अग्रहायण, 1319 (बंगाब्द)

सोने की छड़ी

रूपकथा में है—राक्षस के जादू के प्रभाव से राजकन्या सो रही है। जिस नगरी में वह है वह सोने की नगरी है, जिस पलंग पर वह सो रही है वह सोने का पलंग है, उसके अंग सोने, माणिक आदि के अलंकारों से लदे हुए हैं। किन्तु, कड़ा पहरा है, कहीं किसी सुयोग से बाहर से कोई आकर उसे जगा न दे। उसमें दोष ही क्या है ? दोष यह है कि चैतन्य का दावा भी तो है। सचेतन को यदि कहा जाए 'तुम इस दायरे में ही चिरकाल रहो—एक पग भी इसके बाहर नहीं जाना', तो इससे उसके चैतन्य का अपमान होगा। किसी को सुप्त रखने में सुविधा यह है कि उससे देह के प्राण कायम रहते हैं किन्तु मन का वेग या तो बिल्कुल बन्द हो जाता है, या वह अद्‌भुत स्वप्न के पथहीन और लक्ष्यहीन अन्धलोक में विचरण करता है।

हमारे देश की गीतिकला की दशा इसी प्रकार है। वह मोह-राक्षस के हाथ में पड़कर बहुत समय से निद्रा में लीन है। जिस कक्ष में, जिस पलंग पर इस सुन्दरी की स्थिति है, उसके ऐश्वर्य की सीमा नहीं है; चारों ओर जो कारुकार्य हैं—वे कितने सूक्ष्म, कितने विचित्र ! अन्तःपुर के रक्षकगण की, जिनका नाम है उस्तादी, आँखों में नींद नहीं है। वे सैकड़ों वर्षों से आवागमन के सभी मार्गों को इस आशंका से रोके हुए हैं कि बाहर से कोई आगन्तुक आकर निद्रा भंग न कर दे।

इसका परिणाम यह हुआ है कि जो काल चल रहा है राजकन्या उसके गले में माला नहीं पहना सकती, प्रतिदिन के नूतन-नूतन व्यवहारों से उसका कोई योग नहीं है। वह अपने सौन्दर्य में बन्दी है, ऐश्वर्य में अचल है।

किन्तु, उसके कितने ही ऐश्वर्य एवं सौन्दर्य क्यों न हों, उसमें गतिशक्ति न हो तो गतिमान काल उसका भार वहन करने को राजी नहीं होता है। एक दिन दीर्घनिश्वास के साथ अचला को पलंग कर सोती छोड़कर वह अपने पथ पर चल पड़ता है—तब काल के साथ कला का विच्छेद हो जाता है। उसमें काल का भी दारिद्र्य है, कला की भी विकलता है।

हम स्पष्ट ही देख रहे हैं कि हमारे देश में गान वस्तु गतिशील नहीं है। उस्ताद

कहते हैं—गान वस्तु तो गतिशील होनी ही नहीं चाहिए, वह बैठक में बैठी रहेगी, तुम लोग आकर सम पर खूब जोर से सिर हिलाओगे। किन्तु मुश्किल यह है कि हमारे बैठकखाने का युग बीत गया है, अब हम कहीं थोड़ा-सा विश्राम कर सकते हैं तो वह मुसाफिरखाना में। जो वस्तु स्थिर हो गई है उसके खातिर हम भी स्थिर होकर रह नहीं सकेंगे। हम जिस नदी में बह रहे हैं वह नदी गतिमान है, यदि नौका न चले तो बहुत कीमती होने पर भी हमें उसका परित्याग कर बढ़ना होगा।

संसार में अचल और सचल दो प्रकार के मनुष्य हैं, अतएव इस सम्बन्ध में मतभेद होगा ही कि वर्तमान अवस्था अच्छी है या बुरी। किन्तु, मत को लेकर क्या करें ? जहाँ एक समय भूमि थी वह जगह यदि जलम्य हो गई है तो वहाँ के लिए चार घोड़ों की कीमती गाड़ी से कहीं केले का बेड़ा ज्यादा उपयोगी है।

पचास वर्ष पूर्व एक काल ऐसा था जब बड़े-बड़े गायक-वादक दूर-दूर से कलकत्ता आते थे। धनिकों के घरों पर मजलिसें जमती थीं, ठीक सम पर सिर हिला सकनेवालों की संख्या बिल्कुल कम नहीं थी। आज हमारे शहर में वक्तृता-सभा का अभाव नहीं, किन्तु गान की मजलिस बन्द हो गई है। सम्पूर्ण तान-मान-लय के साथ बैठकी गान पूर्णतया सहन कर सकें, ऐसे मजबूत लोग आज के युवकों में प्रायः दिखाई ही नहीं देते।

यह मैं नहीं मानता कि 'अनुशीलन नहीं है'। रुचि नहीं है, इसीलिए चर्चा या अनुशीलन भी नहीं है। अकबर का राजत्व बीत गया यह हमें मानना ही पड़ेगा। बहुत अच्छा था वह युग, किन्तु क्या किया जाए—वह अब नहीं रहा। फिर भी गान में ही वह राजत्व बहाल रहेगा ऐसा कहना अन्याय होगा। मैं यह नहीं कहता कि अकबर के शासनकाल का गान लुप्त हो जाएगा—किन्तु वर्तमान काल के साथ योग रखकर उसे टिकना होगा, वह वर्तमान काल का मुँह बन्द कर अपनी ही अन्तहीन पुनरावृत्ति करता रहेगा, यह तो हो ही नहीं सकेगा।

साहित्य के दृष्टिकोण से उदाहरण देने पर मेरी बात स्पष्ट होगी। हमारे साहित्य में कविकंकणचण्डी, धर्म मंगल, अन्नदामंगल मनसा-विसर्जन की पुनरावृत्ति यदि आज तक नियत भाव से चलती रहती तो क्या होता ? पन्द्रह आने लोग तो साहित्य पढ़ना छोड़ ही देते। बंगला साहित्य की सभी कहानियाँ यदि वासवदत्ता, कादम्बरी के साँचे में ढली होतीं तो जातिच्युत होने के भय से उन्हीं कहानियों को पढ़ाना पड़ता।

कवि कंकणचण्डी, कादम्बरी की मैं निन्दा नहीं कर रहा हूँ। साहित्य की शोभायात्रा में हमेशा के लिए उनका अपना-अपना स्थान है, किन्तु यात्रापथ को पूर्णरूपेण घेरकर वे ही यदि अखाड़ा जमा लें तो वह पथ ही व्यर्थ हो जाएगा—और, उनकी मजलिसों में केवल तकिए ही पड़े रहेंगे, मनुष्य नहीं।

बंकिम हमारी साहित्य-राजकन्या के पलंग के सिरहाने सात समुद्र पार के

राजपुत्र को ले आए। उन्होंने जैसे ही सोने की छड़ी लगाई कि उसी क्षण उस विजय वसन्त लैला-मजनूँ के हाथी के दाँत मढ़े पलंग पर राजकन्या हिल उठी। गतिमान काल के साथ उसका शुभ मिलन हो गया, फिर उसे आज कौन रोक सकता है ?

जो मनुष्यत्व की अपेक्षा कौलीन्य को बड़ा मानते हैं वे कहेंगे कि यह राजपुत्र तो विदेशी था। वे आज भी कहते हैं—यह सब कुछ मिथ्या माया है; वस्तुवाद यदि कुछ है तो वह यही कविकंकणचण्डी है, क्योंकि वह हमारी अपनी विशुद्ध सम्पदा है। उनकी बात ही यदि सत्य हो तो यह कहना ही पड़ेगा कि विशुद्ध वस्तुवाद को मनुष्य पसन्द नहीं करता। मनुष्य उसे ही चाहता है जो वस्तु होने पर भी वास्तुगत या अटल नहीं बन जाती, जो उसके प्राणों के साथ-साथ चलती है, जो उसे मुक्ति का स्वाद देती है।

विदेश की सोने की छड़ी ने जिस वस्तु को मुक्ति दी है वह तो विदेशी नहीं है,—वह तो हमारे अपने प्राण-सी है। उसका फल यह हुआ है कि जिस बंगला भाषा और साहित्य को एक दिन आधुनिकों का दल स्पर्श करना भी नहीं चाहता था, आज सभी उसका व्यवहार करते हैं और गौरव अनुभव करते हैं। किन्तु यदि ध्यान से देखें तो पता चलेगा—गद्य, पद्य आदि सभी अंगों में ही साहित्य का रूप व गति पुरातन काल से पूर्ण रूप से बदल गई है। जो उसे जातिच्युत कहकर निन्दा करते हैं, उपयोग के समय वे उसका वर्जन नहीं कर सकते।

समुद्रपार का राजपुत्र आकर मनुष्य के मन को सोने की छड़ी से स्पर्श कर उसे जगा देता है, मनुष्य-इतिहास में यह चिरदिन ही घटित होता आ रहा है। अपनी पूर्ण शक्ति को अपनाने के लिए वैषम्य के संघात की प्रतीक्षा उसे करनी ही पड़ती है। कोई भी सभ्यता अकेली ही स्वयं का सृजन नहीं करती। यूनान की सभ्यता के आरम्भ में अन्य सभ्यता थी एवं यूनान मिस्र और एशिया से संघात प्राप्त करता आ रहा है। भारतवर्ष में द्राविड़ संस्कृति-मनीषा के साथ आर्य संस्कृति मनीषा का संघात और सम्मिलन भारतसभ्यता-सृष्टि के मूल उपकरण हैं, उसके अलावा यूनान, रोम, फारस ने उसे बराबर झकझोरा है। यूरोपीय सभ्यता में जिन युगों को पुनर्जन्म का युग कहा जाता है, वे समस्त ही अन्य देश और अन्य काल के संघात के युग हैं। मनुष्य का मन बाहर की ओर से धक्का पाने पर ही अपने अन्तर के सत्यभाव को अनुभव करता है, एवं उसका परिचय मिल जाता है जब देखते हैं कि वह अपने बाहर के जीर्ण घेरों को तोड़कर अपना अधिकार विस्तृत कर रहा है। इस अधिकार-व्याप्ति को कुछ लोग बुरा मानते हैं और कहते हैं कि उसमें हमने अपने आप को खो दिया; वे नहीं जानते कि अपनी सीमाओं को विस्तृत करना अपने को खोना नहीं है—कारण, वृद्धि मात्र ही अपनी सीमाओं को पार करना है।

सम्प्रति हमारे देश में चित्रकला में नवजीवन-लाभ के जो लक्षण देखते हैं उसके मूल में भी सागरपार के राजपुत्र की सोने की छड़ी है। उस सोने की छड़ी के स्पर्श

की प्रथम अवस्था में निद्रा का घोर जब तक पूर्णतया टूटता नहीं, तब तक हम अपनी शक्ति को पूर्णतया अनुभव नहीं करते, तब अनुकरण ही महत्त्वपूर्ण बन जाता है, किन्तु घोर टूटते ही हम अपने बल पर चल सकते हैं। अपने बल पर चलने का एक लक्षण यह है कि तब हम दूसरे के पथ पर भी अपनी शक्ति से चल सकते हैं। पथ नाना हैं, अभिप्राय तथा शक्ति हमारी है। यदि पथ का वैचित्र्य रुद्ध कर दें, यदि एक ही निर्धारित पथ रह जाए तो अभिप्राय की स्वाधीनता नहीं रहती—तब गाड़ी के पहियों के समान चलना पड़ता है। यदि गाड़ी के पहियों के पथ को पहियों का अपना पथ कह कर गौरव अनुभव करें तो इससे अद्भुत प्रहसन इस जगत् में और कुछ नहीं है।

हमारे साहित्य और चित्रकला के क्षेत्र में समुद्रपार का राजपुत्र आ पहुँचा है। किन्तु संगीत के क्षेत्र में वह अब तक पहुँचा नहीं है। इसीलिए संगीत के जागने में आज भी विलम्ब हो रहा है। किन्तु हमारा जीवन जाग उठा है। इसीलिए संगीत का घेरा टलमल कर रहा है। मैं यह नहीं कह सकता कि आधुनिकों के दल ने गान का बिल्कुल वर्जन कर दिया है। किन्तु, वह जिस गान का व्यवहार कर रहा है, जिस गान से आनन्द प्राप्त कर रहा है, वह गान जातभुलैया गान है। उसमें शुद्ध-अशुद्ध विचार नहीं है। कीर्तन, बाउल, बैठकी मिलाकर जो वस्तु आज तैयार हो रही है वह आचारभ्रष्ट है। उस्ताद उसकी निन्दा करते हैं। उसमें निन्दनीयता निश्चय ही काफी है। किन्तु अनिन्दनीयता ही सबसे बड़ा गुण नहीं है। प्राणशक्ति शिव की भाँति अनेकों प्रकार के विष हजम कर लेती है। लोगों को अच्छा लगता है, सभी सुनना चाहते हैं, सुनते समय निद्रालीन नहीं होते, यह भी तो छोटी बात नहीं है। अर्थात्, गान की पंगुता दूर हुई, उसने चलना आरम्भ कर दिया। प्रथम चाल सर्वांग सुन्दर नहीं है, उसकी कई भंगिमाएँ हास्यास्पद एवं कुश्री हैं—किन्तु सबसे अधिक आशा की बात यह है कि उसने चलना शुरू कर दिया है, वह बन्धन नहीं मानता। प्राण के साथ सम्बन्ध ही उसके लिए सबसे बड़ा सम्बन्ध है, प्रथा के साथ का सम्बन्ध नहीं—यही बात आज के गान के इस विभ्रान्त वातावरण में गूँज रही है। उस्तादों की चतुराई अब उसे बाँध कर नहीं रख सकेगी।

द्विजेन्द्रलाल के गान के सुर में पाश्चात्य सुर का स्पर्श लगा है, इस कारण कुछ लोग उन्हें हिन्दुस्थानी संगीत से बहिष्कृत करना चाहते हैं। यदि द्विजेन्द्रलाल हिन्दूसंगीत में विदेशी सोने की छड़ी का स्पर्श कराते हैं तो सरस्वती निश्चय ही उन्हें आशीर्वाद देंगी। हिन्दूसंगीत नामक यदि कोई पदार्थ है तो वह अपनी जात बचाकर चले, क्योंकि उसके प्राण नहीं हैं, उसकी जात ही है। हिन्दूसंगीत को कोई भय नहीं—विदेश के संसर्ग से वह अपने को बड़े रूप में ही पाएगा। चित्त के साथ चित्त का संघात आज लगा है—उस संघात से सत्य उज्ज्वल नहीं होगा, नष्ट ही होगा—ऐसी आशंका जो भीरु करते हैं—जो मानते हैं—कि सत्य को वे अपनी मातामही की जीर्ण

गदली से ढक रखने से ही सत्य टिका रहेगा—आज वे जितना ही शोर मचाएँ उन्हें रास्ता छोड़कर चले जाना ही होगा। कारण, सत्य हिन्दू का सत्य नहीं, रुई के फाहे से एक-एक बूँद पोथी का विधान पिलाकर उसे बचाकर रखा नहीं जा सकता, चारों ओर से मनुष्य-समाज से धक्का खा कर ही वह अपनी शक्ति को प्रकट कर सकता है।

ज्येष्ठ, 1322 (बंगाब्द)

संगीत की मुक्ति

संगीत के सम्बन्ध में कुछ बोलने के लिए संगीत संघ की ओर से मुझे अनुरोध किया गया है। फरमाइश यह है कि देशी, विदेशी कोई भी संगीत जैसे अछूता न रह जाए। विषय गुरुतर है एवं आलोचना करने की मेरी एक ही योग्यता है और वह यह कि देशी या विलायती कोई भी संगीत मैं नहीं जानता।

'नहीं जानता' कहने का अर्थ इतना दूरगामी नहीं कि संगीत के साथ मेरा कोई सम्पर्क ही नहीं है। वह सम्पर्क किस प्रकार का है उसे कुछ खुलासा कर कहना चाहता हूँ।

जगत् में जानकारी दो प्रकार की होती है। एक तो है व्यवसायी का जानना और दूसरा है अव्यवसायी का। व्यवसायी जानता है, जिसे जानना सहज नहीं, अर्थात् नाड़ी-नक्षत्र। और अव्यवसायी जानता है, जिसे जानना अत्यन्त ही सहज है, अर्थात् हाव-भाव, चाल-चलन।

यह नाड़ी-नक्षत्र यानि आमूल सम्पूर्ण वृत्तान्त विशेष रूप से जानना ही प्रकृत जानना है ऐसा एक अन्धसंस्कार संसार में चल रहा है। इसीलिए सरल हृदय अनाड़ी के मन में सर्वदा ही एक आशंका रहती है कि यह नाड़ी-नक्षत्र पदार्थ न जाने क्या है ! और व्यवसायी लोग इस नाड़ी-नक्षत्र की दुहाई देकर अव्यवसायी लोगों का मुँह बन्द किए रखते हैं।

किन्तु जगत् में उस्ताद मात्र कुछ ही हैं, और अधिकांश तो अनाड़ी हैं। वर्तमान युग के प्रधान सरदार हैं डेमोक्रेसी, साधुभाषा में जिसे कहते हैं 'अधिकांश' (बहुमत)। अतएव इस युग में अनाड़ी का भी बोलने का अधिकार है। यहाँ तक कि उसका अधिकार ही अधिक है। जो कहता है 'मैं जानता हूँ' वह बोलता ही रहेगा और जो जानता है—'मैं नहीं जानता' वह चुप्पी साधे रह जाएगा, आजकल का यह धर्म नहीं है। अतएव आज मैं गाने के सम्बन्ध में जो कुछ कहूँगा वह उन अनाड़ियों के प्रतिनिधि के रूप में ही।

किन्तु स्मरण रहे कि अनाड़ियों का का। केवल एक ही प्रतिनिधि से नहीं चल सकता। सब सयानों का एक मत है क्योंकि उनका रास्ता बँधा-बँधाया है; जो सयाने नहीं हैं उनके मत अनेक हैं क्योंकि उनका कोई रास्ता ही नहीं है। इसीलिए कई सयानों के लिए एक प्रतिनिधि चलता है, किन्तु असयानों में जितने लोग हैं उतने ही प्रतिनिधि हैं। अतएव समीक्षा के समय शायद देखेंगे कि मेरा मत एक व्यक्ति के साथ ही मिलता है और वह व्यक्ति मुझ में ही विराजमान है।

अनाड़ी की सबसे बड़ी सुविधा यह है कि सानाड़ी की अपेक्षा अभिज्ञता का सुयोग उसे अधिक है। क्योंकि पथ केवल एक ही नहीं है, किन्तु पथहीनता की कोई सीमा नहीं है; उस ओर से जो जाता है वह अधिक देखता है, अधिक बाधाओं का सामना करता है। मैं पथ नहीं जानता इस कारण ही हो या मेरा मन मस्तमौला स्वभाव का होने के कारण ही हो, अब तक गीत के अपथ एवं अ-घाट से होकर ही गुजरता आया हूँ। अतः मेरी जो अभिज्ञता है, उसका शास्त्र के साथ मेल नहीं है। यह निश्चय ही अपराध का विषय है, किन्तु इसीलिए सम्भवतः यह मनोरम हो सकता है।

काव्यकला या चित्रकला दो प्रकार के मनुष्यों को लेकर है। जो रचना करता है और जो भोग करता है। गीतिकला में और एक प्रकार के मनुष्य ने प्रवेश किया है। रचयिता और श्रोता के बीच में है उस्ताद। मध्यस्थ पदार्थ विन्ध्य पर्वत के समान बाधा भी सिद्ध हो सकता है, पुनः स्वेज नहर के समान सहायक भी सिद्ध हो सकता है। जो भी हो, परन्तु उपसर्ग बढ़ने से विपदा भी बढ़ती है। रस के स्रष्टा एवं रस के उपभोक्ता इन दोनों के उपयुक्त मतों का समावेश, संसार में यही तो सबसे दुर्लभ है, उसके ऊपर पुनः रस का वाहन—त्रैगुण्य का ऐसा परिपूर्ण सम्मिलन बड़ा कठिन है। अंग्रेजी में एक प्रवाद है—दो का योग योग है, तीन का योग दुर्योग है।

इन्द्र की अपेक्षा इन्द्र के ऐरावत की विपुलता निश्चय ही कई गुना बड़ी है। इसी प्रकार गीतिकला में उस्ताद ने काफी स्थान घेर लिया है। देवता की अपेक्षा पण्डे की जिस प्रकार अधिक खातिर करनी पड़ती है, उसी प्रकार संगीत-सभा में उस्ताद की खातिरदारी स्वयं संगीत को भी मानो पीछे छोड़ देती है। कृष्ण बड़े हैं या राधा बड़ी, यह तर्क तो सुना है, किन्तु मथुरा की राजसभा में दरबानजी बड़े हैं या नहीं, यह एक नया तर्क आ पड़ा है।

जो व्यक्ति मध्यम स्थानीय है वह बीच के अपने निर्दिष्ट स्थान से सन्तुष्ट नहीं रहता, वह प्रमाणित करना चाहता है कि वही जैसे ऊपरवाला है। उत्तम की विनय स्वाभाविक है, अधम के लिए विनय अनिवार्य है, किन्तु जगत् में सर्वापेक्षा दुःसह है यह मध्यम। राजा तो भला ही है, और प्रजा तो मिट्टी की पुतली है, किन्तु अमलदार ! उसकी बात न करना ही अच्छा है। अपने 'राजकर्मचारी' नाम का प्रथम अंश ही उसे याद रहता है, द्वितीय अंश वह किसी भी तरह मुखस्थ नहीं कर सकता। इसी कारण जहाँ प्रजा के हाथों में कोई क्षमता नहीं, वहाँ नौकरशाही अर्थात् ब्यूरोक्रेसी

उच्च स्तर की वस्तु नहीं हो सकती। हमारे संगीत में इस ब्यूरोक्रेसी का आधिपत्य घटित हुआ है।

यहीं यूरोप की संगीत-पालिटिक्स और हमारी संगीत-पालिटिक्स में प्रभेद है। वहाँ उस्ताद को काफी कुछ बँधे दायरे में रहना पड़ता है। गान का स्रष्टा अपने ही हाथों से सीमा निश्चित कर देता है—उस्ताद उसे पूर्णतया कायम रखता है। ऐसा भी नहीं कि उन्हें बिल्कुल जड़वत् होकर रहना होगा, अधिक उद्दाम भाव दिखाने का भी रास्ता बन्द है।

यूरोप के प्रत्येक गान का एक विशेष व्यक्तित्व है, वह अपने में प्रधानतः आत्ममर्यादा ही प्रकाश करता है। भारत में प्रत्येक गान एक विशेष जातीय है, वह अपने में प्रधानतः जातिमर्यादा ही प्रकट करता है। यूरोपीय उस्ताद को सावधानी से गान का व्यक्तित्व कायम रखकर चलना पड़ता है। हमारे देश के गान का व्यक्तित्व है, वह अपनी जाति को सन्तोषजनक रूप से प्रमाणित करने तक सीमित है। यूरोप में गान के सम्बन्ध में जो कर्तृत्व है वह गान-रचयिता का अपना है, हमारे देश में उसी को दो जनों—गानवाला और गानेवाला—ने बाँट लिया है। जहाँ कर्तृत्व इस प्रकार जोड़ी का हाँकना हो, वहाँ रास्ता भी चौड़ा चाहिए। गान के उस चौड़े रास्ते का नाम है राग-रागिनी। वह गानकर्ता का प्राइवेट रास्ता नहीं है, वहाँ ट्रेसपास का कानून लागू नहीं होता।

एक हिसाब से यह विधि अच्छी ही है। जो मनुष्य गान रचना करेगा और जो गान गाएगा दोनों ही यदि सृष्टिकर्ता होते हैं तो रस का गंगायमुना-संगम होगा। जो गान गाया जा रहा है वह केवल आवृत्ति नहीं है, वह तो जीवन उत्स से तत्क्षण स्वतः प्रसूत है, ऐसा अनुभव होने पर श्रोता का आनन्द अक्लान्त, अम्लान हो उठता है। किन्तु मुश्किल यह है कि सृष्टि करने की क्षमता जगत् में विरल है। जिनकी शक्ति है, क्षमता है वे गान रचना करते हैं, और जिन्हें शिक्षा मिली है वे गान गाते हैं—साधारणतः ये अलग-अलग जात के मनुष्य हैं। दैवात् ही इनकी जोड़ी मिलती है, किन्तु प्रायः नहीं मिलती। फलस्वरूप कला-कौशल का कला-अंश गानकर्ता के भाग में, और उस्ताद के भाग में कौशल-अंश रहता। कौशल वस्तु खाद रूप में ही चलती है, सोने के हिसाब में नहीं। किन्तु उस्ताद के हाथ में खाद की मिलावट बढ़ती ही रहती है। क्योंकि उस्ताद तो मध्यम है, एवं मध्यम श्रेणी का प्रभुत्व ही जगत् में सबसे बड़ी दुर्घटना है। इसीलिए भारत का बैठकी संगीत कालक्रम से सुरसभा छोड़कर असुरों के कुश्ती-अखाड़े में उतर आया है। वहाँ तान-मान-लय का ताण्डव ही प्रबल हो उठता है, असली गान धुँधला ही रह जाता है।

रसबोध की नाड़ी जब क्षीण हो जाती है तब कौशल कला का अतिक्रमण करता है. साहित्य के इतिहास में ऐसा बराबर देखा गया है। इस देश में गान जब अपनी पूरी जवानी पर था तब ऐसे सब उस्ताद निश्चय ही अक्सर मिलते, गान गाना ही

जिनका स्वभाव था, गान की पहलवानी करना जिनका व्यवसाय नहीं था। तब बुलबुल को गान की ही ख्याति मिलती थी, लड़ाई की नहीं। तब ऐसे श्रोता भी निश्चय ही थे, जो संगीत (शास्त्र) की स्तुति के विधान से जाँच कर ही गान का विचार नहीं करते थे, क्योंकि सुनने में भी प्रतिभा की आवश्यकता है, केवल सुनाने के लिए ही नहीं।

हमारे उस्तादी गान की ये जो राग-रागिनियाँ हैं, इनका रस क्या है ? राग शब्द का मूल अर्थ है रंग। इस शब्द का जब मन के सम्बन्ध में व्यवहार किया जाता है तब अर्थ होता है अच्छा लगना। बंगला भाषा में राग शब्द का अर्थ है क्रोध। अंग्रेजी में passion का अर्थ अच्छा लगना और क्रोध दोनों ही है। अच्छा लगना और क्रोध इन दोनों में कुछ ऐक्य है। इन दोनों भावों से ही चित्त उद्दीप्त हो उठता है। इन दोनों का एक रंग है, वह रंग है लाल। यह रक्त का रंग है, हृदय की अपनी आभा है।

विश्व के हृदय की आभा नियत भाव से प्रकट होती है। प्रभात के आकाश और हवा में ऐसा कुछ जरूर है, जो मात्र वस्तु नहीं, घटना नहीं, जो केवल रस है। इस रस के क्षेत्र में ही हमारे अन्तर के साथ बाहर के राग-अनुराग का मेल है। इस मेल का तत्त्व अनिर्वचनीय है। जो निर्वचनीय है वह पृथक् है, वह अपने में स्वयं सुनिर्दिष्ट है। जहाँ पद्मफूल की निर्वचनीयता है वहाँ उसका आकार, आयतन और वस्तुपरिमाण पूर्णतया सीमाबद्ध रूप से उसका अपना ही है। किन्तु जहाँ पद्म अनिर्वचनीय है वहाँ वह अपने समस्त रूप से भी बहुत अधिक है। यह आधिक्य ही उसका संगीत है।

पद्म का जहाँ यह आधिक्य है, वहाँ उसके साथ मेरे आधिक्य का भी एक गभीर मेल है। इसीलिए गा सकता हूँ—

आजि कमलमुकुलदल खुलिल !
दुलिल रे दुलिल
मानससरसे रस पुलके—
पलके पलके ढेउ तुलिल।
गगन मगन हल गन्धे;
समीरण मूर्छे आनन्दे;
गुन् गुन् गुञ्जनछन्दे
मधुकर घिरि घिरि बन्दे;
निखिलभुवनमन भुलिल,
मन भुलिल रे
मन भुलिल।

हृदय के आनन्द और पद्म के बीच का भेद मिट गया—भाषा का रूप बिल्कुल उलट-पलट हो गया। जिसका रूप नहीं, उसने रूप धारण किया, जिसका रूप है वह अरूप हो गया। इस प्रकार का अद्‌भुत काण्ड कहाँ घटित होता है ? सृष्टि जहाँ अनिर्वचनीयता में अपने आप को अतिक्रमण करती है।

हमारी रागरागिनियों में उस अनिर्वचनीय विश्वरस को नाना बड़े-बड़े पात्रों में भरकर रखने की चेष्टा की गई है। पानी का नल जब लगा नहीं था तब कलकत्ता में गंगा का जल जिस प्रकार बड़े-बड़े कलशों में भर कर रखा जाता था उसी तरह यज्ञकर्ता अपनी इच्छा और शक्ति के अनुसार विविध आकार और विविध धातु के पात्रों में उस रस का परिवेशन कर सकते हैं, किन्तु वह एक ही जलाशय से लायी गयी वस्तु है।

अर्थात्, हमारे मतानुसार राग-रागिनी विश्वसृष्टि में नित्य है। इसीलिए हमारा उस्तादी गान मानो ठीक मनुष्य का गान नहीं है, वह जैसे समस्त जगत् का है। भैरव जैसे भोर के आकाश का हो प्रथम जागरण; परज जैसे अवसन्न रात्रिशेष की निद्राविह्वलता; कान्हड़ा जैसे घनान्धकार में अभिसारिका निशीथिनी की पथविस्मृति; भैरवी जैसे संग विहीन असीम की चिरविरहवेदना; मुल्तानी जैसे रौद्रतप्त दिनान्त का क्लान्तिनिश्वास; पूरबी जैसे शून्यगृहचारिणी विधवा सन्ध्या का अश्रुमोचन है।

भारतवर्ष के संगीत ने मनुष्य के मन में विशेष रूप से इस विश्वरस को ही संचारित करने का भार लिया है। मनुष्य की विशेष वेदनाओं को विशेष रूप से प्रकाश करना उसका अभिप्राय नहीं है। इसीलिए, सहाना का जो सुर अचंचल और गभीर है, जिसमें आमोद-आह्लाद का उल्लास नहीं है, वही हमारे विवाह-उत्सव की रागिनी है। नर-नारी के मिलन में जो चिरकालीन विश्वतत्त्व है उसी का वह स्मरण कराती है, जीवजन्म के आदि में जो द्वैत की साधना है, उसी की विराट् वेदना को व्यक्ति विशेष की विवाह घटना के ऊपर वह परिव्याप्त कर देती है।

हमारे रामायण, महाभारत सुर में गाए जाते हैं, उसमें वैचित्र्य नहीं है, वह रागिनी नहीं है, वह है 'सुर' मात्र। और कुछ नहीं, संसार की समस्त तुच्छता, दीनता एवं विच्छिन्नता के परे वह एक इंगित मात्र कर देता है। महाकाव्य की भाषा जहाँ एक कहानी कहती जाती है, सुर वहाँ साथ-साथ मात्र कहता रहता है 'अहो, अहो, अहो !' क्षिति-अप को मिलाकर जो मूर्ति गढ़ी गयी है उसके साथ तेज मरुत् व्योम का भी संयोग है, यह बात हमें स्मरण करा देता है।

हमारे वेदमंत्रगान में भी वैसा ही है। उसके साथ एक सरल सुर जुड़ता है, महारण्य की मर्मरध्वनि के समान, महासमुद्र के कलगर्जन के समान। उससे यही आभास मिलता है कि ये शब्द एक दिन, दो दिन के नहीं, ये अन्तहीन काल के हैं, यह मनुष्य के क्षणिक सुख-दुःख की वाणी नहीं, यह आत्मा की नीरवता का जैसे आत्मगत निवेदन है।

महाकाव्य के ऊँचे भाव जहाँ स्वतः ही ऊँचे हैं, वहाँ काव्य की खातिर सुर ने इंगित मात्र से अपने को छोटा बना रखा है, किन्तु जहाँ संगीत ही मुख्य है वहाँ उसके साथी शब्द केवल जताते रहते हैं,–'मैं कोई नहीं, मैं कुछ नहीं, मेरी महिमा सुर में है।'–इसीलिए हिन्दुस्थानी गान की कथनी अधिकतर जैसी-तैसी रहती है।

जैसे यह पूरबी का गान–

'लइरे श्याम एंदोरिया,
कैसे धरूँ मेरे
शिरो' पर गागरिया'–

इसका अर्थ है–'श्याम ने मेरी जल की कलशी रखने की ईंडरी चुरा ली है।' इस तुच्छ बात को इतनी सुगभीर वेदना के सुर में बाँधने मात्र से मन कह उठता है कि यह कलशी, यह ईंडरी, यह तो सामान्य कलशी, सामान्य ईंडरी नहीं, यह कुछ ऐसी चोरी है जिसका मूल्य बताने के लायक योग्य भाषा जगत् में नहीं है–जिसके हिसाब का असीम अंक केवल इस पूरबी की तान में ही अभिव्यक्त हो सकता है।

कोई एक विशेष उद्दीपन भाव–जैसे युद्ध के समय सैनिकों के मन को रणोत्साह के लिए उत्तेजित करना–हमारे संगीत के व्यवहार में दिखाई नहीं देता। इसके लिए तुरी, भेरी, दमामा, शंख प्रभृति के सहयोग से तुमुल कोलाहल की व्यवस्था है। क्योंकि हमारी संगीत वस्तु ही भूमा का सुर है; उसका वैराग्य, उसकी शान्ति, उसकी गम्भीरता समस्त संकीर्ण उत्तेजना को नष्ट करने के लिए ही है। इस एक ही कारण से हास्यरस हमारे संगीत की अपनी वस्तु नहीं है। क्योंकि विकृति को लेकर ही विद्रूप है। प्रकृति की त्रुटि ही यह विकृति है अतः वह बृहत् के विरुद्ध है। शान्तहास्य विश्वव्यापी है, किन्तु अट्टहास्य नहीं। समग्र के साथ असामंजस्य ही परिहास की भित्ति है। इसीलिए हमारे आधुनिक उत्तेजना गान किंवा हास्य रस के गान स्वभावतः विलायती ढाँचे के हो उठते हैं।

विलायती और देशी गान के ढ़ाँचे में प्रभेद कहाँ है ? प्रधान प्रभेद उन अतिसूक्ष्म सुरों को लेकर है जिन्हें श्रुतियाँ कहते हैं। ये श्रुतियाँ हमारे गान के सूक्ष्म स्नायुतन्त्र हैं। इनके ही योग से एक सुर किसी अन्य एक सुर के बगल में रहता है ऐसा नहीं उनमें आपस में नाड़ी का सम्बन्ध घटित होता है। नाड़ी का यह सम्बन्ध छिन्न कर देने पर राग-रागिनी यदि टिक भी जाए, तो उनका ढाँचा बदल जाता है। हमारे आधुनिक फैशन के कन्सर्ट की गतें उसका प्रमाण है। इस गत के सुर कटे-कटे-से नृत्य करते रहते हैं, किन्तु उनमें उस वेदना का सम्बन्ध नहीं रहता, जिससे हमारे संगीत की गम्भीरता बनती है। इन सब कटे-कटे सुरों से नाना खेल-कौशल दिखाए जाते हैं–उत्तेजना, उल्लास, परिहास आदि मनुष्य के विशेष-विशेष हृदयावेग के लिए उनका विविध ढंगों से व्यवहार किया जा सकता है। किन्तु जहाँ

रागरागिनी अपनी सुसम्पूर्णता के गाम्भीर्य में निर्विकार भाव से विराज कर रही हैं वहाँ वे लज्जित हैं।

स्वर्गलोग की एक बड़ी सुविधा किंवा असुविधा है, वहाँ सब कुछ ही सम्पूर्ण है। इसीलिए देवता अमृत पान ही किए जा रहे हैं, किन्तु हैं वे कर्महीन। दैत्य यदि यदाकदा उत्पात न करते तो अमरत्व उनके लिए भार हो जाता। स्वर्गोद्यान में फूल चुन कर वे माला गूँथ सकते हैं, किन्तु वहाँ वे पुष्पवृक्षों की सजावट भी बदल कर सजा नहीं सकते, क्योंकि वहाँ समस्त ही सम्पूर्ण है। मर्त्यलोक में जहाँ अपूर्णता है वहीं नूतन की सृष्टि है, विशेष की सृष्टि है, विचित्र की सृष्टि है। हमारी रागरागिनियाँ भी वैसी ही स्वर्गोद्यान हैं। ये चिर सम्पूर्ण हैं। इसीलिए हमारी रागरागिनियों का रस सामान्य विश्वरस है। मेघमल्हार विश्व की वर्षा है, वसन्तबहार विश्व का वसन्त है। मर्त्यलोक के सुख-दुःख के अन्तहीन वैचित्र्य को वे प्रश्रय नहीं देतीं।

किसी भी तिल्लाने की परीक्षा कर देखने पर पता चलेगा कि उसके सुर को कटा-छँटा रखने से एक ही रागिनी द्वारा नाना प्रकार के हृदयभाव की अभिव्यक्ति हो सकती है। किन्तु सुरों को यदि लुढ़कने लायक बनाकर, एक पर दूसरे को टिका कर गाया जाए तो हृदयभाव के विशेष वैचित्र्य को आच्छन्न कर रागिनी का साधारण भाव ही उजागर होगा।

यह किस प्रकार की बात हुई ? जैसे देखा गया है चचिआउत, मौसिआउत, फू फू आउत प्रभृति असंख्य सूक्ष्मातिसूक्ष्म पारिवारिक श्रुतियों के बन्धन में जकड़ा रहकर जो बालक फीका पड़ जाता है, वही बालक बृहत् परिवार से बाहर निकल कर जहाज की खलासीगिरी कर निःसम्बल अवस्था में अमरीका जाकर आज बड़े शक्त, समर्थ, सतेज भाव से घूम रहा है। इसके पूर्व वह परिवार की ठेलागाड़ी में पूर्वपुरुषों के पथ पर चलते हुए हवा भी मानो नपी-तुली मात्रा में लेता था। आज वह स्वयं अपना घोड़ा हाँकता है, एवं उसके पथों की भी सीमा नहीं है। बन्धनमुक्त सुरों से जिस गान की निर्मिति होती है उसे खयाल नहीं कि वह किस श्रेणी का है, वह यही जानता है कि 'स्वनामा पुरुषो धन्यः'।

केवल रस का भोग करना नहीं, किन्तु जब अपने को अभिव्यक्त करना मनुष्य का अभिप्राय होता है, तब वह इस विशेषत्व के वैचित्र्य को व्यक्त करने के लिए व्याकुल हो उठता है। तब वह अपनी आशा-आकांक्षा हास्य-रुदन समस्त को विचित्र रूप देकर आर्ट के अमृतलोक की स्वयं सृष्टि करता है। आत्मप्रकाश की यह सृष्टि ही स्वाधीनता है। लोगों का एक वर्ग यह शिकायत करता है कि ईश्वर रचित यह संसार असम्पूर्ण है। किन्तु यदि वह असम्पूर्ण न होता तो हमारी अधीनता चिरन्तन होती। ऐसा होता तो जो कुछ है वही हम पर प्रभुत्व करता, हम उसमें लेशमात्र भी परिवर्तन नहीं कर सकते। अस्तित्व ही गले की शृंखल, पाँव की बेड़ी

होता। शासनतन्त्र कितना ही उत्कृष्ट हो, उसमें शासित के आत्मप्रकाश का कोई अवकाश यदि कहीं न रहे तो वह सोने की रस्सी चिरन्तन फाँस है। महादेव, नारद एवं भरतमुनि ने मिल कर परामर्श कर यदि हमारे संगीत को ऐसा चरम उत्कर्ष प्रदान किया हो कि हमें उसे केवल मानना ही पड़े, हम सृष्टि न कर सकें, तो कहना पड़ेगा कि इस सुसम्पूर्णता के द्वारा ही संगीत का प्रधान उद्देश्य नष्ट हो गया है।

चैतन्य के आविर्भाव से बंगाल में वैष्णवधर्म का जो हिल्लोल उठा था वह एक शास्त्र विरोधी प्रक्रिया थी। उससे मानव का मुक्ति प्राप्त चित्त भक्तिरस के आवेग से आत्मप्रकाश के लिए व्याकुल हो उठा। उस अवस्था में मनुष्य केवल स्थावर भाव से भोग नहीं करता, सचलभाव से सृष्टि करता है। इसीलिए उन दिनों काव्य और संगीत में बंगाली आत्मप्रकाश करने की ठानी थी तब पयार, त्रिपदी में बँधे छन्द में प्रचलित, बँधी-बँधाई कथाओं की पुनः-पुनः आवृत्ति से काम नहीं चल सका। बन्धन टूट गया—वह बन्धन (भंग) वस्तुतः प्रलय नहीं, वह सृष्टि का उद्यम था। आकाश में नीहारिका की जो व्यापकता है, उसकी एक अपरूप महिमा है। किन्तु सृष्टि की अभिव्यक्ति इस व्यापकता में नहीं है। प्रत्येक तारा अपने में आप स्वतन्त्र होकर नक्षत्रलोक के विराट् ऐक्य को जब वैचित्र्य प्रदान करता है, तब उसी में सृष्टि की परिणति है। बंगला साहित्य में वैष्णव काव्य में ही वह वैचित्र्यचेष्टा सर्वप्रथम देखी जाती है। साहित्य में इस प्रकार के स्यातन्त्र्य के उद्यम को ही अंग्रेजी में रोमाण्टिक मूवमेण्ट कहते हैं।

यह स्वातन्त्र्य चेष्टा केवल काव्यछन्द में ही नहीं, संगीत में भी दिखाई दी। इस उद्यम के सामने उस्तादी गान फिर टिक नहीं सका। तब संगीत ऐसे सुर की खोज करने लगा जो हृदयावेग के विशेषत्व को अभिव्यक्त करे, रागरागिनी के साधारण रूप को नहीं। इसीलिए उस समय शास्त्रीय पण्डित जिस प्रकार वैष्णव धर्म की अवज्ञा कर रहे थे, उसी प्रकार उस्तादी के सामने कीर्तन गान का अनादर हो रहा था।

आज नवयुग की सोने की छड़ी ने हमारे अलस मन को स्पर्श किया है। केवल भोग में हमें तृप्ति नहीं मिलती, क्योंकि आत्मप्रकाश की आकुलता है। साहित्य में उसका परिचय मिल रहा है। हमारी नव जागरूक चित्रकला भी पुरातन रीति का आवरण फाड़ कर आत्मप्रकाश के वैचित्र्य की ओर उद्यत है। अर्थात्, स्पष्ट ही दिखाई दे रहा है कि हम पौराणिक युग के घेरे के बाहर आ गए। हमारे सामने अब जीवन के विचित्र पथ उद्घाटित हैं। नव-नव उद्भावनों की ओर हम चलेंगे। हमारे साहित्य, विज्ञान, दर्शन, चित्रकला सभी ने आज अचलता के बन्धन से मुक्ति पा ली है। अब यदि हमारा संगीत भी इस विश्वयात्रा के ताल से ताल मिलाकर न चले तो उसका उद्धार असम्भव है।

सम्भवतः उसने भी चलना शुरू कर दिया है। जब तक वह कुछ दूर नहीं बढ़ता,

तब तक ठीक पता नहीं चलेगा। एक दृष्टि से देखने पर लगता है कि गान का आदर देश से उठ गया है। बाल्यकाल में मैंने कलकत्ता में गायकों-वादकों की भीड़ देखी है; आज एक को ही खोज पाना मुश्किल है, उस्ताद फिर भी मिल जाते हैं किन्तु श्रोता जुटाना और भी कठिन है। उस्तादी बैठक में अन्त तक सीधे भाव से टिके रहने लायक धैर्य और वीर्य आजकल नितान्त ही दुर्लभ है। यह आक्षेप का विषय है। किन्तु समय के साथ मेल न रख सकने पर बड़ी-बड़ी मजबूत वस्तुएँ भी टूट जाती हैं। हल्की वस्तु जल्दी टूटती नहीं, तोड़ते समय बड़ी भारी वस्तु ही जल्दी टूटती है। इसीलिए हमारे देश में प्राचीन स्थापत्य का परिचय भग्नावशेष के रूप में है। अन्ततः वह धारा अब प्रचलित नहीं है। किन्तु कुटिया जैसे पहले बनती थी आज भी उसी तरह बनती है। क्योंकि प्राचीन स्थापत्य जिन राजाओं और धनिकों के विशेष प्रयोजन के लिए थे, वे राजा व धनी भी आज नहीं हैं, वह अवस्था भी बदल गई है। किन्तु देश की जो जीवनधारा कुटिया का अवलम्बन करती है उसमें कोई परिवर्तन नहीं हुआ है।

हमारा संगीत भी राजसभा, सम्राट् सभा में पोष्यपुत्र के समान दुलार से पल रहा था। वे सब सभाएँ भंग हो गईं, अब वैसा प्रचुर अवकाश भी नहीं है, इसीलिए संगीत का वह यत्न, आदर, वह हृष्टपुष्टता भी समाप्त हो गई है। किन्तु ग्राम्यसंगीत, बाउल के गान, इन सब पर कोई आँच नहीं आई। क्योंकि ये जिस रस में लालित हैं वह जीवन-धारा चिरदिन ही बहती आ रही है। वस्तुतः, प्राण के साथ योग न रहने पर बड़ी शिल्पकला भी टिक नहीं सकती।

किन्तु हमारे देश में वर्तमान काल का जीवन केवल ग्राम्य नहीं है। उसके ऊपर भी और एक बृहत् जनसमुदाय गठित हो रहा है जिसके साथ विश्व का योग स्थापित हुआ है। चिरागत प्रथा की कोठरी उस आधुनिक चित्त के लिए पर्याप्त नहीं है। वह नव-नव उपलब्धियों के मार्ग से चल रहा है। आर्ट के जो सब आदर्श स्थावर हैं, उनके साथ इसकी गति का योग नहीं रहा, विच्छेद बढ़ने लगा है। आज हम दो युगों के सन्धिकाल पर हैं। हमारे जीवन की गति जिस ओर है, जीवन की नीति पूर्णतया उस ओर के लायक नहीं हो पाई है। दोनों में संघर्ष चल रहा है। किन्तु जो सचल है उसी की जीत होगी।

यह जो हमारे नवजीवन का चांचल्य है, गान में इसके कुछ-कुछ लक्षण दिखाई दिये हैं। इसीलिए एक ओर जिस प्रकार गायन-वादन के प्रति अनादर दिखाई पड़ता है, दूसरी ओर उसी प्रकार आदर भी देखा जाता है। आजकल घर-घर में हारमोनियम, ग्रामोफोन, मुहल्ले-मुहल्ले में कन्सर्ट हैं। इसमें काफी रुचि-विकार पाया जाता है। किन्तु चीनी उबालने पर खौलने की आरम्भिक अवस्था में काफी परिमाण में तलछट ऊपर आ जाती है। उस तलछट के छँटने के साथ ही रस क्रमशः गाढ़ा और निर्मल हो जाता है। आज बुद-बुद शब्दों के साथ संगीत की वह गाद उबल रही है; मुहल्ले

में टिकना मुश्किल हो गया है। किन्तु उसे लेकर उद्विग्न होने की आवश्यकता नहीं है। सुखबर यह है कि चीनी उबाली जा रही है।

गायन-वादन के सम्बन्ध में समय का जो परिवर्तन हुआ है उसका प्रधान लक्षण यह है कि जहाँ पहले संगीत राजा था, अब वहाँ गान सरदार हो गया है। अर्थात् विशेष-विशेष गान सुनने के लिए ही आज के लोगों का आग्रह है, राग-रागिनी के लिए नहीं। उन सकल गान के लिए ही रिकार्ड बिकते हैं। युवादल में गायक का आदर इसलिए है कि वह गान जानता है, इसलिए नहीं कि वह उस्ताद है।

पहले थी नियमों के हेंगे से समतल की हुई, जोती हुई भूमि। अब उससे नाना विध गान के अंकुर फूट रहे हैं। उस्तादों की इच्छा है कि इन पर नियमों का हेंगा चलाया जाय। क्योंकि जिनके प्राण हैं उनके अपने नाना ख़याल भी हैं, बूढ़ा दस्तूर नवीन प्राण की मनमौजी सह नहीं सकता। वह शासन को ही बड़ा मानता है, प्राण को नहीं।

किन्तु सरस्वती को शृंखल पहनाने से काम नहीं चलेगा, वह शृंखल उनकी अपनी वीणा के तारों से तैयार की हुई होने पर भी नहीं। क्योंकि मन का आवेग ही संसार में सबसे बड़ा वेग है। उसे यदि एकाकी कक्ष में कैदी बनाकर रख दिया जाए तो यह निष्ठुरता की पराकाष्ठा होगी। संसार में मात्र मध्यम के राजत्व में इस प्रकार की निदारुणता सम्भव है जो महत् हैं, जो भूमा को मानते हैं, वे सृष्टि करना चाहते हैं, दमन करना नहीं। सृष्टि के झंझट अधिक हैं, विपद भी कम नहीं है। जो महत् हैं वे झंझट मोल लेकर भी मनुष्य को मुक्ति देना चाहते हैं, वे जानते हैं कि मनुष्य के लिए सबसे भयंकर है—मध्यम का शासन। इस शासन में जो कुछ ताजा-हरा है वह पीला-सा पड़ जाता है, जो कुछ सजीव है वह काठ हो जाता है।

अब इस अनाड़ी की अपथ-यात्रा के भ्रमण वृत्तान्त के सम्बन्ध में दो-चार शब्द कह दूँ। क्योंकि, गान के सम्बन्ध में मैंने जो कुछ संचय किया है वह इस अंचल से ही। साहित्य क्षेत्र में तो मैं अल्प वय से ही नियमतोड़ों के दल में जुट गया था। तब अभिजात गृहस्थ-वर्ग से फटकार खायी थी। संगीत में भी मेरे व्यवहार में शिष्टता नहीं थी। फिर भी उस महल से पीठ पर मार कम ही पड़ी थी क्योंकि वर्तमान काल में उस तरफ की दहलीज पर पहले-सा लोकबल मजबूत नहीं है।

फिर भी कितना ही पराक्रम क्यों न करूँ, रागरागिनी का इलाका बिलकुल पार नहीं कर सकता। मैंने देखा कि उनके पिंजरे से दूर रहा जा सकता है किन्तु घोंसला (बुनियाद) उनका ही कायम है। मेरा विश्वास है कि यह इसी प्रकार चलेगा। क्योंकि आर्ट के पाँव में बेड़ी दूषणीय है किन्तु उसकी गतिशीलता का निर्धारित पथ उसे बाँधता नहीं है।

मुझे लगता है कि यूरोपीय संगीत-रचना में भी रचयिता के समक्ष सुर गुच्छ के

रूप में प्रत्यक्ष होते हैं। प्रत्येक वृक्ष कुछ जीवकोषों का समवाय है। प्रत्येक कोष कई परमाणुओं का सम्मिलन है। किन्तु परमाणुओं से वृक्ष का विचार नहीं होता, क्योंकि वे विश्व की सामग्री हैं—कोष वृक्ष के अपने हैं।

इसी तरह रस के जैव-रसायन में कुछ सुर विशेष रूप से मिलने पर वे ही गान के जीवकोष हो उठते हैं। इन सब ग्रथित सुरों को नाना आकारों में सजाकर रचयिता गान रचना करता है। इसीलिए यूरोपीय गान सुनते-सुनते जब अभ्यस्त हो जाता है तब उसके स्वरसंस्थान के कोष-गठन का चेहरा देख सकना सहज होता है। यह स्वरसंस्थान रूढ़ि नहीं है, यह यौगिक है। इसीलिए देखा जाता है कि सभी देशों के गान से ही स्वतः कुछ सुरों के ठाट तैयार हो जाते हैं। उन ठाटों को लेकर ही गान रचना करनी होती है।

इन ठाटों के आयतन के ऊपर ही गान-रचयिता की स्वाधीनता निर्भर करती है। कड़िया ईंट पर ईंट सजाकर इमारत तैयार करता है। किन्तु उसे ईंटें न देकर यदि पूरी की पूरी तैयार दीवारें किंवा पूर्व निर्मित महल दिया जाता तो इमारत-निर्माण में उसकी अपनी कारीगरी अधिक नहीं रहती। सुरों के ठाट ईंटों के समान होने पर ही उनके द्वारा व्यक्तिगत विशेषत्व प्रकट किया जा सकता है, दीवार किंवा पूर्वनिर्मित खण्ड के समान होने पर उनसे जातिगत साधारणता ही प्रकट होती है। हमारे देश के गानों के ठाट बड़े-बड़े फलक के समान हैं, उसे ही हम रागिनी कहते हैं।

आज उन्हीं फलकों को तोड़-मरोड़कर उन्हीं उपकरणों से अपनी इच्छानुसार कोठी बनाने का प्रयास चल रहा है। किन्तु टुकड़े भले कितने ही किए जाएँ, उनमें उस अखण्ड वस्तु की व्यंजना है उन्हें जोड़ने पर काफी हद तक वह आदिम आदर्श स्वतः आ जाता है। इस आदर्श को पूर्णतया विच्छिन्न कर हम स्वाधीन नहीं हो सकते। किन्तु स्वाधीनता के प्रति यदि लक्ष्य रहे, तो यह बन्धन हमारे रास्ते में बाधा उपस्थित नहीं कर सकता। सब प्रकार के आर्ट में ही प्रकाश के उपकरण मात्र ही जहाँ एक ओर साधन हैं वहाँ दूसरी ओर विघ्न के समान हैं। उन सब विघ्नों से बचकर चलने पर, कभी-कभी इनके साथ संघर्ष या कभी-कभी समझौता करते हुए आर्ट विशेष रूप से शक्ति, नैपुण्य और सौन्दर्य प्राप्त करता है। जो उपकरण हमने जुटाये हैं उनकी असम्पूर्णता को भी काम में लगाना होगा, वे भी उपयोगी होंगी।

हमारे गान के भाषा रूप में इन राग-रागिनियों के टुकड़े हमें मिले हैं। अतः जिस तरह ही गान रचना की जाए इन राग-रागिनियों का रस उसके साथ रहेगा ही। हमारी रागिनियों का वह साधारण विशेषत्व कैसा है ? जैसा हमारे बंगाल का खुला आकाश। यह अवारित आकाश हमारी नदियों के साथ, प्रान्तर के साथ, तरुच्छायानिभृत ग्रामों के साथ नियत जुड़ा रहकर उन सबको एक विशेष औदार्य दान कर रहा है। जहाँ ऊँचे पर्वतों ने आकाश में बाँध बना लिए हैं, वहाँ पर्वतीय प्रकृति का रूप हमारी प्रान्तरवासिनी से स्वतन्त्र है। उसी प्रकार हमारे देश के गान जिस

प्रकार भी तैयार क्यों न हों, राग-रागिनी उस सर्वव्यापी आकाश के समान उसे एक विशेष नित्यरस प्रदान करती रहेंगी।

एक बार यदि हमारे बाउल संगीत के सुरों का समीक्षण कर देखा जाए तो पता चलेगा कि उनमें हमारे संगीत का मूल आदर्श भी कायम है, फिर भी वे सुर स्वाधीन हैं। क्षण-क्षण इस रागिनी, उस रागिनी का आभास मिलता है, किन्तु उसे पकड़ा नहीं जा सकता। कई कीर्तन और बाउल के सुर बैठकी गान के बिल्कुल सट कर चलते हैं फिर भी उनका स्पर्श नहीं करते। उस्ताद के नियम के अनुसार यह अपराध है। किन्तु बाउल के सुर तो जातबाहर हैं, राग-रागिनी कितनी ही आँखें लाल क्यों न करें वे किसी की परवाह नहीं करते ! यद्यपि इन सुरों को किसी भी राग-कौलीन्य की जात के कोठे में बिठाया नहीं जा सकता, फिर भी उनकी जाति के परिचय के सम्बन्ध में भूल नहीं होती—स्पष्ट ही समझ में आता है कि ये हमारे देश के ही सुर हैं, विलायती नहीं।

इस प्रकार हमारे आधुनिक सुर स्वतन्त्र अवश्य हो उठेंगे, किन्तु फिर भी वे एक बड़े आदर्श से विच्युत नहीं होंगे। उनकी जात (बाहरी परिचय) अवश्य जाएगी किन्तु जाति (मौलिकता) नहीं जाएगी। वे सचल होंगे, उनका साहस बढ़ेगा, नाना प्रकार के संयोग के द्वारा उनमें विविध प्रकार की शक्ति और सौन्दर्य प्रस्फुटित होगा।

एक उपमा देने पर बात स्पष्ट होगी। हमारे देश के विपुलायतन परिवार आज आर्थिक और अन्यान्य कारणों से टूट-से रहे हैं। उन टूटे परिवारों के मनुष्यों में व्यक्ति स्वातन्त्र्य स्वभावतः बढ़ रहा है। फिर भी उस पारिवारिक घनिष्ठता का भाव हमारे मन से जाता नहीं है। यहाँ तक कि, बाहर के लोगों के साथ व्यवहार में भी यह भाव सामने आ जाता है। यही हमारा विशेषत्व है। इस विशेषत्व का सही उपयोग करने पर हमारा जीवन छिपकली की कटी पूँछ के समान किंवा कन्सर्ट की तारस्वर-गतों के समान नीरस, असम्बद्ध नहीं होगा, वह पारिपार्श्विक के साथ सुसंगत होगा। वह अपना एक विशेष रस भी कायम रखेगा, साथ ही स्वातन्त्र्य की शक्ति भी प्राप्त करेगा।

एक और प्रश्न अब भी हमारे मन में रह गया है, उसका उत्तर देना होगा। यूरोपीय संगीत में जो हार्मनी अर्थात् स्वरसंगति है, हमारे संगीत में वह चलेगी या नहीं। प्रथम दृष्टि से ही लगता है—'नहीं, वह हमारे गान में नहीं चलेगी, वह यूरोपीय है।' किन्तु हार्मनी का व्यवहार यूरोपीय संगीत में होता है इसीलिए यदि उसे नितान्त यूरोपीय कहा जाए तो यह भी कहा जा सकता है कि जिस देहतत्त्व के अनुसार यूरोप में शल्यचिकित्सा चलती है वह यूरोपीय है, अतएव बंगालियों के देह पर उसका प्रयोग करना भूल होगी। हार्मनी यदि देश विशेष की संस्कारगत कृत्रिम सृष्टि होती तो बात ही नहीं थी। चूंकि यह सत्यवस्तु है, अतः इस सम्बन्ध में देशकाल

का निषेध नहीं है। हार्मनी के अभाव के कारण हमारे संगीत में जो असम्पूर्णता है उसे यदि हम अस्वीकार करते हैं, तो उससे मात्र कण्ठ का जोर या दम्भ का जोर ही प्रकट होगा।

फिर भी यह भी निश्चित है कि हमारे संगीत में हार्मनी का व्यवहार करने पर उसका गठन, आकृति बदल जाएगी। अन्ततः मूल सुर को वह यदि धकेल कर बढ़ना चाहता है तो यह उसका दुःसाहस होगा। हमारे देश में इस मूल सुर ने चिरदिन उन्मुक्त रहकर अपनी शाखा-प्रशाखा चारों ओर फैला रखी है। उसके उस स्वभाव को क्लिष्ट करना उसे मार डालना होगा। ठंडे देशों की भाँति बड़ी भीड़ हमारे स्वभाव के विरुद्ध है। अतएव हमारे गान के पीछे यदि स्वरानुचर नियुक्त हों, तो इस बात का ध्यान रखना होगा कि वे जैसे पग-पग पर हवा-प्रकाश के लिए अवरोध न डालें।

जो बैठा है उसकी साज सज्जा प्रचुर तथा भारी होने पर भी काम चलता है, किन्तु चलने-फिरने के लिए बोझा हल्का करना होगा। किसी प्रकार के नुकसान के बिना बोझे को हल्का करने का अच्छा उपाय है—बोझे को विभाजित करना। हमारे गान के विपुल तानकरतब को इस हार्मनी-विभाग में संचालित कर देने से मूल गान के सहज स्वरूप और गाम्भीर्य की रक्षा होगी, फिर भी उसका गतिपथ खुला रहेगा। एक हाथ में राजदण्ड, अन्य हाथ में राजछत्र, कन्धे पर जयध्वजा एवं सिर पर सिंहासन लेकर यदि राजा को चलना पड़े तो उससे उनका प्रताप जरूर प्रकट होता है, किन्तु उसकी अपेक्षा शोभन और सुसंगत होता है यदि ये असबाब बाँट कर अलग-अलग स्थानों पर रख दिये जाएँ। इससे समारोह की शोभा घटेगी नहीं अपितु बढ़ेगी। हमारे गान के अनुचर यदि निर्धारित हों, तो संगीत के कई भारी-भारी सामान इन्हें सौंपे जा सकते हैं। जो भी हो, हमारे संगीत के लिए यह एक बड़ा खण्ड खाली है, उस पर यदि अधिकार किया जा सके तो वहाँ कई परीक्षाओं और उद्‌भावनाओं को स्थान मिलेगा। यौवन का स्वभावसिद्ध साहस जिनमें है एवं मनमौजी की बावरी हवा जिनके देह को लगी है, इस आविष्कार का एक दुर्गम क्षेत्र उनके सामने है। आज या कल, लोग इस क्षेत्र की ओर निश्चय ही प्रवृत्त होंगे।

संगीत का एक प्रधान अंग है ताल। हमारे संगीत-समारोहों में सबसे बड़ी लड़ाई ताल को लेकर ही होती है। गायन-वादन की घुड़दौड़ में गान जीतता है या ताल, इसे लेकर मत्तवत् होड़ लगी रहती है। देवता जब सजग नहीं रहते हैं तब अपदेवताओं का उत्पात वैसे ही बढ़ जाता है। स्वयं संगीत जब परवश है तब ताल कहता है 'मुझे देखो' और सुर कहता है 'मुझे'। क्योंकि दो उस्तादों ने दो विभागों पर अपना कब्जा जमा लिया है—दोनों मध्यस्थों में रस्साकशी है—कर्तृत्व का आसन किसे मिले—फलस्वरूप संगीत में आत्मविरोध उत्पन्न होता है।

ताल संगीत का हिसाब-विभाग है। यह जाहिर है कि इसकी आवश्यकता

बहुत अधिक है। किन्तु आवश्यकता की अपेक्षा नियम की कठोरता जब बड़ी हो जाए तो आवश्यकता का रूप ही नष्ट हो जाता है। फिर भी हमारे देश में इस बाधा को अत्यधिक महत्त्व दिया गया है क्योंकि कर्तृत्व मझोलों के हाथ में है। गान के सम्बन्ध में उस्तादों को बहुत अधिक स्वतन्त्रता मिली है, इसीलिए साथ-साथ उस्ताद यदि उन्हें रोके नहीं तो वे सर्वनाश कर देंगे। कर्ता जहाँ अपने काम का भार स्वयं ले लेता है वहाँ हिसाब अधिक कड़ा नहीं होता। किन्तु नायब जब उनकी ओर से काम करते हों तब वहाँ, कौड़ी-कौड़ी का हिसाब चुकाना पड़ता है तब कण्ट्रोलर-आफिस हमेशा तंगी जाहिर करता है एवं काम करने वाला दफ्तर नाकाम हो जाता है।

यूरोपीय गान में स्वयं रचयिता की इच्छानुसार बीच-बीच में ताल में ढील दी जाती है एवं प्रत्येक बार सम पर गान को अपने ताल का हिसाब रखकर हाँफना नहीं पड़ता। क्योंकि सम्पूर्ण संगीत का प्रयोजन समझकर रचयिता स्वयं उसकी सीमा निर्धारित कर देता है, कोई मध्यस्थ रातों-रात उसमें परिवर्तन नहीं कर सकता। इससे ही सुर और ताल में रस्साकशी बन्द हो जाती है। यूरोपीय संगीत में ताल के बोल मृदंग में नहीं हैं, वे हार्मनी-विभाग में गान के अन्तरंग रूप में ही एक आसन पर विराज करते हैं। लठैत के हाथ में राजदण्ड देने पर भी वह उससे लठैती ही करना चाहता है, क्योंकि शासन करना उसकी प्रकृति में नहीं है। इसीलिए उस्ताद के पल्ले पड़कर संगीत सुर-ताल का कौशल हो उठता है। यह कौशल ही कला का शत्रु है। क्योंकि कला का विकास सांमजस्य में है, कौशल का विकास द्वन्द्व में।

बहुत समय से कविता रचना करता हूँ, इसीलिए जितनी भी विनय प्रदर्शित क्यों न करूँ, इतना कहे बिना रहा नहीं जाता—छन्द का तत्त्व कुछ-कुछ समझता हूँ। उस छन्द-बोध को लेकर जब गान रचना करने बैठा, तो चाँद सौदागर के ऊपर मनसा का जिस प्रकार आक्रोश था उसी प्रकार मेरी रचना के प्रति ताल-देवता ने फुँफकार लगाई। मुझे पता था कि छन्द में जो नियम हैं वे विधाता के बनाए हुए नियम हैं, वह लोहार द्वारा निर्मित शृंखल नहीं। अतः उसके संयम में संकीर्णता नहीं है, उससे वैचित्र्य का उद्‌घाटन होता है। इस बात को ध्यान में रखकर मैंने बंगला काव्य में छन्द की विचित्रता लाने में संकोच नहीं किया।

काव्य में छन्द का जो स्थान है गान में ताल का भी वही स्थान है। अतएव जिस नियम से काव्य में छन्द चलता है उसी नियम से गान में ताल चलेगी इसी विश्वास से मैंने गान लिखना चाहा। इससे कैसा संकट खड़ा हुआ, एक दृष्टान्त देता हूँ। मान लीजिए मेरे गान के आशय यों हैं—

काँपिछे देहलता थरथर,
चौखेर जले आँखि भरभर।

दोदुल तमालेरइ वनछाया
तोमार नीलवासे निल काया–
बादल निशीथेरई झरझर
तोमार आँखि' परे भरभर।
ये कथा छिल तव मने मने
चमके अधरेर कोणे कोणे।
नीरव हिया तव दित भरि
की माया-स्वपने ये, मरि मरि,
निविड़ काननेर मरमर
बादल निशीथेर झरझर।

इस छन्द पर मेरे पाठकों ने कोई आपत्ति नहीं उठाई। इसीलिए साहस कर मैंने इसे ही इसी छन्द के ही सुर में गाया। तब मैंने देखा कि जो लोग काव्यपाठ की बैठक में अत्यन्त प्रसन्न थे उन्होंने ही गान की बैठक में आँखें लाल कीं। उनका कहना है–इस छन्द के एक अंश में सात और अन्य एक अंश में चार मात्राएँ हैं, इससे ताल का किसी प्रकार मेल नहीं बैठता। मेरा जवाब यह है–ताल यदि नहीं मिलता तो यह ताल का दोष है, छन्द में दोष नहीं है। पर ऐसा क्यों, बताता हूँ। यह छन्द तीन और चार मात्राओं के योग से निर्मित है। इसीलिए 'तोमार नीलवासे' इन सात मात्राओं के बाद 'निल काया' इन चार मात्राओं का मेल बैठा। तीन मात्रा होने पर भी क्षति नहीं होती, जैसे 'तोमार नीलवासे मिलिल'। किन्तु इसमें छः मात्रा किसी भी प्रकार नहीं चलेगी। जैसे 'तोमारि नीलवासे धरिल शरीर'। किन्तु प्रथम अंश में यदि छः मात्रा होती तो खूब चलता, जैसे–'तोमार सुनील वासे धरिल शरीर'। यह मैं कान की स्वाभाविक रुचि की बात कर रहा हूँ। अन्तर में पहुँचने का मार्ग तो कर्णरन्ध्र ही है। अतः जब कान से छूट मिलती है तो उस्ताद से क्यों डरूँ ?

मेरे दृष्टान्त गत छन्द में प्रत्येक पंक्ति में कुल मिलाकर 11 मात्राएँ हैं। किन्तु ऐसा छन्द हो सकता है जिसकी प्रत्येक पंक्ति में समान मात्रा-विभाग नहीं है। जैसे–

बाजिबे, सखि, बाँशि बाजिबे।
हृदयराज हृदे राजिबे।
वचन राशि राशि कोथा ये याबे भासि,
अधरे लाजहासि साजिबे।
नयने आँखिजल करिबे छलछल,
सुखवेदना मने वाजिबे।

मरमे मूरछिया मिलाते चाबे हिया
सेइ चरणयुगराजीबे।

इसकी प्रथम दो पंक्तियों में मात्राविभाग है–3+4+3=10। तृतीय पंक्ति में है–3+4+3+4=14। मेरे मत से इस वैचित्र्य से छन्द की मधुरता बढ़ती है। अतएव उत्साहित होकर मैंने गाना आरम्भ किया। किन्तु एक आवर्त के बाद ही ताल वाले ने पथ रोक दिया। उसने कहा कि 'मेरे सम का महसूल चुका दो'। मैं तो कहता हूँ कि यह गैरकानूनी दबाव है। कर्ण-महाराजा की उच्च अदालत में आवेदन कर छुटकारा पाऊँगा। किन्तु इस दरबार के बाहर खड़ा है मध्यस्थ शासनतन्त्र का दरोगा। वह झट से हाथ पकड़ लेता है, वह अपना विशेष विधान ही चलाता है, राजा की दुहाई नहीं मानता।

कविता में जो छन्द है, वही संगीत में लय है। यह लय सृष्टि में व्याप्त है, आकाश के तारों से लेकर पतंग के पंख तक सभी मानते हैं इसीलिए विश्वसंसार इसी प्रकार से चल रहा है फिर भी भंग नहीं हो रहा है। अतएव काव्य में हो, या गान में, इस लय को यदि मानते हैं तो ताल के साथ विवाद होने पर भी डर की गुंजाइश नहीं है। एक दृष्टान्त देता हूँ–

व्याकुल बकुलेर फुले
भ्रमर मरे पथ भुले।
आकाशे की गोपन वाणी
बातासे करे कानाकानि,
वनेर अञ्चलखानि
पुलके उठे दुले दुले।
वेदना सुमधुर हये
भुवने गेल आजि बये।
बांशिते मायातान पूरि
के आजि मन करे चुरि
निखिल ताइ मरे घुरि
विरहसागरेर कूले।

यह कौन-सा ताल है, उसे मैं अनाड़ी नहीं जानता। एवं कोई उस्ताद भी नहीं जानता। गणना करने पर देखते हैं कि प्रत्येक पंक्ति में नौ मात्राएँ हैं। यदि ऐसा कहा जाए कि नौ मात्रा के एक नए ताल की सृष्टि की जाए तो नौ मात्रा के एक और गान की परीक्षा कर देखा जाए–

ये काँदने हिया काँदिछे
से काँदने से ओ काँदिल।
ये बाँधने मोरे बाँधिछे
से बाँधने तारे बाँधिल
पथे पथे तारे खुँजिनु,
मने मने तारे पूजिनु,
से पूजार माझे लुकाये
आमारे ओ से ये साधिल।
एसेछिल मन हरिते
महापारावार पाराये।
फिरिल ना आर तरीते,
आपनारे गेल हाराये।
तारि आपनार माधुरी
आपनारे करे चातुरी—
धरिबे की धरा दिबे से
की भाबिया फाँद फाँदिल।

यह भी नौ मात्रा का है, किन्तु इसका छन्द अलग है। प्रथम गान की लय थी तीन-छः, द्वितीय गान की लय है छः-तीन। नौ मात्रा का और एक ताल देखा जाए—

आँधार रजनी पोहालो,
जगत् पूरिल पुलके—
विमल प्रभातकिरणे
मिलिल द्युलोके भूलोके।

नौ मात्रा जरूर है, किन्तु यह छन्द अलग है। इसकी लय तीन-तीन-तीन है। इसे क्या नाम दूँ। और एक गान देखा जाए—

दुयार मम पथपाशे,
सदाइ तारे खुले राखि।
कखन् तार रथ आसे
व्याकुल हये जागे आँखि।
श्रावण शुनि दूर मेघे
लागाय गुरु गरगर,
फागुन शुनि वायुवेगे

जागाय मृदु मरमर–
आमार बुके उठे जेगे
चमक तारि थाकि थाकि।
कखन् तार रथ आसे
व्याकुल हये जागे आँखि।
सबाई देखि जाय च'ले
पिछन-पाने नाहि चेये
उतल रोले कल्लोले
पथेर गान गेये गेये।
शरत्-मेघ भेसे भेसे
उधाओ हये जाय दूरे
जेथाय सब पथ मेशे
गोपन कोन् सुरपुरे–
स्वपने ओड़े कोन् देशे
उदास मोर प्राणपाखि।
कखन् तार रथ आसे
व्याकुल हये जागे आँखि।

यह भी तो और एक छन्द है। इसकी लय है पाँच-चार। इसे ही उलट कर चार-पाँच करने पर नौ के छन्द को नौ-छः किया जा सकता है। चौताल तो बारह मात्रा का छन्द है। किन्तु बारह मात्रा रखने पर भी सदैव चौताल कायम नहीं रहता, ऐसे उदाहरण भी हैं। यह तो बारह मात्रा–

वनेर पथे पथे बाजिछे वाये
नूपुर रुनुरुनु काहार पाये।
काटिया जाय बेला मनेर भुले,
बातास उदासिछे आकुल चुले–
भ्रमरमुखरित बकुल-छाये
नूपुर रुनुरुनु काहार पाये !

यह चौताल भी नहीं, एकताल भी नहीं, धमार भी नहीं, झपताल भी नहीं है। लय का हिसाब करने पर भी ताल का हिसाब नहीं मिलता। ताल रखनेवाला इस बेमेल के लिए कवि को दायी ठहराता है।

किन्तु अब यह सब उत्पात नहीं चलेगा। हम शासन मानेंगे, किन्तु इसका यह अर्थ नहीं कि हम अत्याचार मानेंगे। क्योंकि जो नियम सत्य है वह बाहर की वस्तु नहीं है, वह विश्व की है इसीलिए मेरी अपनी है। जो नियम उस्ताद का है

वह मेरे भीतर नहीं है, बाहर है, अतः उसे अभ्यास कर या डर कर या जबरदस्ती मानना पड़ता है। इस प्रकार मानने से ही शक्ति का विकास बन्द हो जाता है। हमारे संगीत को इस 'स्वीकार' से मुक्ति देने पर ही उसके स्वभाव, उसके स्वरूप को नव-नब उद्भावनों के द्वारा व्यक्त किया जा सकेगा।

यह तो हुआ संगीत का आभ्यन्तरिक उपद्रव। पुनः बाहर ऐसे बलवान लोग हैं जो संगीत को कालापानी भेज स्वस्थ महसूस करते हैं। श्याम की बाँशी के ऊपर क्रुद्ध होकर राधिका ने जिस प्रकार बाँशवन को जड़मूल से उखाड़ फेंकने की इच्छा व्यक्त की थी, इनका भाव भी उसी प्रकार का है। जमीन पर गिरने से शरीर पर धूल लगती है इसलिए पृथिवी को ही बर्खास्त करने का साहस ये कभी नहीं करते, किन्तु गान का वर्जन करने का प्रस्ताव ये लोग इस साहस से करते हैं कि वे मानते हैं कि गान एक बाहुल्य वस्तु है, इसके न होने पर भी काम चलता है एवं पेट भरता है। यह नहीं समझते कि बाहुल्य से ही मनुष्यत्व है, बाहुल्य ही मानवजीवन का परम लक्ष्य है। सत्य का परिणाम सत्य में नहीं, आनन्द में है। आनन्द सत्य का वह असीम बाहुल्य है जिसमें आत्मा अपने को स्वयं प्रकाश करती है—केवल अपने उपकरणों को नहीं। यदि किसी सभ्यता का विचार करना हो तो इस बाहुल्य द्वारा ही उसका परिमाप किया जाता है। कर्मिष्ठ लोग संचय करते हैं। संचय में प्रकाश नहीं है, प्रकाश है त्याग में। उस त्याग का सम्पद् ही बाहुल्य है।

संचय से भी नहीं, भोग से भी नहीं, किन्तु अपने को प्रकाश करने की जो प्रेरणा है उसमें ही अपना विकास है। गान यदि केवल महफिल का भोग विलास हो, तो उससे निर्जीवता प्रमाणित होती है। प्रकाश, अभिव्यक्ति की जितनी प्रकार की भाषा है सभी मनुष्य को देनी होंगी। कारण, जिस परिमाण में मनुष्य गूँगा है, उसी परिमाण में वह दुर्बल है, वह असम्पूर्ण है। इसीलिए उस्तादों की किलेबन्दी से गान को निकाल कर उसे जन-जन की सम्पत्ति बनाना चाहिए। ऐसा होने पर जीवन के क्षेत्र में गान भी महत् होगा, उस गान की सम्पदा से जीवन भी महत् होगा।

इतने दिन हमारा भद्र समाज गान से डरता चला आ रहा था। उसका कारण यह है कि जो सबकी सम्पत्ति है, भोगियों ने उसे बाँध के द्वारा अपनी सम्पत्ति बनाने के फलस्वरूप उसका स्रोत थम गया है, दूषित हो गया है। घर की बद्ध हवा यदि विकृत हो जाती है तो खिड़कियाँ खोलकर बाहर की हवा के साथ उसका योग साधन करना चाहिए। इसमें भय का कोई कारण नहीं है, क्योंकि इससे घर खो नहीं जाता। आजकल के देशाभिमानी लोग यही भूल करते हैं। वे मानते हैं कि खिड़की-दरवाजे खोलकर बाह्य संसर्ग पाने का अर्थ अपना घर खोना है। जैसे जो हवा चौदह पीढ़ियों के निश्वास से दूषित हो गयी है वही हमारी अपनी हवा है, और यह विश्व की हवा विदेशी है। वे यह भूल जाते हैं कि जहाँ घर की हवा के साथ बाहर की हवा का योग नहीं है, वहाँ घर ही नहीं है, वहाँ कारागार है।

देश की सर्वविध शक्तियाँ ही आज जरासन्ध के कारागार में बन्दी हैं। वे मात्र जीवित हैं, गतिशील नहीं,—नियमों की बेड़ी में वे बँधी हैं। उस जरा के दुर्ग को तोड़कर हमें समस्त बन्दी शक्तियों को विश्व में मुक्त कर छोड़ना होगा—वे चाहे जहाँ भी हों, गान में, साहित्य में, चिन्तन में, कर्म में, राष्ट्र में, या समाज में, जो मानते हैं कि मुक्त कराने से क्षति होगी वे ही कृपण हैं, वे ही अपनी सम्पदा से स्वयं वंचित हैं, वे ही अन्नपूर्णा के अन्नभण्डार में बैठकर भी उपवासी हैं। जो शृंखल से बाँध कर रखते हैं वे ही खोते हैं, जो मुक्ति के क्षेत्र में छोड़ देते हैं वे ही रख पाते हैं।

भाद्र 1324 (बंगाब्द)

हमारा संगीत

संगीत संघ की ओर से जब मेरी अभ्यर्थना करने का प्रस्ताव आया, तब मैंने निःसंकोच सम्मति दे दी; क्योंकि संगीत संघ की अधिष्ठात्री, नेत्री एवं छात्रा सभी मेरी कन्या के समान थीं–उनसे प्रणाम ग्रहण करने का अधिकार मुझे है। मुझे कुछ बोलने का अनुरोध किया गया था, उस पर भी मैं कुण्ठित नहीं हुआ। इसके पश्चात् सहसा जब मैंने संवादपत्र में देखा कि इस सभा में सर्वसाधारण को निमंत्रण दिया गया है एवं मेरे भाषण का विषय होगा भारतीय संगीत–तब मेरी समझ में आया कि मेरे समक्ष एक संकट आ पहुँचा है। बाल्यकाल से मैं विद्यालयों का पलातक छात्र रहा, संगीत-विद्यालय में भी मेरा हाजिरी-रजिस्टर देखने पर पता चलेगा कि मैं अधिकतर गैरहाजिर ही रहा। इस बारे में मेरी व्याकुलता देखकर आयोजकों में से किसी-किसी ने मुझे सान्त्वना देते हुए कहा था, 'आपको अधिक बोलना नहीं पड़ेगा, दो-चार शब्द कहने से काम चल जाएगा।' उनके इस परामर्श से मैं आश्वस्त नहीं हुआ। क्योंकि, जो लोग बहुत अधिक जानते हैं वे ही अल्प कथन से अपना कर्तव्य पूरा कर सकते हैं, जो कम जानते हैं उन्हें ही बातें बढ़ा-चढ़ाकर कहनी पड़ती हैं, जो भी हो, अब मुकर जाने का कोई उपाय नहीं था, अतएव 'यावत् किञ्चित् न भाषते'–इस सदुपदेश को पालन करने का समय चला गया है।

बाल्यकाल में मैंने स्वभाव-दोष के कारण यथारीति गान सीखा नहीं था, किन्तु सौभाग्य से मेरा मन गान के रस में अनुषिक्त हो उठा था। उस समय हमारे निवास पर गान-चर्चा निरन्तर होती थी। विष्णु चक्रवर्ती संगीत के आचार्य थे, हिन्दुस्थानी संगीतकला में वे उस्ताद थे। अतएव बाल्यकाल से हो सर्वदा सब प्रकार के गान सुनने का मेरा अभ्यास था, वे सब शौकिया दल के गान नहीं थे; इसीलिए मेरे अन्तर में उस्तादी गान का एक ठाट स्वतः जम गया था। राग-रागिनी की विशुद्धता के सम्बन्ध में जो शुचितारोगग्रस्त हैं उनके साथ मेरी तुलना ही नहीं, अर्थात् सुर के सूक्ष्म विवरण के सम्बन्ध में कुछ-कुछ धारणा होते हुए भी मेरा मन उसके अभ्यास में बँधा नहीं रह सका–किन्तु उस्तादी संगीत के रूप और रस के सम्बन्ध में साधारण संस्कार मेरे

मन में भीतर ही भीतर दृढ़ हो गया था।

जो भी हो, गीतरस के जिस संचय ने बाल्यकाल में मेरे चित्त को पूर्ण किया था, स्वभावतः उसकी गति किस ओर हुई, उसका प्रकाश किस रूप में हुआ, उस बात पर जब विचार करता हूँ तब उससे समझ सकता हूँ कि संगीत के सम्बन्ध में हमारे देश की प्रकृति क्या है। आज सभा में मैं उसी की आलोचना करूँगा।

मेरे अन्तर में जो सुर संचित था, वह सुर जब प्रकाशित होने के लिए उद्यत हुआ तब वक्तव्य के साथ मिलकर वह दिखाई दिया। बाल्यकाल से गान के प्रति मेरा निविड़ प्रेम जब अपने को व्यक्त करने लगा तो उसने अविमिश्र संगीत के रूप की रचना नहीं की। संगीत को काव्य के साथ मिला दिया, पता ही नहीं चला कौन बड़ा और कौन छोटा है।

आकाश में मेघ में वाष्पाकार जो जल संचित होता है, विशुद्ध जलधारा-वर्षण में ही उसका प्रकाश है। वृक्ष में जो रस गुप्त रूप से संचित होता रहता है, उसका प्रकाश पत्तों और फूलों के साथ मिश्रित होने में है। संगीत का भी इसी तरह दो प्रकार का प्रकाश है। एक है विशुद्ध संगीत के आकार में, दूसरा काव्य के साथ मिश्रित होकर। मनुष्य में प्रकृति-भेद है, उस भेद के अनुसार ही संगीत की यह दो प्रकार की अभिव्यक्ति होती है। उसका प्रमाण उत्तर भारत और बंगाल में दिखाई देता है। इसमें कोई सन्देह नहीं कि बंगाल में संगीत कविता का अनुचर भले ही न हो, सहचर जरूर है। किन्तु पश्चिम भारत में संगीत स्वराज में प्रतिष्ठित है; वाणी उसकी 'छायेवानुगता' है। भजन-संगीत की बात यदि छोड़ दें, तो देख सकते हैं कि पश्चिम भारत में संगीत वाणी का जो आश्रय लेता है वह अत्यन्त तुच्छ है। संगीत वहाँ स्वतन्त्र है, वह अपने को ही प्रकाश करता है।

बंगाल में हृदय-भाव का स्वाभाविक प्रकाश साहित्य में है। 'गौड़जन याहे आनन्दे करिबे पान सुधा निरवधि' (गौड़जन जिससे आनन्द के साथ निरन्तर सुधा-पान करेंगे)—देख सकते हैं कि यह रसपान है साहित्य के मधुचक्र से। वाणी के प्रति ही बंगाली का आंतरिक लगाव है; इसीलिए भारत में इस प्रदेश में ही वाणी की साधना सर्वाधिक हुई है। किन्तु मात्र वाणी से तो मनुष्य के प्रकाश को पूर्णता नहीं मिलती—इसीलिए बंगाल में संगीत की स्वतंत्र पंक्ति नहीं है, वाणी के पास ही उसका आसन है।

इसका प्रमाण हमारे कीर्तन में मिलता है। इस कीर्तन का संगीत अपरूप है, किन्तु संगीत युगल रूप में गठित है—पद के साथ मिलन में ही इसकी सार्थकता है। पदावली के साथ ही जैसे उसकी रासलीला है; पृथकता वह सह नहीं सकेगा।

संगीत का स्वातन्त्र्य वाद्य से ही सर्वाधिक प्रकट होता है। बंगाल का अपना कोई वाद्य नहीं है, एवं प्राचीन काल हो या आधुनिक काल, वाद्य में जो उस्ताद हैं वे बंगाल के नहीं हैं। बीन, रबाब, सरोद, सितार, इसराज, सारंगी प्रभृति की तुलना

में हमारे चरवाहे की बंसी या बैरागी का एकतारा कुछ भी नहीं। इसके अलावा आर्केस्ट्रा के बीभत्स व्यंग रूप में बंगाल में कंसर्ट नामक जिस वाद्य-संगीत की उत्पत्ति हुई है उसे सहन करना हमारे लिए लज्जास्पद है एव इससे 'आनन्द' पाने का प्रयास करना हमारे लिए अपराध है।

ये सब लक्षण देखकर मुझे विश्वास होता है, कि बंगाल में काव्य के सहयोग से संगीत का जो विकास हो रहा है, वह एक अपरूप वस्तु हो उठेगा। उसमें राग-रागिनी की प्रथागत विशुद्धता नहीं रहेगी, जैसे कीर्तन में वह नहीं है; अर्थात् गान की जात की रक्षा नहीं होगी, नियम का स्खलन होता रहेगा, क्योंकि उसे वाणी का अधिकार मानकर चलना होगा। किन्तु इस तरह के परिणय में (परस्पर का मन जीतने के लिए) दोनों पक्षों को अपनी जिद कुछ हद तक बगैर छोड़े मिलन सुन्दर नहीं होता। इसीलिए गान में वाणी को भी सुर के खातिर कुछ समझौता करना पड़ता है, उसे सुर का उपयोगी बनना पड़ता है। जो भी हो, मैं मानता हूँ कि बंगाल में इस जात की काव्यकला क्रमशः व्यापक होगी। अन्ततः मेरे अपने कवित्व के इतिहास के परिप्रेक्ष्य में देख सकता हूँ—गान-रचना, अर्थात् संगीत के साथ वाणी का मिलन-साधन ही अब मेरी प्रधान साधना बन गयी है।

संगीत जहाँ अपने स्वातन्त्र्य में विराज करता है वहाँ उसके नियम-संयम की जो शुचिता प्रकट होती है, वाणी के सहयोग पुष्ट गान में उस शुचिता को उस रूप में सुरक्षित रख कर नहीं चला जा सकता; किन्तु परम्परागत संगीतरीति को आयत्त करने पर ही नियम के व्यत्ययसाधन में यथार्थ अधिकार मिलता है। कविता में भी छन्द की रीति है—उस रीति को कोई भी बड़ा कवि विशुद्ध रूप में सावधानी से कायम रखकर चलने का प्रयास नहीं करता—अर्थात् वे नियम के ऊपर भी कर्तृत्व करते हैं—किन्तु उस कर्तृत्व में भी नियम को स्वीकार करना चाहिए। स्वातन्त्र्य जहाँ उच्छृंखलता है वहाँ कलाविद्या का स्थान नहीं है। इसीलिए अपनी सृजनशक्ति को मुक्त संचरणशील करने के लिए शिक्षा और संयमशक्ति की अधिक आवश्यकता है।

संगीत संघ ने हमारे देश के संगीत को देश की महिलाओं के कण्ठ में प्रतिष्ठित करने का भार लिया है। उनकी इस साधना की गभीर सार्थकता है। हमारे दो प्रकार के खाद्य हैं—एक प्रयोजन का, और एक अप्रयोजन का; एक है अन्न, दूसरा है अमृत। अन्न की भूख में हम मर्त्यलोक के सभी जीवजन्तु के समान हैं, अमृत की भूख में हम सुरलोक के देवताओं की पंक्ति में हैं। संगीत है अमृत की नाना धाराओं में से एक। देश में अन्न का परिवेशन तो महिलाओं के हाथों ही होता है—और अमृत का परिवेशन भी क्या इनके हाथों में नहीं है ?

यह बात याद रखनी होगी कि जो अमृत है, जो प्रयोजन का अतिक्रमण कर अपने को प्रकाश करता है, मनुष्यत्व की चरम महिमा उसी में है। जो जाति पेटुक

है वह मात्र अपने प्रतिदिन की गरज मिटाती चलती रही है, मृत्यु में ही उसकी पूर्ण समाप्ति है। यूनान आज भी जो अमर है, वह अपने धन, धान्य, राष्ट्रीय प्रताप से नहीं; आत्मा के आनन्दरूप उसने जो कुछ सृष्टि की है, उसी से वह चिरदिन जीवित है। प्रत्येक जाति के ऊपर एक भार है कि मर्त्यलोक में वह अपने अमर-लोक की सृष्टि करे। यूनान अपनी अमरावती में आज भी बसा हुआ है। संगीत मानव का वही आनन्दरूप है—वह मानव के अपने अभावमोचन के अतीत है इसीलिए वह सर्वमानव और सर्वकाल का है—राज्य-साम्राज्य का ऐश्वर्य ध्वंस हो जाता है, किन्तु यह आनन्द रूप चिरन्तन है।

जो अत्यन्त प्रवीण लोग वजन-दर से वस्तु मूल्य का विचार करते हैं, सारयुक्त का अर्थ जो भारयुक्त मानते हैं, वे संगीत प्रभृति कलाविद्याओं को शौकिया कहकर उसकी अवज्ञा करते हैं। वे नहीं जानते कि जिनके पास वीर्य है, सौन्दर्य उन्हीं का है। जो शक्ति स्वयं को शक्ति रूप में ही प्रकाश करती है वह हुई पहलवानी, किन्तु शक्ति का सत्यरूप है सौन्दर्य। वृक्ष की पूर्ण शक्ति उसके फूल में है; उसके मोटे तने में वह स्वयं ही रहता है, किन्तु उसके फूलों में जो फल फलते हैं उनके बीज के भीतर भावीकाल का अरण्य, अर्थात् उसकी अमरता है। साहित्य, संगीत, सभी प्रकार की कलाविद्याओं में प्राणशक्ति अपनी अमरता को पुष्पित करती है—आफिस-अदालत, कल-कारखानों में नहीं। उपनिषद में कहा गया है—जन्म ग्रहण किया है इसीलिए सभी अमर नहीं होते, जिन्होंने असीम की उपलब्धि की है वे 'अमृतास्ते भवन्ति'। अभाव की उपलब्धि से है वस्त्र-मिल, पाट की बोरियों का कारखाना,—असीम की उपलब्धि से ही संगीत, असीम की उपलब्धि से ही हम सृष्टिकर्ता हैं। जो सृष्टिकर्ता चन्द्रसूर्य के सिंहासन पर बैठकर दरबार करते हैं वे गुणी जाति को शिरोपा प्रदान कर कहते हैं, 'शाबास ! मेरे सुर के साथ तुम्हारा सुर मिल गया है'—वही धन्य है, वही अमर हो जाता है, उनकी अमृतसभा के साथ ही चिरकाल के लिए उसका आसन निश्चित हो जाता है।[1]

भाद्र, 1328 (बंगाब्द)

1. पाश्चात्य देश के मनीषी समाज में विपुल समादर प्राप्ति के बाद स्वदेश प्रत्यावर्तन (जुलाई 1921) के उपलक्ष्य में 'संगीत-संघ' के वार्षिक उत्सव में दी गई वक्तृता।

शिक्षा और संस्कृति में संगीत का स्थान

बंगाल में आधुनिक युग का जब आरम्भ काल ही था, तभी मेरा जन्म हुआ। पुरातन युग का आलोक तब म्लान होता आ रहा था किन्तु वह पूर्णतया विलीन नहीं हुआ था। पीछे से कुछ इंगितों से तथा कुछ प्रत्यक्ष, उसका कुछ परिचय मैंने पाया है। उसमें जीवन का काफी विकार था, आज के आदर्श के बल पर विचार करने पर नाना दिशाओं में उसका शैथिल्य, उसकी दुर्बलता मन को लज्जित कर सकती है। किन्तु उस समय के प्रदोष की छाया में ऐसा कुछ दिखाई दिया था जो अस्तसूर्य के प्रकाश के समान है, उस समय के इतिहास के रोकड़-खाते में उसे अन्धकार की श्रेणी में रखने से काम नहीं चलेगा। उस समय की जीवनयात्रा में संगीत का समादर वैसी ही एक वस्तु है।

मैंने देखा है कि उस समय के विशिष्ट परिवारों में संगीत विद्या पर अधिकार वैदग्ध्य के प्रमाण रूप में गण्य होता था। वर्तमान समाज में अंग्रेजी रचना में अक्षरविन्यास या व्याकरण के स्खलन को हम जिस प्रकार अशिक्षा का लज्जास्पद परिचय मानकर चौंक उठते हैं, उसी प्रकार यदि देखा जाता कि किसी सम्मानित परिवार में कोई गान सुनते समय सम पर सिर हिलाने में भूल करता किंवा उस्ताद को राग-रागिनी की फरमाइश करते समय रीति का पालन नहीं करता तो वैसी ही अवस्था हो जाती थी। उससे वंश-मर्यादा पर जैसे दाग लगता। सौभाग्यवश तब तक हमारे संगीतराज्य में बाक्स हारमोनियम की महामारी ने वातावरण को दूषित नहीं किया था। तानपुरे के तारों पर स्वयं सुर मिलाकर कंधे पर उसे झुकाकर आलाप की भूमिका के साथ जब बड़े-बड़े गीत-रचयिताओं के ध्रुपदगान में गायक निस्तब्ध सभा को मुखरित किया करते थे, उस समय की छवि का गम्भीर रूप आज भी मेरे मन में उज्ज्वल है। दूरस्थ प्रदेशों से आमंत्रित गुणियों का समादर कर उच्चांग संगीत का समारोह आयोजित करना उस समय के सम्पन्न लोगों के आत्मसम्मान-रक्षा का अंग था। वस्तुतः उस समय का समाज विद्या के किसी भी विषय को शिक्षणीय, रक्षणीय मानता था, धनी जन उसको जीवित रखने के दायित्व को गौरव के रूप में ग्रहण करते

थे। इस स्वतःस्वीकृत टैक्स के बल पर ही उस समय के शास्त्रज्ञ पण्डित समाज में उच्च शिक्षा के पीठस्थान की सृष्टि और पुष्टि कर सके हैं। उस समय यदि समाज के प्रदीप जलाए रखने के महासमवाय में किसी धनी की कृपणता प्रकट होती तो यह धन की अवमानना मानी जाती थी। उस समय सरस्वती लक्ष्मी के द्वार पर भिक्षावृत्ति करने आकर सिर नहीं झुकाती थी, लक्ष्मी स्वयं नम्रशिर अर्घ्य लेकर भारती के द्वार पर जाती थी। इस प्रकार सहज ही आत्मगौरव के प्रवर्तन से धनिकों ने देश में संगीत के गौरव की रक्षा की है; वह उनका सामाजिक कर्तव्य था। इससे समझा जाएगा कि समाज ने उन दिनों संगीत को सम्मानजनक विद्या के रूप में ही ग्रहण किया था।

जिस विद्या का संचरण अक्षर के क्षेत्र में होता है ऊपर और नीचे उसके दो भाग थे। एक था श्रुति, स्मृति, दर्शन, व्याकरण का उच्च शिखर, दूसरा था जनशिक्षा का निम्नभूमिवर्ती उपत्यका। समाज के गण्यमान व्यक्ति दोनों का ही चिरदिन पालन करते आए हैं। विभिन्न उपलक्ष्य में उनके ही निवेदित दान की निरन्तर सहायता से निःस्वप्राय अध्यापकगण दुर्गम शास्त्रभण्डार की सभी प्रकार की विद्याओं का बिना वेतन वितरण करते आ रहे हैं। विशेष-विशेष स्थानों पर इन सभी विद्याओं के विशेष केन्द्र थे, दूसरी ओर विभिन्न स्थानों पर विभिन्न ग्रामों में छायादार फलवान वनस्पति के समान छोटे-छोटे आकारों में ऐसे विद्याकेन्द्र थे। अर्थात् देश की उच्च शिक्षा भी एक-दो दूरवर्ती विश्वविद्यालयों में आबद्ध नहीं थी, उसका दानपत्र देश में प्रायः सर्वत्र ही था। उसी प्रकार प्राथमिक शिक्षा के लिए भी पाठशालाएँ प्रत्येक ग्राम के प्रधानों की वृत्ति से पालित एवं उनके दालानों में प्रतिष्ठित थीं, शिक्षार्थियों में धनी-दरिद्र का भेद नहीं था। इनका दायित्व राजा के अधिकार में नहीं था, वह समाज के अपने हाथों में था।

संगीत के सम्बन्ध में भी इसी प्रकार दो धाराएँ थीं। उच्च संगीत की व्ययसाध्य चर्चा का क्षेत्र था धनिकों का बैठकखाना। वह संगीत चारों ओर के लोगों के कानों तक सर्वदा पहुँचता, गान के सुरसिंचन से वातावरण अभिषिक्त होता था। संगीत में जिनका स्वाभाविक अनुराग व क्षमता थी वे प्रेरणा प्राप्त करते, उससे संगीत-शिक्षा की भूमिका निर्मित होती। जिन सब धनी लोगों के घरों पर वृत्तिभोगी गायक थे, उनसे घर के लोग ही नहीं बल्कि बाहर के लोग भी शिक्षा पाते थे। वस्तुतः ये सब स्थल उच्च संगीत शिक्षा के छोटे-छोटे कालेज के समान थे। विख्यात बंगाली संगीत-नायक यदुभट्ट जब हमारे जोड़ासाँको के निवास पर रहते थे, तब उनसे सीखने के लिए हर तरह के लोग आते थे; कोई मृदंग-वादन सीखता और कोई राग-रागिनी का आलाप। इस कलरवमुखर जनसमागम में कहीं कोई निषेध नहीं था। विद्या की रक्षा और प्रसार का यह सहज उपाय था।

यह तो हुई उच्च संगीत की बात। जनसंगीत का प्रवाह भी बहु शाखायित था।

नदीमातृक बंगाल के प्रांगण-प्रांगण में जिस प्रकार छोटी-बड़ी नदियों एवं नालों ने स्रोत रूपी जाल बिछा दिया है, उसी प्रकार गान का स्रोत विभिन्न धाराओं में प्रवाहित था। बंगाली के हृदय में उस रस के प्रवाह ने विविध रूप धारण किए। यात्रा, पाँचाली, कथकता, कवि के गान, कीर्तन आदि ने सम्पूर्ण बंगभूमि को मुखरित कर दिया। लोकसंगीत का इतना वैचित्र्य अन्य किसी अंचल में है या नहीं, मैं नहीं जानता। शौकिया यात्रा (नाट्य-गीत मंडली) के गठन का उत्साह धनी सन्तानों में था। कई प्रकारों के नाना अंगों के गानों का पोषण धनी लोग करते थे, किन्तु अन्य अंचलों के विलासियों के समान ये समस्त आयोजन धनी वर्ग के अपने निभृत सम्भोग की वस्तु नहीं थी। बाल्यकाल में मैंने अपने निवास पर नलदमयंती-यात्रा नाटक सुना है। एक कोने से दूसरे कोने तक प्रांगण में दरी बिछी हुई थी–जो समागत थे उनमें अधिकांश ही अपरिचित थे, एवं अधिकतर अकिंचन, जूता-चोरी की बहुलता से उसका प्रमाण मिलता था। मेरे पिता का परिचर था किशोरी चाटुज्जे। इसके पूर्व वह किसी पाँचाली-दल का नेता था। वह मुझसे प्रायः कहता, 'दादाजी, तुम यदि हमारे पाँचाली दल में होते तो–।' बाकी अंश वह भाषा में व्यक्त नहीं कर पाता था। बालक दादाजी का मन भी पाँचाली के दल में ख्याति अर्जित करने की असम्भव दुराशा में चंचल हो उठता। मैं पाँचाली के जो गान उससे सुना करता उसकी रागिनी थी सनातन हिन्दुस्थानी, किन्तु उसके सुर को बंगला काव्य के साथ मिलाने पर ऐसा लगता था मानो पश्चिमी भारत के घाघरे के घूर्णावर्त को बंगाली साड़ी के बाहुल्यविहीन सहज वेष्टन में परिणत किया गया है :

'कातरे रेखो रांगा पाय मा–
अभये दीनहीन क्षीण जने या करो, मा, निजगुणे–
तारिते हबे अधीने, आमि अति निरुपाय।'

यह सुर आज भी याद है। सूर्य की किरणछटा जैसे लाखों योजन दूर तक फैल जाती है, यह उसकी तान का खेल है। और हमारी श्यामा पृथिवी का वायुमण्डल प्रभात का रूपाली कशीदा और सूर्यास्तकाल की सोनाली जरी का आँचल लेकर तन्वी के शरीर को घेर कर दक्षिण वायु में काँपता रहता है। किन्तु यही तो ऐश्वर्य है, यही तो चाहिए।

'भालोबासिबे ब'ले भालोबासि ने'

इसमें तान की प्रगल्भता नहीं किन्तु वेदना तो है। जन-साधारण के लिए यही नितान्त आवश्यक है। केवल साधारण जन के लिए ही क्यों, एक समय उच्च समाज की रसना ने भी तृप्ति के साथ इसका आस्वादन ग्रहण किया है। कालिदास ने महिलाओं के अशिक्षित पटुत्व की बात कही है, सरल प्रकृति के लोगों के अशिक्षित

स्वादसम्भोग की बात भी सही है। जिस घर की पाकशाला के मोगलाई भोजन की लोभन गन्ध से दूर की बस्ती भी प्रमुदित है, उसी घर में ही विधवा मौसी के लिए पकाए गए मशाला-विरल निरामिष व्यंजन का आदर सम्भवतः उससे भी अधिक रहता है :

'मने रइल, सइ, मनेर वेदना—
प्रवासे यखन याय गोसे
तारे बलि बलि आर बला हल ना।'

यह ठेठ बंगाली गान है। बंगाली के भावप्रवण हृदय ने तृषित होकर ही गान चाहा था, इसीलिए वह अपने सहज गान की सृष्टि किए बिना नहीं रह सकता।

इसीलिए आज भी देखते हैं कि बंगला साहित्य में जब-तब गान अनाहूत अनधिकार प्रवेश करने में कुण्ठित नहीं होता। इससे अन्य देशीय अलंकार शास्त्र सम्मत रीति भंग होती होगी। किन्तु हमारी रीति हमारे ही स्वभाव संगत है। उसकी भर्त्सना किस मानस शक्ति से करूँ ? उस दिन हमारे नटराज शिशिर भादुड़ी महाशय ने किसी शोकावह अति गम्भीर नाटक के लिए मेरे पास एक गान की फरमाइश की। कोई विलायती नाट्येश्वर इस प्रकार का प्रस्ताव नहीं करता, वह मानता कि यह नाट्यकला में एक विक्षेप है। आज के अंग्रेजी शिक्षित भी सम्भवतः इस प्रकार के अनियम पर अँगुली उठाएँगे मैं ऐसा नहीं करता, मैं मानता हूँ कि हमारा आदर्श, हमारा अपना मन अपने आनन्द के तकाजे से स्वभावतः ही सृष्टि करेगा। उस सृष्टि में कलातत्त्व का संयम एवं छन्द की रक्षा कर चलना होगा, यदि उसकी शक्ल साहबी ढाँचे की न हो, तो उसे पीट-पीट कर बदलना ही होगा, यह मैं नहीं कहूँगा। विदेशी अलंकारशास्त्र पढ़ने के बहुत पहले से हमारा नाट्य, जिसे हम यात्रा कहते हैं, गान के सुर में ही ढला था। वह जैसे बंगाल के भूसंस्थान के ही समान है; वहाँ स्थल में जल का अधिकार ही जैसे अधिक है। कथकता अलंकार शास्त्र मत से 'नरेटिव' श्रेणीभुक्त है, उसका ढाँचा गद्य का होते हुए भी स्त्री स्वाधीनता युग की महिलाओं के समान ही गीतकला उसमें अनायास ही निःसंकोच प्रवेश करती थी। याद है कि एक दिन मैं उस पर मुग्ध हुआ था। साहित्य-रचना की प्रचलित पाश्चात्य विधि की बात स्मरण कर लज्जावश उद्वेलित आनन्द को तो संयत नहीं किया था।

जो भी हो, मेरा कहना यह है कि आत्मप्रकाश के लिए बंगाली ने स्वभावतः गान को सर्वाधिक चाहा है। इसी कारण वह सामान्यतः हिन्दुस्थानी संगीत रीति के नितान्त अनुगत नहीं हो सका। इसीलिए कान्हड़ा, अडाणा, मालकोष, दरबारी, तोड़ी के बहुमूल्य गीतोपकरण होते हुए भी बंगालियों को कीर्तन की सृष्टि करनी पड़ी। गान से प्रेम है, इसीलिए वह गान को आदर के साथ स्वयं अपनी आन्तरिक भावनाओं के साथ एक कर रचना करने का आकांक्षी रहा है। इसीलिए, आज हो या कल, अगर

बंगला गान में उत्कर्ष आएगा तो उसके अपने रास्ते से ही, अन्य किसी के द्वारा निर्मित बँधे मार्ग से नहीं।

जिस सूत्र से मैंने इस प्रबन्ध की रचना शुरू की थी, उसी सूत्र को यहाँ पुनः लिया जाए। देश की संस्कृति में संगीत का प्राधान्य था, हमारे विदायोन्मुख पूर्वयुग की ओर दृष्टिपात कर मैंने यही बताया है। उसके पश्चात् आयु जैसे-जैसे बढ़ती गई, उसके साथ ही मैं अन्य एक युग में प्रवेश करने लगा, जिस युग में लड़के कम आयु से कालेज की उच्च डिग्री की ओर दृष्टि रखकर नोट मुखस्थ करने लगे हैं। उस समय गान को सम्माननीय विद्या के रूप में गण्य करने की धारणा लुप्त होने लगी। जिन बड़े-बड़े घरों में गायक आदर एवं आश्रय प्राप्त करते आ रहे थे, वहाँ संगीत के खण्डहरों में रटी-रटाई विद्या की गुंजनध्वनि मुखरित हो उठी; उस समय के युवक शुचिता-रोग से इतने ग्रस्त हो गए कि दुर्गतिग्रस्त गान व्यवसायियों के चरित्र के साथ गान को जोड़कर इस विद्या के ही पवित्र रूप की बीभत्स रूप में कल्पना करने लगे। बंगाल का शिक्षा-विभाग संगीत को स्वीकार नहीं कर सका। इसीलिए उस समय की शिक्षित मण्डली के मन में संगीत में रुचि, अधिकार और अभिज्ञता का न रहना अशिक्षा का लज्जाकर परिचय मानने का कारण नहीं रहा। वरंच उन दिनों के जिन लड़कों ने, हितैषियों के भय से, दबे स्वर में गीत गाया है, उनके चरित्र पर सन्देह प्रकट किया गया।

दूसरी ओर यह मानना पड़ेगा कि उस समय में कई प्रकार के शुभकार्यों का श्रीगणेश हुआ। तब हमारी 'पालिटिक्स' सावधानी से दो किनारों को बचाकर, चारों ओर नजर रखकर सिर उठा रही थी, भाषणमंच पर अंग्रेजी वाणी को तालियाँ मिल रही थीं, अखबारों ने भी टिप्पणी करना शुरू किया था, साहित्य में दो-एक व्यक्ति पुरोगामी पथ पर निकल पड़े थे। किन्तु देश में बड़े-बड़े प्राचीन सरोवर पाट कर उन पर आज जैसी खेती चल रही है, वैसे ही उस समय संगीत का रससंचय अन्ततः शिक्षित समाज में प्रायः मर सा रहा था। उसके ऊपर पाठ्यपुस्तकों की खेती आबाद होने लगी थी।

जिस युग ने अपनी नीरसता को शुचिता कह कर सम्मान दिया था, वह आज भी अटल है, यह मैं नहीं कहता। बंगाली की प्रकृति आज पुनः अपने गान की महफिल को खोज रही है, सुर का उपादान संग्रह करने के लिए सृष्टि कर रही है। देश का विद्यायतन इस शुभ मुहूर्त में उसके लिए अनुकूल जँचेगा, सर्वान्तःकरण से मैं यही कामना करता हूँ।

दैवयोग से जो सुयोग मुझे मिला, उसकी याद आते ही मैं अपने भाग्यविधाता को प्रणाम करता हूँ। जब मैंने जन्म ग्रहण किया था तब हमारे परिवार का आश्रय जनसमाज के बाहर था। समाज में हम व्रात्य थे। हमारे परिवार में परीक्षा पास करने की साधना ने उस समय गौरव नहीं पाया था। मेरे बड़े भ्राताओं में से एक-दो

विश्वविद्यालय का सिंहद्वार कुछ दूर तक पार करके डिग्री लिए बिना ही चुपचाप लौट आए। मैं नहीं कहता कि उन्होंने अच्छा किया। किन्तु उसका फल यह हुआ कि हमारे घर में यह अंधसंस्कार टिक नहीं सका कि डिग्रीलांछित शिक्षा के अलावा शिक्षा का अन्य कोई परिचय ग्राह्य नहीं है। मेरे भाइयों ने दिनरात अपनी भाषा में तत्त्वालोचना की है, काव्यरस आस्वादन और उद्‌भावन में वे निविष्ट रहे, चित्रकला भी इतस्ततः अंकुरित हो उठी, इसके अलावा नाट्याभिनय में किसी को संकोच मात्र नहीं था। और सबसे अग्रणी हो उठा था संगीत। बंगाली की स्वाभाविक गीतमुग्धता और गीतमुखरता हमारे घर में अबाध उत्स के समान उत्सारित हुई थी। विष्णु ध्रुपदीगान के विख्यात गायक थे। प्रत्यह प्रातःकाल और सन्ध्या के समय, उत्सव-आमोद में, उपासना-मन्दिर में मैंने उनके गान सुने हैं, मेरे आत्मीयों ने कन्धे पर तानपुरा लेकर उनके पास गान का अनुशीलन किया है, मेरे भाइयों ने तानसेन प्रभृति गुणियों द्वारा रचित गानों को बंगला भाषा में संयोजित किया है। इसमें विस्मयजनक व्यापार यह है—चिर अभ्यस्त उन सब प्राचीन गानों के निविड़ वातावरण में भी वे स्वयं जिन गानों की रचना में प्रवृत्त हुए उनका रूप, उनकी धारा सम्पूर्ण स्वतन्त्र है अतः गीत-पण्डितों के समक्ष वे अवज्ञा के योग्य हैं। राग-रागिनी की विशुद्धता को नष्ट करते हैं, यहाँ भी वे व्रात्य श्रेणीभुक्त हुए हैं।

गायन-वादन-नाट्यकला को अक्षुण्ण सम्मान देने की जो दीक्षा मैंने पायी थी, उसका एक विशेष परिचय मैं देता हूँ। मेरी भतीजियों ने बाल्यकाल से उच्चांग गान विशेष यत्न से सीखे थे। यह उस समय निन्दाई न होते हुए भी विस्मय का विषय था। हमारे निवास के प्रांगण में खुले रंगमंच पर उन्होंने जिस दिन गान गाया था उस दिन सामाजिक वातावरण भीतर ही भीतर अत्यन्त तनावपूर्ण हो गया था। सौभाग्यवश उन दिनों के समाचार-पत्रों के विषदाँत आज के समान इतने उग्र नहीं हुए थे। यदि ऐसा होता तो अपमान अत्यन्त गम्भीर हो उठता। उसके पश्चात् इस प्रकार के अत्याचार और भी हुए। इससे भी ऊँचे स्वरों में निन्दा सुनकर भी मैं संकुचित नहीं हुआ। कारण, मात्र कालेजी विद्या ही नहीं, सभी प्रकार की विद्या को श्रद्धा करने का अभ्यास हमारे परिवार में प्रचलित था।

हमारे देश का शिक्षा-विभाग कलाविद्या को स्वाभाविक सम्मान प्रदान करने की प्रवृत्ति शिक्षित मन में जाग्रत करेगा, इस निवेदन के अभिप्राय से ही यह भूमिका मैंने आज प्रस्तुत की है। इसके अलावा जो कुछ करना चाहिए, असामर्थ्य के बावजूद मैंने अपने विद्यालय में उसका प्रवर्तन किया है।

मनुष्य ने केवल वैज्ञानिक सत्य का आविष्कार नहीं किया है, उसने अनिर्वचनीय की भी उपलब्धि की है। आदिकाल से उस प्रकाश का मनुष्य का दान प्रभूत और महार्घ है। पूर्णता का आविर्भाव मनुष्य ने जहाँ भी देखा है—शब्द, सुर, रेखा, वर्ण, छन्द, मानव सम्बन्ध के माधुर्य, वीर्य में—वहीं उसने अपने आनन्द के साक्ष्य को

अमरवाणी में स्वाक्षरित किया है। जो विद्यार्थी हैं, वे उस वाणी से वंचित न हों, मैं यही कामना करता हूँ। केवल उपभोग करने के उद्देश्य से जन्म ग्रहण कर, सुन्दर को देखा है, महत् को पाया है, प्रेम के धन को प्यार किया है ऐसी बातें बता कर जाने का अधिकार और शक्ति मनुष्य को प्राप्त हो सके, ऐसी शिक्षा का सुयोग पाकर देश धन्य हो--देश का सुख-दुःख, आशा-आकांक्षा अमृत-अभिषिक्त गीतलोक में अमरत्व प्राप्त करें।[1]

फाल्गुन 1342 (बंगाब्द)

1. न्यू ऐजुकेशन फेलोशिप या नवशिक्षा संघ की बंगीय शाखा कर्तृक अनुष्ठित सम्मेलन में 8 फरवरी 1936 को पठित।

शब्द और सुर

सुर के महल में वाच्य (शब्द) को भद्र आसन देने पर संगीत की मर्यादा को क्षति पहुँचती है या नहीं, इसे लेकर वाद-विवाद चल रहा है। सुनवाई के समय सम्पादक कहते हैं कि प्रतिवादी का वक्तव्य सुनना उचित है। संगीत् की उच्च अदालत में प्रतिवादी-श्रेणी में मेरा नाम कई दिनों से लिया गया है। अपने पक्ष में मुझे जो कुछ कहना है मैं संक्षेप में कहूँगा। मेरी शक्ति क्षीण है, समय अल्प है, विद्या भी अधिक नहीं है। मैं जिस शास्त्र की दुहाई देता हूँ, विशेष रूप से न वह संगीत-शास्त्र है, न काव्यशास्त्र ही, उसे ललितकलाशास्त्र कहते हैं—संगीत और काव्य दोनों उसके अन्तर्गत है।

कालिदास ने 'रघुवंश' में कहा है—वाक्य एवं अर्थ सम्पृक्त हैं। किन्तु जो वाक्य काव्य का उपादान है, अर्थ का वह अनर्थ करके अपना काम चला सकता है। उसका प्रधान कारोबार अनिर्वचनीय को लेकर है, अर्थ के अतीत को लेकर है। काव्य में शब्द की पग-पग पर आड़ लेकर छन्द के मन्त्र का प्रयोग कर अनिर्वचनीय के जादू का प्रयोग करना पड़ता है, उस इन्द्रजाल में वाक्य सुर के समान धर्म प्राप्त करता है। तब वह संगीत का ही समजातीय होता है। इस संगीत रसप्रधान काव्य को अंग्रेजी में 'लिरिक' कहते हैं, अर्थात् उसे गाने के योग्य स्वीकार किया जाता है। एक समय इस जाति की कविता सुर में ही सम्पूर्णता प्राप्त करती थी। कविता का यह सम्मिलित सम्पूर्ण रूप उन दिनों गान के रूप में गण्य होता था, वैदिक काल में जैसे सामगान।

सुरसम्मिलित काव्य के युगल रूप के साथ-साथ ही सुरहीन काव्य का स्वतन्त्र रूप भी बहुत दिनों से चलता आ रहा है। अपेक्षाकृत बाद में वाद्य की सहायता से गान का स्वातन्त्र्य भी क्रमशः उद्भावित हुआ। स्वातन्त्र्य के बीच इनका जो विशेष परिचय उन्मुक्त हुआ है वह निःसन्देह मूल्यवान है, किन्तु इसीलिए उनके परस्पर का साथ छुड़ाने के लिए जनानी रीति चलानी ही होगी, ऐसी रूढ़िता मैं नहीं मानता।

सुना है कि चरक-संहिता में जो कहा गया है उसे ही कहते हैं भेषज, जिससे

आरोग्य लाभ होता है। चिरकाल से एकमात्र एलोपैथी चिकित्सा में ही जिनकी आसक्ति है उनके मत से उसे ही भेषज कहते हैं जो एलोपैथिक मेटीरिया मेडिका की सूची के अंतर्गत है। वैद्यशास्त्र के अनुसार गोली खाकर जो लोग कहते हैं 'आराम मिला' उन्हें वे अशास्त्रीय ग्राम्य मानते हैं। वे कहते हैं कि डाक्टरी मत से ही आराम होना उचित है, अन्य मत से कदापि नहीं।

सांगीतिक चरक-संहिता के मत से उसे ही संगीत कहते हैं जिससे गीतरस मिलता है। किन्तु उस्ताद के शागिर्द कहते हैं कि संगीत वही है जो हिन्दुस्थानी कायदे से गाया जाता है। जो गीतकला इस कायदे के बाहर पैर फैलाती है उसे वे कहते हैं स्वैरिणी, साधुसमाज के वह बाहर है। समझदारों की पंक्ति में जो अपना नाम रखना चाहते हैं, उनके लिए अन्य श्रेणी के गान नें रस लेना भद्ररीति-विरुद्ध है। किन्तु, हम चरक-संहिता के सिद्धान्त के साथ मिलकर चलेंगे—गान का रस जहाँ मिलता है वहीं संगीत है, भाव शब्द के साथ उसका विशेष मेल, मैत्री रहे या न रहे। अगर अच्छे कारीगरों के हाथों निर्मित प्रदीप की शिखा प्रज्चलित हो उठी और उत्सव सभा को आलोकित किया तो उस शिखा के आलोक को आलोक ही कहूँगा, उसके साथ गुणी के हाथ से निर्मित प्रदीप की भी प्रशंसा करने में दोष नहीं है। वस्तुतः प्रदीप ने आलोक को ही सम्मान प्रदान किया है, और प्रदीप का मुख उज्ज्चल किया है आलोक ने। सम्मान के इस प्रकार के विभाजन को जो संगीत का अतिनाश कहकर क्रुद्ध होते हैं वे मशाल भले ही जलाएँ—उसका वाहन नगण्य क्यों न हो, फिर भी उसके आलोक का गौरव मानने में मैं संकोच नहीं करूँगा।

'कारि कारि कमरिया गुरुजी मोको मोल दे'—

अर्थात्, 'गुरुजी, काली काली कम्बल मुझे खरीद दो।' यह है मोटी मशाल, इसके सिरे पर परज रागिनी का दीप जल रहा है; मशाल की बात स्मरण भी नहीं रहती। किन्तु कारुकार्य खचित वाणी समग्र गान को यदि सुशोभित करती है तो किसी भी दृष्टि से मूल्य का कुछ ह्रास हो सकता है, ऐसा तो मैं नहीं मानता।

इसके बाद वाक्य का अनुगत होने पर संगीत में उसके पूरे परिमाण से चलन, तान-करतब का व्याघात होने का तर्क उठेगा। इस सम्बन्ध में मेरा यह कहना है कि अपने क्षेत्र को छोड़कर और किसी का अनुगत होना संगीत के लिए दोष की बात है, यह मैं मानता हूँ। हमने गान के जिस आदर्श को ध्यान में रखा है, उसमें शब्द और सुर का साहचर्य ही श्रद्धेय है, किसी पक्ष का ही आनुगत्य वैध नहीं है। वहाँ सुर जिस प्रकार वाक्य को मानता है, उसी प्रकार वाक्य भी सुर का अतिक्रमण नहीं करता। क्योंकि, अतिक्रमण के द्वारा समग्र सृष्टि का सामंजस्य नष्ट करना कलारीतिविरुद्ध है। जिस विशेष श्रेणी के संगीत में वाक्य और सुर दोनों ने मिलकर

रससृष्टि का भार लिया है, वहाँ अपने गौरव की रक्षा करते हुए भी या उसे अक्षय रखते हुए भी दोनों के पदक्षेप एक-दूसरे की गति को सम्भाल कर चलने को बाध्य हैं। इस पथ के अनुसार विशेष कला-नैपुण्य इस श्रेणी के संगीत का ही अंग है।

किन्तु इस प्रकार दोनों की गति सम्भाल कर चलने पर तान-करतब को पल्लवित करने में व्याघात उपस्थित हो सकता है। इस भावना से अन्ततः तानसेन अत्यन्त उद्विग्न नहीं हुए थे। संगीत मात्र शौरी मियाँ का पदानुवर्ती नहीं है। अधिकांश ध्रुपद गानों में वाक्यों के घन विन्यास में अलंकार बाहुल्य को स्थान नहीं मिलता; वह शोभा भी नहीं देता। इस स्वरसंयम ने ही उसका गौरव बढ़ाया है। ध्रुपद का यही विशेषत्व है।

आधुनिक बंगला गान ने भी एक स्वाभाविक विशेषत्व प्राप्त किया है। इस संगीत में शब्दशिल्प और सुरशिल्प के मिलन से एक अपरूप सृष्टिशक्ति रूप धारण करने को उत्सुक है। इस सृष्टि में हिन्दुस्थानी कायदा अपनी पूरी सलामी नहीं पाएगा, जैसी कि बंगला कीर्तन गान में उसने नहीं पाई। फिर भी बंगला गान के नवीन ठाट बंगाल के बाहर के श्रोताओं के मन को एक विशेष आनन्द प्रदान करते हैं, यह मेरा अनुभव है। जिनका मन संगीत-व्यावसायिकता के बँधे-बँधाए घेरे के अन्दर संचरण करता है, उन्हें ही ये गान आनन्द नहीं देंगे।[1]

4-11-'37

2

सुर अनिर्वचनीय का प्रधान वाहन है। किन्तु मनुष्य ने केवल व्यवहार्य सामग्री के साथ ही अनिर्वचनीय को प्रकाश करना चाहा है ऐसा नहीं, उससे भी अधिक व्याकुल होकर अपने सुख-दुःख प्रेम के सहयोग से ऐसा करना चाहा है। अर्थात्, जो शब्द उसके हृदयावेग का इंगित मात्र देते हैं, शिल्पकला के द्वारा उनमें वह असीम की अभिव्यंजना लाने की आकांक्षा करता है। इसीलिए आदिकाल से ही मनुष्य ने शब्द के साथ सुर को मिलाकर गान गाया है। मैं यह बात मानता हूँ कि भाव शब्द की अपनी एक कला है, छन्द उसका प्रधान अंग है। किन्तु छन्द उसका अकेले का नहीं, गान का भी है। इसके अलावा काव्य की एक विशेष रूप से शब्द-योजना और शब्द-चयन है। वैसा भले ही हो, किन्तु देखा गया है कि मनुष्य ने जिस प्रकार काव्य की कामना की है उसी प्रकार

---

1. इस प्रसंग में इस ग्रन्थ में अन्यत्र मुद्रित दो समसामयिक पत्र द्रष्टव्य—धूर्जटिप्रसाद मुखोपाध्याय को लिखित 8-10-1937 तारीख का पत्र, दिलीपकुमार राय को लिखित 29-10-1937 तारीख का पत्र।

गान को भी चाहा है। नहीं जानता कि इतिहास में कब मनुष्य की भाषा इतनी अनाथ थी, जब सुर ने उसकी अवज्ञा कर उसे परायी मानकर उसका वर्जन किया हो। मुझे तो लगता है कि इस सम्बन्ध में जितना परत्व है, उससे परकीया प्रीति बढ़ती ही है, कम नहीं होती। प्रियजन को यह बात कहने की वेदना मन में सहज ही जागती है कि 'भालोबासिबे बले भालोबासि ने'। भाषा यदि स्वयं ही स्वीकार कर ले कि इस वाक्य में सम्पूर्ण अभिव्यक्ति नहीं हो सकी, तो ऐसी अवस्था में भैरवी के साथ वह मैत्री, गठबन्धन कर ले तो उस्ताद क्या यह कहेंगे कि असवर्ण मिलन से संगीत की जात गयी ? दूसरी ओर निर्वाक् भैरवी एक 'एब्स्ट्रेक्ट' आवेग प्रकट कर सकती है, किन्तु ठीक इस काव्य की बात कहने में वह असमर्थ है, मूक है। किन्तु वास्तव में जिस प्रकार कथ्य (शब्द) को आवश्यकता है, उसी प्रकार सुर की भी आवश्यकता है। तो क्या हुकुम दिया जाएगा कि इस आवश्यकता का समूल उच्छेद करना चाहिए ? मनुष्य क्या यह हुकुम मानेगा ?

प्रिया कहती है–

चूड़ाटि तोमार ये रंगे रांगाले, प्रिय,
से रंगे आमार चुनरि रांगिये दियो।

यह काव्य है। इसमें हृदयावेग निविड़ हो उठा है; कान्हड़ा के स्पर्श से वह उच्छ्वसित हो उठा है, किन्तु मात्र कान्हड़ा के आलाप में इसकी वाणी मूक रहती है। वाणी के योग से कान्हड़ा ने एक विशेष रस प्राप्त किया है, इसका मूल्य कम नहीं है। चिरदिन ही मनुष्य कथ्य(शब्द) के साथ सुर मिलाकर गान गाता आया है–सुर बड़ा या शब्द, यह तर्क उठा ही नहीं। यदि नितान्त ही तर्क उठाया जाए तो मैं कहूँगा कि इस क्षेत्र में संगीत ही स्वामी है, भाषा को उसने अपने गोत्र में शामिल कर लिया है। इस दाम्पत्य को मनुष्य ने सर्वदा आनन्द के साथ स्वीकार किया है। एक पुराना गान है : 'काल आसिबे बले गेल, केन एल ना !' यह तो एक संवाद मात्र है, किन्तु खमाज सुर का प्राणदायी स्पर्श लगते ही संवाद की निर्जीवता से शिल्प के प्राणलोक में वाणी ने मस्तक ऊँचा कर लिया। इसी प्रकार फारसी रूपकार ने नित्य व्यवहार की वस्तु को शिल्प की अमरावती पर उत्तीर्ण कर दिया है। जो सुर के साथ शब्द मिलाकर गान रचना करते हैं उनका भी वही उद्देश्य है। इस उद्देश्य में संगीत की ही सार्थकता अग्रगण्य है।

···कविता में है अगीत संगीत, उसकी चौहद्दी में यदि गीत संगीत का व्यवधान अलंघ्य होता है तो स्वभावतः गान की सृष्टि नहीं हो सकती। किसी नारी के चलने की भंगिमा सुन्दर हो सकती है, किन्तु यदि उसका मन रम जाए तो क्या वह अपनी उसी भंगिमा को नृत्यकला में परिणत नहीं कर सकती ? पैरों चलने का शिल्प जिस प्रकार नाच है, वाक्य का शिल्प उसी प्रकार गान है। और भी एक प्रकार का शिल्प है, जिसे कहते हैं काव्य।

यूरोप के देश विश्रुत संगीत शिल्पी ग्लुक (Gluck) का अन्य कोई परिचय भले ही न हो, उनकी ख्याति का परिचय सम्भवतः इस देश के अनेक लोगों के अगोचर नहीं है। यहाँ मैं उनके वचन उद्धृत करता हूँ :

My idea was that the relation of music to poetry was much the same as that of harmonious colouring and well-disposed light and shade to an accurate drawing, which animates the figures without altering their outlines.

संगीतकला हो, चित्रकला हो, मूर्तिकला हो, नितान्त स्वातन्त्र्य में अपनी अविमिश्र विशुद्धता को प्रकाश कर भी सकती है,—मैं स्वीकार करता हूँ। संगीत में जैसे वाद्यवादन-आलाप या आधुनिक काल में जैसे विषयनिरपेक्ष छवि या मूर्ति। किन्तु आदिकाल से आज तक अधिकांशतः भाषा में प्रकाशयोग्य विषय के सहयोग से ही विविध कलाओं ने अपना गौरव बनाए रखा है। बीथोवन प्रभृति महत् प्रतिभाशाली गुणियों द्वारा रचित नितान्त सुर-आश्रयी सिम्फनी जातीय संगीत का यूरोपीय संस्कृति की चिरसम्पदा के रूप में वहाँ के समझदार गौरव करते आ रहे हैं। उसी तरह वागनार प्रभृति गुणियों द्वारा रचित साहित्यविषय-समाश्रित पर्सिफल प्रभृति आपेरा को पाश्चात्य महादेश में प्रभूत सम्मान मिला है। वह संगीत जो कहना चाहता है, वह वाणी के सहयोग के बिना व्यक्त हो ही नहीं सकता। इन सब आपेरों का साहित्य-विषय भी परिपूर्ण प्रकाश के लिए संगीत की अपेक्षा करता है।

हमारे देश में साहित्यसंगवर्जित संगीत कण्ठ या वीणा प्रभृति वाद्यों के आलाप में प्रकट होता है। विख्यात गुणियों द्वारा रचित संगीत की महत् रूपसृष्टि के रूप में विशेष शिल्प आकार में वे सुरक्षित और युगान्तरों से घोषित होती नहीं आयी है। तानसेन प्रभृति की रचनाएँ वाक्य रूपी तरी का आश्रय लेकर विभिन्न कलाकारों के कण्ठ में परिवर्तित और विकृत होते हुए युग प्रवाह में बहती चली आई हैं। कई बार वह तरी सामान्य होड़ी या भेला है। काम चलाने के लिए जिन्होंने यह तरी बनायी है, वे यदि उस तरी को अकिंचित्कर न बनाकर शिल्पभूषित कर सकते, तो वाहन के उत्कर्ष में आरोही का सम्मान कम ही होता, ऐसा हम कैसे कह सकते हैं ? तानसेन प्रभृति के गान में साहित्य का उत्कर्ष सर्वत्र उपेक्षित हुआ है यह भी सत्य नहीं है। यह बात स्मरण रखनी होगी—संगीत की सेवकता में वाक्य का गौण रूप में आश्रय लेने पर भी वाक्य अपना धर्म पूर्णतया भूल नहीं सकता, उसके अर्थ के जीर्णचीर में से भी साहित्य का कुलशील प्रकट हो जाता है।

राधिका ने कहा है—

लइरे मोरि श्याम ईंदोरिया,
कैसे धरूँ मेरे शिरो' पर गागरिया।

अर्थात्, श्याम ने मेरी कलशी की ईंडरी ले ली है, अब मैं सिर पर गगरी कैसे रखूँ। यदि संगीत यह आदेश देता है कि जल भर लाने के इस व्याघात की बात को भूल जाओ और केवल पूरबी रागिनी का रूप याद रखो, तो मैं कहूँगा—मैं न इसे भूल सकता हूँ, न उसे भूल सकता हूँ। मेरे कानों में गुंजरित होता रहता है—

इथे मथुरा उथे गोकुलनगरी,
बीचे मिले मोहे नन्द को नंगरिया।

एक ओर मथुरा है, और दूसरी ओर गोकुलनगरी, बीच में मुझे नन्द का नन्दन मिला। किन्तु, करूँ क्या—वह मेरे सिर की ईंडरी ले गया, मैं जल भरने कैसे जाऊँ ! कथ्य (शब्द) और सुर के बीच यही बात ज्ञात हुई कि ईंडरी का शोक छलना है। गोपी के कर्तव्य की ईंडरी खो गई है, वह मथुरा और वृन्दावन के बीच स्वेच्छया पकड़ी गई है। यह तो विशुद्ध साहित्य है और इसकी सहचरी पूरबी तो विशुद्ध संगीत—दोनों की एकात्मता तो मन में निविड़ रूप से झंकृत होती है। शास्त्र मानकर क्या इनका संयोग तोड़ देना होगा ? पर्सिफल आपेरा के सीने पर यदि गान के उस्ताद सर्जरी की छुरी चलाने आएँ तो सभी मिलकर उसे पागलखाने में भेज देंगे।

निरर्थक शब्दों का आश्रय लेकर संगीत ने तिल्लाना-सरगम की सृष्टि की है। गीतकला में उसका स्थान उच्च श्रेणी का नहीं है। तानसेन प्रभृति गुणियों की रचनाएँ साहित्य भाषा के अवलम्बन से ही आज तक टिकी हुई हैं। वे रचनाएँ हर समय भाषा साहित्य की श्रेणी में उच्चासन की अधिकारी प्रमाणित नहीं होतीं। फिर भी इस कारण यदि रस का कुछ अभाव होता, तो संगीत में तिल्लाना वर्ग का ही आधिपत्य दिखाई देता। वस्तुतः अकिंचित्कर होते हुए भी गान में साहित्य गौण नहीं है। सूर्य का आलोक मेघ का स्तर पाने पर वाष्पपुंज में अपना रंग फैला देता है। गान अत्यन्त सामान्य वाक्य को भी रंगीन बनाने का सुयोग पाता है। 'गुरुजी कालो कम्बल आमाके किने दाओ'—मुँह से बोलने पर यह बात तुच्छ है। किन्तु परज राग इसे वैराग्य की व्याकुलता में प्रतिष्ठित कर देता है। किन्तु 'तोमतानाना' में ऐसी सुविधा नहीं है। सूर्यकिरण केवल तुच्छ मेघ के वाष्प को ही महिमा प्रदान करती है ऐसा नहीं है, ताजमहल को भी वह अपरूप बना देती है।···

मंपु
25-5-1939

आलाप-आलोचना

रवीन्द्रनाथ और दिलीपकुमार राय

29 मार्च 1925

...कविवर ने हँस कर कहा, "संगीत के सम्बन्ध में तुम्हारा लेख आज मैंने 'बिजली' में पढ़ा।"

मैंने जिज्ञासा भरी दृष्टि से उनकी ओर देखा। कारण, मैंने कुछ दिन पहले उन्हें एक चिट्ठी में लिखा था कि सम्भवतः हिन्दुस्थानी गान के सम्बन्ध में मेरा उनके साथ कोई मतभेद नहीं, जैसा कि बंगलागान के सम्बन्ध में है।

कविवर ने कहा, 'तुम्हारे लेख के साथ मूलतः मैं सहमत हूँ। जो रसरूप के लावण्य में निमज्जित हैं, संसार में उनकी संख्या अल्प है, जो कौशल-प्रदर्शन पर मुग्ध हैं, उनकी संख्या ही अधिक है। इसीलिए अधिकांश उस्ताद कसरत दिखाकर दिग्जिवजय करते फिरते हैं। बाल्यकाल में मैंने एक बंगाली गुणी को देखा था, गान जिनके अन्तर के सिंहासन पर राजमर्यादा प्राप्त था—काष्ठ की ड्योढ़ी पर भोजपुरी दरबान के समान ताल नहीं ठोंकता था। उनका नाम तुम लोगों ने निश्चय ही सुना है। वे थे विख्यात यदुभट्ट, जिनसे स्व. राधिकाबाबू ने कुछ शिक्षा पायी थी।'

मैंने कहा, 'किन्तु उनका गान क्या आपको याद है ? बचपन में संगीत के सम्बन्ध में हमारी अधिक अन्तर्दृष्टि नहीं रहती, इसीलिए मुझे लगता है कि उस समय सम्भवतः उच्च संगीत के प्रति हमारा अन्तर किस प्रकार प्रतिसाद देता था, उसे ठीक याद रखना सम्भव नहीं है।'

कविवर ने कहा, 'किन्तु मेरी स्मृति में उस संगीत का अनुरणन आज भी लुप्त नहीं हुआ है। यदुभट्ट के जीवन की एक घटना बताता हूँ, सुनो। त्रिपुरा के वीरभद्र माणिक्य उनके गान के बड़े अनुरागी थे। एक बार उनकी सभा में एक अभ्यागत हिन्दुस्थानी उस्ताद ने नटनारायण राग में एक छोटा गान गाकर यदुभट्ट से उसी के जोड़ के नटनारायण-गान की प्रत्याशा की।'

'यदुभट्ट को यह राग ज्ञात नहीं था, किन्तु उन्होंने वचन दिया कि वे दूसरे दिन

ही नटनारायण सुनाएँगे। उस्तादजी ने गाया। यदुभट्ट के गान इतने तैयार थे कि उन्होंने उसी दिन घर जाकर रात में चौताल में नटनारायण राग में एक गान निबद्ध किया और दूसरे दिन सभा में वह सुनाकर सबको मुग्ध कर दिया था। उनके द्वारा रचित उस 'सुर' में ज्योतिदादा ने एक बंगला गान की रचना की थी।'

इतना कहकर कविवर ने गुन-गुन कर वह सुर कुछ गाकर सुनाया।

मैंने कहा, 'इस प्रकार के गायक एक के बाद एक चले जा रहे हैं उस पर दुःख करना एक प्रकार से वृथा है, क्योंकि गायक भी संगीत की खातिर अमर नहीं हो सकते। किन्तु आक्षेप का विषय यह है कि हमारे देश में संगीत राज्य के एक गुणी के चले जाने पर उसके स्थान की पूर्ति करने वाले लोग और नहीं मिल रहे हैं। हमारे देश में गायकों में यथार्थ शिल्पी क्रमशः किस प्रकार विरल हो उठे हैं, उसे एक यथार्थ संगीतानुरागी ही जानता है। यूरोप में ऐसा नहीं होता। वहाँ एक गायक जाता है किन्तु उसके स्थान पर अन्य गायक जन्म लेता है।'

कविवर ने कहा, 'यह तो सत्य है।' इतना कहकर वे कुछ क्षण चुप हो गए। फिर कहा, 'आज मैं तुम्हारे साथ कुछ बातें करना चाहता हूँ।'

मैंने साग्रह कहा, 'कहिए।'

कविवर ने कहा, 'कई बार हम परस्पर मतभेद की जो कल्पना करते हैं, आलोचना करने पर देखा जाता है कि वह काफी कुछ भ्रान्ति है। बंगला और हिन्दुस्थानी गान को लेकर तुम्हारे साथ मेरा यदि मतभेद हो तो अन्ततः उसकी सीमा को स्पष्ट कर स्थिर कर लेना ठीक है। अन्यथा सत्य की अपेक्षा उसकी छाया बड़ी होने के कारण बेमेल ही प्रकाण्ड रूप धारण करता है। आरम्भ में ही एक बात जोर देकर कह देता हूँ कि बाल्यकाल से अच्छे हिन्दुस्थानी गान सुनता आ रहा हूँ अतः उसका महत्त्व और माधुर्य पूर्णतया मन से स्वीकार करता हूँ। अच्छे हिन्दुस्थानी गान मुझे अत्यन्त मुग्ध करते हैं।'

मैंने कहा, 'यह बात मुझे बहुत अच्छी लगी। और, आपके समान गुणग्राही शिल्पीमनवाले से मैंने तो यही आशा की थी। आपकी 'जीवनस्मृति' में हिन्दुस्थानी संगीत के सम्बन्ध में एक यथार्थ अन्तर्दृष्टि का परिचय मिलता है। किन्तु आपके सहज हलके सुर के गान सुनकर बहुतों के मन में उलटी धारणा बनती है कि आप उस्तादी संगीत के विरोधी हैं।'

कविवर ने कहा, 'बिल्कुल नहीं। हिन्दुस्थानी संगीत का जो एक उदार विशेषत्व है, जिसे तुम कहते हो सुर के माध्यम से शिल्पी की नित्यनियत नव-नव सौन्दर्य सृष्टि की स्वाधीनता उसे यूरोप के संगीत के साथ तुलना कर और भी स्पष्ट रूप से समझ सकता हूँ।'

मैंने कहा, 'यह बात बिल्कुल ठीक है। यूरोप में मुझे भी कई बार ऐसा लगा था कि हमें केवल संगीत में नहीं, सभ्यता में भी भारतीय वैशिष्ट्य को ठीक-ठीक

समझने के लिए एक बार पाश्चात्य सभ्यता के वैशिष्ट्य के साथ परिचय प्राप्त करना परम आवश्यक है। अन्यथा हमारे विशिष्ट अवदान के सम्बन्ध में हमारी आँख नहीं खुलती।'

कविवर ने कहा, 'सच बात है। किन्तु आज एक बात मैं तुम्हें विशेष रूप से कहना चाहता हूँ। तुम इस बात को क्यों नहीं मानते कि हिन्दुस्थानी संगीत की धारा का विकास जिस रूप में हुआ है, हमारे बंगला संगीत की धारा का विकास उस रूप में नहीं हुआ है ? इन दोनों में प्रकृतिगत भेद है। बंगला संगीत का विशेषत्व क्या है, उसका दृष्टान्त हमारे कीर्तन में मिलता है। कीर्तन में हमें जो आनन्द मिलता है वह तो अविमिश्र संगीत का आनन्द नहीं है। उसके साथ काव्यरस का आनन्द एकात्म रूप से मिला हुआ है।'

मैंने कहा, 'किन्तु सुर···'

कविवर ने कहा, 'कीर्तन में सुर भी कम नहीं है; उसमें कारुनियमों की जटिलता भी काफी है। किन्तु ऐसा होते हुए भी कीर्तन का मुख्य आवेदन उसके काव्यगत भाव का है, सुर उसका सहायक मात्र है। कीर्तन के प्राण—'आखर' (अर्थात् कीर्तन में उसके माधुर्य और भाववृद्धि के लिए जोड़े गए अलंकार स्वरूप अतिरिक्त पद) क्या वस्तु है, उस पर यदि विचार किया जाए तो इस बात को स्पष्ट रूप से समझा जा सकता है। वह केवल शब्द की तान नहीं है क्या ? हिन्दुस्थानी संगीत में हम सुर की तान सुनकर मुग्ध होते हैं, संगीत में सुर वैचित्र्य तानालाप में किस प्रकार मूर्त हो सकता है उसका हम उपभोग नहीं करते क्या ? किन्तु कीर्तन में हम पदावली के मर्मगत भावरस का विविध आखर के माध्यम से विशेष रूप से निविड़ भाव से ग्रहण करते हैं। ये आखर, अर्थात्, वाक्य की तान, अग्निचक्र के स्फुलिंग के समान काव्य की निर्दिष्ट परिधि का अतिक्रमण का वर्षण करते रहते हैं। यह वेगवान अग्निचक्र है संगीत सम्मिलित काव्य। संगीत ने ही उसे उस आवेग-वेग की तीव्रता प्रदान की है, जिससे नव-नव आखर उससे विक्षिप्त हो सकें। गीतहीन काव्य जहाँ स्तब्ध रहता है वहाँ आखर गतिशील नहीं होते। विद्यापति-पठन के समय पाठक यदि उसमें नव वाक्य जोड़े तो फौजदारी मामला चल सकता है। कारण, पाठक तो विद्यापति नहीं है। किन्तु छन्दोबद्ध विशुद्ध काव्य के हिसाब से आखर में जो दैन्य अनिवार्य है, कीर्तन के सुर का ऐश्वर्य इसकी पूर्ति करता है, इसीलिए उसमें रस सहायता करता है। अतएव देखा जाता है कि कीर्तन में सुर तथा वाक्य में अर्धनारीश्वर योग हुआ है। योग के इन दो अंकों में कौन बड़ा-कौन छोटा, इसका निर्णय करने का प्रयास उचित नहीं। दोनों के योग से सौन्दर्य ने जो सम्पूर्णता प्राप्त की है, दोनों को विच्छिन्न करने पर उस सौन्दर्य को ही हम खो देंगे। जल से आक्सिजन ही निकाल लें या हाइड्रोजन ही निकाल लें, उससे जल ही मर जाता है। बंगला पदगान जल के समान यौगिक सृष्टि है, उभय का मिलन अखण्ड है।

हिन्दुस्थानी गान रूढ़िक है, वे एकक रूप से विशुद्ध हैं। सृष्टि के मामले में रूढ़िक श्रेष्ठ है या यौगिक, इस तर्क का कोई अर्थ नहीं है। गान का अच्छापन उसके अच्छे होने पर निर्भर है, रूढ़िक या यौगिक होने पर नहीं।'...

मैंने कहा, 'काव्य में बंगला का अपना एक मौलिक अवदान है, इसे कौन नहीं मानेगा ? किन्तु, इससे क्या यही प्रमाणित होता है कि हमारे संगीत में वैशिष्ट्य हो ही नहीं सकता ! हमारे बंग देश में बड़े-बड़े कवियों ने जन्म ग्रहण किया है यह सच है; किन्तु इससे तो इस निष्कर्ष पर नहीं पहुँचा जा सकता कि हमारी बंगभूमि में संगीतकार जन्म ग्रहण कर ही नहीं सकते। हमारे बंगदेश में मुख्यतः यदुभट्ट, अघोर चक्रवर्ती, राधिका गोस्वामी, सुरेन्द्र मजूमदार आदि बड़े-बड़े गायकों ने तो जन्म लिया है ! फिर ?'

रवीन्द्रनाथ ने कहा, 'निश्चय ही जन्मे हैं, किन्तु वे मात्र गायक थे, हिन्दुस्थानी गायकों से सीखकर सुर-आवृतिकार थे। हिन्दुस्थानी गायकों के विशुद्ध संगीत में एक स्वाभाविक स्फूर्ति है, जो उनकी वास्तविक सम्पदा है, उधार ली हुई वस्तु नहीं। इसीलिए उनमें यह उत्स सहज सूख नहीं सकता। किन्तु हमारे बंगदेश में विशुद्ध संगीत में, अर्थात् हिन्दुस्थानी संगीत में बड़े गायक का अर्थ क्या है, जानते हो ? जैसे नहर काट कर पानी लाना, जो थोड़ी-सी लापरवाही से सूख सकता है। किन्तु उनके वहाँ विशुद्ध संगीत नहर काट कर लाया हुआ नहीं, नदी के स्रोत के समान ही उसकी स्वच्छन्द गति है—अपनी चाल में ही मदमस्त है।'...[1]

रवीन्द्रनाथ ने कुछ रुक कर पुनः बोलना आरम्भ किया, 'बंगाल का वैशिष्ट्य अविमिश्र संगीत में नहीं, इसका प्रमाण वाद्य संगीत के क्षेत्र में मिलता है। संगीत का विशुद्धतम रूप किसमें है ? वाद्य संगीत में। इस बात को अस्वीकार करने से तो काम नहीं चलेगा ? किन्तु, देखो, बंगाल में कभी भी हिन्दुस्थानी वादकों के समान वादकों ने जन्म लिया है क्या ? और भी देखो, वे किस प्रकार अकिञ्चित्कर कथ्य (शब्द) गान में अकुण्ठित भाव से चला देते हैं। अक्षमतावशतः नहीं, बल्कि इसलिए कि सुर की तुलना में उनके लिए कथ्य (शब्द) का महत्त्व कम है। बंगाली भाग्यदोष से कुकाव्य जरूर लिख सकते हैं, किन्तु अकाव्य लिखने में उनकी कलम कभी नहीं चलेगी। 'साँवलिया ने मोरी एंदोरिया चोरि रे !' एंदोरिया का अर्थ समझता हूँ जल की कलशी की ईंडरी। श्यामचाँद ने उसे चुरा ली है इसीलिए उसके न रहने से श्रीराधा को जल भर लाने में बड़ी असुविधा हो रही है। यही है संगीत का वाक्यांश। दूसरी ओर बंगाली कवि ईंडरी की चोरी को लेकर पुलिस-केस की बात सोच सकता है, किन्तु इस पर गान नहीं लिख सकता।'

1. उस समय इस क्षेत्र में कवि के साथ सम्मत नहीं हो सका—आज मैंने समझा है कि कवि ने ही ठीक कहा था, मेरी धारणा ही अपरिपक्व थी। सांगीतिकी (1938), पृ. 151

…मैंने कहा, 'यह बात मैं मानता हूँ। किन्तु ऐसा बताकर क्या आप यह कहना चाहते हैं कि गान सीखना हमारे लिए व्यर्थश्रम मात्र है ?'

कविवर बलपूर्वक कहने लगे, 'कभी नहीं। हम क्या अंग्रेजी नहीं सीखते ? सीखते हैं तो ? क्यों सीखते हैं ? हमारे साहित्य में अंग्रेजी साहित्य की हूबहू नकल करने के लिए नहीं, उसके रसपान से हमारी भाषा और साहित्य की अन्तःगूढ़ स्वकीय शक्ति को नए प्रयास से फलप्रद करने के उद्देश्य से। रेनेसाँ युग में अंग्रेजी साहित्य को इटली से अनुप्रेरणा मिली थी, किन्तु उसका वह जागरण अपना ही था। शेक्सपीयर की अधिकांश नाट्यवस्तु विदेश से आयातित है, किन्तु इसी कारण यह तो नहीं कह सकते कि अंग्रेजी साहित्य में शेक्सपीयर की रचना तस्करी माल है। गान के क्षेत्र में भी वैसी ही स्थिति है। हिन्दुस्थानी संगीत अच्छी तरह सीखने से हम उससे लाभान्वित ही होंगे। किन्तु यह लाभ तभी सार्थक होगा जब हम उसके अवदान को यथार्थ रूप से आत्मसात कर उसे अपना रूप दे सकेंगे। तरजुमा कर या उधार लेकर वास्तविक रस-सृष्टि नहीं होती; साहित्य में भी नहीं, संगीत में भी नहीं।'

मैंने कहा, 'यह तो ठीक ही है। किन्तु किसी सभ्यता का दान भी तो अनड़-अचल नहीं रह सकता। इसीलिए बंगाली का गान हिन्दुस्थानी संगीत से लाभ क्यों नहीं लेगा ! यह लाभ प्राप्त करना तो स्वाभाविक है, क्योंकि वास्तविक उपलब्धि से मौलिकता नष्ट नहीं होती, अनुकरण से ही ऐसा होता है। हम अपनी नित्य नूतन विचित्र अभिज्ञता द्वारा ही तो शिल्प जगत् में नवीन सृष्टि करते रहते हैं ? एवं इससे ही तो समृद्धतर हार्मनी निर्मित होती है ?'

कविवर ने कहा, 'होती ही तो है। देखो, यूरोपीय सभ्यता के संस्पर्श से क्या हमने नव समृद्धि प्राप्त नहीं की ? यदि ऐसा नहीं करते तो वही क्या वांछनीय होता ?'

मैंने कहा, 'अवान्तर होते हुए भी मैं आपसे एक प्रश्न करता हूँ। अनेक लोग कहते हैं कि अमुक बंगाली नाट्यकार ही सर्वश्रेष्ठ बंगाली साहित्यिक है। युक्ति पूछने पर वे उत्तर देते हैं कि वर्तमान बंगला साहित्यकारों में मात्र उनमें ही यूरोप का बिन्दुमात्र प्रभाव परिलक्षित नहीं होता। जब मैं विज्ञ और बुद्धिमान लोगों के मुँह से भी द्विधाहीन भाव से इस प्रकार के तर्क का प्रयोग करते सुनता हूँ तो मुझे वास्तव में आश्चर्य होता है। इस प्रकार की कूपमण्डूकता का हमारे देश में जिस प्रकार बिना विचारे समर्थन किया जाता है, वैसी प्रवृत्ति शायद किसी अन्य सभ्य देश में इस प्रकार ग्रहण नहीं की जा सकती—है न ? मुझे तो व्यक्तिगत रूप से स्वर्गीय पितृदेव की भाषा, refinement, समृद्ध रसिकता, आपकी अपूर्व लेखनशैली या शरद्बाबू की रचना भी—उस विशुद्ध ठेठ बंगाली साहित्यिक की रचना की अपेक्षा अधिक उच्च श्रेणी की रचना लगती है। आपको क्या ऐसा नहीं लगता कि इस प्रकार नियत भाव से 'असली बंगाली बनो', 'विशुद्ध बंगाली बनो' का नारा लगाना साहित्यिक Chauvinism मात्र है ?'

कविवर ने कहा, 'यह तो सही है। दुर्गम गिरिशिखर के उत्स से जो आदि निर्झर क्षीण धारा में बहता है उसे ही हम विशुद्ध गंगा मानेंगे और जो भागीरथी विशाल धारा में समुद्र में आकर मिली है, पथ में उसके साथ उपनदियों का मिश्रण हुआ है इसलिए उसे अशुद्ध और अपवित्र कहेंगे—ऐसी बात निश्चय ही अश्रद्धेय है। प्राण की एक शक्ति है ग्रहण करने की शक्ति, और एक शक्ति है दान करने की। जो मन ग्रहण करना नहीं जानता वह फसल फलाना भी नहीं जानता, वह तो है मरुभूमि। यदि बंगाली पर कोई यह आरोप लगाता है कि उसके मन पर यूरोपीय सभ्यता का प्रभाव सबसे पहले पड़ा है तो मैं उससे बिन्दुमात्र भी लज्जा अनुभव नहीं करता वरन् गौरव अनुभव करता हूँ। इसका कारण यह है कि यही जीवन का लक्ष्य है।'

मैंने कहा, 'आपकी बातें मुझे बहुत अच्छी लगीं। आर्ट जगत् में चिन्तनराज्य की कुछ खबर रखने पर ही तो देखा जाता है कि एक सभ्यता ने हमेशा अन्य सभ्यता से नयी सम्पदा की खुराक जुटाई है—ऐसा नहीं है क्या ? इसीलिए कुछ लोग कभी-कभी तार स्वर में यह रोना रोते हैं कि 'गया गया—यूरोपीय सभ्यता के संस्पर्श में आने से बंगाली का बंगालीत्व लुप्त हो गया', उनके इस आर्त्तनाद का कम से कम मेरा मन तो समर्थन करना नहीं चाहता।'

कविवर ने कहा, 'यह तो ठीक ही है। इसके अलावा क्या बंगाली का अपना है और क्या नहीं है, इसका निर्णय सुनने के लिए क्या हम किसी स्पेशल ट्रिब्यूनल की ओर ताकते रहेंगे। बंगाली ने ग्रहण-वर्जन के द्वारा ही स्वयं उसका निर्णय किया है। हजार प्रमाण क्यों न दिए जाएँ कि विजयवसन्त बंगला का विशुद्ध कथासाहित्य है, बंकिम के उपन्यास विशुद्ध बंगीय वस्तु नहीं है, फिर भी बंगाल के आबालवृद्धवनिता विजयवसन्त का त्याग कर विषवृक्ष को ग्रहण करने के द्वारा ही प्रमाणित करते हैं कि अंग्रेजी साहित्य विशारद बंकिम के उपन्यास बंगला की अपनी वस्तु है। मैंने तो एक बार तुम्हारे पिता के गान के सम्बन्ध में लिखा था कि उनके गान में यदि कुछ यूरोपीय मिश्रण आ जाता है तो उसमें दोष की कोई बात नहीं है, यदि उससे एक नवरस प्रस्फुटित होकर बंगाली का रूप ग्रहण कर ले।[2] और देखो यूरोपीय सभ्यता हमारे द्वार पर आयी है और वह हमारे पास ही सौ वर्षों से विराजमान है। मैं कहता हूँ—हम क्या पत्थर या बर्बर हैं कि उसके उपहार की डाली का प्रत्याख्यान कर चले जाना ही हमारा धर्म होगा ? यदि नितान्त अविमिश्रता को ही गौरव का विषय माना जाए, तो वनमानुष का गौरव मनुष्य के गौरव से अधिक महत् होगा। कारण, मनुष्य में ही मिशल चलता है, वनमानुष में नहीं।'[3]

---

2. द्रष्टव्य : इस ग्रन्थ में अन्यत्र मुद्रित 'सोने की छड़ी' प्रबन्ध।
3. सांगीतिकी ग्रन्थ के 'सुर ओ कथार रफा' प्रसंग में रवीन्द्रनाथ के साथ अपना कथोपकथन यहीं रोक कर [पृ. 154] लेखक ने मंतव्य प्रकट किया : इस बीच यह मुख्य बात अनुधावनीय है कि बंगला गान में एक पक्षीय सुरविहार नामंजूर है। कारण, इस गान को कहा जा सकता है काव्यसंगीत'''

मैंने कहा, 'आपकी इन बातों ने मेरे अन्तर को छू लिया है। मुझे भी लगता था कि इस विषय में यह बंगाली, यह अ-बंगाली कह कर तार स्वर में चीत्कार करना मूढ़ता है, निकष है—आनन्द की गहनता और स्थायित्व।'

कविवर ने कहा, 'निश्चय। मैं तो यह कहता हूँ कि जब कुछ होता है, कुछ प्रस्फुटित हो उठता है, तभी वही उसका चरम समर्थन है। यदि एक नवीन सुर को देश ग्रहण करता है तो उस्ताद सम्भवतः आपत्ति उठा सकते हैं। वे अपनी मामूली धारणा के आधार पर कह सकते हैं कि 'उफ् ! यहाँ लगता है जैसे—कैसा कुछ अजीब-सा सुनाई दिया—यहाँ यह स्वर क्यों लगा।' मैं कहूँगा, 'लगा तो क्या।' रस-सृष्टि में असल बात 'क्यों हुआ' इस प्रश्न के जवाब में नहीं, असल बात 'हुआ है' इस उपलब्धि में निहित है।'

गान के प्रसंग पर लौटने के लिए मैंने कहा, 'यहाँ तक तो आपके साथ मेरा मतभेद बिल्कुल नहीं है। मैं तो आपके गान में सुर का एक अचल रूप कायम रखने का विरोधी हूँ। मेरा कहना है कि गायक को आपके गान के सुर में variation करने की स्वाधीनता देनी होगी।'

रवीन्द्रनाथ ने कहा, 'यहीं तुम्हारे साथ मेरा मतभेद है। मैंने जिन गानों की रचना की है, उनकी धारा के साथ हिन्दुस्थानी संगीत की धारा का एक मूलगत प्रभेद है—यह बात तुम स्वीकार करना क्यों नहीं चाहते ? तुम स्वीकार क्यों नहीं करोगे कि हिन्दुस्थानी संगीत में सुर मुक्तपुरुष भाव से अपनी महिमा प्रकाशित करता है, कथ्य (शब्द) को अंशी रूप में मानने को वह राजी नहीं है—बंगला में सुर शब्द को खोजता है, चिरकुमारव्रत उसका नहीं है, वह युगल मिलन का पक्षपाती है। बंगला गान के क्षेत्र में रस के स्वाभाविक आकर्षण से सुर और वाणी परस्पर समझौता कर लेते हैं जिस कारण वहाँ एक के योग से ही दूसरा सार्थक है। दम्पति में पुरुष का जोर, कर्तृत्व यद्यपि साधारणतया प्रत्यक्ष रूप में प्रबल है फिर भी दोनों के मिलन से संसार की सृष्टि होती है वहाँ यह मीमांसा करना कठिन है कि कौन बड़ा है और कौन छोटा। इसीलिए कुल मिलाकर कहना पड़ता है कि किसी को भी छोड़ा नहीं जा सकता। बंगला संगीत के सुर और शब्द का सम्बन्ध भी उसी प्रकार है। सम्भवतः वहाँ काव्य के प्रत्यक्ष आधिपत्य को सभी स्वीकार करने को बाध्य नहीं, किन्तु काव्य और संगीत के मिलन से विशेष अखण्ड रस की उत्पत्ति होती है उसमें किसे छोड़ें किसे देखें, इसका छोर नहीं मिलता। हिन्दुस्थानी संगीत से यदि काव्य को निर्वासित कर केवल अर्थहीन 'ता-ना-ना' कर सुर गाया जाए तो गान की दृष्टि से वह मर्मान्तिक नहीं होता। जिस रससृष्टि में संगीत का ही आधिपत्य है वहाँ तान-करतब का रास्ता जितना अबाध है, अन्यत्र, अर्थात् काव्य-संगीत जहाँ एकासन पर विराजमान है वहाँ वैसा हो ही नहीं सकता। बंगला संगीत का, विशेषतः आधुनिक बंगला संगीत का विकास तो हिन्दुस्थानी संगीत की धारा के अनुरूप हुआ नहीं। मैं तो यह दावा कर भी नहीं रहा हूँ। मेरे

आधुनिक गान को संगीत की एक विशेष श्रेणी में बिठा कर उसे एक विशेष नाम ही दो ना, इसमें आपत्ति क्या है ! वटवृक्ष का विशेषत्व उसकी शाखा-प्रशाखाओं के बहुल विस्तार में है, ताड़वृक्ष का विशेषत्व उसकी सीधी वृद्धि और शाखा-पल्लव की विरलता में है। वटवृक्ष के आदर्श के आधार पर ताड़वृक्ष पर विचार मत करो। वस्तुतः ताड़वृक्ष अचानक वटवृक्ष की भाँति व्यवहार करने लगे तो कुश्री हो जाता है। उसके ऋजु अनाच्छन्न रूप में ही उसका सौन्दर्य निहित है। यदि वह सौन्दर्य तुम्हें पसन्द नहीं तो तुम वटवृक्ष का आश्रय लो—मुझे दोनों ही अच्छे लगते हैं, अतएव वटवृक्ष, ताड़वृक्ष दोनों के तल से ही मेरा रास्ता जा रहा है। किन्तु इसी कारण वटवृक्ष की शाखा-प्रशाखाओं को ताड़वृक्ष के गले बाँध कर यदि आनन्द लेना चाहते हो तो तुम्हारे ऊपर ताड़वनविलासियों का अभिशाप लगेगा।'

मैंने कहा, 'यहाँ आपकी बातों के सम्बन्ध में मुझे कुछ कहना है। प्रथमतः मैं कहना चाहता हूँ कि आपने जिस उपमा को इतनी विस्तृत कर दी, वह मनोज्ञ होते हुए भी कलाकारु की आपेक्षिक दृष्टि से उपमा को इस तरह प्रधानता देने से मुझे लगता है कि मूल विषय के सम्बन्ध में अक्सर गलत धारणा बनाने में सहायता मिलती है। मान लीजिए हिन्दुस्थानी सुर और बंगला गान दोनों पूर्णतया पृथक् वस्तुएँ हैं, यह बात आपने ही अधिक जोर देकर कही है। किन्तु, आप उपमा दो वृक्षों की दे रहे हैं, जैसे हिन्दुस्थानी संगीत और बंगला संगीत में प्रकृति-भेद काफी कुछ वटवृक्ष के शाखापत्र और ताड़ के सरल रूप में प्रभेद के समान है। किन्तु वस्तुतः क्या इन दोनों संगीतों का प्रकृति-भेद इस प्रकार है ? अन्ततः इसे स्वतःसिद्धवत् माना नहीं जा सकता, यह प्रमाणसापेक्ष है, यह तो मानते हैं ? किन्तु यह बात रहने दीजिए। मैं केवल यही कहना चाहता हूँ कि आर्ट के क्षेत्र में रिलेटिव मूल्य निर्धारण में उपमा की विश्वासयोग्यता पर निर्भर रहना सर्वदा ठीक नहीं है। अब आपकी मूल युक्ति के सम्बन्ध में दो-चार बातें कहूँगा। आप जिस प्रकार रचयिता की अनुभूति को ही प्रामाण्य रूप में मानते हैं, मैं स्वीकार करता हूँ कि किसी शिल्प या शिल्पी की सृष्टि को उस रूप में देखा जा सकता है। किन्तु, और एक viewpoint है, जो नितान्त अगभीर नहीं है, यह बात भी आपको स्वीकार करनी होगी। अनातोल फ्रांस ने कहीं खूब कहा है, 'प्रत्येक सुकुमार साहित्य की एक बड़ी महिमा यह है कि प्रत्येक पाठक उसमें स्वयं को ही देखता है।' आपकी कविता का आवेदन भी विभिन्न लोगों में विभिन्न रूपों का हो सकता है, यह तो आपको मानना ही होगा। तब गान के क्षेत्र में भी ऐसा क्यों नहीं होगा ? मुझे तो लगता है कि शिल्पी की शिल्पसृष्टि की आन्तरिक बात है—शिल्प के माध्यम से विश्वजनीनता के तार को झंकृत करना। अर्थात्, मुझे लगता है कि असल बात यह है कि विभिन्न लोग आपकी कविता के माध्यम से अनेकों प्रकार के suggestion की खुराक संग्रह करते हैं। आपने ठीक क्या सोच कर अपनी विभिन्न कविताएँ लिखी हैं या नाना गानों की रचना की है यह

तो गृहीता के समक्ष सर्वापेक्षा बड़ी बात नहीं है—विशेषतः जबकि कोई एक व्यक्ति कभी अन्य किसी के प्राणों की ठीक उपलब्धि नहीं कर सकता। आपने स्वयं ही क्या नहीं लिखा है कि लोग कवि के बारे में जैसा सोचते हैं कवि ठीक वैसा नहीं है ? इसीलिए मुझे लगता है कि सबसे बड़ी बात तो यह है कि आपकी कविता या गान के माध्यम से भिन्न-भिन्न लोग किस प्रकार भिन्न-भिन्न रसों का संचय करते हैं। इस बात का बहुत extreme सिद्धान्त भी मुझे गलत नहीं लगता। अर्थात् यदि एक यथार्थ शिल्पी आपके किसी गान को सम्पूर्ण नवीन सुर में गाकर आनन्द पाता है और पाँच जनों को आनन्द देता है, यहाँ तक कि ऐसा होने पर भी आपके लिए उससे दुःखित होने के बजाय आनंदित होना ही उचित है, ऐसा मैं मानता हूँ। क्योंकि आर्ट का निकष है आनन्द की गभीरता। किन्तु आप कह सकते हैं कि इस क्षेत्र में आपके गान में 'आप' जिस सुर को प्रस्फुटित करना चाहते थे, वह कायम नहीं रहा। मैंने मान लिया। किन्तु—बुरा मत मानिए—उससे सचमुच ही कोई फर्क पड़ता है ? विशेषतः जब भारतीय गान की धारा में शिल्पी चिरकाल से कम-अधिक स्वाधीनता लेता आया है, इस बात को आप अस्वीकार नहीं कर सकते।'

कविवर ने कहा, 'निश्चय ही यह बात मैं अस्वीकार नहीं करता। किन्तु, तुम क्या यह कहना चाहते हो कि मेरे गान गायक अपनी-अपनी इच्छानुसार गाएँगे ? मैंने तो अपनी रचना को इस प्रकार खण्ड-विखण्ड करने की अनुमति नहीं दी। मैं इसके लिए शुरू से ही तैयार नहीं। जिस रूपसृष्टि में बाहर के लोगों के हस्तक्षेप का पथ खुला है उसका एक नियम होता है किन्तु जिसमें ऐसा पथ नहीं है उसका अन्य नियम है। मुँह में सन्देश डालो—खुशी की बात है। किन्तु, यदि उसे आँख में ठूँसा जाए तो भीम नाग का सन्देश होते हुए भी वह दुःसह हो जाता है। अपने सुर के बीच की खाली जगह गायक भर देंगे, हिन्दुस्थानी संगीतकारों ने यही चाहा था। इसीलिए दरबारी कान्हड़ा का कोई खयाल अनलंकृत ढंग से गाने पर खाली-खाली और नीरस सुनाई देता है। कारण, दरबारी कान्हड़ा तानालाप के साथ ही गेय है, सादे-सीधे ढंग से नहीं। किन्तु मैंने अपने गान में इस प्रकार की खाली जगह नहीं छोड़ी है। जिसे अन्यों द्वारा भर देने से मैं कृतज्ञ होऊँ।'

मैंने कहा, 'क्षमा करें कविवर ! आपकी इन बातों में काफी कुछ सत्य होते हुए भी इसके विपक्ष में दो-चार बातें कहनी हैं। पहली बात यह है कि सन्देश की उपमा आपकी अनुपम उपमाशक्ति का एक सुन्दर दृष्टान्त होते हुए भी मुझे आशंका है कि इसमें भी गलत धारणा को प्रश्रय मिल सकता है। इसका कारण मैं स्पष्ट कर देता हूँ। मैं मानता हूँ कि सन्देश आँख में ठूँसने से वह दुःसह होता है किन्तु यह बात बलपूर्वक कही जा सकती है कि यह स्वतः सिद्ध होने के कारण नहीं। अर्थात् सन्देश आँख में ठूँसने से वह इस कारण दुःसह होता है कि मनुष्य ने इसकी परीक्षा करके देखा है। अन्यथा अन्ततः भोजन-विलासी को बिना खर्च एक अतिरिक्त

भोजनेन्द्रिय प्राप्त होने पर सम्भवतः उसे आपत्ति नहीं होती। बंगला गान के सम्बन्ध में भी ऐसी ही बात है। बंगला गान यदि तानों के साथ गाना असमीचीन होता है तो वह 'फलेन परिचीयते' ही हो सकता है—पहले से ही स्वतःसिद्ध रूप में गण्य नहीं हो सकता। कारण, यदि कोई आपको गान गाकर दिखा सके कि बंगला गान यथेष्ट तानालाप के साथ गाने पर भी वह परम सुश्राव्य हो सकता है, तो आपको सत्य की खातिर स्वीकार करना होगा कि हिन्दुस्थानी और बंगला गान के बीच आप जो एक अमिट सीमारेखा खींचना चाहते हैं वह सीताहरण की सीमा रेखा के समान अलंघ्य नहीं है। अर्थात्, गायक में केवल प्रयोग ज्ञान के अभाव के कारण ही इस सामयिक सीमारेखा का अस्तित्व है। श्रेष्ठ शिल्पी इस सीमारेखा का अतिक्रमण कर सीता के समान विपदग्रस्त न होकर यथा इच्छा विचरण कर सकता है। मैं सिर्फ तर्क के लिए इस 'यदि' का आश्रय ले रहा हूँ, ऐसा मत सोचिए, कई क्षेत्रों में ऐसा मैंने देखा है कि ऐसा होना सम्भव है इसीलिए मैंने यह 'यदि' वाद उठाया। किन्तु यह बात रहने दीजिए। मैं एक और बात आपसे कहना चाहता हूँ और वह यह कि आपकी सैकड़ों आशंकाओं और सतर्कता के बावजूद आप अपने गान को उसके मौलिक 'सुर' की सीमारेखा में रख सकेंगे, ऐसा मुझे नहीं लगता। आपके गान के एक भक्त ही ठीक यही बात कहकर मेरे साथ तर्क किया करते कि यदि आपके गान में प्रत्येक गायक को उसकी अपनी स्वाधीन सृष्टि का अवसर दिया जाए तो आपके 'सुर' का कुछ भी बाकी नहीं रहेगा। किन्तु उस दिन उन्होंने भी मेरे समक्ष स्वीकार किया कि आपका 'सीमार माझे असीम तुमि' के समान सहज 'सुर' भी एक व्यक्ति ने उनके सामने इतना विकृत करके गाया था कि बिना सुने उसकी ग्राम्यता की कल्पना करना भी कठिन है। मुझे भी यह नहीं लगता कि आपकी मात्र इच्छा से ही आपका मौलिक 'सुर' हूबहू कायम रहेगा। मैं पहले से ही कह देता हूँ कि आप ऐसा कभी नहीं कर सकेंगे। यदि हमारे गान harmonized होते और ठीक यूरोपीयों के समान सर्वदा स्वरलिपि देख कर ही गाए जाते तो सम्भवतः आप जो चाहते हैं वह साधित हो सकता था। किन्तु, यदि आप मानते हैं कि हमारे गान अन्ततः शीघ्र इस प्रकार गृहीत हो नहीं सकते, तो सम्भवतः आपके लिए यह स्वीकार न करने के अलावा चारा नहीं कि आप जो चाहते हैं वह कार्यक्षेत्र में संघटित होना असाध्य न होते हुए भी अत्यन्त दुःसाध्य तो है ही। और, क्या आप मानते हैं कि तानालाप की स्वाधीनता न देते हुए ही आप अपने गान के ढाँचे को हूबहू कायम रख सकेंगे ? सहज 'सुर' के निर्धारित रूप में क्या विकृति कम होती है ? आपके कई सहज गान भी मैंने इस प्रकार गाए जाते सुने हैं,—क्षमा करें—जो वास्तव में vulgar सुनाई देते हैं। किन्तु आशा करता हूँ कि इस शब्द के व्यवहार के लिए आप मुझे गलत नहीं समझेंगे।'

कविवर ने कुछ म्लान हँसी हँसकर कहा, 'नहीं, नहीं, मैंने तुम्हें गलत बिल्कुल नहीं समझा। तुमने जो कुछ कहा वह मेरे मन में उदित नहीं हुआ ऐसा नहीं है।

मेरे गान का विकार मैंने प्रतिदिन इतना सुना है कि मुझे भी भय होने लगा कि मेरे गान को उनके स्वकीय रस में प्रतिष्ठित रखना शायद सम्भव नहीं होगा। गान विभिन्न लोगों के कण्ठ से प्रवाहित होते हैं इसीलिए गायक के दोष-गुण का विशेषत्व गान को सतत कुछ-न-कुछ रूपान्तरित नहीं करता, ऐसा हो नहीं सकता। छवि और काव्य को इस दुर्गति से बचाना सहज है। ललितकला की सृष्टि के स्वकीय विशेषत्व के ऊपर ही उसका रस निर्भर करता है। गान के मामले में, रसिक हो या अरसिक, सभी उसे अपनी इच्छानुसार सहज भाव से उलट-पलट कर देते हैं इसीलिए उस ओर अधिक दरद रहना चाहिए। इस सम्बन्ध में धर्मबुद्धि एकदम खोकर बैठ जाना उचित नहीं है। अपने गान की विकृति को देखकर प्रतिदिन दुःख हुआ है, अतः इस दुःख को चिरस्थायी करने की इच्छा नहीं है।'...

मैंने कहा, 'आपको इससे कितनी व्यथा होती होगी इसकी काफी कुछ कल्पना मैं कर सकता हूँ। किन्तु जगत् में 'ट्रेजेडी' तो है ही, शिल्प में भी है, अतः उसे मान लेने के अलावा कोई उपाय नहीं है। इसलिए मुझे लगता है कि जो ट्रेजेडी अवश्यम्भावी है, उसके निवारण के लिए प्रयास करना निष्फल है। यदि आप भी निष्फल प्रयास करें तो आपकी उद्देश्यसिद्धि नहीं होगी, वरन् अहित ही होगा। अर्थात्, इससे आप निकृष्ट शिल्पी द्वारा आपके गान का Caricature निवारण नहीं कर सकेंगे। यथार्थ शिल्पी को उसके सृष्टिकार्य में केवल बाधा उपस्थित करेंगे। इस बात को मैं और स्पष्ट करके कहता हूँ। आपने स्वयं ही स्वीकार किया है कि चेष्टा करते हुए भी आप अपना मौलिक 'सुर' कायम नहीं रख सकेंगे। किन्तु, फिर भी आपके गान में शिल्पी के अपने expression द्वारा गाना आपके लिए व्यथा का विषय है, अतः अधिकांश यथार्थ शिल्पी भी शायद आपके गान अपनी इच्छानुसार गाना नहीं चाहेंगे। आपकी अनिच्छा न हो तो सम्भवतः वे आपके गान का मूल ढाँचा कायम रखकर अपनी इच्छानुसार स्वरवैचित्र्य के माध्यम से आपके गान को नवीन सौन्दर्य से गौरवान्वित कर सकते थे। किन्तु, आपकी इस इच्छा या आदेश के कारण कि आपका 'सुर' हूबहू कायम रखना होगा, उनकी अपनी अनुभूति का रंग चढ़ाकर आपका गान गाना उनके लिए संकोच का कारप न हो, ऐसा हो नहीं सकेगा। इस बात पर विचार करिएगा। शिल्पी को यह स्वाधीनता देने पर आपके गान का मूल भाव (spirit) कायम रखना कठिनतर होगा, मैं मानता हूँ। किन्तु, जिस कारण सब बड़े आदर्शों की दूसरी ओर खतरे (risk) भी बड़े हैं, उसी कारण इस risk के गुरुत्व के लिए तो आदर्श को छोटा नहीं किया जा सकता।'

कविवर ने कुछ सोचकर कहा, 'अवश्य, जो वास्तव में गुणी हैं उन पर काफी कुछ विश्वास कर मैं उन्हें यह स्वाधीनता दे सकता था। किन्तु एक बात है—न देने पर भी मान कौन रहा है ? द्वारपाल नहीं है, केवल दुहाई है, ऐसी अवस्था में दस्यु को भगा कौन सकता है ? इस सम्बन्ध में मैं तुम्हें केवल एक बात पूछता हूँ कि बंगला

गान में हिन्दुस्थानी संगीत के समान अबाध तानालाप की स्वाधीनता देने पर उसका विशेषत्व नष्ट होने की सम्भावना है, इसे तुम मानते हो या नहीं ?'

मैंने कहा, 'मैं मानता हूँ–यदि बंगला गान में हिन्दुस्थानी गान के तानालाप की पद्धति की हूबहू नकल करने का प्रश्न उठे तब। इसके पूर्व मैंने लिखा है कि बंगला गान में, विशेषतः कवित्वमय और भावमय गान में, तान का कुछ संयम रखना पड़ता है। इसीलिए बंगला गान में हिन्दुस्थानी संगीत का अपूर्व रस पूर्ण रूप से ग्रहण नहीं किया जा सकता। किन्तु, फिर भी काफी कुछ ग्रहण किया जा सकता है यह आपको मानना होगा–विशेषकर यथार्थ शिल्पी द्वारा। कारण, यथार्थ शिल्पी सौष्ठवज्ञान (sense of proportion) और संयमज्ञान लेकर जन्म ग्रहण करता है यह बात सम्भवतः सत्य है। आप यदि विख्यात रसिक रायबहादुर सुरेन्द्रनाथ मजूमदार से आपका ही गान सुनते तो समझते कि मैं आपसे इस प्रकार की स्वाधीनता क्यों चाहता हूँ। यह ठीक है कि एक श्रेणी के बंगला गान हैं जो नितान्त सहज 'सुर' (स्वरसमष्टि) में रचित हैं और सहज सुर में ही गेय हैं। उनके बारे में मेरा विवाद नहीं है एवं उनके सम्बन्ध में मैं यह स्वाधीनता चाहता भी नहीं। मेरा केवल कहना यह है कि और एक श्रेणी के बंगला गान की सृष्टि क्यों असम्भव है जिसमें हिन्दुस्थानी संगीत का सम्पूर्ण सौन्दर्य भले ही न हो, काफी कुछ लिया जा सकेगा ! हाल में ही अतुलप्रसाद सेन के कुछ गान सुनकर मेरी यह धारणा पुष्ट हो रही है कि यह सम्भव है, इतना ही नहीं, यह होगा ही। मैं इससे आगे बढ़कर यह कहना चाहता हूँ कि इस बीच बंगला गान का इस ओर काफी कुछ जो विकास हुआ है उसकी पूरी खबर शायद आपको नहीं है। मेरा दृढ़ विश्वास है कि हम हिन्दुस्थानी संगीत को लेकर उदारभाव से चेष्टा करें तो बाद में यह विकास और भी समृद्धतर होगा। इसीलिए मेरा मुख्य रूप से कहना यह है कि बंगला गान बंगला गान ही हैं उनमें तान-संयोजन नहीं चलेगा, यह बात मुझे संगत नहीं लगती।'

उत्तर में रवीन्द्रनाथ ने कहा, 'मैंने तो यह बात कभी नहीं कही कि किसी भी बंगला गान में तान-प्रयोग नहीं चलता। कई बंगला गान हैं जो हिन्दुस्थानी कायदे से ही तैयार किए गए हैं, उनमें तान अलंकार के प्रयोग का स्थान है। मैंने इस श्रेणी के कई गानों की रचना की है। उन्हें मैं मन ही मन कई बार तान सहयोग से गाता हूँ।' इतना कहकर कविवर ने स्वरचित एक भैरवी गान तानों के साथ सुनाया।

इसके पश्चात् कविवर ने कहा, 'हिन्दुस्थानी गान के सुर का तो हम अतिक्रमण कर ही नहीं सकते। मुझे भी तो अपने गान के सुर के लिए हिन्दुस्थानी सुर के आगे हाथ पसारना पड़ा है। और, इसमें किसी दोष की बात मुझे नहीं लगती, यह बात भी मैंने साहित्य की उपमा देकर कही है। इसीलिए हिन्दुस्थानी गान ठीक ढंग से सीख लेने पर उसके प्रभाव से बंगला संगीत में और भी नवसौन्दर्य आएगा, ऐसी आशा करना तो स्वाभाविक है। इसीलिए तुम लोग यदि ऐसा प्रयास करते हो तो तुम्हारी इस

प्रचेष्टा को मेरा अनुमोदन है, यह निश्चित जान लो। मैंने तुम्हें बंगला गान के विशेषत्व के सम्बन्ध में जो कुछ बातें कही हैं उन्हें ध्यान में रखो। बंगला गान का वैशिष्ट्य कायम रखकर किस प्रकार नवीन सौन्दर्य बंगला संगीत में प्रस्फुटित किया जा सकता है, यह एक समस्या है। किन्तु चेष्टा करने पर इस समस्या का समाधान भी मिल जाएगा। इस बात को स्मरण रखकर यदि तुम हिन्दुस्थानी संगीत को assimilate कर बंगला के वैशिष्ट्य के साथ उसका सामंजस्य साधित कर सको, तो तुम सगर के सामन ही 'सुर' की सुरधुनी बहा सकोगे—अन्यथा 'सुर' का जलप्लावन ही होगा, किन्तु उससे तृषित की तृष्णा नहीं मिटेगी।'

मैंने कहा, 'लगता है आपके साथ तो मेरा कोई मतभेद रहा ही नहीं।'

कविवर ने अपनी स्वभावसिद्ध स्निग्ध हँसी हँसी दी।···

2

8 अप्रैल 1925

प्रातःकाल। कविवर कुछ श्रान्त लग रहे थे, किन्तु दसेक दिन पूर्व जितने श्रान्त दिखाई दे रहे थे, उतने नहीं।

मैंने कहा, 'मैं आपसे आज एक प्रश्न करना चाहता हूँ। वह यह है कि संगीत की भाषा विश्वजनीन है—the language of music is universal—यह बात सत्य है या नहीं। मुझे लगता है कि यह सत्य नहीं है। यह धारणा मेरे मन से किसी प्रकार जा नहीं रही है। मेरे इस संशय का प्रधान कारण यह है कि मैंने बार-बार देखा है कि यूरोपीय संगीत हमारे मन में या भारतीय संगीत उनके मन में कभी भी बड़े स्वरूप का अनुरणन् जाग्रत नहीं कर सकता। इस सम्बन्ध में विख्यात संगीत रसिक रोमां रोलां के साथ प्रायः मेरा वाद-विवाद होता था। उनके बार-बार कहने पर भी मैं आज तक उनकी बात पर विश्वास नहीं कर सका कि संगीत का आवेदन देश-काल-पात्र के अतीत है।'

रवीन्द्रनाथ ने कहा, 'सारी सृष्टि में एक प्रकार का द्वैत है; उसका एक पक्ष है अन्तर का सत्य, और अन्य पक्ष है उसका बाहर का वाहन। अर्थात्, एक ओर भाव, और दूसरी ओर भाषा। दोनों में प्राणगत योग है, किन्तु प्रकृतिगत भेद दोनों में है। भाषा सार्वजनीन नहीं है, किन्तु यह सत्य सार्वजनीन है। इस सर्वजातीय सम्पद् को हस्तगत करने के लिए उसके विशेष जातीय आधार को आयत्त करना पड़ता है। कवि शैली के काव्य का सार्वजनीन रस उपभोग करने के लिए अंग्रेज नामक एक विशेष जाति की भाषा सीख लेनी चाहिए। उस भाषा के साथ उस रस का इतना निविड़ मिलन है कि दोनों में विच्छेद बिल्कुल नहीं चल सकता। गान का आन्तरिक रस सभी जातियों का है किन्तु भाषा, अर्थात् उसके बाहर का ठाट विशेष-विशेष जाति का है। उस पात्र

के यथार्थ रीति से व्यवहार का अभ्यास यदि न हो तो भोज व्यर्थ हो जाता है। इस वजह से भोज की सत्यता के सम्बन्ध में सन्देह करना अन्याय है। यूरोपीय अपने संगीत को जो भारी महत्त्व देते हैं एवं उसके द्वारा सुगभीर भाव से विचलित होते हैं उसे हमने देखा है—इस साक्ष्य की श्रद्धा न करना मूढ़ता है। किन्तु, यह बात भी माननी होगी कि इस संगीत के रसकोष में प्रवेश करने की क्षमता मुझमें नहीं है, क्योंकि मैं इसकी भाषा नहीं जानता। भाषा जो स्वयं नहीं जानते वे अन्य के न जानने के सम्बन्ध में असहिष्णु होते हैं। कई बार वे समझ नहीं सकते कि न जानना भी स्वाभाविक है। भाषा जब भी समझ जाते हैं तब रस और रूप एक होकर हमारे सामने प्रकट होते हैं। काव्य और गान की भाषा के सम्बन्ध में विशेष देशकाल का जिस प्रकार विशेषत्व है, छवि की भाषा में वैसा नहीं है; क्योंकि छवि का उपकरण है दृश्यपदार्थ—अन्य भाषा के समान वह एक संकेत या प्रतीक नहीं है। वृक्ष शब्द एक संकेत है, उसका प्रत्यक्ष परिचय शब्द में नहीं है, किन्तु वृक्ष की रूपरेखा अपना परिचय स्वयं वहन करती है। फिर भी चित्रकला का idiom जब तक सुपरिचित नहीं होता, तब तक उसके रसबोध में बाधा उपस्थित होती है। इसी कारण चीन, जापान, भारत की चित्रकला का समादर करने में यूरोप को काफी समय लगा। किन्तु उसने जब इसे समझा तब idiom से रस को विच्छिन्न करके नहीं समझा। उभय को एक करके ही इसे समझा है। इसी प्रकार संगीत को भी समझने में अधिक बाधा नहीं है। किन्तु उसके प्रकाश की जो बाह्यरीति देश विशेष में विशेष रूप से निर्मित हुई है उसका जबर्दस्ती लंघन कर संगीत की पूर्ण रूप से उपलब्धि असम्भव है। मैं यह नहीं कहता कि उसका कोई आभास भी नहीं मिल सकता, किन्तु अशिक्षित का वह आभास निर्भरयोग्य नहीं है।

'एक भाषा में विशेष शब्द का जो विशेष निर्दिष्ट अर्थ है, अन्य भाषा के प्रतिशब्द में वह [अर्थ] मिलता है। किन्तु उसमें हमारे व्यवहार की जो छाप लगती है, हृदयावेग का जो रंग वह धारण करता है, वह तो अन्य भाषा में नहीं मिलता। कारण, चरणकमल को feet lotus कहने से क्या कुछ व्यक्त किया जा सकता है ? किन्तु इस शब्द में भाव का जो सुर मिलता है, वह सुर किसी भी उपाय से जो कोई भी पाएगा, वह आनन्द भी उसके लिए उतना ही सुगम होगा। अतएव इस बाहर की वस्तु को पाने की प्रतीक्षा करनी होगी, तभी भीतर की वस्तु भी अधिगत होगी। हम अंग्रेजी साहित्य का रस काफी परिमाण में पाते हैं, उसका कारण—अंग्रेजी शब्द का मात्र अर्थ ही नहीं जानते, काफी परिमाण में उसके सुर, उसके रंग से भी परिचित हैं। किन्तु यूरोपीय संगीत की भाषा के सम्बन्ध में मैं यह बात नहीं कह सकता। कीट्स की Ode to a Nightingale में fairy land forlorn के perilous sea के ऊपर Magic casement की छवि अपूर्व सुन्दर रूप में अंकित हुई है, उसे हमारी भाषा में व्यक्त करना असम्भव है। उसका शब्दगत संगीत प्रति शब्द में दुर्लभ होने

के कारण ही यह बाधा है, ऐसा नहीं, परी देश की उनकी कल्पना के साथ समस्त विचित्रता का जो अनुभाव जुड़ा हुआ है वैसा हममें नहीं है। किन्तु कीट्स की कविता का माधुर्य तो हमारे लिए व्यर्थ नहीं हुआ है। कारण, दीर्घकाल के अभ्यास और साधना से हम अंग्रेजी साहित्य का बाह्य द्वार पार कर गए हैं। यूरोपीय संगीत में हमारी वह सुदीर्घ साधना नहीं है, हम द्वार के बाहर ही हैं। इसीलिए मैंने इतना ही समझा है कि संगीत का सौन्दर्य विश्वजन का है, किन्तु उसकी भाषा का द्वारपाल विश्वभर का नमक नहीं खाता।'

मैंने कहा, 'रस की विश्वजनीनता की बात आपने कही, किन्तु रुचिभेद—'

कविवर ने कहा, 'अवश्य, रुचिभेद को लेकर मनुष्य सृष्टि के आदिकाल से ही विवाद करता आ रहा है।'

मैंने कहा, 'किन्तु, तो क्या यही कहना होगा कि आर्ट में absolute values के सम्बन्ध में मनुष्य के मन में अनैक्य ही कायम रहेगा, मतैक्य कभी होगा ही नहीं ?'

कविवर ने कहा, 'होगा। किन्तु काल ही उसका निकष है। एकमात्र काल ही इस विषय में अभ्रान्त विचारक है। सामयिक मतामत प्रायः शिल्प या शिल्पियों की relative value के सम्बन्ध में भूल कर बैठते हैं, यह बात कौन नहीं जानता ?'

मैंने कहा, 'ठीक बात है। शेक्सपीयर के समय में लोग कहते थे कि बेन जान्सन उनसे बड़े हैं। किन्तु आज यह बात सुनने पर हमें हँसी आती है।'

कविवर ने हँस कर कहा, 'शेक्सपीयर का दृष्टान्त बहुत उपयुक्त है। उनके समय में लोग अपनी विज्ञता से उन्हें मूर्ख कह कर बेन जान्सन को बड़े पण्डित के आसन पर बिठाना चाहते थे। किन्तु, देख तो रहे हो कि काल ने किस प्रकार धीरे-धीरे आज बेन जान्सन के ही उच्च आसन पर मूर्ख शेक्सपीयर को बिठाया है ? इसीलिए रुचिभेद को लेकर हमारे काल की राय को ग्रहण किए बिना इस समस्या का कोई चरम समाधान नहीं हो सकता।'···

3

शान्तिनिकेतन। 31 दिसम्बर 1926

सुबह नौ बजे गान की बैठक हुई। मेरे और अतुलदा[4] द्वारा एक-दो गान प्रस्तुत किए जाने के बाद कवि ने मेरी ओर देखकर कहना आरम्भ किया, 'जिस आदर्श को लेकर मैं गान रचना करता हूँ उस सम्बन्ध में मेरी कैफियत मैंने पहले एक-दो बार तुम्हारे सामने पेश की है। उसके बारे में तुम्हारी जो रिपोर्ट समाचार-पत्र में छपी है, उसे मैंने पढ़ा भी है। इसलिए बात को और स्पष्ट करना मैं अनावश्यक नहीं समझता।

---

4. अतुलप्रसाद सेन

'राजाओं व बादशाहों के उत्साह के बल पर समस्त उत्तर भारत में जब हिन्दुस्थानी गान की रीति का एकछत्र राज्य हो गया तब भी बंगाली मन और बंगाली कण्ठ पर वह पूर्णरूप से हावी नहीं हो पायी थी।

'बंगाल में राधाकृष्ण लीलागान ने हिन्दुस्थानी गान के प्रबल अभियान को रोक दिया। इस लीला रस का आश्रय है एक उपाख्यान। इस उपाख्यान की धारा को लेकर कीर्तनगान ने पालागान का रूप ले लिया।

'स्वभावतः पालागान का रूप है नाट्यरूप। हिन्दुस्थानी संगीत में नाट्यरूप का स्थान नहीं है। उपमा यदि दी जाए तो कहना होगा कि उस संगीत में रत्न की एक-एक मंजूषा है। उस्ताद जौहरी आडम्बर के साथ धीरे-धीरे ढक्कन खोलता है। प्रकाश की छटा-छटा में तान लगाकर उसे चारों ओर घुमाकर दिखाता है। समझदार उनकी जात मिलाकर परखते हैं, उसके दाम की जाँच करते हैं। वे कह सकते हैं कि यह हीरा है या नीलमणि, माणिक्य है या पन्ना।

'कीर्तन है रूपसी के गले की रत्नमाला। जो रसिक हैं, वे प्रियकण्ठ में प्रत्येक रत्न को स्वतंत्र भाव से नहीं देखते—देखना नहीं चाहते। रत्नों को आत्मसात् कर जो समग्र रूप विविध रूप में हिल्लोलित है, वही उनके देखने का विषय है। किन्तु यह हिन्दुस्थानी कायदा नहीं है।

'याद आता है—मेरी आयु जब अल्प थी, संगीत समाज में नाट्य-अभिनय था। इन्द्र चन्द्र देवता नाटक के पात्र थे। आयोजक, अभिनेता धनी घर के लोग थे। अतः देवताओं की देह पर जो गहने थे, वे न तो कम थे, न झूठे और न कम दाम के। उस दिन के प्रधान दर्शक थे पश्चिम प्रदेश के राज उपाधिकारी एक धनी। उन्हें नाटक के सम्बन्ध में समझाने का भार मेरे ऊपर था; मैं पास ही बैठा था। कुछ क्षणों में ही समझ में आ गया कि वहाँ हेमिल्टन की दूकान के विक्रेता को बिठाना उचित था। महाराज का एकाग्र कौतूहल था गहनों पर। किन्तु अलंकारशास्त्र पर जिस परिमाण में मेरा सामान्य अधिकार था, वह केवल वाक्यालंकार तक सीमित था, रत्नालंकार के विषय में मैं अनाड़ी था।

'उस दिन अभिनय की अपेक्षा कीर्तन होता तो पश्चिम प्रदेश के महाराजा गान की अपेक्षा रागिनी की ओर अधिक ध्यान देते, समग्र कलासृष्टि के सहज सौन्दर्य की अपेक्षा स्वर-प्रयोग के दुरूह एवं शास्त्रसम्मत कारुसम्पद् का मूल्यविचार करते—उस बैठक में भी मुझे निर्बोध की तरह बैठे रहना पड़ता।

'मुख्य बात यह है—कीर्तन में जीवन की रसलीला के साथ संगीत की रसलीला घनिष्ठ भाव से सम्मिलित है। जीवन की लीला नदी के स्रोत के समान नए-नए मोड़ों पर विचित्र-सी है। पोखरे के समान घेरे में बँधा नहीं है। कीर्तन में इस विचित्र टेढ़ी-मेढ़ी धारा की परिवर्त्यमान क्रमिकता को शब्द और सुर में मिलाकर प्रकाश करने की ललक थी।

'कीर्तन की और एक विशिष्टता है। वह भी ऐतिहासिक कारण से ही है। बंगाल में एक समय वैष्णवभाव के प्राबल्य से धर्मसाधना या धर्मरसभोग में डेमोक्रेसी का युग आया। उस समय सम्मिलित चित्त का आवेग सम्मिलित कण्ठ में प्रकाश पाने का आग्रही था। वह प्रकाश संगीत सभा में नहीं, बल्कि आम रास्ते-घाट पर हुआ। बंगाल के कीर्तन में जनसाधारण का भावोच्छ्वास जनकण्ठ में मुखरित करने का वह एक प्रशस्त स्थल बना। यह बंगाल की भूमि-प्रकृति के समान ही है। इस भूमि पर पूर्ववाहिनी, दक्षिणवाहिनी कई नदियों ने एक समुद्र की ओर बढ़ते हुए परस्पर मिलकर एक बृहत् विचित्र कलध्वनित जलधारा का जाल तैयार कर दिया है।

'हिन्दुस्थान में तुलसीदास की रामायण सुर में पढ़ी जाती है। उसे संगीत की पदवी नहीं दी जा सकती। वह जैसे आख्यान-वस्तु के ऊपरी स्तर पर सुर की पतली-सी पालिश है। रस के रासायनिक मत से वह यौगिक पदार्थ नहीं, योजित पदार्थ है। कीर्तन के बारे में ऐसा कहने का उपाय नहीं है। उसमें काव्य जितना भी हो, कीर्तन फिर भी संगीत है। किन्तु काव्य को सिर झुकाना नहीं पड़ता। विद्यापति, चण्डीदास, ज्ञानदास के पदों को काव्य के हिसाब से तुच्छ कौन कहेगा !

'कीर्तन में, बंगाली के गान में, संगीत और काव्य की जो अर्धनारीश्वर मूर्ति है, बंगाली के अन्य साधारण गान में भी वही है। निधुबाबू, श्रीधर कथक के टप्पागान, हरुठाकुर, रामबसु के कविगान में संगीत के उसी युगलमिलन की धारा है।'

मैंने कहा, 'इस सम्बन्ध में आपके साथ मेरा मतभेद नहीं है। जीवन में दाम्पत्यमिलन की सुखशान्ति के सम्बन्ध में मेरी व्यक्तिगत अभिज्ञता न रहते हुए भी मेरा विश्वास है कि गान के क्षेत्र में दाम्पत्य कहने का क्या अर्थ है, मैं समझता हूँ। बात इतनी ही है कि आप जिस प्रकार सुर का शब्द का अतिक्रमण करना अपराध मानते हैं, मैं भी उसी प्रकार काव्य के द्वारा सुर को दबाए रखने का दोष दिखाना चाहता हूँ। इसीलिए मुझे लगता है कि आपके साथ मेरा मतभेद मूल नीति को लेकर नहीं है परन्तु प्रधानतः कहाँ सीमारेखा खींची जाए इस बात को लेकर है। मुझे लगता है कि आप गान में सुर का जितना दावा मानने को राजी हैं, मैं सुर को उसकी अपेक्षा बड़ा स्थान देता हूँ। यह केवल मैं तर्क की खातिर नहीं कह रहा हूँ—सचमुच इस पर एक्सपेरिमेंट करते-करते नित्य नवीन प्रकाश पा रहा हूँ, ऐसा मुझे लगता है। इसीलिए मेरी इस अनुभूति को मैं अस्वीकार कैसे करूँ ?'

कवि ने कहा, 'तुम्हारे इस तर्क में मैं दो भाग देख रहा हूँ—पहला मूल नीति का और दूसरा व्यक्तिगत अभिज्ञता का। मूल नीति निर्वैयक्तिक वस्तु है, वह हुई आर्ट के मूल की बात। नाना उपादानों के सामंजस्य में ही कलारचना की पूर्णता है, यह अत्यन्त सीधी-सादी बात तुम ही मानते हो और मैं नहीं मानता, यदि ऐसा हो तो केवल संगीत ही क्यों, काव्य के सम्बन्ध में भी बोलने का अधिकार मुझे खोना पड़ेगा। वाक्य और छन्द, कविता के ये दो अंग हैं। वाक्य यदि छन्द के बन्धन का

अतिक्रमण कर अर्थ के अहंकार में आवाज बुलन्द करे, काव्य में वह भी जिस प्रकार रूढ़ता है, उसी प्रकार छन्द की अति प्रचुर झंकार अर्थसह वाक्य की ध्वनि को दबाकर मारना भी पाप के अंतर्गत है। गान में उस मूलतत्त्व को मैं आधा मानता हूँ और आधा नहीं मानता, इतनी बड़ी मूढ़ता प्रमाणित होने पर रसिकमण्डली में मेरी जात जाएगी। मुझे विश्वास है तुम तो मुझे 'जात निकाला' करने का पात्र नहीं मानते हो।

'अब रही व्यक्तिगत विचार की बात। अर्थात् नालिश यह है कि मेरे द्वारा रचित अधिकांश गानों में मैं सुर को खर्व कर शब्दों के प्रति पक्षपात करता हूँ और तुम ऐसा नहीं करते। अर्थात्, सर्वजनसम्मत मूलनीति का प्रयोग करते समय अन्ततः संगीत में मुझे मात्रा-ज्ञान नहीं रहता।

'यहाँ मूलनीति के कानून की पुस्तक खोलकर तुमने मुझे प्रतिवादी के रूप में कठघरे में खड़ा कर दिया है। झट से मैं 'प्लीड गिल्टी' कह दूँगा, ऐसी आशा तुम मत करो। इस प्रकार के तर्क अक्सर वाद-विवाद से सिर-फुटव्वल की स्थिति तक पहुँच जाते हैं। अतः तर्क की चेष्टा न करना ही निरापद है। फिर भी बिना तर्क मेरे पक्ष में जितना कहना ठीक है उतना ही कहूँगा।

'यूरोपीय साहित्य नें एक श्रेणी की कविता को 'लिरिक' नाम दिया गया है। उससे ही समझा जाता है कि वे गाने के योग्य हैं। यहाँ तक कि, किसी एक समय उन्हें गाया भी जाता था। बीच में छापाखाना खुल जाने से श्राव्य कविता पाठ्य हो गई। वर्तमान काल में गीतिकाव्य का गीति अंश अनुमेय, अनुक्त हो गया है। किन्तु, अनुमेय होते हुए भी वह परलोकगत नहीं है, जो श्रोता के कानों में था वह पाठक के मन में है। इसीलिए आज के गीतिकाव्य में अश्रुत सुर और पठित शब्द दोनों मिलकर मजलिस जमाते हैं। इसीलिए स्वभावतः गीतिकाव्य में चिन्तनयोग्य विषय का जमाव कम है, और उसमें तत्त्व मार्कावाले कथ्य को यथासम्भव बचाकर चलना पड़ता है। चण्डीदास के गान में है—

केबा शुनाइल श्याम नाम !
कानेर भितर दिया मरमे पशिल गो,
आकुल करिल मोर प्राण।

'इसका श्रुत या पठित कथ्य कठिन और ऊँचा होकर अश्रुत सुर को ठोकर नहीं मारता है। उसी कविता को इस प्रकार लिखा जा सकता है :

श्यामनाम रूप निल शब्देर ध्वनिते।
बाह्येन्द्रिय भेद करि अन्तर-इन्द्रिये मरि
स्मृतिर वेदना हये लागिल रणिते।

'इसका तत्त्व मन्द नहीं है। श्याम नाम अरूप है। ध्वनि में उसने रूप लिया है। उसके पश्चात् अन्तर में प्रवेश कर वह स्मृति-वेदना में पुनः अरूप होकर

अनुरणित होने लगा। बैठे-बैठे सोचा जा सकता है, मनस्तत्त्व की क्लास में व्याख्या भी की जा सकती है, किन्तु किसी भी प्रकार मन ही मन गाया नहीं जा सकता। जो सारवान् साहित्य के पक्षपाती हैं, वे इसे कितना ही पसन्द क्यों न करें, गीतिकाव्य की सभा में इसे उपयुक्त मजबूत आसन नहीं मिलेगा। यहाँ वाक्य और तत्त्व दो पहलवानों ने मिलकर गीत को बिल्कुल हटा दिया है।

'अपनी रचना के सम्बन्ध में स्वयं न्यायमूर्ति बनना बेदस्तूर है, किन्तु आन पड़े तो उसकी वकालत की जा सकती है। उस अधिकार के बल पर कहता हूँ—मेरे गान की कविताओं में वाक्य की आसुरिकता को मैं प्रश्रय नहीं देता—अर्थात्, मैंने उन्हीं भावों, उन्हीं शब्दों का व्यवहार किया है, जो सुर के साथ समान रूप से आसन बाँट कर प्रतिष्ठित होने की प्रतीक्षा करते हैं। इससे तुम समझ सकोगे कि तुम्हारी मूल नीति को मैं सुर की दृष्टि से भी मानता हूँ और कथ्य (शब्द) की दृष्टि से भी।

'फिर भी तुम कह सकते हो कि नीति की दृष्टि से जिसे मैं यथेष्ट परिमाण में मानता हूँ, रीति में उसे मैं पर्याप्त परिमाण में नहीं मानता। अर्थात्, मेरे गान की कविता में शब्द के खेल को जितना भी कम क्यों न करूँ, फिर भी तुम्हारे मत से मूल नीति के अनुसार और भी जितना अधिक सुर का फैलाव उचित है वह मैं नहीं होने देता। बात व्यक्तिगत हो गयी। तुम कहोगे कि तुमने अभिज्ञता से अनुभव किया है, मैं भी तुम्हारे विपक्ष में खड़ा होकर वही बात कहूँगा।'

मैंने कहा, 'काव्य में, गान में व्यक्तिगत अनुभूति को छोड़कर चलने का उपाय नहीं है। क्योंकि अनुभूति में ही उसकी समाप्ति है। बुद्धि को लेकर उसका कारोबार नहीं है, उसका कारोबार बोध को लेकर है। इसीलिए मेरे व्यक्तिगत बोध की ही दुहाई देकर मुझे कहना पड़ेगा कि मनोज्ञ काव्य को सुर की समृद्धि के माध्यम से जिस प्रकार निविड़ भाव से अनुभूत किया जाता है, सुर की एकान्त सरलता से उस प्रकार अनुभूत नहीं होता। कारण, ललित कला में एकान्त सारल्य क्या काफी कुछ रिक्तता में ही शामिल नहीं है ?'

कवि ने कहा, 'उस 'एकान्त' विशेषण पद का बटखरा जब तुमने तराजू की एक ओर बेमालूम रख दिया, तब तुम्हारा एकतरफा विचार का चेहरा दीख गया। सुर का सारल्य एकान्त होने पर जितना बड़ा दोष है, सुर का बाहुल्य एकान्त होने पर भी दोष उतना ही बड़ा है। 'एकान्त' विशेषण के योग से तुम जो बात कहते हो, भाषान्तर से वह कहना चाहता है सुर की दूषणीय सरलता में ही दोष है—मानो सुर के दूषणीय बाहुल्य में दोष नहीं है। अर्थात्, बाहुल्य में जो दोष है वह तुम्हें सह्य है, सारल्य का दोष तुम्हारे निकट असह्य है। तुम्हारे मत से : अधिकन्तु न दोषाय। सर्वमत्यन्तं गर्हितं—इस पर तुम्हारा मन सम्मति नहीं देता।

'किन्तु परस्पर के व्यक्तिगत मिजाज को लेकर तर्क करने से क्या होगा ? जवाफूल की माला सिर पर लगा कर शाक्त यदि सरस्वती के श्वेतपद्म की ओर कटाक्ष

करके कहे कि 'तुम हो नितान्त धवल जिसे कहते हैं रिक्त' तो सरस्वती का चेला भी जवा से कहेगा, 'तुम हो अत्यन्त लोहित वर्ण जिसे कहते हैं उग्र।' इससे केवल बात की उग्रता बढ़ती है, उसकी मीमांसा नहीं होती। इसीलिए मैं तर्क की ओर न जाकर सारल्य के सम्बन्ध में अपना मनोभाव व्यक्त करता हूँ।

'दीर्घकाल से शान्तिनिकेतन में हूँ। यहाँ के प्राकृतिक दृश्य में अरण्य, गिरि, नदियों का समावेश नहीं है। यदि रहता तो उनके सौन्दर्य का उपयुक्त ढंग से उपभोग करना कठिन नहीं होता। कारण, सौन्दर्यसम्पद् के अलावा भी बहुवैचित्र्य की एक शक्ति है, वह परिमाणगत है। कई ओर से वह हमारी दृष्टि को चारों ओर से घेर लेती है, कहीं भी थोड़ा-सा अवकाश नहीं रखती।

'यहाँ के दृश्य के आयोजन की विरलता में मुझे विशेष आनन्द मिलता है। प्रातःकाल, सायंकाल और मध्याह्न में इस अवारित आकाश में प्रकाश-छाया की तूलिका कितने प्रकार के सूक्ष्म रंगों की मरीचिका अंकित कर देती है, मेरे मितभोगी अक्लान्त चक्षुओं के द्वारा मेरा मन उसके समस्त रूप का स्वाद पूर्ण रूप से अनुभव करता है। यहाँ की बाधाहीन आकाश सभा में वर्षा, वसन्त, शरद् अपनी ऋतुवीणा पर जिस गभीर मीड़ का प्रयोग करते हैं उसकी समस्त सूक्ष्म श्रुतियाँ मेरे कानों तक पहुँचती हैं। यहाँ रिक्तता है इसीलिए मन की बोधशक्ति अलस नहीं होती, अथवा बाहर के दबाव से अभिभूत नहीं होती।

'एक उपमा देता हूँ। एक सुन्दरी एक रूप रसिक के पास गई। उसके पाँव में चित्र-विचित्र रंगीन मोजे थे। रूप दक्ष को पाँव की ओर ताकते देखकर सुन्दरी ने पूछा कि मोजे के किस अंश पर उनकी नजर पड़ी है। गुणी ने उस ओर इशारा किया जहाँ मोजा फटा हुआ था। रूपसी के पैर मोजों के फूल-अंकित कारुकार्य की बहुलता से तान-पर-तान मारे जा रहे हैं, उसे देखकर हिन्दुस्थानी महाराज निश्चय ही कहते–'वाहवा, शाबाश'। किन्तु गुणी कहते हैं कि विधाता किंवा मनुष्य की रसरचना में वाणी यथेष्ट की अपेक्षा कुछ भी अधिक होने पर ही उसका मर्म मर जाता है। सुन्दरी के चरण युगल ही यथेष्ट हैं, जिसकी देखने की शक्ति है, उसकी तृप्ति का अन्त नहीं है। जिसकी देखने की शक्ति अनुभूति-शून्य है, फूलों की शिल्पकला से अंकित मोजों की प्रगल्भता पर मुग्ध होकर वह घर लौट आता है।

'अधिकांश समय ही उपादान की विरलता, व्यंजना की गभीरता को अभ्यर्थना के साथ उद्घाटित करती है। उस विरलता को कोई शून्य कहता है और कोई उसे पूर्ण कहकर अनुभव करता है। इसके पूर्व मैंने एक उपमा दी है, इस बार मैं एक दृष्टान्त देता हूँ।

'बंगला गीतांजलि कविता का अंग्रेजी में तर्जुमा अपने मन से ही किया था। स्वास्थ्य ठीक नहीं था, और कुछ करने को भी नहीं था। किसी दिन इसका मुद्रण होगा, ऐसी स्पर्धाभरी बात मैंने स्वप्न में भी नहीं सोची थी। कारण, प्रकाशन के योग्य

अंग्रेजी लिखने की शक्ति, मेरी नहीं है यह धारणा मेरे मन में बद्धमूल थी।

'खाता जब कवि यीट्स के हाथ पड़ा तो उन्होंने एक दिन रोदेंस्टाइन के निवास पर कई अंग्रेज साहित्यिकों और साहित्यरसज्ञों को इस उद्देश्य से आमंत्रित किया कि वे इसके कुछ अंशों की आवृत्ति कर उन्हें सुनाएँ। मैं मन ही मन बड़ा संकुचित बोध करने लगा। इसके दो कारण थे। नितान्त सीधी-सादी दस-बारह पंक्तियों की कविता सुनाकर, मैंने कभी किसी बंगाली श्रोता को यथेष्ट तृप्ति पाते हुए नहीं देखा था। यहाँ तक कि कई लोगों ने आयतन की खर्वता को कवित्व की रिक्तता ही माना है। यहाँ तक कि एक दिन मेरे पाठकों ने दुःख प्रकट करते हुए कहा था कि 'आजकल मैं केवल गान ही लिखता हूँ।' उन्होंने कहा था—मेरी काव्यकला में कृष्णपक्ष का आविर्भाव हुआ है, इसीलिए रचना क्षय होती हुई छोटी होती जा रही है।

'इसके पश्चात् मेरा अंग्रेजी तर्जुमा भी मैंने अंग्रेजी जाननेवाले किसी-किसी बंगाली साहित्यिक को ससंकोच सुनाया था। उन्होंने धीर गंभीर शान्त भाव से कहा था—बुरा नहीं हुआ है, और अंग्रेजी अविशुद्ध है ऐसा भी नहीं है। तब तक एण्ड्रूज के साथ मेरा परिचय नहीं था।

'यीट्स ने उस दिन की सभा में एक के बाद एक मात्र पाँच-सात कविताएँ सुनाकर पढ़ना समाप्त किया। अंग्रेज श्रोताओं ने चुपचाप सुनी और चुपचाप चले गए—सौजन्य स्वरूप उन्होंने मुझे धन्यवाद भी नहीं दिया। उस रात मैं बहुत लज्जित होकर घर लौट गया।

'दूसरे दिन पत्र आने लगे। देशान्तर में मैंने जो ख्याति अर्जित की है, उसकी अभावनीयता के विस्मय ने मुझे उस दिन ही पूर्णतया अभिभूत कर दिया था।

'जो भी हो, मेरा कहना यह है कि उस दिन की सभा में जो डलियाँ उपस्थित की गयीं, उसकी उपहारसामग्री आयतन में जितनी अकिंचित्कर थी, उपादान में उतनी ही उसकी निरलंकार विरलता थी। किन्तु, उतना-सा ही रसज्ञों के आनन्द के लिए अपर्याप्त सिद्ध हुआ था, उसके प्रत्युत्तर में साधुवाद की विरलता नहीं थी। अलंकारबाहुल्य श्रोता या स्रष्टा के अपने मन के लिए कुछ भी अवकाश नहीं छोड़ता। रसज्ञ, चिन्तनशील मन के लिए वह क्लेशकर है।

'किन्तु ऐसे कई लोग हैं जो अपनी मनोहीनता की खाई भरने के लिए ही रस के भोज में जाते हैं, वे नहीं कहते 'यत् स्वल्पं तदिष्टं'। वे थिएटर के टिकट इसलिए नहीं खरीदते कि नाटक देखेंगे-सुनेंगे, बल्कि इसलिए कि रात को चार बजे तक देखेंगे। वे सदा अपने को धोखा देते हैं, उत्तम वस्तु के बजाय स्थूल वस्तु का चयन करते हैं। सजाने की अपेक्षा लादने में ही उन्हें आनन्द मिलता है। इसी कारण तुम जिसे सारल्य कहते हो वह उनके लिए रिक्तता नहीं तो क्या है !'

कवि ने कुछ रुककर कहा, 'तुमने जिस प्रकार अपनी व्यक्तिगत अभिज्ञता की बात कही है, मैं भी वैसा ही कहूँगा। मैंने गान रचना करते-करते, उस गान को बार-बार

अपने कानों से सुनते-सुनते ही समझा है कि 'प्रभूत' कारुकौशल की आवश्यकता नहीं है। रूप की सम्पूर्णता से यथार्थ आनन्द मिलता है—अति सूक्ष्म, अति सहज भंगिमा के द्वारा ही वह सम्पूर्णता जाग उठती है।'

मैंने कहा, 'आपकी बातें मुझे बहुत अच्छी लगीं। इनमें एक-दो नये suggestions मुझे मिले। उन पर विचार करूँगा···फिर भी मुझे लगता है कि सभी ललितकलाओं की विकासधारा अति मात्रा में सरलता की ओर बहेगी, ऐसा जोर देकर कहा नहीं जा सकता। क्योंकि, श्रेष्ठ श्रेणी की कई ललितसृष्टियाँ देखी जाती हैं जिनमें एक प्रकार का complex structure, एक बृहत् सुषमा, एक समष्टिगत मनोज्ञ समावेश मिलता है और उनमें एक सत्य और गभीर रस-उत्स विराज करता है। जैसे, वीणा की तान के आनन्द प्रवाह का विचित्र लावण्य, यूरोपीय सिम्फनी की विराट् गरिमामय गठनकारुकला, मध्ययुग के यूरोप का अपूर्व स्थापत्य, ताजमहल के सूक्ष्मातिसूक्ष्म भास्कर्य की गाथा।'

कवि ने कहा, 'यह बात क्या मैं भी नहीं मानता ? मैं केवल यह कहना चाहता हूँ—सरलता में वस्तु कम है अतः रसरचना में उसका मूल्य कम है यह बात स्वीकार करने से काम नहीं चलेगा, वरन् स्थिति उलटी है। ललितकला की किसी एक रचना में प्रथम प्रश्न यह है कि उससे आनन्द मिलता है या नहीं। यदि वह आनन्द प्रदान करती है तो उसमें उपादानों की जितनी स्वल्पता रहेगी, उतना ही उसका गौरव है। विपुल और प्रयाससाध्य उपाय से एक व्यक्ति जो फल प्राप्त करता है, अन्य जन संक्षिप्त और स्वल्पायास उपाय से वही फल पाता है तो आर्ट की दृष्टि से वही अच्छा है; वस्तुतः आर्ट की सृष्टि में उपाय वस्तु जितनी ही हलकी और प्रच्छन्न होगी, सृष्टि की दृष्टि से उसकी मर्यादा उतनी ही बढ़ेगी। यदि इस मूलनीति को मान लो तो सभी प्रकार के आर्ट में पग-पग पर सतर्क होकर कहना पड़ेगा : 'अलमति विस्तरेण।' कहना पड़ेगा कि आर्ट में प्रगल्भता की अपेक्षा मितभाष, बाहुल्य की अपेक्षा सारल्य श्रेष्ठ है। आर्ट में complex structure अर्थात् बहुग्रथित कलेवर के दृष्टान्त स्वरूप ताजमहल का उल्लेख तुमने किया है। मैं तो ताजमहल को सहज रूप का दृष्टान्त मानता हूँ। एक बिन्दु अश्रुजल जिस प्रकार सहज है, ताजमहल भी उसी प्रकार सहज है। ताजमहल का प्रधान लक्षण है उसकी परिमिति—उसमें एक टुकड़ा पत्थर भी नहीं जिससे ऐसा लगे कि सहसा ताजमहल ने कान पर हाथ रखकर तान मारना शुरू कर दिया है। ताजमहल में तान नहीं, मान है अर्थात् परिमाण। उस परिमाण के बल पर ही वह इतना सुन्दर है। परिमाण कहने से उपादान का संयम समझा जाता है। आम के साथ कटहल की तुलना करके देखो ना। कटहल के ऊपर के आवरण से भीतर के उपकरण तक समस्त में ही आतिशय्य है, सब मिलाकर एक बोझा है। मानो एक बन्ता। पराक्रम की दृष्टि से देखने पर 'शाबाश' कहना होगा। कटहल के शस्यघटित तानबाहुल्य में मिष्टता नहीं, ऐसा भी नहीं कहा जा सकता—सौष्ठव नहीं, कलारचना

में जो अत्यावश्यक है। कटहल को आम के समान सीधा-सादा नहीं कहा जा सकता; उसका कारण यह नहीं कि कटहल प्रकाण्ड और वजन में वह भारी है। जिनके अंशों में सुगठित ऐक्य है, वही है सिम्पल। यदि नया शब्द बनाना हो तो उस वस्तु को कह सकते हैं संकल, अर्थात् उसकी समस्त कलाएँ सुसंगत हैं। हमारे शास्त्र में ब्रह्म को कहते हैं निष्कल, उनमें अंश नहीं, वे ही हैं असीम सिम्पल—किन्तु उनमें समस्त ही है, समस्त को लेकर वे अखण्ड हैं। सूर्य की जिस रश्मि को हम श्वेत कहते हैं उसमें वर्णरश्मि की विरलता है, ऐसा नहीं, उसमें सभी रश्मियों का ऐक्य है। ताजमहल भी उसी प्रकार श्वेत है, उसमें समस्त उपकरणों का सुसंगठित सामंजस्य है। इस सामंजस्य की सुषमा को हम यदि छिन्न करके देखें तो उसमें वैचित्र्य का अन्त नहीं मिलेगा। रासायनिक विश्लेषण कर देखने पर एक अश्रुबिन्दु में भी हम बहुतों को देख सकते हैं, किन्तु जिस अश्रु को हम देखते हैं वह नितान्त सादा है, वह एक है। वहाँ सृष्टिकर्ता ने अपने ऐश्वर्य का आडम्बर चढ़ाना नहीं चाहा, सरल भाव से अपनी रूपदक्षता दिखाई है। उनके अश्रुजल में रिक्तता है, किन्तु वैज्ञानिक उस अश्रुजल का हिसाब-खाता निकालकर दिखाते हैं तब पता चलता है कि रिक्तता के पीछे कितनी शक्ति है। तब समझ सकते हैं कि अतिरिक्तता ही सृष्टिशक्ति का अभाव प्रकट करती है, और जो लोग अतिरिक्त न होने पर देख ही नहीं सकते उनमें दृष्टिशक्ति की ही दीनता है।'

कवि की यह बात मुझे बहुत ही अच्छी लगी। किन्तु मेरी सफाई यह है कि सारल्य के अन्तर्गत इस गरिमा के सम्बन्ध में मैं अपने को सचेतन मानता हूँ। आबू पर्वत के दिलवाड़ा मन्दिर के कारुकार्य-बाहुल्य के विरुद्ध समालोचना में यह बात मैंने लिखी है (अर्थात्, ललितकला में सारल्य का स्थान कहाँ है इस सम्बन्ध में मतामत प्रकट करते समय)—उस्तादी गान के सम्बन्ध में तो बात ही नहीं। अब तक मुझे सिर्फ ऐसा लगा है कि अन्ततः आधुनिक मन के समक्ष श्रेष्ठ श्रेणी की Complexity का आवेदन श्रेष्ठ श्रेणी की Simplicity के आवेदन की अपेक्षा अत्यधिक प्रतिसाद पाता है। कारण जो भी हो, सुर को सरल करके गाने में मन प्राण से मेरी अनुरक्ति नहीं, जैसे उसमें स्वर विन्यास के कलाकारु, विभिन्न अनुभूतियों के भास-प्रतिभास के विचित्र समावेश, सुर को लीलोच्छल भाव से गतिशील कर सकने—संक्षेप में स्वरसम्पद-सृष्टि में उद्दाम प्रेरणा में मेरी अनुरक्ति रही है।

मैंने कवि से केवल इतना ही कहा, 'इस बात पर मैं अच्छी तरह विचार करूँगा। इसीलिए इस समय इस मत के सम्बन्ध में आपके साथ आलोचना न कर केवल इतना ही कहना चाहता हूँ कि मेरी यह अनुभूति बहुत गभीर है कि सुरसम्पद को यथायथ भाव से बढ़ाने पर उससे गान का रस घनिष्ठतर हो जाता है। इसे मैं दृष्टान्त देकर सम्भवतः प्रमाणित कर सकता हूँ।'

कवि ने कहा, 'किस प्रकार ?'

मैंने कहा, 'जैसे पितृदेव के 'ए जीवने पूरिल ना साध' या 'मलय आसिया' गान में। मैंने अपने कई सुकुमार हृदय बंधुओं के समक्ष ये दो गान सुर की कुछ निविड़ व्यंजना में गाकर अधिक प्रतिसाद पाया है।'

कवि ने कहा, 'जो हुआ है वह हुआ है, इस सहज बात को अस्वीकार क्यों करूँ ? यदि पूर्वप्रचलित किसी बँधे-बँधाए नियम के साथ उस 'होने' का मेल न हो, तो कहूँगा कि नियम संकीर्ण था। किंवा ऐसा भी कहा जा सकता है कि नियम तोड़ा गया है अतः यह जो प्रतीयमान है वही भूल है। किन्तु, इसके साथ यह बात भूलने से भी काम नहीं चलेगा कि व्यक्तिविशेष की आनन्द-प्राप्ति को इस क्षेत्र में चूड़ान्त निष्पत्ति के रूप में नहीं माना जा सकता। रससृष्टि के लिए भी जिस प्रकार सहज शक्ति की आवश्यकता है, रस के दरदबोध के सम्बन्ध में भी उसी प्रकार सहज शक्ति जरूरी है। रस का मूल्य-निर्धारण मत-गणना द्वारा नहीं होता। रसिकों और रस के साधकों से विधान सीखना पड़ता है, शिक्षा लेनी पड़ती है। जिनका रसबोध सहज है, उनके लिए कोई झंझट नहीं है।'

मैंने कहा, 'इसीलिए, जो केवल काव्य-अनुरागी हैं उन्हें मैं भी कहता हूँ कि सुरसम्पद को बढ़ाने पर गान का रस घनिष्ठ हुआ या निष्प्रभ, इस सम्बन्ध में उनके विचार का अच्छा लगना या न लगना ही प्रामाण्य नहीं, जिस हेतु उन्होंने बराबर गान को अधिक काव्य-संपृक्त कर देखने के कारण सुरसम्पद-वैचित्र्य का यथार्थ मूल्य निर्धारित करने की अन्तर्दृष्टि अर्जित नहीं की। इन क्षेत्र में ऐसे लोगों की, जो केवल सुर समझते हैं, राय भी जिस प्रकार सन्तोषजनक नहीं हो सकती, उसी प्रकार ऐसे लोगों की, जो केवल काव्य समझते हैं, राय भी निर्भरयोग्य नहीं हो सकती। हमें उन लोगों के पास जाना होगा जो कमोबेश दोनों के रसज्ञ हैं।'

कवि ने कहा, 'तुम्हारे इस तर्क में व्यक्तिगत विशेष घटना का इंगित है, अतः यह तर्क के क्षेत्र के बाहर है। अर्थात्, यहाँ मत के विचार को लाँघकर व्यक्ति का विचार आ गया, किन्तु व्यक्ति अगोचर रहा। समझ में आता है कि गान के सम्बन्ध में किसी-किसी व्यक्ति के साथ तुम्हारे मत का मेल नहीं है, तुम उन्हें सीधे काव्य-संसृष्टि कह कर उन पर जुर्माना करना चाहते हो; किन्तु यदि उनके हाथ में निर्णय का भार हो तो वे भी तुम्हें विशेषण मात्र के द्वारा लांछित कर सकते हैं। किन्तु, विशेषण तो न्याय नहीं है।

'आज की आलोचना की बात यह है कि मैं जिन गानों की रचना करता हूँ उनमें सुर का यथेष्ट प्राचुर्य नहीं है अतः वे तुम्हें अच्छे नहीं लगते। तुम अपनी इच्छानुसार सुर प्राचुर्य आरोप कर गाना चाहते हो। और यह यदि किसी को पसन्द न हो तो उसके कपाल पर काव्य-संपृक्ति की छाप लगाकर गीतरसिक-सभा से बर्खास्त करने का विधान है तुम्हारा।

'किन्तु, तुम जिस प्रकार विचार करने के अधिकारी हो, अन्य व्यक्ति को भी

वह अधिकार है। ऐसी अवस्था में सहज मीमांसा यही है कि जिस व्यक्ति ने गान-रचना की है उसके सुर को बहाल रखा जाए। कवि के काव्य के सम्बन्ध में और चित्रकार के सम्बन्ध में भी यही रीति प्रचलित है। रचना जो करता है, रचित पदार्थ का दायित्व मात्र उसी का है; उसके संशोधन या उत्कर्षसाधन का दायित्व यदि अन्य व्यक्ति ग्रहण करता है तो कलाजगत् में अराजकता फैलती है। यह बात निश्चित है कि उस्ताद-परम्परा की दुर्दम कण्ठताड़ना से तानसेन के किसी गान में आज तानसेन का कोई अंश शेष नहीं है। प्रत्येक गायक ही यह कल्पना करता आ रहा है कि वह उत्कर्ष साधन कर रहा है। राम की कुटीर से सीता को केश पकड़ कर खींच कर जब रावण ने अपने रथ पर चढ़ाया था तब उसने भी सीता का उत्कर्ष साधन किया था। फिर भी राम की भार्या की हैसियत से वनवास भी सीता के लिए श्रेय था, रावण की स्वर्णपुरी भी उनके लिए निर्वासन ही थी—इस दाम्पत्य मूलनीति को प्रमाणित करने के लिए ही सप्तकाण्ड रामायण है। ललित कला में भी धर्मनीति का अनुशासन यही है कि जिसकी जो कीर्ति है, उसका सम्पूर्ण फलभोग उस अकेले का ही है।

'साहित्य में, संगीत में ऐसा एक समय था जब रचयिता की सृष्टि पर नितान्त भाव से रचयिता का अधिकार देना दुरूह था। मेंड़ लाँघ कर लोग अपनी-अपनी रुचि के अनुसार उस पर हस्तक्षेप करते आ रहे हैं। वर्तमान युग में जो द्रव्यसम्पत्ति पर इस प्रकार अबाध साम्यवाद मानते हैं और उसे ही लेकर जो पृथिवी को रक्तरंजित कर रहे हैं, वे भी कलाराज्य में इसे नहीं मानते। आदिम काल में कलाभाण्डार पर न ताला था और न था पहरा; इसीलिए कलारचना में सरकारी कार्तवीर्यार्जुन के बहु हस्तक्षेप को रोकने का उपाय नहीं था। आजकल छापाखाना, स्वरलिपि प्रभृति उपायों से अपनी रचना में रचयिता के दायित्व को पक्का कर रखना सम्भव है, इसीलिए रचना के क्षेत्र में सरकारी यथेच्छाचार का निवारण सहज है एवं ऐसा करना उचित है। अन्यथा रेखा कहाँ खींचोगे ? एक काव्य के लिए एक रचयिता के स्वत्व का विचार करना सहज है, किन्तु एक काव्य के लिए असंख्य रचयिताओं के स्वत्व का कौन और किस प्रकार विचार करेगा ? यह तो पंचपाण्डवों की पांचाली से भी बढ़कर है, यह तो मानो पचास हजार रानियों की बात है।

'तुम कहोगे कि हमारे देश के गान का वैशिष्ट्य ही यही है, गायक की रुचि और शक्ति के लिए वह प्रशस्त क्षेत्र छोड़ देता है। किन्तु, सर्वत्र यह बात लागू नहीं पड़ती। लागू कहाँ होती है ? जहाँ गान की अपेक्षा रागिनी ही प्रधान है। रागिनी वस्तु जल की धारा है; वस्तुतः उस प्रकार आकृति परिवर्तन द्वारा ही उसकी प्रकृति का परिचय मिलता है। किन्तु, मैं जिसे गान कहता हूँ वह है सजीव मूर्ति, इच्छानुसार उसके हाथ, पाँव, नाक, आँख बदल देना जीवन का धर्म और मूर्ति की मूल प्रकृति ही नष्ट करने के बराबर है। वह कैसा लगता है ? जैसे चम्पा फूल पसन्द नहीं इसलिए उसे स्थलपद्म में बदलने की चेष्टा। ऐसी अवस्था में चम्पा के बगीचे का त्याग कर

स्थलपद्म के बगीचे में जाना ही उचित है। कारण, जो वस्तु जीवधर्मी है उसकी उपेक्षा भले ही की जा सकती है, किन्तु उत्पीड़न करना अन्याय है।'

4

जोड़ासाँको। 21 मार्च 1938

···दिलीपदा ने कहा, 'सांगीतिकी के सम्पर्क में आपने मुझे जो पत्र लिखे हैं, उनसे यह बात प्रमाणित नहीं होती कि आपने अपना पूर्व मत बदला है ? जीवन स्मृति में गान के सम्बन्ध में आपने जो कुछ लिखा है, आजकल आप उसके विरुद्ध मत का ही पोषण करते हैं।'

कवि ने कहा, 'जीवन भर एक निर्दिष्ट मत का अनुवर्तन कर चलना मन के स्वधर्म का परिचायक नहीं है। मेरा मत यदि बदल ही जाता है तो मुझे क्षोभ नहीं होता। एक बात मैंने विचार करके देखी है—गान के क्षेत्र में, केवल गान के क्षेत्र में ही क्यों, समस्त चारुशिल्प के क्षेत्र में नव सृष्टि का पथ यदि खुला नहीं रहा तो वह किसी प्रकार शिल्प का पांक्तेय नहीं हो सकता। शिल्पी अपना पथ स्वयं बना लेगा, प्राचीन संगीत के कण्ठ में झूलते रहना वह क्यों सहेगा ? मैं पुरातन के वर्जन की बात नहीं कहता, किन्तु नूतन सृष्टि के पथ में यदि उससे काँटे का बेढ़ा दिखाई दे तो वह होगा 'नैव नैव च'। अकबर बादशाह के दरबार में तानसेन बहुत बड़े गायक थे, क्योंकि उनकी शिल्पप्रतिभा ने नित्य नूतन सृष्टि की पुष्करिणी में रस की मानो बाढ़ सी ला दी थी—अकबर बादशाह के युग में वह घटना अभिनव थी। किन्तु, हम तो इस युग के मनुष्य हैं, हम अंध अनुकरण के मोह में तानसेन के गान का आज भी रोमन्थन क्यों करते रहेंगे ? जो इन सब हिन्दुस्थानी उस्तादों को देख रहे हो, उनमें शायद किसी-किसी में प्रतिभा है, किन्तु इनकी जो कुछ प्रतिभा है वह बँधे-बँधाए पथ का अनुवर्तन करते-करते ही निःशेष हो जाती है। अतः नवीन सृष्टि का कोई स्थान वहाँ नहीं रहता। किन्तु, बंगला गान की बात अलग है, इसकी अपूर्व सम्भावना की बात सोचते ही मन रोमांचित हो उठता है। बंगला गान में नित्य नवीन स्वकीयता के पथ की सृष्टि तुम लोग करते रहो, उससे ही बंगला गान सार्थक होंगे। तुम तो अर्से तक यूरोप में थे, उनके संगीत की अच्छी-अच्छी वस्तुओं से बंगला गान की टोकरी भर सको तो वह सचमुच एक महत् काम होगा। अंध अनुकरण में दोष है, किन्तु स्वीकरण में नहीं।'

दिलीपदा ने प्रश्न किया, 'आपने नव सृष्टि की इतनी बातें कहीं, स्वकीयता का भी कई दृष्टिकोणों से समर्थन भी किया, किन्तु इतने दिनों तक आप अपने स्वरचित गानों के मामले में कुछ हद तक रक्षणशील नहीं थे क्या ? मुझे तो लगता है कि आपने कुछ दिन पूर्व तक भी गायकों के सुर विहार (Improvisation) की

स्वाधीनता का समर्थन नहीं किया।'

कवि ने कहा, 'अब भी मैं इस मामले में रक्षणशील हूँ। किन्तु एक बात है। तुम्हारे जैसे प्रतिभावान शिल्पियों से मुझे भय नहीं है, किन्तु ध्यान रहे कि यह पथ सबके लिए नहीं है। जिस किसी को अपनी इच्छानुसार पक्षविस्तार की स्वाधीनता देने से सुफल के बदले कुफल ही अधिक होगा। यह वांछनीय नहीं है। इसका दायित्व कुछ मुट्ठीभर शिल्पीगायकों पर रहेगा।'

बातों-बातों में कई व्यक्तिगत प्रसंग भी उठे। 'चण्डालिका' की बात भी उठी। हममें से एक ने कहा, 'चण्डालिका अद्भुत सृष्टि है।' कवि ने कहा, 'तुम लोग सम्भवतः नहीं जानते कि इसके लिए मुझे कितना कठोर श्रम करना पड़ा है। दिन-रात एक कर असीम धैर्य के साथ इसे गढ़ना पड़ा है—कितना कष्ट उठाया, तुम नहीं समझोगे।'

उसके बाद कुछ रुककर कवि ने कहा, 'किन्तु गान के माध्यम से मैं जिस स्वरूप को प्रस्फुटित करना चाहता हूँ वह किसी के भी गले से प्रस्फुटित होते नहीं देखा। यदि मेरे कण्ठ में वैसी अपेक्षित बात होती तो सम्भवतः समझा सकता कि मेरे मन में क्या बात है। मेरे गान बहुत से गायक गाते हैं, किन्तु उन्हें सुनकर निराशा होती है। मात्र एक लड़की को जानता था जो मेरे गान के मूल सुर को पकड़ पाई थी—वह है झुनु, साहाना। मेरे गान की प्रेरणा मैंने अन्तर से पाई है, इसीलिए अपनी लीला में, अपने छन्द में अन्तर से जो सुर उत्थित होता है वही मेरा गान बन जाता है। उस्ताद से अपनी चोटी पकड़वाकर संगीत शिक्षा की औपचारिकता करना या आत्मीयता दिखाना, यह मुझसे कभी नहीं हुआ। अच्छा ही हुआ कि मेरी संगीत-शिक्षा की शुरुआत उस्तादों से नहीं हुई। हमारे निवास पर उच्चांग संगीत का अभ्यास-अनुशीलन खूब होता था, यह तो तुम सभी जानते हो। किन्तु आश्चर्य की बात यह है कि इस परिवार का बालक होते हुए भी मैं किसी दिन उस्तादीपन के जाल में बँधा नहीं। अप्रत्यक्ष रूप से जो कुछ सीखा है वही मेरी शिक्षा है। बरामदा पार होते समय, किंवा खिड़की के पास बैठे रहते समय जो सुर कान में पड़ते वे ही रात-दिन मन में गुंजरित होते थे। उसी से मुझे गान की प्रेरणा मिली है। वर्षा के दिनों में भीतर भूपाली का आलाप चल रहा है और मैं बाहर से उसे सुन रहा हूँ। और, देखो कैसी आश्चर्यजनक बात है कि बाद में मैंने जितने वर्षा-गानों की रचना की है उन सब में ही भूपाली का सुर अद्भुत ढंग से आ गया है। इसीलिए मैंने समझा है—मेरी संगीत शिक्षा संस्कारगत है, बँधे-बँधाए ढर्रे से नहीं।

'बाल्यकाल में···मेरा कण्ठ बड़ा मधुर था। उस समय के श्रेष्ठ उस्ताद यदुभट्ट,—इतने बड़े गवैये बंगाल में आज तक हुए हैं या नहीं, सन्देह है—हमारे निवास पर सभागायक थे। उन्होंने मुझे गान सिखाने की कितनी चेष्टा की, किन्तु मारपीट कर भी वे मुझे अनुशासन में नहीं ला सके। उस मिजाज का बालक ही मैं नहीं।

किसी प्रकार प्रशिक्षण मुझ पर लादना दुष्कर था।

…'स्कूल, कालेज में शिक्षा हो भी नहीं सकती। यह जो विश्वविद्यालय में संगीत-शिक्षा की व्यवस्था हो रही है इस सम्बन्ध में मैं बहुत आशान्वित नहीं हूँ। क्योंकि, शिल्प के क्षेत्र में व्यापक व्यवस्था का कोई मूल्य नहीं है। प्रेरणा से प्रकृत गान का जन्म होता है, क्लासरूम की चतुःसीमा के भीतर कोई भी उसे पा नहीं सकता। स्वरलिपि-परिचय किंवा बँधे-बँधाए कुछ गान सिखाने से ही उस व्यवस्था का समस्त कर्तृत्व समाप्त हो जाएगा। भीड़ जमा करने से शिक्षा नहीं होती, शिक्षा को कार्यकारी करने के लिए छोटे श्रेणी-विभाग पर जोर देना होगा।…

'…बंगाल की मिट्टी में फलप्रसू कल्पना के बीज हैं, इसीलिए बंगालियों के समक्ष अनन्त सम्भावनाएँ हैं। इस पीढ़ी से सम्भवतः बहुत अधिक कुछ नहीं मिलेगा, किन्तु परवर्ती काल को दबाकर कौन रख सकेगा ? यह मैं किसी प्रकार सोच नहीं सकता कि निरवच्छिन्न राजनीति की चर्चा से ही किसी तरह देश का उद्धार हो सकता है। शिल्प, साहित्य, विज्ञान, नाच, गान, इनका क्या कुछ मूल्य नहीं है ? आनन्द को अपांक्तेय कर रखने से ऐसा कौन-सा धर्म-अर्थ-काम-मोक्ष फल प्राप्त होगा, समझना कठिन है। देश की अस्थिमज्जा में आनन्द का विस्तार करो, इससे सब ओर से ही लाभ होगा, यहाँ तक कि राजनीतिक दृष्टि से भी।'…

5

वरानगर। 26 मार्च 1938

…'हिन्दुस्थानी संगीत से मुझे सर्वान्तःकरण से प्यार है, आज नहीं, बाल्यकाल से ही। मैं मानता हूँ कि यह प्यार उचित है। प्रत्येक सुन्दर सृष्टि पुरानी होते हुए भी रसिक के मन में आनन्द का संचार करेगी, यही तो होना उचित है। जो वास्तव में अच्छा हिन्दुस्थानी गान सुनकर भी कहते हैं 'यह क्या ता-ना-ना-ना मेउ मेउ, अच्छा नहीं लगता', उन्हें मैं कहूँगा, 'तुम्हें अच्छा नहीं लगता इसलिए मैं तुम्हारे साथ तर्क नहीं करूँगा—क्योंकि रुचि को लेकर तर्क करना निष्फल है—केवल इतना ही कहूँगा कि तुम यह बात गौरव के साथ मत कहो !' कारण, अच्छी वस्तु का अच्छा न लगना लज्जा का ही विषय है, गौरव का नहीं। अतः, श्रेष्ठ श्रेणी का हिन्दुस्थानी संगीत जब वास्तव में संगीत का एक महत् विकास है, तब यदि वह तुममें से किसी को अच्छा नहीं भी लगता तो लज्जित होकर ही कहो—'अच्छा नहीं लगा', कहो—उस रस का रसिक होने की कोई साधना ही नहीं की, या करने का समय नहीं मिला—अन्यथा निश्चय ही अच्छा लगता।

'मुझे अच्छा लगता है। उत्कृष्ट हिन्दुस्थानी संगीत से मुझे प्यार है, यह बात मैंने कई बार कही है। मैं केवल इतना ही कहता हूँ कि अच्छी वस्तु के प्रति प्रीति

रखनी होगी किन्तु मोहमुक्त होकर। सब प्रकार का मोह सर्वनाशी है। चूंकि ताजमहल मुझे पसन्द है, इसीलिए ताजमहल के स्थापत्यशिल्प के अनुकरण से प्रत्येक घर पर गुम्बज बनाना होगा, ऐसा कभी नहीं हो सकता। हिन्दुस्थानी संगीत अच्छा लगता है इसीलिए उसकी क्रमागत पुनरावृत्ति करनी होगी, यह तो कोई काम की बात नहीं हुई। यह कौन नहीं मानेगा कि अजन्ता की मूर्ति बहुत सुन्दर है। किन्तु, इसीलिए उसका अनुकरण, उसकी पुनरावृत्ति कर हमारी चित्रकला को मुक्ति की खोज करनी होगी यह तो हँसी की बात है। फिर प्रश्न उठता है : अजन्ता से, ताजमहल से, हिन्दुस्थानी संगीत से हमें क्या मिलेगा ? प्रेरणा—इन्स्पिरेशन। सुन्दर का एक बड़ा काम है प्रेरणा देना। किसकी ? नवसृष्टि की। तानसेन, अकबर बादशाह मर कर कब के भूत हो गए हैं, किन्तु हम आज भी उनके सुर का श्राद्ध करते चलते रहेंगे ? कभी नहीं। तानसेन का 'सुर' सीखेंगे, किन्तु किसलिए ? अपने प्राण में जिसे तुम renaissance—नवजन्म कहते हो, उसी का आह्वान करने के लिए। मैं भी बराबर यही बात कहता आ रहा हूँ कि नवसृष्टि के जितने भी दोष जितनी भी त्रुटियाँ क्यों न हों, मुक्ति केवल उस कंटकाकीर्ण पथ से ही है—बँधी सड़क गुलाब-फूल की पंखुड़ियों से बिछी होते हुए भी वह पथ हमें अन्ततः चोर गली में ही पहुँचायेगा। हम सब मुक्ति पंथी हैं, और मुक्ति केवल नवसृष्टि के पथ से ही है—गतानुगतिकता की निष्कलंक साधना के पथ से 'नैव नैव च'।

'हिन्दुस्थानी संगीत की जरावस्था की बात तुमने कही थी। वास्तव में हुआ क्या है कि वह संगीत क्लासिक हो गया है। क्लासिक का अर्थ है एक सर्वांगसुन्दरता की 'परेफेक्शन' के 'फार्म' में अचल प्रतिष्ठा। इस प्रकार पूर्णता पूर्ण होने से मृत्यु हुई है। पूर्णता में सिद्धि के साथ आती है स्थिति। किन्तु, स्थिति का अचलायतन शिल्प की मुक्ति नहीं चाह सकता। इसीलिए इतिहास में देखोगे कि इस पुराणपन्थी क्लासिकियाना के मोह से मन जब अधिक छिद्रान्वेषी प्रवृत्ति का हो जाता है तब असम्भाव्य घटित होता है, भारी क्षति पहुँचती है।···

'आज हिन्दुस्थानी संगीत के विरुद्ध यह जो विद्रोह के चिह्न चारों ओर सिर उठा रहे हैं, उन्हें अकल्याणकर मान लेना संगत नहीं। हिन्दुस्थानी वीणापाणि आज शवासना है; उनके इस आसन को हिला देना चाहिए। अन्यथा कमलासना की भी उस निर्जीवन आसन की ही दशा होगी—वह मर जाएगी। बंगला गान में भी पन्द्रह आना हिन्दुस्थानी 'सुर' ही तो है। इसीलिए मैं कैसे मान लूँगा कि बंगला गान के साथ हिन्दुस्थानी संगीत की जन्मजात शत्रुता है। बंगला गान में हिन्दुस्थानी सुर की शाश्वत दीप्ति ने ही नवजन्म पाया है, यह बात भूल जाने से तो काम नहीं चलेगा। हम जो विद्रोह कर रहे हैं वह हिन्दुस्थानी संगीत के आत्मप्रसाद के विरुद्ध है, गतानुगतिकता के विरुद्ध है, उसके आनन्ददान के विरुद्ध नहीं—क्योंकि हमारे गान में भी तो हमने हिन्दुस्थानी गान की रागरागिनी की प्रेरणा को ही मान लिया है। हिन्दुस्थानी संगीत

को हमने चाहा है, किन्तु अपना बनाकर प्राप्त करना ही तो पाना है। हिन्दुस्थानी सुर विहार प्रभृति सुनकर मैं खुश होता हूँ, किन्तु कहता हूँ : अच्छा तो लगता है किन्तु उसे लेकर मैं करूँ क्या ? मैं उसे चाहता हूँ, वह मेरे साथ बात करे। प्राकृत और साधु बंगला का दृष्टान्त देने से यह बात परिष्कार होगी।...

'इसीलिए हिन्दुस्थानी सुर में मिश्रण लाने से हमारे समक्ष बाधा क्यों उपस्थित होगी ? मैं मानता हूँ कि रागरागिनी की अपनी महिमा है। यह भी मानता हूँ कि रागरागिनी का परिचय वांछनीय है। किन्तु अभी जो मैंने कहा कि उससे प्रेरणा पाने के लिए, उसकी नकल करने के लिए नहीं। हिन्दुस्थानी संगीत का स्वरूप कैसा है जानते हो ? जैसे शिव। रागरागिनी की तपस्या है शैव विशुद्धि की तपस्या। किन्तु इसी से तो वह मर गया। उमा आई, उसके साथ आया वह फूल का तीरन्दाज ठाकुर जिसका अंग्रेजी में नाम है 'पेशन'। मैं कहता हूँ कि युग-युग में 'क्लासिज्म' की शैव तपस्या भंग करनी होगी, इस 'पेशन' की सहायता से, स्थाणु को विचलित करना होगा। मैं मानता हूँ कि निष्क्रिय निर्विचलता में भी एक प्रकार की महिमा है, वह महान है। किन्तु, सृष्टि की गति रहने पर ही इस स्थिति की निष्क्रियता का वृत्त पूर्ण होता है। प्रकृति के बिना पुरुष की चाह करने पर परिणाम है निर्वाण–कैवल्य। उस पथ पर अन्ततः शिल्प की मुक्ति नहीं है। सागरपार की तरंग भी हमारे प्राण में जगाए यह 'पेशन'–संराग, आसक्ति। उसमें भूलचूक होगी–भले ही हो–निर्मूलतम निद्रा की अपेक्षा भूलभरी जागृति का मूल्य कहीं अधिक है।

'अन्तिम बात है सुरविहार के सम्बन्ध में। अंग्रेजी 'इम्प्रोवाइजेशन' शब्द का बंगला तर्जुमा तुमने किया है सुरविहार (तर्जुमा अच्छा हुआ है)–इसे भी मैं पसन्द करता हूँ। मैं यह भी मानता हूँ कि इसमें गुणी मुक्ति, स्वच्छन्दता पाते हैं। मेरे ऐसे कई गान हैं जिनमें गुणी इस प्रकार काफी स्वैर विहार कर सकते हैं। यहाँ मेरी आपत्ति मूलनीति को लेकर नहीं, उसके प्रयोग को लेकर है।

'किस हद तक यह छूट दूँगा ? और, किसे ? बड़े प्रतिभावान अधिक स्वाधीनता का दावा कर सकते हैं इसे कौन अस्वीकार करेगा ? किन्तु इस क्षेत्र में छोटे-बड़े का अन्तर तो है ही, यह बात मैंने उस दिन कही थी।

'और एक बात है। गान की गति काफी कुछ तरल है, इसीलिए उसमें गायक को कुछ स्वाधीनता तो देनी ही होगी, न देने पर गति कैसी ? रोकूँगा कैसे ? इसीलिए, आदर्श की दृष्टि से भी मैं यह नहीं कहता कि मैंने जैसा सोचकर सुर दिया है तुम्हें गाते समय उसी प्रकार सोचना होगा। वैसा हो ही नहीं सकता। कारण, गला तो तुम्हारा है एवं तुम्हारे गले में तुम तो गोचर होगे ही। इसीलिए 'एक्स्प्रेशन' का अन्तर रहेगा ही, जिसे तुम कहते हो 'इण्टरप्रिटेशन' की स्वाधीनता। तुमने कहा था कि विलायत में भी गायकों-वादकों की यह स्वाधीनता स्वीकृत है। स्वीकार तो होगी ही। साहाना के मुख से जब मेरे गान सुनता तब क्या मैं केवल अपने को ही सुनता था ? नहीं

तो। साहाना को भी सुनता; कहना पड़ता : मेरे गान साहाना गा रही है। तुम्हारे ढंग के सम्बन्ध में मेरा कहना यह है कि तुम्हारा एक निजस्व ढंग बन गया है, यह तो खूब वांछनीय है। इसीलिए तुम्हारे स्वकीय ढंग से तुमने 'हे क्षणिकेर अतिथि' जिस प्रकार गाया, मेरे सुर की गठनभंगिमा कायम रखकर 'एक्स्प्रेशन' में जो स्वाधीनता तुमने ली, उससे मैं वास्तविक ही खुश हुआ। तुम इस गान का रिकार्ड भरना चाहते हो, करो—मुझे आपत्ति नहीं है। कारण, इसमें मेरे सुररूप के ढाँचे (Structure) को क्षति नहीं पहुँची है। तुम्हारी यह बात मैं भी स्वीकार करता हूँ कि सुरकार का सुर कायम रखकर भी 'एक्स्प्रेशन' में कम-अधिक स्वाधीनता लेने का अधिकार गायक को है। केवल प्रतिभा के कम और अधिक के बीच अंतर है, यह बात भूलो नहीं। प्रतिभावान को अकुण्ठ भाव से स्वाधीनता दूँगा, किन्तु साधारण गायक यदि उतनी स्वाधीनता लेना चाहे तो उसे 'नहीं' कहना ही पड़ेगा।'

कवि द्वारा कही गई बातें मैंने दोपहर को लिखीं और शाम को उन्हें पढ़कर सुनाईं। कवि ने प्रसन्न होकर कहा, ये बातें मेरी ही हैं यह मैं स्वच्छन्द भाव से कह सकता हूँ। लेखन भी खूब सुन्दर हुआ है, तुम इसे प्रकाशित कर सकते हो।

6

कालिम्पोंग। 9 जून 1938

···'ललितसृष्टि में जब पहले मनुष्य आधी छाया-आधे प्रकाश के राज्य में कुछ बढ़ता है तब अन्य लोग यदि उसे उत्साहित करें तो दिखाई देता है कि छाया घट जाती है और प्रकाश बढ़ जाता है। इसीलिए उस समय बड़ी कृतज्ञता का बोध होता है जब दिखाई देता है कि मैं जो उपलब्धि कर रहा हूँ उसका रंग दूसरों के मन में भी प्रतिभासित हो रहा है—इसीलिए वे प्रशंसा की वर्षा कर अनुमोदन प्रकट करते हैं। किन्तु, बाद में—जब हममें आत्मप्रतीति बीज रूप में दृढ़ होती है, गोधूलि की छाया जब प्रकाश के समक्ष हार मान लेती है, तब दूसरों की स्वीकृति की क्या आवश्यकता है ? तब क्या मन में ऐसी अनुभूति नहीं होती—मैंने जो पाया है वह जब निश्चित रूप से पाया है तब दूसरों के अनुमोदन न करने पर भी वह 'पाया' 'अन-पाया' नहीं हो सकता ? आनन्द है सृष्टि का अनुसंगी, नित्यसंगी—वह जब आकर कहता है अयमहं भोः—मैं तो हूँ ! तब उसे अस्वीकार करने का साध्य किसे है ? अतः तब भी क्यों हम दूसरों के समक्ष हाथ फैलाएँगे—वह चाहे हमारे समसामयिकों के सामने हो या नित्यकाल के भावी सभासदों के ही सामने ? स्वयं आत्मप्रतीति ने जब शिरोपा दिया तब अन्य की सलामी तृप्ति दे सकती है, किन्तु वह अपरिहार्य नहीं है।

···'मैं जब गान रचना करता हूँ तभी मुझे सर्वाधिक आनन्द मिलता है। मन कहता है—निबन्ध लिखूँ, वक्तृता दूँ, कर्तव्य करूँ ये सब इसके समक्ष तुच्छ हैं। मैंने

एकबार लिखा था :

यबे काज करि,
प्रभु देय मोरे मान।
यबे गान करि,
भालोबासे भगवान।

यह बात क्यों कहता हूँ ?—इसीलिए कि गान से जो प्रकाश मन में फैल जाता है उसमें है यह दिव्यबोध कि जो अप्राप्य है उसे ही पाया अपने रूप में, नए सिरे से। यह बोध कि जीवन के हजारों अवान्तर संघर्ष, आक्षेप-प्रत्याक्षेप, तर्क-वितर्क ये सब इसकी तुलना में बाह्य हैं—यही हुई सार वस्तु—क्योंकि यह हुई आनन्दलोक की वस्तु, जो लोक जैव लीला का आदिम उत्स है। प्रकाशलीला में गान सबसे सूक्ष्म है—ethereal—इसीलिए तो वह दूसरों की स्वीकृति की स्थूलता की अपेक्षा नहीं रखता। केवल इतना ही नहीं, वह अपने हृदय की वाणी को सुर में रंग देता है। जैसे, मान लो, जब मैं प्रेम के गान गाता हूँ तब गान का आनन्द ही नहीं पाता; प्रेम की उपलब्धि भी ऐसी एक नवीन निश्चिन्तता के द्वारा होती है कि मन कहता है कि मैंने उसे पाया है जो अधरा है, जो आलोकवासी है, 'जो पास जाने पर पकड़ा नहीं जा सकता--दूर से बुलाता है'।

'किन्तु यह कहने से ऐसा मत सोच लो कि मैं नित्यकाल के प्रतिसाद को अस्वीकार कर रहा हूँ। वरन् नित्यकाल को मानता हूँ इसीलिए वर्तमान काल की अतिस्वीकृति को मर्यादा देने में बाधा है। ऐसी झिझक न होना सम्भव ही नहीं है। कारण, प्रत्येक युग में ही कुछ नित्यकाल के मन अवश्य हैं। जिनका नाम है रसिक मन—किन्तु बाकी सब ? उनका मन तो नित्यमन नहीं है, वास्तविक रसिक तो वे नहीं हैं। अतीतकाल की प्रतिसाद देने की विविध धाराओं की पर्यालोचना करने और भावी काल के प्रतिसाद की कल्पना करने पर यह बात समझ में आ सकती है, उन्हें पहचाना जा सकता है जिनके लिए मैं गान रचना करता हूँ, कविता लिखता हूँ।···

'युवाकाल में जब मैं यूरोप में उनका गान सुनने गया तो अच्छा नहीं लगा। किन्तु, मैं देखता था कि वे टिकिट के लिए पंक्ति में घण्टों खड़े रहते हैं। अच्छे कन्सर्ट हाल में अच्छा गान सुनकर कितना आग्रह, कितना आनन्द है—तुमने भी तो अपनी आँखों से देखा है। शुरू-शुरू में मैं उनके गान समझता नहीं था। किन्तु, फिर भी मैंने यह कभी नहीं कहा कि उनके गान बेकार हैं ! मैं कहता मैं ही इसका मर्म नहीं समझ पा रहा हूँ क्योंकि मैं इनके गान का 'इडियम' नहीं जानता, मैंने सीखा नहीं। अर्थात्, उनके गान में शुरू-शुरू में आनन्द न प्राप्त करते हुए भी ऐसी अश्रद्धा की बात मैंने कभी नहीं कही कि उनके लिए आनन्द पाना अन्याय है।

'यहीं श्रद्धा की बात उठती है; तुम जिसे प्रतिसाद का वृत्त कहते हो, श्रद्धा

होने पर ही वह पूर्ण होता है। किन्तु, इस समय प्रतिसाद न पाना स्रष्टा के लिए दुर्भाग्य की बात है, उससे दसगुना दुर्भाग्य है उनका जो प्रतिसाद दे नहीं सके। उनकी बात सोचकर आक्षेप लगाया जाता है। कारण, स्रष्टा ने जब वास्तव में सृष्टि की तब गृहीता के मुँह फिरा लेने पर भी उनके आनन्द की तो क्षति नहीं हुई, उन्होंने तो पाया सृष्टि का प्रकाश, आकाश, वायु, आनन्द। किन्तु, जो अभागे हैं वे इस प्रकाश में, इस हवा में, इस आनन्द में प्रतिसाद नहीं दे सके, उन्होंने कुछ नहीं पाया, इससे अधिक शोचनीय अवस्था और किसकी है, कहो।...'

सुर और संगति

पत्रालाप : रवीन्द्रनाथ और धूर्जटिप्रसाद मुखोपाध्याय

शान्तिनिकेतन

कल्याणीय,

तुम्हारी अध्यापकीय मनोवृत्ति मेरे समक्ष क्रमशः सुस्पष्ट हो रही है। अलसता के प्रति तुम्हारे मन में कोई दया-माया नहीं है। कठिन परीक्षा में उत्तीर्ण कराओगे हो, यह तुम्हारा कठोर प्रण है। किन्तु, अभी ऐसे व्यक्ति से तुम्हारा पाला पड़ा है, जो चिरकाल स्कूल पलातक रहा है, अलसता ही जिसका सहज धर्म है। बाल्यकाल से न जाने कितने विविध कर्तव्यों ने अपने अधिकार मुझ पर जमाना चाहा है, किन्तु वे बार-बार विफल रहे हैं। अन्यथा तुम्हारे समान एन.ए. पास कर नाम कमा सकता था, विश्वविद्यालय से औपचारिक उपाधि लेकर लाज बचाना नहीं पड़ता। तुम कहते हो कि संगीत के सम्बन्ध में अनभिज्ञ तत्त्व पर ढाई सौ पृष्ठव्यापी लेखन प्रकाशित करना मेरा कर्तव्य है। ऐसा होगा नहीं उसका प्रथम और प्रधान कारण है मेरी प्रचण्ड अलसता। जो कर्तव्य के दबाव में कठोर परिश्रम करते हैं, वे तो मजदूर श्रेणी के लोग हैं। उनमें कोई वैश्य जातीय हैं, कर्तव्यसाधन में उनका मुनाफा है; कोई दूसरों की फरमाइश पर कर्तव्य पूरा करते हैं, वे शूद्र हैं; किसी कर्तव्य को गदा की भाँति लेकर, निरुपाय होकर घूमते रहते हैं, वे क्षत्रिय हैं। ऐसे भी लोग हैं जो कर्तव्य नहीं करते, काम करते हैं–जिस काम में लोभ नहीं, लाभ नहीं, जिस काम में गुरु महाशय का शासन या गुरु का अनुशासन नहीं है, उनकी जात ही अलग है। जब तुम बौद्धिक अर्थनीति के सम्बन्ध में पुस्तक लिखो, तब मेरे इस तत्त्व को अपना कहकर उपयोग में लाना, मैं नालिश नहीं करूँगा। जितनी पुस्तकें मैंने लिखी हैं, उनसे बहुत अधिक पुस्तकें अलिखित हैं; संगीत के सम्बन्ध में मेरी 'मास्टर पीस' रचना उस अलिखित रचनारत्नभाण्डार में ही रह गयी। यदि विविध विषयों पर मेरे मत स्वयं ही स्पष्ट कर कह जाऊँ तो 'थीसिस' लिखकर जो ख्याति अर्जित करेंगे उन्हें वंचित करना होगा। अनागत काल के उन सब 'थीसिस' रचयिताओं की

कल्पनाप्रसूत छवि मेरे मन के समक्ष मूर्त हो रही है, वे एकाग्रचित्त होकर अतीत के आवर्जनकुण्ड से जीर्ण वाणी का विच्छिन्न अंश मिलाकर अपना व्यंजन तैयार कर रहे हैं—जो अंश मिल नहीं रहे हैं उनमें ही उनका महा उल्लास है। मैं उनके आशीर्वाद का पात्र बनना चाहता हूँ। इति माघ 1341 (बंगाब्द)

तुम्हारा
रवीन्द्रनाथ ठाकुर

ॐ

धूर्जटि, तुम्हें लिखे गए एक पुराने पत्र की प्रतिलिपि मैंने रख दी थी, अचानक उस पर नजर पड़ी। मैं देखता हूँ कि कई पत्रों में मैंने गान के सम्बन्ध में अपना मत प्रकट किया है। पुनः नए ढंग से इसकी ताकीद क्यों कर रहे हो ? इस सम्बन्ध में मेरा मत सर्वसाधारण के समक्ष प्रकट करने से बंगालियों की संस्कृति की समुन्नति में विशेष सहायता होगी, ऐसी दुराशा मन में नहीं है। पत्रों में निहित मतों का संग्रह करने या उनके द्वारा कीटपालन का यदि तुम्हारा आग्रह है, तो मेरी असहमति नहीं है। जीवन में कई बातें कही हैं, किन्तु उससे अधिक परिमाण में बातें अनकही रह गयी हैं—सम्भवतः भावीकाल उनके लिए अधिक कृतज्ञ रहेगा।

तुम्हारा
रवीन्द्रनाथ ठाकुर

···बंगाल में संगीत का प्रकृतिगत विशेषत्व है गान, अर्थात् वाणी और सुर का अर्धनारीश्वर रूप। किन्तु, इस रूप को सर्वदा प्राणवान रखने के लिए हिन्दुस्थानी उत्सधारा के साथ उसका योग रखना चाहिए। हमारे प्रदेश में कीर्तन और बाउल गान का एक विशेष स्वातन्त्र्य था, फिर भी वह देहिक प्रभेद था; प्राण में राग-रागिनी के साथ उसका योग विच्छिन्न नहीं हुआ। वर्तमान काल में इसके अनुरूप आदर्श हमारे बंगला साहित्य में दिखाई देता है। यूरोपीय साहित्य के साथ इसका आन्तरिक योग विच्छिन्न होने पर इसका स्रोत मर जाएगा; किन्तु जलाशय इसका अपना है, इसका प्रधान कारोबार अपने दो पार के घाट-घाट पर है। बचपन से ही मेरे कान और प्राण हिन्दुस्थानी सुर से परिपूर्ण हैं, जैसे कि यूरोपीय साहित्य के भाव और रस से हुए हैं। किन्तु अनुकरण करने पर नौका डूब जाएगी, अपनेपन का कोई चिह्न दिखाई नहीं देगा। हिन्दुस्थानी सुर भूलते-भूलते ही मैंने गान रचना की है। उसका आश्रय न छोड़ पाने पर घरजमाई की सी दशा होती है, स्त्री को पाकर भी स्वत्त्वाधिकार में जोर नहीं मिलता। इसीलिए स्त्री न रखने पर तो घर नहीं चलता। किन्तु, स्वभाव में, व्यवहार में उस स्त्री का झुकाव पैतृक के बजाए श्वसुर घर की ओर होना चाहिए, तभी गृहस्थी सुखमय होती है। हमारे गान में भी सृष्टि की दृष्टि

से हिन्दुस्थानी संगीत जितना बंगाली हो सकेगा, उतना ही मंगल है। स्वभवन में हिन्दुस्थानी संगीत स्वतन्त्र है, वहाँ हम उसके आतिथ्य का भोग कर सकते हैं–किन्तु बंगाली के घर में तो आतिथ्य देने नहीं आएगा–वह अपने को देगा, अन्यथा दोनों का मिलन नहीं होगा। जहाँ पाना सम्पूर्ण नहीं, वहाँ वह पाना केवल ऋण है। वास्तव में पाना वही है जिसमें ऋण स्वतः मिट जाता है–जैसे स्त्री, उसे ग्रहण कर लेन-देन का हिसाब बराबर हो जाता है। हिन्दुस्थानी संगीत के सम्बन्ध में मेरे मन का भाव वही है। उसे हम सीखेंगे पाने के लिए, उस्तादी करने के लिए नहीं। यह देखकर कि बंगला गान में हिन्दुस्थानी विधि विशुद्ध रूप से मिल नहीं रही है, पण्डितगण जब कहते हैं कि संगीत का अपकर्ष घट रहा है, तब वे पण्डिताई स्पर्धा करते हैं–यह स्पर्धा ही सबसे भीषण है। बंगाल में हिन्दुस्थानी संगीत की विशेष परिगति होते-होते एक नवीन सृष्टि आरम्भ हुई है; यह सृष्टि प्राणवान, गतिवान है, यह सृष्टि शौकीन विलासी की नहीं–कलाविधाता की है। बंगला में साहित्यभाषा के सम्बन्ध में भी वैसा ही है। इस क्षेत्र में यदि पण्डिताई हावी होती तो बंगला भाषा आज सीता के वनवास की चिता पर सहमरण प्राप्त करती। संस्कृत के साथ प्रणय रखते हुए भी बन्धन विच्छिन्न किया है, इसीलिए बंगला भाषा में सृष्टि का कार्य नव-नव अध्यवसाय में यात्रा के लिए प्रवृत्त हुआ है। बंगला गान में भी क्या उसका ही संकेत नहीं मिलता ? यह गान क्या एक दिन सृष्टि के गौरव में चल-शक्तिहीन हिन्दुस्थानी संगीत को काफी पीछे नहीं छोड़ जाएगा ? इति 13 अगस्त 1932।

तुम्हारा

रवीन्द्रनाथ ठाकुर

ॐ

शान्तिनिकेतन

कल्याणीय,

मैंने बार-बार देखा है कि कूट प्रश्न उठाकर मुझ पर आक्रमण करने में मानो तुम्हें एक प्रकार का 'सिनिस्टर' आनन्द मिलता है। इस बार समय खराब है। दूसरे गाँव जाना होगा, भाषण करने के लिए बुलावा आया है। मन में शब्द बुनने की जो तांत थी, अब तक उसने फरमाइश काफी हद तक पूरी की है; अब अधिक खींचतान इसे सह्य नहीं, बात-बात में धागा टूट जाता है।

तुमने जो प्रश्न किया है। उसका उत्तर, लगता है, उस दिन के अनर्गल कथन में किसी स्थल पर था। सम्भवतः मैंने कहा था कि घर-बार, कंगन अपने खयाल के अनुसार बनाया जा सकता है, किन्तु जो भूतल पर है उसे खड़ा करना होगा, उसी चिरकाल के आधार के साथ उसकी निष्पत्ति होनी चाहिए। तुम जानते हो कि

संगीत में मैं निर्मम भाव से आधुनिक हूँ, अर्थात् मैं जात बचा कर आचार-विचार मान कर नहीं चलता। किन्तु यदि ठाट बिल्कुल ही कायम न रखूँ तो वह पागलपन हो जाता है। शिशुकाल में 'शिशुबोध' में पढ़ा है कि प्रेयसी को पत्र लिखने का विशेष पाठ और रीति निर्धारित की गयी थी, उसमें उस समय के प्रवीण व्यक्तियों की निःसन्देह सम्मति थी। तर्क के लिए मान लिया जाए कि प्रेमलिपि लिखने की वह भंगी यथार्थ में अत्यन्त मनोहर थी—किन्तु, कालान्तर में, अर्थात्, यौवनकाल आते ही दीखता है कि उस भाषा के किसी पक्ष का मन अनुमोदन नहीं करता। तब स्वतः ही जो भाषा दिखाई देती है उसमें पितृ पितामह का अनुमोदित ध्रुवनिर्दिष्ट शब्दलालित्य और रचना नैपुण्य न भी हो, व्याकरण की, विशेषतया अक्षर विन्यास की भूलचूक रहना भी असम्भव नहीं, एक-दो अंग्रेजी शब्द भी उसमें सहसा आ जाते हैं, किन्तु शुचिरोगग्रस्त मुरब्बी भले कुछ भी कहें, उसमें जो सहज रससंचार होता है उसकी अवज्ञा करने से काम नहीं चलेगा। वे मुरब्बी ही यदि चतुर्थपक्ष विवाहिता षोडशी की ओर दुर्निवार आकर्षण से झुक जाएँ तो हठात् दिखाई देगा कि उनकी भाषा ने भी शृंखला तोड़ दी है। किन्तु ऐसा होते हुए भी मूल भाषा बंगला है, उस में तब की तथा आज की नाड़ियों का योग है। यह भाषा कई शताब्दियों की असंख्य नरनारियों की विचित्र भावनाओं, कामनाओं और वेदनाओं के निरन्तर अभिघात से विशेष रूप से प्राणमय, चिन्मय तथा दीप्तिमय हो उठी है, विशेष रूप से बंगालियों के चिन्तन और इच्छा को रूप देने के लिए उसकी सृष्टि हुई है। इसीलिए किसी बंगाली की प्रतिभा का कितना ही जोर हो, विदेशी भाषा की भूमि पर साहित्य का कीर्तिस्तम्भ वह स्थायी रूप से निर्मित नहीं कर सकता। हमारी बंगला भाषा का रूप नियत ही बदल रहा है, बदल सकता है यही उसका महत् गुण है—किन्तु, सम्पूर्ण परिवर्तन उसकी आदि प्रकृति के आधार पर ही होगा।

गान के सम्बन्ध में भी यही बात ठीक है। भारतवर्ष के कई युगों से सृष्ट संगीत का जो महादेश है, उसे अस्वीकार कर मैं कहाँ खड़ा होऊँगा ? पश्चिम महादेश में वासयोग्य स्थान निश्चित है, किन्तु वहाँ किराए के मकान का भाड़ा कहाँ से जुटा पाऊँगा ? बंगाल में मेरे नाम से कई प्रवाद प्रचलित हैं; उसी के अन्तर्गत एक जनश्रुति यह है कि मैं हिन्दुस्थानी गान जानता नहीं, समझता ही नहीं। मेरे आदियुग में रचित गान में हिन्दुस्थानी ध्रुवपद्धति की रागरागिनी के साक्षी अत्यन्त विशुद्ध प्रमाण सहित दूर भावीशताब्दी के पुरातत्त्वविदों के निदारुण वादवितण्डा की अपेक्षा कर रहे हैं। इच्छा होने पर भी मैं उस संगीत का प्रत्याख्यान नहीं कर सकता; उस संगीत से ही मैं प्रेरणा प्राप्त करता हूँ यह बात जो नहीं जानते वे ही हिन्दुस्थानी संगीत नहीं जानते। हिन्दुस्थानी गान को जिन्होंने आचार की शृंखला में अचल कर बाँध दिया है, उन डिक्टेटरों को मैं नहीं मानता। जो कहते हैं कि भारतीय गान की विराट् भूमिका के ऊपर नव-नव युगों की नव-नव सृष्टियाँ जो स्वप्रकाश हैं उनके

लिए स्थान नहीं है—वहीं हथकड़ी पहने बन्दियों के पुनः-पुनः आवर्तन का अनतिक्रमणीय चक्रपथ मात्र है—ऐसी निन्दोक्ति जो स्पर्धा के साथ करते हैं—उनका प्रतिवाद करने के लिए ही मेरे जैसे विद्रोहियों का जन्म होता है। ऐसा ही प्रतिवाद कीर्तनकार भी भिन्नतर प्रणाली में कर गए हैं। इति 7 जनवरी 1935।

तुम्हारा
रवीन्द्रनाथ ठाकुर

कल्याणीय धूर्जटि,

कल तक वसन्त-उत्सव का आयोजन चला। कल मैं कलकत्ता जा रहा हूँ। इसी बीच थोड़ा अवकाश मिला—तुम्हारी फरमाइश संक्षेप में ही पूरी करनी होगी। तुम्हारे वहाँ की गान-मजलिस में छायानट गाया गया था। मैंने घड़ी नहीं देखी, किन्तु अन्तर में जो घड़ी रक्त के संचरण से चलती है, उससे लगा कि लगभग एक घंटे तक वह चला। छायानट के जितने भी रूपरूपान्तर हैं, तान-करतब, सरगम, जितनी प्रकार की लय-विलय में उसे उलट-पलट किया जा सकता है, उसमें कुछ भी बाकी नहीं रहा। तुम जानना चाहते हो कि मेरा अभिमत क्या है—समय खराब है, बोलने का साहस नहीं हो रहा है। तुम्हारा मिजाज भी अच्छा नहीं है। मतविरोध को लेकर तुम जिसे युक्ति कहते हो, उसे मैं गाली कहता हूँ—विषय छेड़कर उत्तेजना पैदा करने से घबराता हूँ। वैसा भले ही हो, गीत-आलोचना में यदि तुम्हारे सुनने और मेरे सुनने में प्रभेद देखते हो तो इस आधार पर ही उसके कारण का निर्णय करो कि तुम ही विज्ञ हो, मैं अनभिज्ञ, उससे भी ऊपर उठकर लोकविश्रुत उदारकर्णसम्पन्न जीव की उपमा का व्यवहार न करो, इस प्रकार की साहित्यरीति के हम अभ्यस्त नहीं हैं।

तुम जानना चाहते हो कि अच्छा लगा या नहीं। निश्चय ही अच्छा लगा था, किन्तु अच्छा लगना ही सबकुछ नहीं है। 'बेंगाल स्टोर्स' जाकर जब असंख्य प्रकार के बहुमूल्य कपड़ों को पूरे दिन टटोलता रहता हूँ, तब अच्छा लगता है, और भी अच्छा लगता है, कभी-कभी चमत्कृत भी होता हूँ, संग्रह की तारीफ करनी होगी। किन्तु, सुन्दरी के शरीर पर शोभन मात्र एक साड़ी देखता हूँ तो कहता हूँ : बस ! हो गया ! मैं यह नहीं कहता कि सभी साड़ियाँ उसकी देह पर लाद देने से अच्छा लगने की मात्रा बढ़ती ही जाएगी। समझदारों की दृष्टि में सभी वस्त्र अत्यन्त सुन्दर लग सकते हैं, जितनी भी बार वे उन्हें उलट-पलट कर देखते हैं, उतनी ही बार वे कह उठते हैं—क्या कहना ! शुभान अल्ला ! सही-सही कह भी सकते हैं कि किस पर कितनी भरी सोने की जरी है, पल्लू का काम कश्मीर का है या मदुरा का और इसी बीच सुन्दरी स्वयं ओट में रह जाती है। यदि बुरा न मानो तो अंग्रेजी में कह सकता हूँ : Art is never an exhibition but a revelation; exhibition

का गर्व उसके अपरिमित बहुलत्व में है, revelation का गौरव उसके परिपूर्ण ऐक्य में है। इसी ऐक्य में रुकना नामक एक पदार्थ है, चलने की अपेक्षा उसका मूल्य कम नहीं है। वह रुकना अत्यन्त जरूरी है। उस्तादी गान में वह जरूरी नहीं है, वह कभी भी क्यों रुकता है उसका कोई अनिवार्य कारण नहीं दिखाई देता। किन्तु सभी आर्ट्स में ही वह अनिवार्यता है, एवं उपादान-प्रयोग में उसका संयम और निर्वाचन है। वस्तुतः छायानट का व्यापक प्रदर्शन आर्ट नहीं–विशेष गान में, विशेष संयम में, विशेष रूप की सीमा में ही छायानट आर्ट हो सकता है। उस रूप को तान-करतब से धुनते रहने से विशेषज्ञ सम्प्रदाय को वह जितना भी अच्छा क्यों न लगे, मैं उसे आर्ट की श्रेणी में गण्य नहीं करूँगा। सुनार की दूकान पर जाने से आँखें चौंधिया जाएँगी; किन्तु तुम्हारी दुहाई, गहनों का तुम्हारा शौक प्रेयसी पर लाद नहीं देना–वह प्रेयसी ही आर्ट है, वही सम्पूर्ण है, वही आत्मसमाहित है। प्रेयसी को प्रोफेशनल की आँखों से मत देखो, उसे देखो प्रेमिक की दृष्टि से। प्रोफेशनल बड़ा बाजार में खोजने से मिलते हैं, प्रेमिक बाजार की तालिका में नहीं, वे बाजार के बाहर रहते हैं–'न मेधया न बहुना श्रुतेन' [कठ उपनिषद्–1/2/23] इस बार गाली देना शुरू करो। मैं चला। इति 21 मार्च 1935।

तुम्हारा
रवीन्द्रनाथ ठाकुर

ॐ

शान्तिनिकेतन

कल्याणीय,

चिट्ठी तुम्हें मिल गयी है, यह जानकर मन को शान्ति मिली। सामान्य कारणों से मन ब्रिटिश साम्राज्य के विरुद्ध विद्रोही हो उठा था। चंचलता दूर हो गयी।

किन्तु, तुम मुझे संगीत के तर्क में घसीट कर विपद में डालना क्यों चाहते हो ? मैंने तुम्हारा क्या अनिष्ट किया है ? इसके बाद भी यदि टिका रहा तो सम्भवतः तुम छन्द का प्रश्न उठाओगे।

मुझे जो कहना था वह मैंने संक्षेप में कहा है। विस्तार से कहना शरसन्धान का लक्ष्य और बढ़ाने के समान होगा। इसके अलावा अत्यन्त सहज बात को किस प्रकार बृहदायतन रूप में बढ़ाया जाए, मैं नहीं जानता। मैंने कलकत्ता विश्वविद्यालय में बंगला साहित्य का प्रवक्ता-पद छोड़ दिया है, वाक्-बाहुल्य का अभ्यास अधिक दिन नहीं टिक सका।

विषय truism अर्थात् निहायत सत्य के अन्तर्गत है। मैंने तुम्हें आर्ट के सर्वजनविदित लक्षणों की बात कही है–मैंने कहा है कि आकार को लेकर, कलेवर को लेकर उसका व्यवहार है। तुम यदि कहो कि हिन्दुस्थानी संगीत रागरागिनी का

प्रोटोप्लाज्म है, अर्थात् उसका आयतन है, असम्भव प्रकार का स्थितिस्थापक प्राण भी है, वह प्राण परिवर्तनहीन आदितम युग का भी है, रस-रसायन के विश्लेषण के द्वारा उसके विशेष-विशेष उपादानों की तालिका तैयार की जा सकती है, किन्तु उसमें परिमित आकृति का तत्त्व नहीं है, वह इच्छानुसार फूल सकता है, लम्बा हो सकता है, चौड़ा हो सकता है, चपटा होकर बढ़ते-बढ़ते तीन-चार-पाँच घण्टों तक अपने तल में दबा रख सकता है, तब मुझे तुम लोगों की बात मानने के लिए बाध्य होना पड़ेगा, क्योंकि मैं उस्ताद नहीं हूँ—किन्तु मैं कहूँगा कि ऐसा होने पर वह आर्ट की श्रेणी में नहीं आता। तुम लोग कहोगे कि नाम लेकर झगड़ा करने से लाभ नहीं, हमें अच्छा लगता है एवं अच्छा लगता है इसीलिए जितना अधिक पाते हैं उतना ही हर्ष होता है। जब देखता हूँ कि यथेच्छ परिमाण में प्राप्ति-बाहुल्य पर तुम लोगों की कोई आपत्ति नहीं तब स्पष्टतः समझ सकता हूँ कि अच्छा लगने की तुम लोगों की प्रकृति कैसी है। तुम लोगों के समान मुझे भी अच्छा लगता है, किन्तु वह एक लोभी को अच्छा लगने के समान है। आर्टिस्ट लोभ से परे है। स्वादग्रहण के उत्कर्ष के प्रति लक्ष्य रखकर वह अच्छा लगने के अमिताचार की अश्रद्धा करता है। सोना उज्ज्वल है, उसका सु-वर्ण मनोहर है, दुर्लभ खनिज होने के कारण उसका मूल्य है। वसुन्धरा अपने रत्न निकाल कर देने के सम्बन्ध में मियाँ साहबों की अपेक्षा कम कृपण नहीं है। एक राशि सोना लाकर रखा गया, तुमने कहा, 'बहुत अच्छा'। और एक राशि सोना लाया गया, तुमने कहा, 'शुभान अल्ला'। संगीत के यक्षभाण्डार से ढेर-ढेर-सा सोना दुगुन-चौगुन वेग से आने लगा, वाह-वाह करते-करते तुम्हारा गला रुद्ध हो गया। मूल्य की बात कोई अस्वीकार नहीं कर सकेगा; किन्तु वह मूल्य यक्षराज के हिसाबीखाने का है। उस मूल्य के गाणितिक अंक में 'और-और-और भी' जोड़ा जा सकता है। सरस्वती के कमलवन में सोने का पद्म है; वहाँ लोभी के समान `encore' `encore' कर चीत्कार करना नहीं चलता। बनियों का दल कितना ही दुःखित हो, शतदल के ऊपर और एक पंखुड़ी नहीं जोड़ी जा सकती। अपनी सम्पूर्णता प्राप्त कर ही उसका खिलना रुका है, इसीलिए वह अपरिसीम है। भाण्डार के धन के मामले में 'और' की फरमाइश चल सकती है, किन्तु आनन्द के धन के मामले में तो कह उठते हैं—'निमेषे शतेक युग वासि'। रामचन्द्र ने सोने की सीता बनवाई थी। सोने के प्राचुर्य से यदि उसका गौरव होता तो दस खानें उजाड़ कर जो पिण्ड तैयार होता, उसके समान सीता का शोकवह निर्वासन और कुछ नहीं हो सकता था। रामचन्द्र को कहना पड़ा 'रुको'। किन्तु छायानट की अक्लान्त प्रगल्भता के सामने—'रुकिए' कहने का साहस हमें नहीं होता, इसके लिए भुजबल का प्रयोजन है। इस बार इस तर्क के सम्बन्ध में 'रुको' कहने का समय हो गया है, अन्ततः मेरी तरफ से। इति 16 चैत्र 1341 (बंगाब्द)।

तुम्हारा
रवीन्द्रनाथ ठाकुर

परम पूजनीय,

आपने लिखा था—'मैंने बार-बार देखा है कि कूट प्रश्न उठाकर मुझ पर आक्रमण करने में तुम्हें जैसे एक प्रकार का 'सिनिस्टर' आनन्द मिलता है'। किन्तु उस रात की संगीतसभा के बाद आपने मुझसे जो दो गभीर प्रश्न किए थे उनके एवं इन दो पत्रों के यथायथ उत्तर देने की अक्षमता देखकर आपकी भाषा ही आपके ऊपर निक्षेप करने को जी चाहता है। अब मैं समझा कि आप जो बैरिस्टर नहीं हुए तो वह केवल नृपेन्द्र सरकार के भाग्य के जोर से, उसमें आपका अपना कोई कृतित्त्व नहीं। तीन-चार सप्ताह से सोच रहा हूँ, क्या उत्तर दूँ। जो कुछ जुटाया है, उसे ही सजाकर लिख रहा हूँ।

लगता है—पहले यह जान लेने पर कि हम कहाँ एकमत हैं, इसका सहज ही पता चल जाएगा कि हममें कहाँ और कितना पार्थक्य है। आर्ट की प्रकृति है revelation एवं revelation का गौरव उसके परिपूर्ण ऐक्य में है, इस मन्तव्य के बाद आपने लिखा है कि 'उस ऐक्य में 'रुकना' एक पदार्थ है, चलने की अपेक्षा उसका मूल्य कम नहीं है।' इस वाक्य से स्पष्ट पता चलता है कि आप संगीत में गति के आनन्द का परित्याग करना नहीं चाहते, उपभोग ही करना चाहते हैं। उस दिन एवं अन्य दिनों के हमारे कथोपकथन से, उच्च संगीत के सुनते समय आपकी आनन्दमय एकाग्रता से एवं विशेषतः प्रथम चिट्ठी के मार्फत ध्रुवपद्धति के सम्बन्ध में मतप्रकाश से—उच्च संगीत के प्रति आपकी प्रगाढ़ श्रद्धा—उसकी महिमा, गाम्भीर्य और माधुर्य भोग करने का आग्रह और क्षमता ही प्रमाणित होती है। अतएव मेरा सिद्धान्त ही ठीक है। जो पथ चलने में ही आनन्द पाता है वह कभी गति की उपेक्षा नहीं कर सकता। जो चिरजीवन गतानुगतिक की स्थाणुता के विरुद्ध विद्रोह करता है उसके लिए रागिनी के गतिशील रूप-उद्घाटन के प्रति असहिष्णु होना असम्भव है। रुकना आपके धर्म के प्रतिकूल है—इसीलिए हाल ही में आपने 'पुनश्च' और 'चार अध्याय' लिखे। मैं भी आपका समधर्मी हूँ, यहीं हम दोनों में यथार्थ मेल है। मेल के बल पर ही हम दोनों हिन्दुस्थानी संगीत के परम भक्त होते हुए भी उसकी चिरकाल आचरित पद्धति की मुक्ति चाहते हैं। मुक्ति, मृत्यु नहीं—कारण, जीवन का अर्थ ही है चलना। अनुकृति की शृंखला पहन कर बंदी ही लंगड़ाते चलते हैं। स्वाधीन देश का उपयुक्त संगीत मन्त्र-आवृत्ति में नहीं मिल सकता। मैं मुक्ति चाहता हूँ इसीलिए आपकी संगीत-रचना की ऐतिहासिक सार्थकता और अधिकार स्वीकार करता हूँ। मैं जानता हूँ कि वह मुक्ति हमारी ही मुक्ति है, इसलिए आपकी रचना की तुलना विदेशी संगीत के साथ नहीं करता; उसे हमारे ही परिचित अन्य संगीत के साथ ही बिठाता हूँ, उसके साथ ही योग-सूत्र की खोज करता हूँ। जब नवीन के साथ पुरातन का बेमेल देखता हूँ;तब मात्र बेमेल के लिए ही नूतन की अवहेलना नहीं करता; हमारी संगीत पद्धति के श्री क्षेत्र में उसे स्थान देता हूँ, हरिजन

कहकर उसका प्रवेश निषिद्ध नहीं करता। मेरा विश्वास है कि आपके संगीत को संगीत का हरिजन कहने पर भी उसका अपमान नहीं किया जाता। भारतीय संस्कृति की रक्षा का भार अब तक यदि केवल पुरोहित-सम्प्रदाय के हाथों में ही रहता, तो संस्कृति की धारा अब तक मरुभूमि में ही समाप्त हो जाती। किन्तु–ऐसा हुआ नहीं, नहीं हुआ ! वह धारा लुप्त नहीं हुई। इन हरिजनों ने ही पण्डापुजारी के अनुशासन के बाहर जाकर ही सृष्टि का सामर्थ्य अर्जित किया है। हमारी संस्कृति की धारा यदि अभी तक प्रवहमान है तो वह उस हरिजन की कृपा से ही। लोकसंगीत ही कालान्तर में मार्ग और दरबारी संगीत को अपना रक्त देकर प्राणसंचार करता आ रहा है। बाद में, सनातन पन्थी अकृतज्ञ भी हुए हैं। इतिहास में भी प्रमाण हैं–अकबर बादशाह के दरबार में ग्वालियर अंचल के चलन, अर्थात् नवप्रवर्तित ध्रुपद सुनकर अबुल फजल ने अफसोस प्रकट किया था। कहा जाता है कि उस समय का ध्रुपद संगीत हरिजन-संगीत–अर्थात् दरबार के अनुपयुक्त विवेचित होता था। मद्रास के बड़े-बड़े पण्डित और उस्ताद आज भी तानसेन-प्रवर्तित उत्तरभारतीय गायकी को अहिन्दू, यवन-दूषित और भ्रष्ट कहते हैं, मैंने स्वयं यह बात सुनी है। कहने की जरूरत नहीं कि हम उत्तरभारतीय उस मत का समर्थन नहीं करते। डॉ. सुनीतिकुमार के समान हिन्दू ने भी तानसेन के सम्बन्ध में 'प्रवासी' में अत्यन्त प्रशंसापूर्ण प्रबन्ध लिखा है। हममें से बहुत से तानसेन को संगीत के अवतार के रूप में गण्य करते हैं। कई शताब्दियों बाद आप इस प्रकार के पद पर अधिष्ठित न भी हो सकें। किन्तु आपकी संगीत-रचना के एवं संगीत में मुक्तिदान की युक्ति के विरुद्ध मन्तव्य में कभी-कभी ध्रुपद के विरुद्ध अबुल फजल की आपत्ति की पुनरुक्ति सुनाई देती है इसीलिए सृष्टि के ऐतिहासिक अधिकार और कर्तव्य से आपको वंचित और मुक्त नहीं कर सकता। संगीत का यदि प्राण है तो उसका इतिहास भी होगा, यदि उसका इतिहास है तो उस परम्परा की रक्षा करना–उसके साथ युक्त होने के साथ-साथ उसे नव रूप देने का दायित्व–कभी किसी स्वाधीनताप्रिय व्यक्ति का समाप्त नहीं होगा; उसके ध्वंसनिर्माण के कर्तव्य से कोई भी स्रष्टा निस्तार नहीं पाएगा। हमारे देश के बड़े-बड़े रचयिता सस्ते में निस्तार पाना नहीं चाहते। हमारे संगीत का इतिहास अनुकरण के तमस से आच्छन्न नहीं है। वह जो भी हो, किसी प्रकार की तुलना न करते हुए कहता हूँ, आपकी संगीत-रचना में इस दायित्वबोध और कर्तव्यज्ञान का परिचय पाता हूँ।

आपने स्वयं भद्रतावशतः अपने संगीत का कोई उल्लेख नहीं किया है। अच्छा ही किया। मैं उसका उल्लेख करता हूँ, क्योंकि मैंने समझा है–मन के साथ लुकाछिपी करने से लाभ नहीं है। मेरा विश्वास है कि आप संगीत-रचयिता हैं एवं आपकी रचना का सांगीतिक मूल्य भी है। कितना अधिक और कितना कम, किसकी तुलना में, यह सब आलोचना इस क्षेत्र में अप्रासंगिक है। तर्क के खातिर एवं मेरी

कहना यह है : हमारी बन्दिशी गायकी में रचना को मर्यादा प्रदान करना ही हमारी रीति है। आलापिए को छोड़कर अन्य सभी अच्छे उस्ताद स्वीकार करते हैं कि मर्यादा केवल शब्द को ही प्राप्य नहीं, रागिनी को भी नहीं, बल्कि सुर और शब्द मिलकर जो रस उत्पन्न करते हैं, मर्यादा उसी को प्राप्य है। पुनः कहता हूँ–जब कोई उस्ताद रागिनी का ही वैचित्र्य दिखाने में रचना के रूपगत ऐक्य के प्रति श्रद्धा-प्रदर्शन में कृपणता दिखाता है तो वह प्रथासंगत गायक नहीं है। अधिक से अधिक उसे आलापिया नाम दिया जा सकता है। उसके साथ यह बात कहने का अधिकार भी हमारा है कि उसके लिए किसी शब्द का व्यवहार न करने पर भी काम चल सकता था। अतएव, रचना की स्वकीयता के प्रति गायक से आप जिस दरद की प्रत्याशा करते हैं वह आपका प्राप्य है। आप कुछ नया नहीं चाहते। आप कुछ उस्तादों से उनका कुछ प्रथाबिरोधी बद्अभ्यास छोड़ने का अनुरोध कर रहे हैं, उन्हें हमारे ही संगीत-इतिहास के अतीत के गौरव का स्मरण दिला रहे हैं। यहाँ भी आप भूमिका से भ्रष्ट नहीं हैं, वरन् कुतृण आदि उखाड़ कर पुरातन राजपथ को पदगम्य बनाने के लिए प्रयत्नशील हैं। यहाँ भी हम दोनों के मतों में मेल है, मुझे राजपथ पर चलना अच्छा लगता है, मैं सुविधा अनुभव करता हूँ।

अब लगता है कि आपके साथ मेरे बेमेल के क्षेत्र का परिमाप करना सहज होगा। यह क्षेत्र संकीर्ण है; किन्तु इसके अस्तित्व को मैं टाल नहीं दूँगा, यद्यपि उसे लेकर मैं मुकदमा करने को राजी नहीं। विश्वास है कि आपको समझा कर बताने से आप वह क्षेत्र स्वेच्छा से छोड़ देंगे। एवं प्रतिवेशी की हैसियत से मेरी कोई बदनामी नहीं है।

मेरा अपना वक्तव्य यह है : आलाप में जब रचना के समान किसी सौष्ठवसम्पन्न कथावस्तु का स्वत्व स्वीकार करने के पूर्वोक्त प्रकार का विशेष एवं जरूरी दायित्व नहीं, तब आलाप की रीति-नीति रचना की गायकी-पद्धति से भिन्न होगी ही। रचना है शब्द और सुर के मिश्रण से सृष्ट एक नवीन रस सामग्री। किन्तु आलाप प्राथमिक है, रागिनी का रूपविकास ही उसका एकमात्र काम है; यहाँ न है अर्थवाही शब्द, न है शब्दवाही अर्थ। आलाप का गन्तव्य नहीं, किन्तु उद्देश्य है। उद्देश्य विकास में ही निहित है। उद्देश्य है रागिनी को reveal करना–उद्देश्यसाधन का उपाय है वैचित्र्य में ऐक्य-संस्थापन। ऐश्वर्य दिखाना किसी भी आर्टिस्ट के लिए काम्य नहीं हो सकता, किन्तु वैचित्र्य में ऐक्य-संस्थापन निश्चय ही न्यायसंगत है। रचना में पहले से ही ऐक्य स्थापित है, वह रचयिता का अवदान है; आलाप में उसे स्थापित करना होगा यह गायक की सृष्टि होगी। इसलिए उसकी अतिरिक्त शक्ति का प्रयोजन है। आलापिया की सुविधा भी है–रचना का, विशेषतः शब्द का बन्धन उसे मानना नहीं पड़ रहा है। ऐश्वर्य दिखाने में शक्ति का अपचय होता है, इसीलिए उसे निर्वाचन करना ही होगा। बन्दिशी गान में शक्ति का व्यवहार रचना के सौष्ठव

की रक्षा में है; आलाप में शक्ति का व्यवहार रागिनी के क्रमिक विकास में, उसके ज्ञानकृत विवर्तन में है। आलाप ही हमारा है pure music। आपने अपनी चिट्ठी में आलाप अंश को छोड़ दिया है। संगीत कहने से मैं आलाप को भी लेता हूँ। आर्ट की दृष्टि से बन्दिशी गान बड़ा या आलाप बड़ा, इस प्रश्न का उत्तर आर्टिस्ट के कृतित्त्व-सापेक्ष एवं श्रोता के रुचि-सापेक्ष है। अर्थात्, यह विचार विशेष पर निर्भर करता है, इसीलिए उसे सामान्य वाक्य में परिणत नहीं किया जा सकता। किन्तु आधिमौलिक विचार से, ontologically, आलाप को प्राधान्य देना होगा। संगीत भी एक प्रकार का ज्ञान है; पहले कोई भी ज्ञान अपने पाँव पर खड़ा नहीं हो सकता—किन्तु स्वाधीन न होने पर उसकी वृद्धि सम्भव नहीं। वृद्धि और सम्प्रसारण के लिए ज्ञान को आश्रय का परित्याग करना पड़ता है, तब जाकर उसका मूलतत्त्व आविष्कृत होता है। तत्त्वमूल के चारों ओर घेरा बाँध देने से परजीवी उपवृक्ष मर जाता है, तब वृक्ष अपने फलफूल से शोभित होकर स्वकीयता का गौरव अनुभव करता है। ज्ञान-परिशीलन का यह है स्वकीयता साधन। अन्य का अध्याय जरूर है, किन्तु वह वृक्ष पर आर्किड झुलाने के समान है। अतएव संगीत-आलोचना से आलाप की रीति-नीति को अलग नहीं किया जा सकता।

मान लीजिए, छायानट का आलाप चल रहा है। छायानट का आरोह-अवरोह, उसका वादी-संवादी, उसकी विशेष पकड़ दिखाकर छायानट की घटस्थापना की गयी। किन्तु वहीं रुक जाने से क्या छायानट की प्राणप्रतिष्ठा हुई—उसकी प्रकृति प्रस्फुटित हुई ? यह उस भक्त की कथा है, जिसने प्रतिमा पर मस्तक स्थापित करने के पूर्व ही कहा था, 'आहा ! माँ जैसे हँस रही है !' दूसरे शब्दों में—मेरा मैं-पन प्रतिष्ठित करने के लिए नेति-विचार द्वारा पार्थक्य-अनुभूति का कोई प्रयोजन ही नहीं है क्या ? जिन योगियों की पूर्ण समाधि होती है उनके लिए वे हैं, यही यथेष्ट है। साहित्य में जैसे आपके लेखन में, परेशबाबू और मास्टर मशाय। वे सत् हैं, इससे अधिक उनके सम्बन्ध में जानने का प्रयोजन ही नहीं रहता। ये सब पूर्ण हैं, ये रुद्धगति हैं, आत्म-समाहित, आत्मस्थ, हमारे प्रणम्य हैं। ये हैं 'शेषेर कविता'। किन्तु दूसरों के लिए 'बहुर्भवामि' अस्तित्व के विकास की इच्छा नहीं है क्या ? मैं होऊँगा,—बहु होऊँगा—यही आर्टिस्ट के प्राण की बात है। मैं हूँ—जैसे योगी की बात बहु होना ही जब आर्टिस्ट का धर्म है, जब वह जिस वस्तु का अन्तर उद्घाटित (reveal) करना चाहता है उसकी प्रकृति से वह कोई substance या गुप्तसत्ता नहीं समझता, process ही समझता है, तब revelation के लिए ही mere statement कर नीरव रहना उसके लिए नहीं चलता। अतिरिक्त कर्तव्य में एक है—क-वस्तु, ख-वस्तु नहीं, यह प्रमाणित करना। जिसके न होने से काम नहीं चल सकता, उसका आभास देकर मुँह बन्द करना आर्टिस्ट की बहु होने की प्रवृत्ति से वंचित करना होगा। साधारण श्रोता के मामले में भी वैसी ही बात है—साधारण श्रोता भी जब सुनता है तब

आर्टिस्ट के साथ-साथ वह भी बहु हो रहा है। बहुलता की नहीं, बहु होने की प्रवृत्ति का सम्मान न करना आर्ट की घृणा करना है। बहुलता के मूल में है 'बहुर्भवामि' की ताकीद, विशेषतया हमारे आलाप में। हमारा आलाप अविराम गतिशील है, उसकी प्रकृति ही है procession। अतएव, उसका revelation नहीं होता, पर वह होता है एवं होना चाहिए revealing।

अब छायानट का आलाप लिया जाए। शुरू में ही 'सा रे ग म प प रे ग म रे सा' लिया गया, उसके बाद आरोह में 'सा रे रे ग ग म म प' लेकर धैवत को आन्दोलित कर गला तार स्वर पर पहुँचा, अवरोह में उसी प्रकार शुद्ध स्वरों का व्यवहार कर 'प रे ग म प' यह मींड लेकर ऋषभ पर गला रुका—कोई भी स्वर विवादी नहीं लिया गया। फिर भी क्या छायानट रागिनी गाई गयी ? मेरे मत से अभी हुआ नहीं, हुआ केवल छायानट का blue print, मात्र डिजाइन। मैं जानता हूँ कि श्रम-विभाजन के फलस्वरूप स्थापत्य विद्या में डिजाइन की कद्र बढ़ी है, किन्तु नील रंग के कागज पर सफेद गभीर रेखा देखकर निवास का सुखभोग क्या स्वाभाविक है ? आप कहेंगे कि कल्पना का उद्रेक कराना ही आर्टिस्ट का कर्तव्य है। किन्तु, कल्पना भी नाना जात की है, डिजाइन भी कई प्रकार के हैं। इसीलिए नीचे और ऊपर की मंजिलों के, स्नान के घर के और फिर सीढ़ी का cross-section भी चाहिए, ऐलिवेशन का लोभ दिखाकर इसे छोड़ देने से काम नहीं चलेगा। उसके ऊपर निर्माण चाहिए, गृहप्रवेश चाहिए, निवास चाहिए—इस कक्ष में वर-वधू मिलन, उस कक्ष में मृत्यु, इस खिड़की से लवंगलतिका की तीव्र गन्ध आएगी, उस खिड़की से नारियल वृक्ष के स्वर्णफूल से गाढ़ सबूज अपरिपक्व नारियल की परिणति देखी जा सकेगी, इस दीवार पर सिन्दूर का दाग, उस दीवार पर है बच्ची द्वारा बनाई गयी रेखा, यह पर्दा मझली दीदी का, वह छोटी बहू का बनाया हुआ—सब चाहिए—तभी तो गृह है ! उपमा छोड़ दें—श्रीकृष्ण को भगवद्गीता सुनाना नहीं चाहता। छायानट की प्राणप्रतिष्ठा के बाद (प्रतिष्ठा शब्द ठीक नहीं, क्योंकि आलाप का प्राण ही है गति) विस्तार के द्वारा उसे मुक्ति देनी होगी।

आलाप विस्तार काफी कुछ भारत साम्राज्य के nonregulated area के समान है। उसकी रीतिनीति—सुनिर्दिष्ट पथ भी है, किन्तु वह बन्दिशी गान में रागिनी का रूप-प्रकाश नहीं। सम्भवतः आपके अलावा और कोई उस नियम को भाषा में व्यक्त नहीं कर सकता। किन्तु मैं जानता हूँ पथ है, क्योंकि मैंने सुना है। पहले धीरे, गमक और मीड़ की सहायता से आलाप किया जाता है, इसमें तानों का प्रयोग नहीं है, उसके बाद मध्यलय में बहुत छोटी-छोटी तानों को मीड़ के साथ मिलाकर,—उसके पश्चात्—सब रागों में नहीं—कुछ रागों में द्रुत और विचित्र करतब द्वारा आलाप किया जाता है। साधारणतः आलाप में ख्याल, ठुमरी और टप्पा की तानों का व्यवहार नहीं होता। अन्य अलंकार, जैसे छूट, मूर्छना प्रभृति का भी प्रयोग

चलता है। उसके पश्चात् वाणी है। उस वाणी के अवलम्बन से बोल-तानें ली जाती हैं। यह है आलाप का तरीका, जिसकी प्रधान बात है—परम्परा। मीड़ के बाद ही जमीन तैयार होते न होते ही तान-करतब नहीं चलता। सभी आ सकते हैं, आएँगे ही, किन्तु यथासमय। यहीं निर्वाचन क्रिया की बात है। बड़े आलापिये की पद्धति सुसंगत है, उसका निर्वाचन यथेच्छाचारिता नहीं है। अच्छे घराने का पथ पक्का होता है। यदि कोई उस्ताद प्रतिभा के बल पर और भी अच्छा रास्ता तैयार करे तो उसकी और उसके पथ की कद्र करूँगा ही। आलाप में इस प्रकार की प्रतिभा के दर्शन दुर्लभ हैं, अलाबन्दे खाँ के घराने को छोड़कर। किन्तु अन्य गान में अब्दुल करीम खाँ को मैं बहुत ऊँचा स्थान देता हूँ। सम्भवतः आपने सुना है कि अब्दुल करीम खाँ फैयाज खाँ के समान ठीक घराना-गायक नहीं। वे कई बार बन्दिश भूल जाते हैं—किंवा एक-दो पंक्तियाँ गाते हैं, इस कारण बड़े उस्ताद उनका मजाक भी उड़ाते हैं, हिन्दोल में शुद्ध मध्यम का प्रयोग करते हैं, भैरवी में शुद्ध स्वर का प्रयोग करते हैं, गाते हैं अपने मिजाज से। किन्तु उस मिजाज में क्या मजा है ! इमदाद हुसेन क्या घराना-वादक थे ? किन्तु ऐसे रसिक सितारिये अब तक नहीं हुए। इमदाद खाँ स्वयं घराने की सृष्टि कर गए हैं—आज सम्पूर्ण भारत में इमदादी बाज ही चल रहा है। सेनिया सितारिये की वादक रूप में खातिर कम है।

आलाप में परम्परा की रीति घराने के हिसाब से भिन्न होते हुए भी उसकी नीति सम्भवतः एक है, दो नहीं। प्रथम पद द्वितीय को पथ दिखाएगा, द्वितीय तृतीय को—ऐसा ही चलेगा। मूल अवश्य छायानट है, अर्थात् अन्य रागिनी नहीं। यह मूल ही ऐक्य-विधायक है। यहाँ ऐक्यज्ञान शेष ज्ञान नहीं, यहाँ ऐक्य सम्पूर्णता का नामान्तर नहीं है। मूलगत ऐक्य विस्तार में ही ओत-प्रोत है। गतिशील क्रम वर्धमान श्रेणी का ऐक्य इसी तरह का होने को बाध्य है। यदि वृत्त हिसाब से लें, तो क-बिन्दु से निकल कर उसी क-बिन्दु पर लौट आना ही होगी गति की नियति। किन्तु गान की, विशेषतः आलाप की गति को यदि वृत्ताकार में परिणत करना हो, तो asymptote ही करना अच्छा है। जो असीम पथ का यात्री है उसे घर की सीमा में आबद्ध करने पर क्या क्षति होती है, यह आप स्वयं जानते हैं। आप ही स्कूल से भागते थे न ? आप ही स्वाधीन देशों में वर्ष में अन्ततः एक बार घूम आते हैं न ? 'वनेर हरिण' गान मेरे कान में गूँज रहा है। गतिराग के गान को आपने धूपछाँव के प्राण बताया है। आकाश में आज सहसा बादल छा गए हैं, जोर से हवा चल रही है—मेघ और प्रकाश वृत्त अंकित करते-करते कहाँ जा रहे हैं कौन जानता है ! यही तो है हमारा आलाप।

लोग अस्थायी (शब्द स्थायी है, किन्तु उच्चारणभूल से यह अस्थायी हो गया है) को कुछ गलत समझते हैं। गान के कोई भी दो चरण (phrase) एक नहीं हैं। आलाप जब शुरू होता है, तब का प्रथम चरण और संचरण कर आने पर जहाँ

स्थिति होती है वह 'प्रथम' चरण एक वस्तु नहीं है। यहाँ तक कि आरोही का स्वर और अवरोही का स्वर एक नहीं–मालकोष में आरोह के समय धैवत कोमल से कुछ चढ़ा, अवरोह में वह यथार्थ कोमल होता है। उसी प्रकार जौनपुरी का धैवत आरोह में कोमल की अपेक्षा कुछ चढ़ा, अवरोह में कोमल ही रहता है। ध्रुपद के अस्थायी और संचारी–अन्तरा और आभोग क्या समधर्मी हैं ? ऊँचा ऑक्टेव क्या नीचे के ऑक्टेव की पुनरावृत्ति है ? कान्हड़ा के सा रे ग-कोमल क्या म प ध-कोमल की हूबहू नकल है ? किन्तु मध्यम को सुर (षड्ज) मानने पर वैसा ही होता है, tempered Scale में–उस कारण ही तो हिन्दुस्थानी गान हार्मोनियम की संगत से गाना चलता नहीं। गान में ही क्यों, सर्वत्र ही, जहाँ जीवन है वहाँ इस प्रकार की यान्त्रिक पुनरावृत्ति असम्भव है। आपने स्वयं लिखा है–जीवन का अर्थ ही है नव-नव रूप का प्रकाश। सृष्टि में Unity है, केवल विवर्तन ही नहीं है। किन्तु वह मूल की है, यह बात मैंने पहले ही कही है। मैं बाध्यतावश इतिहास में dialectic process स्वीकार करता हूँ। रामराजत्व में जबर्दस्ती लौट सकते हैं क्या ? चरखा घुमाने से ही क्या उपनिषद लिखे जाते हैं या मनुष्य स्वयं ही तत्त्वज्ञानी हो जाता है ? A Yankee at King Arthur's Court–हास्यास्पद है।

मेरा वक्तव्य यह है–अन्त में ऐक्य की कामना वही कर सकता है जो सृष्टि, स्थिति और प्रलय के अतीत है। 'इसके बीच' की स्थिति के अधिवासी जब शेष के ऐक्य की कामना करते हैं तब जीवन के organic process को एक मनगढ़न्त असीम उद्देश्य का उपाय मानते हैं। मुझे सन्देह है कि आपने आलाप के सम्बन्ध में teleologically विचार किया है। जो वस्तु चल रही है, चलते-चलते पथ बना रही है, चलिष्णु होकर ही पूर्णता की ओर बढ़ रही है, उसका फिर शेष कहाँ है ?

आलाप का आरम्भ हुआ सीमा के भीतर। उसके बाद मूल को बचाकर दो छोरों की सीमा के बीच से उसकी गति असीम की दिशा की ओर हुई। दिशा शब्द लिखना उचित नहीं हुआ, क्योंकि असीम की कोई दिशा नहीं है–organic process की भी नहीं है। प्रक्रिया सरल है, किन्तु अनन्त है। जाने में ही उसका आनन्द, उसका adventure है। यह शेषहीनता ही उसका जीवन है। किन्तु इस जीवन का भी धर्म है।

मूल को बचाने के बाद ही यात्रा शुरू हुई। छायानट की इस तान में देखिए बिलावल, पुनः अन्य तान में सुनिए कल्याण का अंग। मात्र एक बार तीव्र मध्यम का स्पर्श किया गया, अधिक नहीं, सामान्य; और एक बार पंचम से मीड़ लेकर ऋषभ पर आए, पुनः तीव्र गान्धार–यह हुआ कल्याण का आभास। अतएव कल्याण ठाट की जितनी प्रकार की रागिनियाँ हैं उनके साथ छायानट का सादृश्य दिखाना चाहिए--कारण, छायानट क्या नहीं है, उसे भी दिखाने का प्रयोजन है। उसी प्रकार बिलावट ठाट की रागिनी, विशेषतः अल्हैया के साथ उसका पार्थक्य भी है। काफी कुछ endogamy और exogamy के सम्बन्ध के समान, जिसके लिए सुपात्र

खोजने हेतु बाजार छान मारना पड़ता है। छायानट को कितने रागों से बचाना पड़ता है, सोचिए—कामोद, श्याम, केदार, हमीर, गौड़-सारंग—सभी इसकी सीमा के पास ही हैं। गायक एक-एक बार सीमा से निकलकर उनके साथ मिल गया, किन्तु अपनी जात अक्षत रखते हुए पुनः अपने घर में लौट आया। इस मिलन में स्वकीयता अक्षुण्ण रखना तानकरतब का एक प्रधान उद्देश्य है। रागिनी के जितने बन्धु हैं, बन्धुओं के साथ मेलमिलाप के जितने उपाय हैं, उतनी प्रकार की तानें सम्भव हैं। (अब मैं सोचता हूँ कि सौत की उपमा देना भी अनुचित नहीं होता।)

तानकरतब का अन्य प्रयोजन भी है, उसका उल्लेख मात्र कर रहा हूँ। गमक में गाम्भीर्य, मीड़ और आश में माधुर्य, मुरकी में अलंकार, जमजमा में ऐश्वर्य सूचित होता है। किन्तु तान सोच-विचार कर लेनी होती है,—निर्वाचन के अलावा कोई रास्ता नहीं है। बन्दिश के गान में रचना का मिजाज एवं आलाप में सुकुमार पारस्पर्य ही है निर्वाचन का principle। घराने में निर्वाचन के दायित्व को मात्र सहज कर दिया गया है। किन्तु, निर्वाचन-प्रक्रिया को कठिन मानकर तान का वर्जन करना स्नान के 'टब' के जल के साथ बालक को नाले में फेंक देने के समान है।

आपने सुन्दरी के साथ रागिनी की तुलना की है, उस हिसाब से आपने तान को अलंकार कहा है। प्रेयसी के द्वारा सुनार का शौक मिटाने का निषेध किया है। ठीक है, नहीं मिटाऊँगा। किन्तु इस सम्बन्ध में आपके ही एक मन्तव्य का स्मरण करा दूँ। आपने स्वयं कहा है, 'ठीक, सब अलंकार चाहता हूँ—किन्तु एक ही गाने में क्यों ? अलग-अलग गानों में उनके गहने पहनाओ।' तब स्थिति क्या हुई, देख रहे हैं ! हिन्दू समाज टूट जाएगा ! आत्महत्या का दौर शुरू हो जाएगा। कारण, कोई भी सुन्दरी एक ही समय अपनी सन्दूक के सभी गहने नहीं पहनती, एवं एक ही समय एक सुन्दरी को सभी गहने पहनाए नहीं जा सकते। बंगाली समाज में सुन्दरियों का अकाल पड़ गया है। सच बात यह है कि आलाप में इस प्रकार का कोई 'एक ही समय' नहीं है, प्रत्येक मुहूर्त ही फिसलन है।

इसके पूर्व मैंने परम्परा और adventure इन दो शब्दों का व्यवहार किया है। लिखते-लिखते और एक बात याद आ रही है। उस सम्बन्ध में और कुछ कहना चाहता हूँ। आपने लिखा है, 'घड़ी नहीं देखी, किन्तु अन्तर में जो घड़ी रक्त के प्रवाह से दोलायमान है, उससे लगा कि एक घण्टा हो गया।' मेरा भी विश्वास है कि गान सुनते समय मशीनी घड़ी का व्यवहार उचित नहीं। मोजड़ी के समान घड़ी को बाहर रख कर आना ही उचित है। रक्त के प्रवाह से जो समय दोलायमान है, उस organic time के साथ ही गान का सम्बन्ध है। रक्त के दोल को ही गान का दोल मानना भूल होगी। मैं organic शब्द व्यवहार biological अर्थ में नहीं कर रहा हूँ। कई लोगों के लिए संगीत-उपभोग नितान्त ही जैव है। बड़े लोगों के निवास पर विवाह के उपलक्ष्य में आयोजित संगीत का appetiser रूप में व्यवहार

किया जाता है। शरीर अस्वस्थ होने पर सभी गान दीर्घसूत्री लगते हैं, स्वस्थ होने पर सब गानों का क्षणस्थायी लगना स्वाभाविक है। थिएटर-सिनेमा के गान की बात सोचिए। ये गान बिल्कुल ही जैव हैं अतः उन्हें मैं सुन नहीं सकता। वहाँ नायक के प्रत्याख्यान के साथ ही नायिका रोने लगती है, एवं उसकी सिसकियों के साथ हमें भी बिहाग सुनना पड़ता है। किन्तु हम सबने मिलकर क्या पाप किया था ?

आपने 'रक्त के दोल' की बात उस भाव से नहीं लिखी है। मैंने जिस अर्थ में organic time शब्द का व्यवहार किया है वह mechanical time के विपरीत है। इन दोनों में स्वतः एक विरोध है, आपके 'किन्तु' शब्द से वह बात परिस्फुट होती है। मनुष्य घड़ी को मानना नहीं चाहता। प्रवृत्तिवश ही मनुष्य समय को मापता है। Utility के राज्य में, कालेज में घड़ी की उपयोगिता है। बूढ़े कहते हैं, 'ठहरो बेटे, कहता हूँ कब—पूँटू का तब जन्म नहीं हुआ था।' किसानों की स्मरणीय घटना; फसल बोना, काटना, बाढ़ या सूखा से ही वे समय का माप करते हैं। फैक्टरी तो फैक्टरी है, वहाँ भी मजदूर वैसा ही करते हैं, उसे सभी जानते हैं एवं पण्डितों ने हिसाब लगाकर इस साधारण ज्ञान की उपलब्धि की है—मालिकों ने अब तक नहीं। आग्रह के अभाव से श्रमिक क्लान्त होते हैं। mechanical time घड़ी के काँटे से मापा हुआ है, उसका माप है मिनिट और सैकण्ड का योग-वियोग से एवं जहाँ योग-वियोग ही उपभोग की मात्रा निर्धारित करता है, वहीं यह प्रश्न—'गान कब रुकेगा'—श्रोताओं को विरक्त करता है। थके-हारे मजदूर शाम को छुट्टी के लिए उद्ग्रीव हो उठते हैं। किन्तु, सहज आग्रह और काल की ह्रास-वृद्धि का माप नहीं, छन्द है। वह छन्द संख्यामूलक नहीं है, अर्थात् उसके पीछे matter या motion की यान्त्रिक पुनरावृत्ति नहीं; वह है घटना और स्मरणीय अभिज्ञता, जिसके कारण वृद्धि की मात्रा कम होती है, बढ़ती है, उसका अवस्थान्तरण होता है। इसकी ताकीद रुकने वाली नहीं, बढ़ने वाली है। इस प्रकार के कालातिपात को development कहना ही ठीक है। बंगला में क्या प्रतिशब्द है ? संक्षेप में, mechanical time का स्वभाव है पुनरावर्तन, organic time का ऐतिहासिक उद्घाटन। प्रथम है succession of mathematically isolated instants; द्वितीय है accumulation of connected experiences, अतएव उसकी क्रिया cumulative है। पहला आरम्भ की ओर लौट सकता है—घड़ी का काँटा पीछे करने पर day-light saving होता है। किंतु दूसरा अपनी जिद पर चलता है, उसकी परिणति नहीं है। पहले में जो हो गया है वह गत है, भूत है, सचमुच का भूत ! दूसरे में जो हुआ था वह वर्तमान में है, पुनः भूत और वर्तमान मिलकर भविष्यत् तैयार करने के लिए सर्वदा प्रस्तुत है। आगे बढ़ने के लिए, भविष्यत् के लिए, organic time सब कुछ कर सकता है—नूतन, रवाहूत, अनाहूत का वरण करने को भी वह राजी है। हिन्दुस्तानी संगीत में आलाप का काल organic है—जिस देश में घड़ी की dictatorship है उस देश

में संगीत का काल mechanical शायद हो सकता है, मैं नहीं जानता। सौभाग्य से हम असभ्य हैं।

मैं कहता हूँ—आलाप के काल की घड़ी के काँटों से यहाँ तक कि रक्त की यांत्रिक ह्रास-वृद्धि द्वारा परिमाण की जाँच नहीं की जाती। आलाप तो बर्फ के गोले के समान बढ़ते-बढ़ते चलता है। रागिनी का रूप भी केवल उन्मुक्त होते-होते बढ़ता है। आप कहते हैं कि reveal करना चाहिए, बिलकुल सही बात है, आलाप ही तो रागिनी (रचना की बात अलग है) का यथार्थ unfolding है—चीनियों के scroll-painting के समान—आलाप ही है यथार्थ इतिहास, इसीलिए प्रतिमुहूर्त्त का इतिहास। अवश्य रागिनी का ही इतिहास, गायक का गला साधने का इतिहास नहीं। रागिनी नाम की कोई पृथक् वस्तु नहीं है, प्रकाश में ही उसका अस्तित्व-स्फुरण है।

इस भाव से आपके द्वारा व्यवहृत 'अनिवार्य' शब्द का विचार किया जा सकता है, उसके तत्त्व की उपलब्धि की जा सकती है। आपने संकेत किया है कि अन्य सब प्रकार के आर्ट में अनिवार्य समाप्ति है, यह मैं मानता हूँ। किन्तु प्रत्येक आर्ट वस्तु का समय जब organic, अर्थात् अभिज्ञतासापेक्ष है, तब एक ही नियम से सब प्रकार के आर्ट की अनिवार्य समाप्ति किस प्रकार स्वीकृत हो सकती है। साहित्य को ही लें—रामायण और रघुवंश की समाप्ति क्या एक ही नियम को मानती है ? Henry IV और Macbeth की रीतियाँ एक ही ढंग की हैं ? Bernard Shaw और उनके देशवासी sean O'casey के नाटक क्या एक ही अनुपात या एक ही स्थान पर रुकते हैं? Brothers karamazov एक श्रेष्ठ उपन्यास है, Fathers and Children भी वैसा ही है। प्रथम उपन्यास में एक दिन की घटना 400-500 पृष्ठों में व्याप्त है, उसके बाद की कथा द्रुत गति से चलती है, अन्त अच्छा नहीं है; द्वितीय उपन्यास में एक अद्भुत विच्छेद है। आजकल के नोवलिस्ट (Preistley नहीं) Proust और Joyce आपको अच्छे लगते हैं या नहीं, मैं नहीं जानता—किन्तु उनके लेखन की सीमा कहाँ है ? दोनों के उपन्यासों की संगीत के साथ तुलना की गयी है—जैसे counterpoint का खेल। यह उपमा उपयुक्त है; दोनों ही Stream of consciousness लेकर व्यस्त हैं, दोनों का ही कारोबार स्मृति की उद्घाटन-प्रक्रिया है—कोई भी exhibit नहीं करता, reveal ही करता है। आपके ही 'गोरा' और 'चार अध्याय' को लीजिए। 'चार अध्याय' में लय द्रुत खेलती है, जैसे hectic hurry में है, जो उसकी विषयवस्तु के लिए नितान्त और अत्यन्त उपयोगी है। किन्तु, 'गोरा' की चाल क्या भारी नहीं है ? जैसे गजगामिनी। मुझे गलत मत समझिए—यह अच्छा है या बुरा, यह विचार मैं नहीं कर रहा हूँ—देवी अश्वारोही होकर ही आएँ, नौका पर या हस्ती पर बैठकर आएँ, देवी होने पर मैं उनकी पूजा करूँगा—उसमें आप किसी प्रकार की त्रुटि नहीं देख पाएँगे। मैं कहता हूँ—अकेले साहित्य में ही अनिवार्य समाप्ति की सीमारेखाएँ रीतिनीतियाँ भिन्न-भिन्न

हैं। 'चार अध्याय' का शेष बंशी बजाते ही कर दिया, और 'गोरा' लिखते हुए दो खण्ड लगे—क्यों ? 'चार अध्याय' जिस प्रकार पाँच अध्याय नहीं हो सकता, उसी प्रकार 'गोरा' भी चार अध्याय में समाप्त नहीं हो सकता।

छवि ही लीजिए—राजपूत कलम की रासलीला की एक छवि है। बीच में कृष्ण-राधा है, चारों ओर गोपियों का दल है। यदि गिना जाए तो एक ही मुख देखते-देखते दर्शक की आँखें और मन दोनों क्लान्त हो सकते हैं। किन्तु इस छवि का धर्म ही भिन्न है, कृष्णराधा युग्मसमाहित हैं, यह विभोरभाव संख्या के पारिपार्श्विक में अच्छी तरह उभरा है। रेखांकन अण्डे के आकार का है—जिसकी रेखा पर नजर ठहराने पर दृष्टि फिसल जाती है, किसी का मुख देखने के लिए ठहरती नहीं, सीधे केन्द्रस्थ नायक नायिका पर अवस्थित हो जाती है। यहाँ संख्या का उद्देश्य ऐश्वर्य दिखाना नहीं, केन्द्र के चरित्र को अवकाश देना है। खाली जगह रखकर अवकाश दिया जा सकता है, जैसे जापानी चित्रकार करते हैं, पुनः संख्या की सहायता से भी यह अवकाश दिखाया जा सकता है, जैसे टिनूटरेटो ने एकाधिक छवियों में किया है। यहाँ संख्या का महत्त्व अधिक नहीं है, यह statistical unity मात्र है। व्यक्तिगत चरित्र के अभाव में मध्यस्थ रूप विकसित करने के लिए संख्या तब मुक्त आकाश में शामिल है। संख्या भी एक प्रकार का relief है। grouping की सहायता से भी यह काम सम्पन्न हो सकता है। मैं छवि के साथ गान की तुलना नहीं कर रहा हूँ, मैं केवल रूप के साथ संख्या और सीमारेखा का उद्देश्य-अनुसार पार्थक्य प्रतिपन्न कर रहा हूँ। मूल बात है—शेष होने की अनिवार्यता उद्देश्यमूलक है। आलाप का उद्देश्य ही जब अलग है। (उद्देश्य का अर्थ मैं धृति लेता हूँ), तब बन्दिशी आर्ट की अनिवार्यता की नियमावली क्या यहाँ प्रयोज्य है ? इससे मैं यह नहीं कहना चाहता कि निर्वाचन का दायित्व नहीं है। मैंने पहले ही लिखा है कि मैं dialactic process मानता हूँ। लेनिन ने इसके ही एक नवीन तत्त्व का आविष्कार किया है (संगीत में लेनिन ! क्यों नहीं ? वे भी दार्शनिक थे; वे भी दर्शन का अर्थ making history करते थे, interpreting it नहीं; उनका मन भी गतिशील था)—तत्त्व यह हुआ कि quantity से ही quality का परिवर्तन होता है। वास्तव में संख्या और गुण में अधिक फर्क नहीं है। इस सम्बन्ध में आपके बन्धु Otto kahn की एक कहानी याद आती है।

एक बार Cecil de mille, अपनी अंकित छवि `The King of Kings' Otto kahn को दिखाने के लिए गए। उनके कथोपकथन को Beverley Nichols ने लिपिबद्ध किया है।

de mille	:	इस दृश्य में कितने लोग हैं सोचिए ?
Kahn	:	धारणा ही नहीं है।
M	:	ढाई हजार सोच रहे हैं क्या !

K : कुछ नहीं।

M : आप highbrow हैं।

K : Velasquez की Conquest of Breda देखी है ? देखने पर लगेगा कि लाठियों और भालों का जंगल उगा हुआ है। यदि गिनती करें तो पता चलेगा कि ये सिर्फ अठारह ही हैं। ···Velasquez was an artist.

यह कहानी मेरे विपक्ष में नहीं जाती। इस छवि का एक अद्भुत विश्लेषण पढ़ा था, सम्भवतः Harold speed की कृति में। पुस्तक में उस छवि का रेखाचित्र भी दिया हुआ है। देख कर और पढ़कर मैं समझ गया कि सामने की तिरछी रचना से relief देने के लिए उस सीधी समान्तराल रेखाओं का बाहुल्य है। यहाँ भी संख्या, de mille की छवि में भी संख्या। प्रथम छवि में संख्या गुण हो उठी है; द्वितीय में भार, क्रूस से भी अधिक। अतएव संख्या का अपना कोई गुणदोष नहीं, अधिक होने पर रुकने की ताकीद नहीं। इन सब क्षेत्रों में अनिवार्यता उद्देश्य, विषयवस्तु एवं रीति पर निर्भर करती है। यहाँ सीमा-निर्धारण का कोई natural law नहीं, मैं किसी natural law को ही नहीं मानता।

एक अनुरोध कर पत्र समाप्त करता हूँ। जो अच्छी साड़ी और गहने पहनना जानती है, उसे एक ही समय एक से अधिक दो पहनने की आवश्यकता नहीं है। किन्तु, रोज-रोज एक ही साड़ी-गहना पहनने से वह सुन्दरी क्या अच्छी दिखाई देगी ? परन्तु सुन्दरियाँ अन्य बात कहती हैं। आप सौन्दर्य के कितने ही Connoisseur क्यों न हों, नारी की साजसज्जा के सम्बन्ध में नारियों का मत ही शिरोधार्य है। वह जो भी हो, आपका अभिमत छाप दूँ क्या ? बहुतों की कृतज्ञता पाएँगे, एक Bengal stores को छोड़कर।

बहुत कुछ लिख दिया। इस पत्र को संगीत के आलाप के समान ही समझिए। गान करना मैं नहीं जानता, जानता तो पत्र सम्भवतः छोटा होता।

पत्र का उत्तर चाहता हूँ। कई विषयों के सम्बन्ध में मत का मेल है, इसीलिए जहाँ बेमेल है, उन्हीं को प्रकट करने का साहस मैंने किया है। मैंने तर्क नहीं किया है, आपको पराजित करने की चेष्टा नहीं है। आपकी बातचीत और पत्र में जो नया आभास मुझे मिला है, उसी के फलस्वरूप मेरी चिन्तन धारा उन्मुक्त हुई है। वह धारा आपकी सृष्टि होते हुए भी उसके दिक्निर्णय और प्रवाह पर आपका हाथ नहीं है। वह दोष मेरा है। 25 मार्च 1935।

प्रणत

धूर्जटि

कल्याणीय,

अर्जुन ने भीष्म पितामह के प्रति मन में पूर्ण श्रद्धा, संवेदना रख कर शरसंधान

किया था। तुमने भी मेरे मत के विरुद्ध युक्ति का प्रयोग सौजन्य रखते हुए किया है। इसीलिए हार मानने में मन में आपत्ति का भाव नहीं उठता। किन्तु, हमारे बीच जो वाद-प्रतिवाद चल रहा है, उस प्रसंग में हार-जीत शब्द का व्यवहार असंगत होगा। इसे आलोचना कहा जाए। उपसंहार में तुम्हारा मत तुम्हारा ही रहेगा और मेरा मत मेरा। इससे कोई फर्क नहीं पड़ता, क्योंकि संगीत सृष्टि का क्षेत्र है। जो सृष्टि करेंगे वे अपना मार्ग स्वयं ही निधारित कर लेंगे–प्राचीन और नवीन का समन्वय उनके ही कार्य के द्वारा होगा, बँधे-बँधाए मत से नहीं।

तुम कहते हो कि भारत के ध्रुपद-संगीत के सम्बन्ध गें तुम्हारा प्रधान मन्तव्य आलाप को लेकर है। उस सम्बन्ध में कुछ कहना कठिन है। आलाप के उपादान रूप में हैं विशेष रागरागिनियाँ, उन रागरागिनियों ने गान की सीमा के द्वारा पहले से ही किसी रचयिता से निर्दिष्ट रूप प्राप्त नहीं किया है। आलाप में गायक अपनी शक्ति और रुचि के अनुसार उन्हें रूप देता रहता है। यहाँ अत्यन्त सहज बात यह है : जिन्होंने उन्हें रूप दे दिया है उन्हें मैं आर्टिस्ट मानकर कहूँगा शाबाश; जो ऐसा नहीं कर सके, केवल उपादान लेकर पिष्टपेषण करने लगें, उन्हें गीतविद्याविशारद कह सकता हूँ किन्तु आर्टिस्ट नहीं–अर्थात् उन्हें उस्ताद कह सकता हूँ, किन्तु कलावन्त, संगीत कलावित् नहीं। कला शब्द में ही सीमाबद्धता का तत्त्व है–वह सीमा, जो रूप की ही सीमा है। वह सीमा रूप की अपनी आन्तरिक आवश्यकता के लिए ही अपरिहार्य है। प्रदर्शनी में सीमा अपरिहार्य नहीं है, वह मात्र बाहर के स्थानाभाव या समयाभाव के कारण ही आ जाती है। आलाप यदि रागिनी की प्रदर्शनी का दायित्व लेता है तो उस दृष्टि से विचार कर उसकी प्रशंसा भी की जा सकती है। जो दुर्बलात्मा पाण्डित्य के भार से अभिभूत होता है, वह प्रशंसा भी करता है; वह लुब्ध-मुग्ध भाव से मानता है कि उसे बहुत कुछ मिला। किन्तु 'बहुत कुछ' नामक वजनदार पदार्थ ही कला-विभाग का बड़ा उपद्रव है–मतलब मोटे अंकों के मूल्य के बावजूद यथार्थ संगीतकलावित् उसे तुच्छ मानते हैं। अतएव, यदि आलाप की ही बात करते हो तो मैं कहूँगा कि आलाप की पद्धति को लेकर शायद कोई रूप-सृष्टि कर भी सकता है, किन्तु रूप का पंचत्व साधन कराना ही अधिकांश बलवानों के अभ्यासगत है। कारण, जगत् में संगीत कलावित् करोड़ों में कुछ ही मिलते हैं, बलवानों का प्रादुर्भाव अपरिमित है। बहुसंख्यक फूलों से गुलदस्ता बनाया जा सकता है और उनसे दस-पन्द्रह टोकरियाँ भी भरी जा सकती हैं। गुलदस्ता बनाने के लिए चुनना-सजाना पड़ता है, बहुत कुछ निकाल भी देना पड़ता है। गुलदस्ते के लिए ही कुछ फूल निकाल देने पर जो 'हाय-हाय' करते हैं, उनके परित्राण के लिए मैं भगवान् से प्रार्थना करता हूँ। अतएव आलाप का मुक्त पथ पार कर किसी गायक ने संगीत के प्रति किस प्रकार का व्यवहार किया है, उस व्यक्तिगत दृष्टान्त

को लेकर ही विचार-विमर्श चल सकता है। आलाप के सम्बन्ध में आर्ट के आदर्श से विचार करना कठिन है। उसका कारण यह है कि इसका विचार तो दौड़ते-दौड़ते ही करना पड़ता है; हर क्षण उससे जो रस-निष्पत्ति होती है उसे लेकर तारीफ की जा सकती है, किन्तु समग्र को सुनिर्दिष्ट रूप में किस उपाय से देखेंगे ? तानसेन के गान हों या गोपाल नायक के ही, वे तो निरन्तर विस्फारित मेघों का आडम्बर नहीं; वे रूपवान हैं, उन्हें चारों ओर से देखा जा सकता है, बार-बार परखा जा सकता है, विभिन्न गायकों के कण्ठों में उनका अनिवार्य वैचित्र्य घटित होने पर भी उनका जो मूल ऐक्य है, जो कला का रूप और कला के प्राण हैं, आमतौर पर सर ऊँचा किए ही रहते हैं। आलाप में वह सुविधा नहीं मिलती, इसीलिए इस सम्बन्ध में विचार अधिकतर व्यक्तिगत होगा ही। यदि किसी प्रकार की नालिश की जाती है तो साक्षी पाना दूभर हो जाता है।

आयतन के बृहत्त्व में कोई दोष नहीं, इस सम्बन्ध में तुमने कुछ-कुछ दृष्टान्त दिए हैं। दृष्टान्त न देते तो भी चलता क्योंकि आर्ट में आयतन गौण है। रूप बड़े आयतन का भी हो सकता है, छोटे आयतन का भी, एवं अरूप या विरूप छोटे में भी हो सकता है और बड़े में भी। बीथोवन का 'सोनाटा' यथेष्ट बड़े आयतन का है; किन्तु दैर्घ्य की बात को ही जो सर्वोपरि मानते हैं, जीव के प्रति दया की खातिर ही उन्हें सयत्न सभा के बाहर ले जाना ही श्रेयस्कर है। महाभारत का उल्लेख कर सकते थे—हमारे देश में उसे इतिहास कहते हैं, महाकाव्य नहीं कहते। वह एक साहित्यिक galaxy है। साहित्य-विश्व में अतुलनीय—उसमें अनेकों तारे हैं, वे परस्पर सुग्रथित नहीं हैं—अति बृहत् नेबुला के जालों में वे बँधे हुए हैं, आर्ट के ऐक्य में नहीं। इसीलिए रामायण है महाकाव्य, महाभारत को कोई भी आलंकारिक महाकाव्य नहीं कहता। आलाप यदि स्वतः ही संगीत का महाकाव्य हुआ तो हुआ, नहीं तो नहीं।

मेरे मत या भाव के साथ जिनके मत या भाव का मेल नहीं वे उस अनैक्य को मेरा अपराध मानते हैं, मेरे सम्बन्ध में उनकी दण्डविधि निर्मम है। उनकी अपनी बुद्धि और रुचि को ही यदि वे बुद्धिमत्ता का एकमात्र आदर्श मानते हैं तो उससे कोई क्षति नहीं होती, किन्तु यदि उसे ही वे न्याय-अन्याय का शाश्वत आदर्श मानकर दण्डविधि निर्धारित करें तो भारत का भावी शासनतन्त्र उनके अधिकार में होने पर इस देश में मेरा दानापानी नहीं चलेगा। मेरे इन विचारकों की कठोरता से मैं चिराभ्यस्त हूँ, इसी कारण तुम्हारी भाषागत अनुकम्पा से मैं विस्मित हूँ। मुझे भय है कहीं यह अटिकाऊ न हो—अन्ततः जितने दिन मैं जीवित हूँ उतने दिनों के लिए आशा है, मतभेद के बावजूद तुम मेरा मान अक्षत रखोगे। इति 9 अप्रैल 1935।

तुम्हारा
रवीन्द्रनाथ ठाकुर

पुनश्च—तुमने जो चिट्ठी लिखी थी उसमें असंलग्नता जैसी कोई बात मुझे नहीं दिखाई देती। वस्तुतः प्रथम बार पढ़ने पर ही मुझे लगा था कि कह दूँ—'मान लिया'। मैं अत्यन्त आलसी हूँ, परिश्रम से बचने के उद्देश्य से ही आरम्भ में यह इच्छा हुई कि सम्मति देकर शान्त भाव से आरामकुर्सी का सहारा लूँ, किन्तु दूसरे क्षण ही साहित्यिक श्रेय बुद्धि प्रबल हो उठीं हाँ-ना करते-करते अन्त में अपने आप को झकझोर कर कह बैठा—उचित बात कहने से क्यों पीछे हटूँ ? उचित बात कहने की दुष्प्रवृत्ति मनुष्य का एक बड़ा व्यसन है, यह प्रवृत्ति ही सब प्रकार की अनुचित बातों की पितामही है।

ॐ

जोड़ासाँको

कल्याणीय,

कल शाम को घूम-फिर कर फिर वही बात उठी—'अच्छा तो लगता है'। संगीत का कोई एक विशेष विकास यदि संयत, संहत, सुसंलग्न, सुपरिमित मूर्ति न भी धारण करे, उसमें बार-बार पुनरावृत्ति और सुदीर्घकाल तक तान-करतब का निर्बाध आन्दोलन दैहिक क्लान्ति और अवकाश की ससीमता के सिवाय रुकने का अन्य कोई हेतु न भी पाए, तो भी देखता हूँ अच्छा लगता है। अच्छा लगने का कारण यह है कि संगीत के उपकरणों में इन्द्रियतृप्ति के गुण हैं—इसके फलस्वरूप सुसम्पूर्ण कलारूप ग्रहण न करते हुए भी वह आदर प्राप्त कर सकता है। मिट्टी का पिण्ड जब तक घट के आकार में सुपरिणत नहीं होता, तब तक वह मिट्टी ही है। विशेष रूप से कलासाधना के गुण से ही वह महार्घ्य होता है। सोने की उज्ज्वलता प्रथम दृष्टि से ही आकृष्ट कर लेती है। उसने अपने वर्णगुण से ही आभिजात्य पा लिया है। अतएव सोने का ढेर लगाया जाए तो वह मन को अभिभूत कर लेगा। तब प्रलुब्ध मन कहना नहीं चाहेगा—नहीं, और अधिक नहीं। किन्तु 'और अधिक नहीं' यही तो आर्ट के अन्तर की बात है। आर्ट की खातिर ही यथास्थान कहना चाहिए : बस, चुप, और एक वर्ण भी नहीं। संस्कृत साहित्य में संस्कृत भाषा की एक प्रधान सम्पद् है ध्वनिगौरव। इसी कारण कोई चतुर लेखक यदि पाठक के कानों को अभिभूत कर ध्वनि-मन्द्रित शब्द का विस्तार करता चले, तो अधिकांश स्थलों पर उसकी अपरिमिति को लेकर पाठक नालिश नहीं करते। उसका एक दृष्टान्त है कादम्बरी। शूद्रक राजा का अत्युक्तिबहुल वर्णन तीन-चार पृष्ठ व्यापी है; लेखक की कलम थककर रुकी, वस्तुतः रुकने का कोई कलागत कारण नहीं था। यह बात कहने से कोई फल नहीं होगा कि इससे समग्र गल्प का परिमाण-सामंजस्य नष्ट हो रहा है। क्योंकि पाठक बार-बार कहते हैं, 'वाहवा, अच्छा लगता है।' 'अच्छा लगता है' कहने से ही मुश्किल उपस्थित हुई, इसीलिए वाणी की प्रगल्भता से हार मान कर वीणापाणि चुप रह गईं। उसके पश्चात् व्याध की

लड़की शुक पक्षी का पिंजरा हाथ में लेकर आई। वर्णन की जैसे बाढ़ आ गयी, तट की रेखा लुप्त हो गयी, पाठक ने कहा, 'अच्छा लगता है'। यह अच्छा लगना परिमाण नहीं मानता। ऐसे स्थलों पर रचना की समग्रता वाहन बनकर उसके उपकरण का दासत्व करने लगती है, वह अपनी पूर्णता के माहात्म्य को अपने स्तूपाकार द्रव्य-सम्भार के तले निःशंक दबने देती है। संस्कृत साहित्य में कादम्बरी के ढंग की गल्प-रचना के और एक-दो मात्र उदाहरण हैं, वे और अधिक नहीं चल सके। जिस प्रकार एक समय मेगाथेरियम डायनोसोर प्रभृति अतिकाय जन्तु अपनी असंगत अतिकृति का बोझ अधिक दिनों तक वहन नहीं कर सके, लुप्त हो गए, इसकी दशा भी वैसी ही हुई। संस्कृत साहित्य-अभिमानी कोई भी दुःसाहसिक आज कादम्बरी के अनुसरण से बंगला गल्प लिखने की चेष्टा करेगा ही नहीं—उसका कारण है, उसमें शिल्प का सदाचार नहीं है। किन्तु, हमारे संगीत में आज भी कादम्बरी का युग चल रहा है। आधुनिक बंगला साहित्य विश्व साहित्य के संसर्ग में आया है, इसीलिए हमारा ऐसा अभ्यास हो गया है कि इस साहित्य में कला-तत्त्व का मूलगत व्यतिक्रम असम्भव है। किन्तु, हिन्दुस्थानी गान व्यावसायिक गायकों की गतानुगतिक रबर-निर्मित झोली में ही रह गया है। विश्वजनीन आदर्श के साथ उसका पार्थक्य होने पर भी मन और कानों के अभ्यास के कारण विरोध उपस्थित होने का सुयोग नहीं आया। आधुनिक काल में जिनकी शिक्षा और रुचि विश्वचित्त में प्रवेश का अधिकार पा गयी है, वे जब स्वाधीन मन लिए बहुतों की संख्या में गान की चर्चा में प्रवृत्त होंगे, तब संगीत में कला का सम्मान पाण्डित्य के दम्भ को पीछे ढकेल देगा। कौन-सा अच्छा लगना यथार्थ आर्ट के क्षेत्र के अन्तर्गत है, तब यह बात अन्ततः समझदार लोगों के समक्ष स्पष्ट हो सकेगी। इति 15 मई 1935।

तुम्हारा
रवीन्द्रनाथ ठाकुर

परमपूजनीय,

आपके अन्तिम पत्र के उत्तर में मैं कहना चाहता हूँ कि कोई भी गायक, कोई आलापिया रूपसृष्टि के दायित्व से मुक्त नहीं है। यह बात मैं अन्तःकरण से स्वीकार करता हूँ। किन्तु सन्देह की दो बातें हैं।

प्रथमतः मैं मानता हूँ कि छोटे में भी रूप प्रस्फुटित हो सकता है और बड़े में भी। किन्तु great music किंवा great poetry क्या भिन्न श्रेणी के नहीं हैं ? ऐश्वर्य-प्रदर्शन तो निश्चय ही बर्बरता है, किन्तु चारपदी दरबारी कान्हड़ा के तानसेनी ध्रुपद और खमाज-ठुमरी में पार्थक्य तो है ही। यदि कोई उत्कृष्ट गायक अर्थात् आर्टिस्ट उस दरबारी कान्हड़ा के ध्रुपद को बाहुल्यवर्जित कर आपको सुनाए, तो उसी गायन के अपेक्षाकृत बृहत् आयतन के कारण ही क्या उस गान का इंगित-आभास स्थूल हो जाएगा ? मेरा वक्तव्य यह है—great होने पर उसे भुथरा

होना होगा ऐसी तो कोई बात नहीं, जैसे छोटा होने पर उसे इंगितमुखर होना होगा ऐसी भी कोई बाध्यता नहीं है। बृहत् में भी सूक्ष्म का आभास रहता है यह मैंने देखा है, जैसे जौनपुर की मस्जिद में। Greatness की परिभाषा नहीं कर पा रहा हूँ; वह शुद्ध नहीं, खादयुक्त है, उसके साथ संख्या और आख्यानवस्तु के आयतन का सम्बन्ध है ही—अन्ततः पटभूमि पर तो है ही। हमारे अलंकारशास्त्र में प्राचुर्य को प्रतिभा का एक निदर्शन कहा गया है।

एक नई बात छेड़ रहा हूँ। यह इस अर्थ में नई नहीं है कि इसके पूर्व मैंने इसे लेकर आपके साथ आलोचना नहीं की। मान लीजिए कि यदि मैं कहूँ कि मुझे छायानट या पुरिया में दो घण्टे का अलाप अच्छा लगता है। तो वह कला के अन्तर्गत न होकर मेरी उस्तादी बुद्धि ही हुई ? मैं जानता हूँ कि मेरे कान अशिक्षित नहीं हैं, मेरे कानों में श्रुति का तारतम्य भी सुस्पष्ट है। इन कानों को जो अच्छा लगता है वही होगा आर्ट। मैं दम्भ प्रदर्शित नहीं कर रहा हूँ—सभी ऐसा ही सोचते हैं, मैंने तो केवल खुले तौर पर लिखा। मैं जानता हूँ कि आपको भी सुर का विस्तार अच्छा लगता है। परिमार्जित श्रवणेन्द्रिय को अच्छा लगना—न लगना ही विचार का निकष होगा—है न ? संगीत के निरूपण भविष्य के लिए इस व्यक्तिगत रुचि को छोड़कर अन्य कोई व्यक्ति सम्पर्कहीन पथनिर्देशक चिह्न हो सकता है क्या ? यह रूपसृष्टि ही हमारे संगीत का एकमात्र भविष्य है—यह बात आप किस हिसाब से कह सकते हैं ?

अच्छा लगने, न लगने की बात को छोड़ नहीं सकता—उसे आप लोभ ही कहें और मैं उसे बर्बरता ही क्यों न कहूँ। संगीत का भविष्य क्या स्थापत्य में निहित है ? एक कहावत है : architecture is frozen music। संगीत का प्राण है गति, बर्फ नितान्त ही स्थाणु है।

प्रणत
धूर्जटि

कल्याणीय,

'अच्छा लगने एवं न लगने' का विरोध अन्य सब प्रकार के विरोधों की अपेक्षा दुःसह है। अर्थनीति या समाजनीति के सम्बन्ध में तुम जिस तरह जो समझते हो, मैं उसी प्रकार उसे न समझूँ तो तुम्हारे साथ मेरा द्वन्द्व जरूर हो सकता है, किन्तु वह बाहर के द्वार पर खड़े होकर। तब एक-दूसरे को मूर्ख कह कर, निर्बोध कह कर गाली भी दे सकते हैं। वह श्रुतिमधुर अवश्य नहीं है, किन्तु मूर्खता, निर्बुद्धिता का एक बाह्य परिमापक मिल जाता है, युक्तिशास्त्र के बटखरे से उसके वजन को भी प्रमाणित किया जा सकता है। किन्तु, जब एक-दूसरे को अरसिक कहने लगते हैं तब तर्क से विवाद नहीं मिटता, लाठालाठी की नौबत आ जाती है। जिस कारण रस वस्तु अप्रमेय है, बुद्धिगत समझ-असमझ में प्रभेद होने पर भी घर-गृहस्थी चल

सकती है, संसार में उसका प्रमाण है, किन्तु मुझे अच्छा लगता है पर तुम्हें अच्छा नहीं लगता यह तो गृहस्थी टूटने की बात है। अतएव संगीत के सम्बन्ध में उक्त गभीर विपद्‌जनक बात की निष्पत्ति कर ली जाए। मेरे-तुम्हारे भेद को पार करने का एक सेतु है—वह यह है कि तुम्हारे साथ मेरा 'अच्छा लगने' का अमिल नहीं है। किन्तु फिर भी नालिश की गुंजाइश तो रह गयी है। संस्कृत साहित्य में कादम्बरी मेरा अत्यन्त प्रिय काव्य है—उसकी बहुल नैहारिकता के बीच-बीच में रस के ज्योतिष्क घनीभूत होकर प्रस्फुटित होते हैं। याद है कि बहुत दिन पूर्व एक बार मैंने श्रोत्री बांधवियों को यह पढ़कर सुनाया था और बीच-बीच में मैं आनन्द से पुलकित हो उठता था। इसीलिए मेरी बड़ी दुःखपूर्वक नालिश यह है कि इसमें आर्ट की संहति क्यों नहीं रही ? मुक्ता फर्श पर गिर जाते हैं, बिखर जाते हैं, फिर भी उनके मूल्य की उपेक्षा नहीं कर सकता इसीलिए कहता हूँ—'सातलड़ी' हार में उन्हें गूँथा क्यों नहीं गया ! ऐसा होता तो पर झुलाकर, मुकुट में जड़कर सम्पूर्ण आनन्द प्राप्त किया जाता। रागिनी के आलाप में रुक-रुक कर रूप का विकास दिखाई देता है; मन कहता है कि एक अखण्ड सृष्टि के जगत्‌ में ही इनकी चरम गति है; इनका सम्मान करता हूँ इसीलिए इन्हें रास्ते पर बिठाना नहीं चाहता, उपयुक्त सिंहासन पर बिठाने से ही इनकी महिमा पूर्ण होती है। वह सिंहासन सदर चौरास्ते की अपेक्षा संहत, संयत, परिमित होगा, किन्तु गौरव में उससे श्रेष्ठ होगा।

बड़े आयतन के संगीत की मैं निन्दा करता हूँ, ऐसी भूल न करो। आयतन कितना ही विशाल हो, किन्तु आर्ट की अन्तर्निहित मात्रा के अनुशासन में उसे संयत होना होगा, तभी वह सृष्टि के स्तर तक उठ सकेगा। बाल्यकाल से हम ध्रुपद गान सुनने के अभ्यस्त हैं, उसका आभिजात्य बृहत्‌ सीमा में अपनी मर्यादा सुरक्षित करता है। इस ध्रुपद गान में हमने दो बातें पाई हैं—एक ओर उसकी विपुलता, गभीरता, और दूसरी ओर उसका आत्मदमन, सुसंगति में अपना वजन कायम रखना। इस ध्रुपद की सृष्टि पूर्वकाल की अपेक्षा और भी विस्तीर्ण हो, और भी बहुकक्षविशिष्ट हो, उसकी आधार सीमा में अनेक चित्र-वैचित्र्य हो, वैसा होने पर संगीत में हमारी प्रतिभा विश्वविजयी होगी। मेरा विश्वास है कि कीर्तन में गरानहाटी अंग का जो संगीत है, उसमें गान का वह आत्मसंयत औदार्य प्रकट हुआ है।

यहाँ एक बात कहना मैं उचित समझता हूँ—गान रचना में मैंने स्वयं क्या किया है, किस मार्ग पर चला हूँ, गान के तत्त्वविचार में उसके दृष्टान्त का व्यवहार करना अनावश्यक है। मेरे चित्त-प्रदेश में वसन्त की हवा, श्रावण की जलधारा में जो मैदानी फूल खिलते हैं, उनकी तुलना बड़े-बड़े बगीचेवालों की कीर्ति से मत करो। इति 16 मई 1935।

तुम्हारा
रवीन्द्रनाथ ठाकुर

परमपूजनीय,

सीनेट हाउस के ,उत्सव के उपलक्ष्य में आपने जो वक्तव्य दिया था उसमें बंगला के वैशिष्ट्य का उल्लेख था। आपने इस वैशिष्ट्य की अवतारणा की थी कि गायक के कण्ठ में संयम एवं रचना पद्धति में सुसंगति का प्रयोजन है। इतने दिनों से हमारे बीच जो पत्र-विनिमय हुआ, उससे संयम का प्रयोजन ही प्रमाणित हो रहा है। इस संयम के साथ बंगाल की संस्कृति का सम्पर्क क्या है ?

आपके मुख से ही अनेक बातें सुनी हैं, इसीलिए आपके उत्तर की प्रतीक्षा में बैठा नहीं रहूँगा। किसी देश किंवा जाति के वैशिष्ट्य को प्रतिपन्न करने का मेरा साहस नहीं है। ऐतिहासिकों के एक वर्ग (वे जर्मन हैं) ने कहा है—ऐसा करने के लिए दिव्यानुभूति चाहिए, वह मुझमें नहीं है। अति आधुनिक होकर समग्र को देखने की मेरी क्षमता सम्भवतः लुप्त हो गयी है। आपमें वह शक्ति है और आपकी अभिज्ञता और भी गभीर और व्यापक है। आपकी शिक्षा-दीक्षा भी भिन्न है, इसीलिए आपका मन्तव्य सुनने के लिए मैं व्यग्र हूँ।

मेरा अपना प्रथम प्रश्न यह है : वैशिष्ट्य कुछ है या नहीं ? विशेष कहने से मैं व्यक्ति के अतिरिक्त को विश्वास करना नहीं चाहता। ऐसी क्या वस्तु है जिसकी कृपा से हम बंगाली हैं, जिसका प्रकाश या उन्मेष ही बंगला परिशीलन का इतिहास है ? मेरा विश्वास है : इस प्रकार की वस्तु का अस्तित्व नहीं है, जो है वह मात्र मनःकल्पित सुविधावाचक नारा है, मन्त्र मात्र है। मन्त्रोच्चारण में स्वस्ति है उन लोगों के लिए जो ऐसा करते हैं—बाकी सबके लिए तो वह यातना है। किसी भी धर्म के इतिहास में इसके अनेकों प्रमाण हैं।

अर्थात् मैं गणमन नहीं मानता। इसीलिए मैं महाजनतन्त्र में भी विश्वासी नहीं हो सकता। मैं यह भी स्वीकार नहीं कर सकता कि बंगाल का वैशिष्ट्य यदि है तो वह एक किंवा एकाधिक अ-साधारण व्यक्ति के कर्म और व्यवहार में निबद्ध है। 'and above all, he was a Bengali'—ऐसा सुनने और पढ़ने पर हँसी आती है। यह कहना हमारी जाति तथा समाज का अपमान करना है कि उन्होंने अकेले ही सम्पूर्ण संस्कार तैयार किए हैं, किंवा वे ही सर्वविध संस्कार के प्रतीक, प्रतिभू, प्रतिनिधि हैं, चाहे वे कितने ही बड़े व्यक्ति क्यों न हों। दूसरी ओर जो साधारण व्यक्ति वोट देकर या न देकर ही अपने अस्तित्व का आविष्कार करता है उसका व्यवहार ही क्या is equal to बंगाल का वैशिष्ट्य ? महाजन और लोकजन दोनों का ही अवदान है, किन्तु जाति के संस्कार दोनों की समष्टि से भिन्न और ही कुछ है। इस अतिरिक्त अशरीरी वस्तु की गुणावली को ही वैशिष्ट्य कहा जाता है। और उसकी शक्ति भी है, वह शक्ति महाजन, लोकजन के सभी प्रयासों को एक ढाँचे में ढाल सकती है एवं ढालना ही उचित है ! 'अथातो भूदेवचन्द्रस्य समाजतत्त्वम्, चित्तरञ्जनदाशस्य साहित्य-जिज्ञासा, विपिनचन्द्रस्य धर्मपरिचितिः,

लेनिन-हिटलर-मुसोलिनीनाम् शासनतन्त्रम्'।

जातिगत वैशिष्ट्य किंवा मूल प्रकृति को किसी वस्तु का, किसी स्थाणु सत्ता का, किसी अचल सारपदार्थ का प्रत्यय यदि न मानें, यदि उसे सामाजिक गति और विवर्तन के विवरण हिसाब से ग्रहण करें, यदि वह बैठे-बिठाए पाने के बजाए अर्जन करना ही मनुष्य के स्वभाव का दायित्व हो, तो स्थिति निश्चय ही अपेक्षाकृत सहज होती है। किन्तु दूसरी ओर से वह पेचीदा हो जाती है। इस प्रकार से देखने से किसी भी परिशीलन का अपना रूप नहीं रहता, केवल नवसंस्कृति रचना का गुरु भार रहता है, और वह गुरु भार उसी के स्कन्धों पर पड़ता है जो व्यक्तिपुरुष, असामान्य पुरुष होना चाहता है। संस्कृति की स्वाधीन निःसम्पृक्त सत्ता रही कहाँ ? केवल क्या इतना ही है ? संस्कृति को केवल गति किंवा विवर्तन मानने से उसकी विवृति किंवा इतिहास लिखने के अलावा और कुछ लिखा नहीं जा सकता। अर्थात्, उसके सम्बन्ध में किसी सुधीजन-अनुमोदित सिद्धान्त पर नहीं पहुँचा जा सकता। मेरे ही ऊपर जब संस्कृति को ग्रहण करने का भार और उसे ध्वंस कर नवीन रूप में निर्मित करने का दायित्व पड़ा, तब अन्य लोग इस भार को क्यों ग्रहण करेंगे ? दूसरों पर दायित्व लादूँगा ही क्यों ? अतएव, उसकी सामाजिक शक्ति नहीं रही, संक्षेप में, उसका वैशिष्ट्य नहीं रहा, रहा केवल—History of adaptation and adjustment, active or passive—है न ?

यदि कोई उस इतिहास में किसी रीति-नीति का आविष्कार कर सके तो बहुत ही अच्छा। वह उसका कृतित्व है, वह उसे ही लेकर अपने प्रभाव का विस्तार करे। उस काम में उसकी करामात, उसकी बहादुरी है। किन्तु, आपको निश्चय ही मानना होगा कि वह रीतिनीति किसी भी संस्कृति का वैशिष्ट्य नहीं; आप यह नहीं कह सकते कि वह रीतिनीति संस्कृति की आड़ में गुप्त रूप से अपना उद्देश्य-साधन कर रही है। और उद्देश्य भी जो है, वही है। उससे अधिक जानने का कोई उपाय नहीं है। संस्कार को अस्वीकार करने की स्पर्धा मुझमें नहीं। किन्तु, संस्कार ने भी तो निर्वाचित होते-होते वर्तमान का आकार धारण किया है।

यही है मेरी मूल आपत्ति। बंगला संस्कृति के वैशिष्ट्य के अस्तित्व को लेकर ही यदि कोई व्यक्ति सन्देह करे, तो वह व्यक्ति उसकी इस दुहाई को स्वीकार नहीं करेगा कि भविष्य के बंगला गान पुरातन बंगला गान की धारा से ही चलेंगे। आपने अवश्य ऐसा नहीं कहा, कहते नहीं, कह भी नहीं सकते; कारण—आपकी आपत्ति पुनरावृत्ति के ही विपक्ष में है, हिन्दुस्थानी गान की पुनरावृत्ति के विपक्ष में नहीं। क्योंकि आपकी युक्ति प्राणधर्म की अनुयायी है। किन्तु, लोगों में गलत समझने और करने की प्रवृत्ति सम्भव है, अतः उसे आरम्भ में ही समाप्त करना अच्छा है। ग्राम्य संगीत के पुनरुद्धार का कार्य चल रहा है, ठुमरी, गजल के विपक्ष में प्रतिक्रियास्वरूप देश में जो था वही अच्छा था ऐसा लोगों ने मानना शुरू किया

है—इसीलिए आज आपके मन्तव्य को परिष्कार कर स्पष्ट रूप से कहने की बड़ी आवश्यकता है। प्रदेशात्मबोध का युग आ गया है।

तर्क की खातिर जातिगत वैशिष्ट्य और संस्कृति को मैं मान लेता हूँ। किन्तु, नवीन culture trait का निर्वाचन कर अपना एक स्वतन्त्र रूप देने के लिए उसे अन्ततः जीवन्त होना होगा। साठ वर्ष पूर्व मराठा अंचल में उत्तरभारतीय गायकी का प्रचलन नहीं था, किन्तु आज उस पद्धति के श्रेष्ठ प्रतिनिधि मराठी हैं। मराठियों ने उत्तरभारतीय ढंग क्यों अपनाया—एवं मद्रासियों ने क्यों नहीं ? कारण यह नहीं कि रहमत खाँ, बाल जी बुवा बम्बई-पूना में रहते थे। कारण यह था कि मराठी संस्कृति बन नहीं पाई थी, या उसका स्रोत सूख गया था, एवं मद्रास की एक संस्कृति थी। इतना जरूर है कि मराठी गायकों ने दक्षिणी अलंकारों से हिन्दुस्थानी रागिनी को सजाया, किन्तु गायकी उत्तरभारतीय ही है। मद्रासी गायक अपेक्षाकृत अधिक रक्षणशील हैं। बंगाली गायक को आप क्या कहेंगे ?

यह मान ही लिया जाए—बंगाल के यात्रागान, कविगान, तर्जा, जारि, भटियाली, कीर्तन, आगमनी, विद्यासुन्दर यात्रा और निधुबाबू के टप्पा एवं रामप्रसाद प्रभृति भक्तों के गान में काव्य का ही प्राधान्य था—सुर की सीमा सुनिर्दिष्ट थी, तानों में संयम था। किन्तु, वह धारा भी तो सूख गयी है न ? उसके बदले सर्वत्र खिचड़ी का परिवेशन क्यों हो रहा है ? ऐसा नहीं है क्या ? आपकी, अतुलप्रसाद की, द्विजेन्द्रलाल की भात-दाल तरकारी सभी तो है—प्याज, लहसुन भी छूटा नहीं है। तो फिर ऐसा क्यों हुआ ? किन्तु आप लोग भी जिस प्रकार वैशिष्ट्य के उत्तराधिकारी हैं; नवीन तन्त्र के रचयिता भी वैसे ही हैं। उनकी बात छोड़ भी दी जाए—किन्तु, पाँचाली के साथ शान्तिनिकेतन के गान का सम्बन्ध नहीं है, यात्रा के युगल गान के साथ द्विजेन्द्रलाल के कोरस की कोई आत्मीयता नहीं, विद्यासुन्दरी-गान के साथ अतुलप्रसाद के संगीत का कोई योगसूत्र नहीं—इतना तो आपको मानना ही होगा। आजकल के ट्रेडयूनियन मध्ययुग के गण-श्रेणी युग के वंशधर नहीं हैं।

तब यह समझना होगा कि बंगाल के संगीत परिशीलन और अनुशीलन की धाराएँ एकाधिक थीं। अतएव प्रश्न यह हुआ—बंगाल के वैशिष्ट्य का अर्थ हम उसे कितने दिनों की, कितने पुरुषों की उर्वर भूमि समझें ? ऊनविंश शताब्दी के पूर्व क्या था, मैं ठीक नहीं जानता, किन्तु गीतगोविन्द पदावली में बड़ी-बड़ी रागिनियों के नाम दिए गए हैं। डॉ. प्रबोध बागची का कहना है—और भी पहले थीं। सम्भवतः नामकरण बाद में हुआ है। गायन भी अविदित है। किन्तु, विष्णुपुर, बेतिया, ढाका अंचलों में मुसलमान उस्ताद कई दिनों से ही हैं। अंग्रेज-नवाब, जमींदार एवं नवीन श्रेणी के वित्तशाली महाजन भी हुक्के की नली मुँह में रखकर बाइजी का गान सुनते थे। श्राद्ध दिवस पर कीर्तनियों के साथ बाइजी को भी बुलाया जाता था। उसके

बाद वाजिद अली शाह के दरबार में तो सभी जाते थे। गोबरडांगा के गंगानारायण भट्ट, हालिसहर के जमाई नवीन बाबू, पेनेटी के महेशबाबू, श्रीरामपुर के मधुबाबू, विष्णुपुर के यदुभट्ट, कलकत्ता के नूलो गोपाल प्रभृति उस्ताद—सभी हिन्दुस्थानी शैली गाते थे। बड़े-बड़े गाँवों की जमींदार-हवेलियों में हिन्दू-मुसलमान उस्ताद बराबर ही रहते थे। पश्चिमांचल के सभी कलावन्त-उस्ताद कलकत्ता आते थे। वह भी आज कितने दिनों की बात है। आप भी उसी आबहवा में पुष्ट हुए हैं। अतएव हिन्दुस्थानी गायकी-पद्धति के साथ हमारा परिचय एक दिन का नहीं, वह पुरातन और घनिष्ठ है। किन्तु इस धारा के साथ बंगला संस्कृति का योग नहीं है, योग है यात्रा-कीर्तन-भटियाली के साथ—यह कैसे हो सकता है, मुझे समझाइए। मेरे मत से यह धारा भी बंगला गान के वैशिष्ट्य का एक अन्य पहलू है।

सामाजिक निर्वाचन-प्रक्रिया का तथ्य क्या है, इसे जाने बिना बंगला गान और बंगाली गायकों के संगीत में संगति का विधिनियम आविष्कृत नहीं होगा। बंगाल का वैशिष्ट्य क्या है यह आपसे सुना है, किन्तु आज आप मुझे उसकी प्रक्रिया का विवरण सुनाइए। यह काम बंगाली नहीं कर सकेंगे, वह काम बंगाली कर सकेंगे, क्योंकि बंगाली का स्वभाव ही वैसा है—युक्ति बुद्धिस्पर्शी नहीं, यद्यपि प्राणस्पर्शी है। अफीम से नींद क्यों आती है ? कारण, अफीम में नींद लाने की शक्ति है···बंगाली का बंगालित्व प्रायः इसी प्रकार का है।

मेरा मत यह है—सुर में संगतिरक्षा भद्र मन का ही काम है, जातिगत वैशिष्ट्य का नहीं। किसी भी देश के शिष्ट व्यक्ति से मैं संगीतकला की प्रत्याशा कर सकता हूँ। यह जरूरी है कि वह भद्र और गायन में सुशिक्षित हो। सुगायक होने के लिए general culture का नितान्त प्रयोजन है; बंगाली होना या बंगाली परम्परा का वहन करना प्रयोजनीय नहीं। 4 जुलाई 1935।

प्रणत
धूर्जटि

ॐ

शान्तिनिकेतन

कल्याणीय,

लठैत जब समझता है कि प्रतिपक्ष के आक्रमण को सम्हालना कठिन है, तब वह जमीन पर बैठकर देह संकुचित कर लेता है, अर्थात् आघात के लक्ष्य-क्षेत्र को यथासाध्य संकीर्ण करना चाहता है। तुम्हारी इस बार की प्रश्नवर्षा के बारे में मेरे मन का भाव कुछ इस प्रकार का ही है। संक्षेप में उत्तर देने से विपद को भी संक्षिप्त किया जा सकता है। देखता हूँ सफल होता हूँ या नहीं। तुम्हारा प्रथम प्रश्न यह

है कि race अर्थात् गणजाति का अन्तर्निहित वैशिष्ट्य है या नहीं। इस सम्बन्ध में चरम दृष्टान्त देने से बात परिष्कार होगी। आकृति का सहजात वैशिष्ट्य अस्वीकार करने का कोई उपाय नहीं है। चीनी के चेहरे के साथ नीग्रो के चेहरे के अन्तर को लेकर कोई तर्क चल नहीं सकता। आकृति का भेद प्रकृति-भेद का कोई इंगित नहीं देता, यह बात श्रद्धेय नहीं है। कटहल के साथ तुलना में सब प्रकार के आमों की मूल रसवस्तु का ऐक्य मानना होगा, किन्तु लंगड़ा आम और फजली आम में रसवैशिष्ट्य का जो भेद है, आकृति में उसका संकेत और प्रकृति में उसका प्रमाण यथेष्ट है। अलफान्सो की कुलीनता बाहर के चेहरे से लेकर गुठली तक पहुँची है। उसके बहिरंग और अन्तरंग के बीच परिचय का योग है।

हम जिसे संस्कृति कहते हैं, अर्थात् कल्चर, सम्पूर्ण यूरोपीय जातियों में वह अटूट है। इस संस्कृति के बुद्धिक्षेत्र में उनका पारस्परिक सीमाचिह्न प्रायः लुप्त हो गया है। उनके विज्ञान में जातिभेद नहीं है, समान बाजार में उनकी बुद्धिवृत्ति का लेन-देन निर्बाध रूप से चलता है। किन्तु उनकी हृदयवृत्ति में पंक्तिभेद है। अनुभूति में इतालवी और नार्वेजी एक नहीं हैं, अंग्रेज और फ्रांसीसी के बीच प्रभेद है। यह केवल राष्ट्र-संचालन में ही नहीं, उनकी शिल्पभावना में भी प्रकट होता है। जर्मन और फ्रांसीसी के चरित्र में अन्तर है। जर्मनी और इटली की भौगोलिक दूरी कम ही है, किन्तु इटली की सीमा पार कर जर्मनी में प्रवेश करते ही दोनों देशों के लोगों में प्रकृतिगत प्रभेद स्पष्टतः अनुभव किया जाता है।

यह प्रभेद कुल या खानदान से प्रारम्भ होकर रक्तमांस, अस्थिमज्जा में संचरित होता आ रहा है अथवा बाहर के विविध ऐतिहासिक कारणों से यह संघटित है—वह तर्क हमारी वर्तमान आलोचना के प्रसंग में अनावश्यक है। यह बात माननी ही होगी कि भिन्न-भिन्न गणजाति में चरित्रगत, हृदयगत प्रभेद अन्ततः दीर्घकाल से चला आ रहा है, यह चिरकाल चलेगा या नहीं, यह आलोचना अवान्तर है।

भिन्न-भिन्न देश के मनुष्यों की बुद्धि का क्षेत्र समभूमि न होते हुए भी एक मिट्टी का है। वहाँ खेती करते-करते क्रमशः अनुरूप फसल उगाई जा सकती है। उसका प्रमाण है जापान। वहाँ की मिट्टी में पारमार्थिक और व्यावहारिक विज्ञान की जड़ मजबूत हो जाने पर जो पाश्चात्य फसल फली उससे स्थिति भयावह हो गयी है। यूरोप की बौद्धिक प्रकृति को हम साधना के द्वारा अंगीकार कर सकते हैं, इसका कुछ प्रमाण दिया गया है। किन्तु, उसके चरित्र को नहीं पा सकते, विविध शोचनीय व्यर्थताओं से वह प्रतिदिन स्पष्ट हुआ है।

चरित्र कर्मसृष्टि में एवं हृदयवृत्ति और कल्पनाशक्ति रससृष्टि में अपना परिचय व्यक्त करती है। इसीलिए यूरोपीय संगीत का ढाँचा एक होते हुए भी इटली और जर्मनी के संगीत का रूपभेद स्वतः घटित हुआ है। उस दृष्टि से रसज्ञ व्यक्ति रूसी संगीत का भी वैशिष्ट्य स्वीकार करते हैं।

हिन्दुस्थानी के साथ बंगाली का प्रभेद है, देह, मन, हृदय, कल्पना में। एक राष्ट्रीय शिक्षा द्वारा बुद्धि का पार्थक्य सम्भवतः दूर किया जा सकता है; किन्तु स्वभाव का पक्ष अन्तर्गूढ़ है उसे स्पर्श करना सहज नहीं। हमारी धी-शक्ति द्वारपाल है; किस तथ्य को रखेगी, किसे खदेड़ देगी, मूँछ पर ताव देकर उसका निर्णय करती है—आक्रमण और आत्मरक्षा के काम में उसका पराक्रम है—वह मन की ड्योढ़ी पर अडिग रहती है। किन्तु अन्तःपुर का काम अलग है—वहीं साजसज्जा, नाचगान, पूजा-अर्चना, सेवा का नैवेद्य, मनोरंजन का आयोजन है। कूच-कवायद आदि विविध उपायों से दरबान की पहलवानी के उत्कर्ष साधन का एक साधारण आदर्श हम वैज्ञानिक क्षेत्र से ग्रहण कर सकते हैं, किन्तु अन्तःपुरवासिनियों को यदि इस तरह एक ही ढाँचे में ढालने जाएँ तो हाई-हील जूते पहनकर खड़े होने पर भी उनकी आन्तरिक प्रकृति उभर आएगी, मेल केवल इतना ही होगा जो उनके स्वभाव के साथ स्वतः संगत है।

दूसरी बात यह है कि बंगला संस्कृति का यदि कोई ध्रुव वैशिष्ट्य हो भी तो वह क्या पुरातन की पुनरावृत्ति के रूप में ही प्रकट होता रहेगा ? कभी नहीं। कारण, अपरिवर्तनीय पुनरावृत्ति तो प्राणधर्म के विरुद्ध है। पुरातन कवि-गान, पाँचाली प्रभृति में बंगाली रुचि का एक आदर्श निश्चय ही मिलता है; किन्तु कालक्रम से यदि उसमें किसी प्रकार की परिणति न हो, तो कहना पड़ेगा कि वह आदर्श मर गया है। शिशु को बड़ा होना होगा—उस परिवृद्धि में एक प्रकार का प्रच्छन्न ऐक्यसूत्र बराबर रहता है, किन्तु भीतर-बाहर भारी परिवर्तन होता है। उसका सजीव कलेवर बाहर के विविध उपादानों का संग्रह करता रहता है, नई-नई अवस्थाओं के साथ मेल करता चलता है, नई पाठशाला में नई-नई शिक्षा प्राप्त करता है। उसमें प्रभूत परिणति और परिवर्तन आता है। किन्तु, मूल प्राण का सूत्र जिसका दुर्बल है, पुनरावृत्ति के अलावा उसकी और कोई गति नहीं है। उस पुनरावृत्ति का अभाव देखते ही जो बुद्धि प्रथा की दुहाई देती है, वह शवासना है।

हम जिसे हिन्दुस्थानी संगीत कहते हैं, उसमें दो बातें हैं, एक है गान का तत्त्व, और दूसरा है गान की सृष्टि। गान के तत्त्व का अवलम्बन लेकर बड़े-बड़े हिन्दुस्थानी गुणियों ने गान की सृष्टि की है। जिस युग में उन्होंने यह सृष्टि की है उसी बादशाही युग का प्रभाव उसमें है। देश-काल-पात्र के साथ संगतिक्रम से उनकी वह सृष्टि सत्य है, जिस प्रकार सत्य है सिकन्दराबाद प्रासाद का स्थापत्य। उसकी प्रशंसा करेंगे, किन्तु अनुकरण करने पर नवीन देश-काल-पात्र की ठोकर खाकर वह अपना सत्य खो देगा।

बंगालियों में 'विदग्धमुखमण्डन' रूप में हिन्दुस्थानी गान का जो अनुशीलन दिखाई देता है, वह नितान्त ही 'धनिकों के आँचल में पलनेवाली' पुनरावृत्ति है। पूर्वकालीन सृष्टि का उपभोग करने के उद्देश्य से इस अनुवृत्ति का प्रयोजन हो सकता

है; किन्तु यदि वहीं आरम्भ और वहीं समाप्ति हो, और यदि इसका कोई प्रमाण संगीत में न मिले कि शताब्दियों पूर्व के बादशाही शासन के बाहर आज भी हम जीवित हैं तो उसे लेकर मैं गौरव अनुभव नहीं कर सकता। क्योंकि गान के सम्बन्ध में जो दरिद्र है इस अवस्था में ही चिरवर्तमान है, उसे ही कहूँगा–'परान्नभोजी परावसथशायी'। उसकी अपेक्षा अपना शाकभात और कुटीर ही श्रेय है।

बंगाल में कीर्तन गान की उत्पत्ति के मूल में एक अत्यन्त सत्यमूलक, गभीर एवं दूरव्यापी हृदयावेग है। हिन्दुस्थानी गान के पिंजरे के बन्धन को यह वास्तविक उद्दाम वेदना स्वीकार नहीं कर सकी–वह बन्धन चाहे सोने का ही हो, बादशाही बाजार में उसका दाम चाहे कितना ही ऊँचा क्यों न हो। किन्तु हिन्दुस्थानी संगीत की राग-रागिनियों के उपादानों का उसने वर्जन नहीं किया। इन सभी को लेकर ही उसने अपने नवीन संगीतलोक की सृष्टि की है। सृष्टि के लिए चित्त का वेग भी उतने ही प्रबल रूप में सत्य होना चाहिए।

प्रत्येक युग में यह बात सुनाई देती है–'सृष्टि चाहिए'। अन्य युग के सृष्टिहीन प्रसादभोगी होने की लज्जा से जो उसकी रक्षा करेगा, उसका ही वह आह्वान कर रहा है।

यह बात इतनी महत्त्वपूर्ण नहीं कि आधुनिक बंगाल में गान-सृष्टि का उद्यम संगीत को किसी असामान्य उत्कर्ष की ओर ले गया है या नहीं एवं वह उत्कर्ष ध्रुवपद्धति के हिन्दुस्थानी संगीत के उत्कृष्ट आदर्श तक पहुँच पाया है या नहीं, अपितु प्रकाश के चांचल्यमात्र में ही उसकी सजीवता का जो प्रमाण मिलता है, वही सर्वाधिक आशाजनक है। नवीन बंगाल के गान का कण्ठ ग्रामोफोन की अपेक्षा काफी अपरिमार्जित हो सकता है, किन्तु यदि उसका स्वर 'मास्टर्स वाइस' न हो, उसमें यदि उसका अपना सुर खिल उठे, तो यह प्रमाणित होगा कि वह जीवित है। तब उसका वर्तमान जितना ही शिशु क्यों न हो, उसकी जवानी की उम्र अपने भविष्यत् के सिंहद्वार को खोल देगी। वह भविष्यत् निरवधि होगा।

बंगाली की चित्तवृत्ति प्रधानतः साहित्यिक है, इसमें कोई सन्देह नहीं। अंग्रेज की प्रतिभा भी साहित्य प्रवण है। उसके अन्तर ने साहित्य के मन्दिर में अपने बड़े-बड़े दीपक जलाए हैं। प्रकृति के गृहणीपन में मितव्ययिता दिखाई देती है, शक्ति के परिवेशन में बड़े हिसाब के साथ भाग-बँटवारा होता है। प्रकृति ने मछली को गहरे पानी में डुबकी लगाना-संतरण करना सिखाया है, तो पक्षी को ऊँचे आकाश में उड़ना। कभी-कभी वह सामान्य परिमाण में कुछ मिश्रण भी कर देती है। पनडुब्बा कुछ क्षणों के लिए जल में डुबकी लगाता है, उड़नक्षम मछली आकाश में उड़ने का शौक पूरा करती है। इंगलैण्ड के साहित्यजगत् में शेक्सपीयर ने और जर्मनी के संगीत जगत् में बिथोवन ने जन्म ग्रहण किया।

सत्य की खातिर यह मानना ही होगा कि विशुद्ध संगीत के क्षेत्र में हिन्दुस्थानी

संगीत बंगाल को पीछे छोड़ गया है। वाद्यसंगीत में उसका प्रधान प्रमाण मिलता है। वाद्यसंगीत सम्पूर्ण रूप से साहित्यनिरपेक्ष है। इसके अलावा इसमें तिल्लाना के तोम्-ता-ना-ना जैसे अर्थहीन बोल भाषा का व्यंग्य करने में द्विधा बोध नहीं करते। बंगाल में वाद्यसंगीत ने अपने किसी विशेषत्व का उद्‌भावन नहीं किया। सितार, इसराज, सरोद, रबाब आदि वाद्य उत्तरभारत की सृष्टि हैं, उनका अनुशीलन भी वहीं प्रसिद्ध है। 'ओरे रे लक्ष्मण, एकि कुलक्षण, विपद घटेछे विलक्षण' प्रभृति पाँचाली प्रचलित गान में अर्थ सामान्य ही है, अनुप्रास का उफान ही अधिक है, अतएव वह प्रायः तिल्लाना से अधिक सटा हुआ-सा हो गया है, किन्तु फिर भी 'तोम्-तानानाना' की तरह इस प्रकार निःसंकोच रूप से निरर्थक नहीं है। परज रागिनी में एक हिन्दी गान मैं जानता था, अर्थ है--काला काला कम्बल, गुरुजी, मुझे खरीद कर ला दो, राम-जपन की माला ला दो और जलपान की तुम्बी। इस फर्द में जो फरमाइश है, उसमें सुगभीर वैराग्य की अभिव्यंजना है, उसे व्यक्त करने का भार परज रागिनी ने लिया है, भाषा को उस भार से पूर्ण मुक्ति दी गयी है। मैं बंगाली हूँ, मेरे कन्धों पर नितान्त ही यदि वैराग्य सवार रहता, तो मैं लिखता :

गुरु, आमाय मुक्तिधनेर देखाओ दिशा।
कम्बल मोर सम्बल होक दिवानिशा।
सम्पद होक् जपेर माला
नाममणिर-दीप्ति-ज्वाला,
तुम्बीते पान करब ये जल
मिटिबे ताहे विषयतृषा।

किन्तु इस गान में परज अपने पंख फैलाने में बाधा अनुभव करती। परज रागिनी हो जाती साहित्य के पिंजरे का पंछी। हिन्दुस्थानी गायक तानपुरा लेकर बैठा, गाने लगा--मेरी यह चुनरिया लाल रंग में रंग दे, जैसी तुम्हारी वह पागड़ी वैसी मेरी यह चुनरिया लाल रंग कर दे ! बस, और कुछ नहीं, इन कुछ शब्दों के ऊपर ही कान्हड़ा अप्रतिहत प्रभाव से अपने राजत्व का विस्तार करने लगा। बंगाली गाता :

भालोबासिबे ब'ले भालोबासि ने।
आमार ये भालोबासा तोमा बइ आर जानि ने।
हेरिले ओ मुखशशी आनन्दसागरे भासि,
ताइ तोमारे देखते आसि--देखा दिते आसि ने।

जो कुछ कहना है, पहले ही भाषा के माध्यम से कह दिया, भैरवी रागिनी के लिए कुछ अधिक कहने को रहा नहीं।

बंगाली को अपना यह स्वभाव लेकर ही गाना होगा। ऐसा कहने से काम

नहीं बनता कि रात के समय के चक्रवाक-दम्पति की भाँति भाषा रहेगी नदी के पूर्व पार और गान रहेगा पश्चिम पार, 'and never the twain shall meet'। बंगाली के कीर्तन गान में साहित्य और संगीत के मेल से एक अपूर्व सृष्टि हुई थी—उसे प्रिमिटिव एवं फोक म्यूजिक कह कर उड़ा देने से काम नहीं चलेगा। उच्चांग कीर्तन गान का आंगिक खूब जटिल और विचित्र है, उसकी ताल व्यापक और दुरूह है, उसका परिसर हिन्दुस्थानी गान की अपेक्षा बड़ा है। उसमें जो बहुशाखायित नाट्यरस है वह हिन्दुस्थानी गान में नहीं है।

बंगला में नव युग के गान की सृष्टि भाषा में सुर मिला कर होती रहेगी। उस सुर को खण्डित करने से काम नहीं चलेगा। उसका गौरव काव्य के गौरव की अपेक्षा हीन नहीं होगा। गृहस्थी में स्त्री-पुरुष के समान अधिकार से दाम्पत्य का जो परिपूर्ण उत्कर्ष होता है, बंगला संगीत में वैसा ही होना चाहिए। इसी मिलन-साधन में ध्रुवपद्धति के हिन्दुस्थानी संगीत की सहायता हमें लेनी होगी, और अनिन्दनीय काव्य-महिमा उसे दीप्तिशाली करेगी। बंगला संगीत में एक दिन जब बड़ी प्रतिभा का आविर्भाव होगा तब वह बैठे-बैठे पंचदश शताब्दी के तानसेनी संगीत को घण्टों प्रतिध्वनित नहीं करेगा और हमारे आधुनिक काल के ग्रामोफोन-संचारी गीतपतंग के दुर्बल गुंजन को भी प्रश्रय नहीं देगा। उसकी सृष्टि अपूर्व होगी, गभीर होगी, वह वर्तमान काल के चित्तशंख को नित्यकाल के महाप्रांगण में गुंजरित करेगा। किन्तु, गान-सृष्टि में आज जो छोटे दिखाई देते हैं, असम्पूर्ण दिखाई देते हैं, वे पूर्व दिगन्त में खण्ड छिन्न मेघ के दल हैं, आषाढ़ के आसन्न राज्याभिषेक के लिए वे निमन्त्रणपत्र वितरण करने आए हैं—दिगन्त के उस पार से रथचक्र—निर्घोष सुनाई दे रहा है। इति 6 जुलाई 1935।

तुम्हारा
रवीन्द्रनाथ ठाकुर

पुनश्च : बंगला की वाद्यसंगीत-सृष्टि किस लक्ष्य की ओर पहुँचेगी कहना कठिन है, प्रतिभा की लीला अकल्पनीय है। एक समय में थिएटर में कन्सर्ट नाम से जिस कुत्सित अत्याचार की सृष्टि हुई थी, वह मर चुकी है यही आशाजनक है।

ॐ

कल्याणीय,

···इसी सूत्र में संगीत के सम्बन्ध में एक बात कह देता हूँ। संगीत के प्रसंग में बंगाली के प्रकृत वैशिष्ट्य को लेकर बात उठी थी। उसकी कुछ और व्याख्या की आवश्यकता है।

बंगाली-स्वभाव की भावुकता को सभी स्वीकार करते हैं। हृदयोच्छ्वास के कारण काम की क्षति करने को भी बंगाली तैयार हैं। जापान में रहते समय एक जापानी ने मुझसे कहा था—'राष्ट्रविप्लव का आर्ट तुम लोगों में नहीं है। उसे तुम लोगों ने मनोरंजन का साधन बना लिया है; सिद्धिलाभ के लिए जिस तेज को, जिस संकल्प को गुप्त रूप से आत्मसात कर रखना होता है, उसे आरम्भ से ही भावावेग के आघात से बाहर उत्क्षिप्त, विक्षिप्त कर देते हो।' इस जापानी की यह बात विचारणीय है। सृष्टि का कार्य जिस किसी श्रेणी का ही हो, उसकी शक्ति का उत्स गहन अन्तराल में होता है; उसे परिपूर्णता देने के लिए भाव-संयम की आवश्यकता है। जिस उपादान से उच्च अंग की मूर्ति निर्मित होती है, उसमें प्रतिरोध की कठोरता होनी चाहिए। तोड़-फोड़ में, काटछाँट में उसकी साधना निहित है। जिस मृत्पिण्ड को जल में गलाकर शिल्परूप दिया जाता है, उसकी आयु कम और कण्ठ क्षीण होता है। उससे जिस गुड़िया (मूर्ति) का निर्माण किया जाता है, वह निधुबाबू के टप्पा के समान भंगुर है।

उच्चांग के आर्ट का उद्देश्य दोनों आँखों से अश्रु प्रवाहित कराना, भावातिरेक से विह्वल करना नहीं है। उसका काम है मन को उसी कल्पलोक में पहुँचा देना, जहाँ रूप की पूर्णता है। वहाँ की सृष्टि प्रकृति की सृष्टि के समान ही है; अर्थात् वहाँ रूप कुरूप बनने में संकोच नहीं करता; क्योंकि उसमें भी सत्य की शक्ति है—जैसे मरुभूमि में ऊँट, जैसे वर्षा के जंगल में मेढक, जैसे रात्रि के आकाश में चमगादड़, जैसे रामायण की मंथरा, महाभारत के शकुनि, शेक्सपीयर में इयागो।

हमारे देश के साहित्य-विचारकों के पास सर्वदा ही आदर्शवाद का तराजू देखते हैं; वे उस तराजू पर तौल कर देखते हैं कि जिसे वे आदर्श मानते हैं वह कहीं रत्ती भर कम तो नहीं। बंकिम के युग में प्रायः देखते थे कि अत्यन्त सूक्ष्म बोधवान समालोचक विविध उदाहरण देकर तर्क करते—भ्रमर के चरित्र में पतिप्रेम का सम्पूर्ण आदर्श कहाँ थोड़ा क्षुण्ण हुआ है और सूर्यमुखी के व्यवहार में सती के कर्तव्य में कितनी त्रुटियाँ दिखाई दीं। सभी अपराधों के बावजूद, भ्रमर, सूर्यमुखी कहाँ तक सत्य हो उठी हैं आर्ट में यही मुख्य है, वे कितनी सती-साध्वी हैं, यह गौण है—आलोचकों के लिए इस बात का कोई मूल्य नहीं है; वे आदर्श की अति विशुद्धता से भावविभोर होकर अश्रुपात करना चाहते हैं। उपनिषद में कहा गया है कि आत्मा में परम सत्य को देखने का उपाय है—'शान्तोदान्त उपरतास्तितिक्षुः समाहितो भूत्वा' आर्ट के सत्य को भी समाहित होकर देखना चाहिए, ऐसे देखने की साधना में कठोर शिक्षा का प्रयोजन है।

बंगाल में सम्प्रति संगीत-अनुशीलन की एक हवा उठी है, संगीत-रचना में भी मेरी तरह कई लोग प्रवृत्त हैं। इस समय में प्राचीन क्लासिकल अर्थात् ध्रुवपद्धति के हिन्दुस्थानी संगीत का घनिष्ठ परिचय नितान्त आवश्यक है। इससे दुर्बल रसमुग्धता से हमें परित्राण मिलेगा। किन्तु यह अनुशीलन के लिए है, अनुकरण के

लिए नहीं। आर्ट में जो श्रेष्ठ है वह अनुकरणजात नहीं है। वह सृष्टि आर्टिस्ट के संस्कृतिसम्पन्न मन की स्वकीय प्रेरणा से उद्भूत है। जिस मनोभाव से तानसेन प्रभृति बड़े-बड़े सृष्टिकर्ताओं ने दरबारी तोड़ी, दरबारी कान्हड़ा को अपने गानों में रूप दिए हैं वह मनोभाव ही साधना की सामग्री है, गानों की आवृत्ति मात्र नहीं। नवीन युग में यह मनोभाव जो सृष्टि करेगा वह सृष्टि उनकी रचना के अनुरूप नहीं होगी, अनुरूप न होने देना ही उनकी यथार्थ शिक्षा है—क्योंकि वे अपनी उपमा स्वयं ही थे। युगों से उनकी सृष्टि की हम लीक पीटते आ रहे हैं, वास्तव में ऐसा करना ही उनसे दूर चले जाना है। आज के रचयिता का गीतशिल्प उनके शिल्प की अपेक्षा निकृष्ट हो सकता है, किन्तु यदि वह आज का स्वकीय आत्मप्रकाश हो तो वही उन सभी गुणियों के प्रति सम्मान प्रकट करने के समान होगा।

अन्त में मैं अपने बारे में कुछ कहना चाहता हूँ। बीच-बीच में जब गान-रचना का नशा मुझ पर हावी हो जाता है तब मैं अपने सभी कर्तव्य भूलकर उसी में डूब जाता हूँ। यदि मैं उस्ताद के पास गान की शिक्षा प्राप्त कर दक्षता के साथ उन सब दुरूह गानों का आलाप कर सकता तो उससे निश्चय ही सुख पाता; किन्तु अपने अन्तर से उद्भूत प्रकाश की वेदना को गान में मूर्त करने का जो आनन्द है, वह उससे भी गभीर है। वह गान श्रेष्ठता की दृष्टि से प्राचीन युग के गान के साथ तुलनीय नहीं, किन्तु अपनी सत्यता के लिए वह समादर के योग्य है। नव-नव युगों के भीतर यह आत्मसत्य-प्रकाश की आनन्दधारा जैसे प्रवाहित होती रहे, यही वांछनीय है।

जीवन के आरम्भ काल में मैंने गान में हृदय-भाव को व्यक्त करने की चेष्टा की है, आशा करता हूँ कि वह अवस्था मैंने बाद में पार कर ली। परिणत वयस के गान भाव-अभिव्यक्ति के लिए नहीं, बल्कि रूप देने के लिए हैं। उनसे संश्लिष्ट काव्य भी अधिकतर रूप के वाहन हैं। 'केन बाजाओ काँकन कनकन कत छलभरे'—इसमें जो प्रकट हुआ है वह कल्पना की रूपलीला है। भाव प्रकाश में व्यथित हृदय का प्रयोजन है, रूपप्रकाश अहैतुक है। चौताल में मालकोष जब मैं सुनता हूँ तो उसमें रुदन-हास्य का सम्पर्क नहीं देखता, उसमें गीतरूप की गभीरता देखता हूँ। जो विलासी टप्पा, ठुमरी, या मनोहर कीर्तन की अश्रु-आर्द्र अतिमिष्ठता में चित्त विगलित करना चाहते हैं, यह गान उनके लिए नहीं है। आर्ट का प्रधान आनन्द वैराग्य का आनन्द है, वह व्यक्तिगत राग-द्वेष, हर्ष-शोक से मुक्ति देने के लिए है। संगीत में उस मुक्ति का रूप भैरव, तोड़ी, कल्याण, कान्हड़ा में दिखाई दिया है। हमारे गान मुक्ति के उस उच्च शिखर पर उठ सकें या न उठ सकें, उस ओर उठने की चेष्टा तो कम से कम करते रहें। इति 13 जुलाई 1935।

तुम्हारा

रवीन्द्रनाथ ठाकुर

रवीन्द्रनाथ के विभिन्न ग्रन्थों में परिकीर्ण संगीत सम्पृक्त विभिन्न उक्तियां परवर्ती तीन अध्यायों में अंशतः संकलित है। ('विश्वविद्यालय में संगीतशिक्षा'—सम्पूर्ण प्रबन्ध इसके पूर्व किसी ग्रन्थ में प्रकाशित नहीं हुआ।) एक-एक संकलन के अन्तर्वर्ती कोई अंश वर्जित होने पर यथोचित चिह्न द्वारा उसे बताया गया है, संकलन की सूचना में या अन्त में कुछ छूट जाने पर कोई चिह्न नहीं दिया गया है।

किसी-किसी क्षेत्र में मूलतः बंगला तारीख होते हुए भी शताब्दी पंजी देखकर ईसवी वर्ष के हिसाब से ही रचनाकाल संकलित किया गया है।

आत्मकथा

जीवनस्मृति और छेलेबेला

मैं कब गान नहीं गा सकता था, वह मुझे याद नहीं पड़ता। मुझे याद है कि बाल्यकाल में गेंदे के फूलों से घर सजाकर माघोत्सव के अनुकरण में हम खेला करते थे। उस खेल में अनुकरण के अन्य सभी अंग बिल्कुल अर्थहीन थे, किन्तु गान में कोई खामी नहीं थी। इस खेल में फूलों से सजे एक टेबल पर बैठकर मैं ऊँचे स्वर में 'देखिले तोमार सेइ अतुल प्रेम आनने' गा रहा हूँ, यह मुझे खूब याद है।

चिरकाल से ही गान का सुर मेरे मन में एक अनिर्वचनीय आवेग उपस्थित करता रहा है। आज भी कामकाज के बीच अचानक गान सुनने पर क्षण भर में ही मेरे समक्ष सम्पूर्ण संसार का भावान्तर हो जाता है। आँखों देखा समस्त जगत् गान के माध्यम से सहसा एक नवीन अर्थ प्राप्त कर लेता है। हठात् ऐसा लगता है कि हम जिस जगत् में हैं विशेषकर उसके एक ही स्तर, अंश के साथ ही हमने ऊपर का सम्पर्क रखा है, यह आलोक का स्तर, वस्तु स्तर–किन्तु यही समग्र नहीं है। जब इस विपुल रहस्यमय प्रासाद में सुर एक दूसरे खण्ड का वातायन क्षण भर के लिए खोल देता है तब हम क्या देखते हैं ! वहाँ की किसी प्रकार की अभिज्ञता हमें नहीं है, इसीलिए भाषा में यह व्यक्त नहीं कर सकता कि क्या पाया–किन्तु यह समझ सकता हूँ कि उस ओर भी अपरिसीम सत्य पदार्थ है। विश्व की समस्त स्पन्दित जाग्रत शक्ति आज प्रधानतः वस्तु और आलोक रूप में ही प्रतिभात हो रही है अतः आज हम सूर्य के आलोक से, वस्तु के अक्षर के माध्यम से ही विश्व का अहरह पाठ करते हैं, अन्य किसी अवस्था की कल्पना नहीं कर सकते–किन्तु यदि यह असीम स्पन्दन हमारे समक्ष और कुछ न होकर केवल गगन-व्यापी अति विचित्र संगीत रूप में ही प्रकट होता, तो अक्षर रूप में नहीं, वाणी रूप में ही हम समग्र को पाते। गान के सुर से जब अन्तःकरण की सभी तन्त्रियाँ झंकृत हो उठती हैं तब कई बार मेरे समक्ष यह दृश्यमान जगत् जैसे आकार-आयतनहीन वाणी रूप

में अपने को व्यक्त करने की चेष्टा करता है—तब जैसे उपलब्धि कर सकता हूँ कि जगत् को जिस रूप में जानता हूँ उसके अलावा कितने प्रकारों से उसे जाना जा सकता था, इस सम्बन्ध में हम कुछ नहीं जानते।

2

शिशुकाल में ही विष्णु से देशी-गान शिक्षा आरम्भ हुई। गान की इस पाठशाला में मुझे भी भर्ती होना पड़ा। विष्णु ने जिस गान से मेरी गान-शिक्षा का श्रीगणेश किया था, आजकल का कोई भी नामी या बेनामी उस्ताद उसे छूने में भी घृणा अनुभव करेगा। वे गीत देहाती छड़ा गानों से भी निम्न स्तर के थे। एक-दो नमूने देता हूँ :

एक-ये छिल वेदेर मेये—एल पाड़ाते
साधेर उल्कि पराते।
आबार उल्कि-परा येमन-तेमन,
लागिये दिल भेल्कि—
ठाकुरझि !
उल्किर ज्वालाते कत केंदेछि
ठाकुरझि !

और भी कुछ छिटफुट लाइनें याद आ रही हैं, जैसे :

चन्द्र सूर्य हार मेनेछे, जोनाक ज्वाले बाति।
मोगल पाठान हद्द हल, फार्सि पड़े ताँति।

x x x

गणेशेर मा, कलाबउके ज्वाला दियो ना,
तार एकटि मोचा फलले परे
कत हबे छानापोना।

अत्यन्त पुरातन काल की भूली-बिसरी बातों का आभास हो, ऐसी लाइनें भी मिलती हैं, जैसे :

एक-ये छिल कुकुर-चाटा शेयाल-काँटार वन
केटे करले सिंहासन।

आधुनिक काल का नियम है, पहले हारमोनियम पर सुर देकर 'सा रे ग म' सधाना, उसके बाद हलका हिन्दी गान सिखाना। उस समय हमारी पढ़ाई-लिखाई की

जो देखभाल करते थे, उन्होंने समझा था—लड़कपन लड़कों के कोमल मन की अपनी वस्तु है, और वह हलकी-फुलकी बंगला हिन्दी बोली की अपेक्षा सहज ही मन में स्थान पा लेती है। इसके अलावा इस छन्द की देशी ताल बायाँ—तबला के बोलों की अपेक्षा नहीं रखता, अपने आप ही रगों में खेलता है। शिशुओं को पहले मन लुभानेवाला साहित्य सिखाया जाता है माँ के गाए छड़ों से, शिशुओं का मन लुभाने वाले गानों की शिक्षा भी इसी छड़े से शुरू होती है—इसका प्रयोग हम पर किया गया था।

तब इस देश के गान की जात नष्ट करने हारमोनियम नहीं आया था। कन्धे पर तानपुरा लेकर मैंने गान का अभ्यास किया है। चाबी दबाकर निकलनेवाले सुर की गुलामी मैंने नहीं की।

मुझ में कमी है—सीखने के मार्ग पर अपने को अधिक दिन चला नहीं सका। मैंने इधर-उधर से जो कुछ पाया है, उसी से इच्छानुसार अपनी झोली भर ली है। मन लगाकर सीखना यदि मेरे स्वभाव में होता तो आजकल के उस्ताद मेरी अवज्ञा नहीं कर सकते थे, क्योंकि मुझे काफी सुयोग मिला था। जब तक हमें शिक्षा देने के कर्ता 'सेजदादा' (तृतीय बड़े भ्राता) थे, तब तक मैंने विष्णु से अन्यमनस्क भाव से ब्रह्मसंगीत रटा। कभी-कभी जब मन ने स्वयं ही चाहा है, दरवाजे की आड़ से गान की उपलब्धि की है। 'सेजदादा' बिहाग राग में 'अतिगजगामिनीरे' गा रहे हैं, मैं छिपकर मन में उसकी छाप अंकित कर रहा हूँ। शाम को वही गान सुनाकर माँ को आश्चर्यचकित करना बड़ा सहज था।

हमारे घर के बन्धु श्रीकण्ठबाबू दिन-रात गान में डूबे रहते थे। बरामदे में बैठकर चमेली का तेल लगाकर स्नान करते, हाथ में गुड़गुड़ी रहती, अम्बुरी तम्बाकू की गन्ध आकाश में उठती, गुन्-गुन् गान चलता रहता और वे बच्चों को बुलाकर अपने चारों ओर बिठाए रखते। वे गान सिखाते नहीं थे, वे गान देते थे, मैं कब उठा लेता यह मैं जान भी नहीं पाता। जब आनन्द के आवेग को सम्हाल नहीं पाते तो उठकर खड़े हो जाते, और नाच-नाच कर सितार बजाते, हँसी से उनकी बड़ी-बड़ी आँखें चमकने लगतीं, वे गान शुरू करते :

'मैं छोड़ौं ब्रज की वासरी।'

साथ-साथ मुझे भी गाने के लिए बाध्य करते थे।

उसके बाद जब मैं थोड़ा बड़ा हुआ, तो घर पर बहुत बड़े उस्ताद यदुभट्ट आ गए। उन्होंने एक बड़ी भूल की, जिद कर बैठे कि मुझे गान सिखाएँगे ही—इसी कारण गान सीखना हुआ ही नहीं। लुकछिपकर मैंने कुछ-कुछ संग्रह किया था। काफी सुर में 'रुम झुम बरखे आजु बादरवा' अच्छा लगा; मेरे वर्षा के गानों के साथ मिलजुलकर वह आज तक कायम है।

3

गान के विषय में मैं श्रीकण्ठबाबू का प्रिय शिष्य था। उनका एक गान था—'मैं छोड़ूँ ब्रज की वासरी।' उस गान को मेरे मुख से सभी को सुनाने के लिए मुझे घर-घर ले जाते। मैं गाता और वे सितार पर झंकार देते एवं जहाँ भी गान का प्रधान आवेग 'मैं छोड़ूँ' है, वहीं वे उन्मत्त होकर स्वयं योगदान करते, गाने लगते और अश्रान्तभाव से उसकी बार-बार आवृत्ति करते एवं सिर हिलाकर मुग्ध दृष्टि से सभी श्रोताओं की ओर देखकर मानो सबको जबर्दस्ती प्रशंसा करने के लिए प्रेरित करने की चेष्टा करते।

वे मेरे पिता के भक्तबन्धु थे। उनके दिए हुए हिन्दी गान के आधार पर गठित एक ब्रह्मसंगीत है—'अन्तरतर अन्तरतम तिनि ये, भूलो ना रे ताँय।' यह गान वे पितृदेव को सुनाते-सुनाते आवेग में चौकी से उठकर खड़े हो जाते थे। सितार पर निरन्तर झंकार देते हुए एक बार कहते—'अन्तरतर अन्तरतम तिनि ये', पुनः पलट कर पितृदेव के मुँह के सामने हाथ हिलाकर कहते—'अन्तरतर अन्तरतम तुमि ये'।

4

साहित्य की शिक्षा, भाव की चर्चा में बाल्यकाल से ही ज्योतिदादा मेरे प्रधान सहायक थे। वे स्वयं उत्साही थे एवं दूसरों को उत्साहित करने में उन्हें आनन्द का अनुभव होता था।...

एक समय ज्योतिदादा पियानो बजाकर नए-नए 'सुरों' की सृष्टि करने में मत्त हो उठे थे। प्रतिदिन उनके अंगुलिनर्तन के साथ-साथ सुर की वर्षा होती रहती थी। मैं और अक्षयबाबू उनके उस सद्यःजात 'सुर' को शब्दों में बाँध रखने की प्रचेष्टा में नियुक्त थे। गान रचना की मेरी शिक्षा इसी प्रकार शुरू हुई थी।

हमारे परिवार में शिशुकाल से ही गान चर्चा रही और उसी वातावरण में हम बड़े हुए हैं। उससे मेरे लिए एक सुविधा यह हुई कि गान अति सहज ही मेरी सम्पूर्ण प्रकृति के साथ एकरूप हो गया। उसकी एक असुविधा भी थी। प्रयास कर गान आयत्त करने का उपयुक्त अभ्यास न होने से शिक्षा पक्की नहीं हुई। संगीतविद्या कहने से जो समझा जाता है, उसमें किसी प्रकार का अधिकार प्राप्त नहीं कर सका।

5

एक दिन मध्याह्न में घने बादल छाए हुए थे। उसी मेघाच्छन्न दिन के छायाघन अवकाश के आनन्द में घर के एक कमरे की खाट पर उलटा लेटकर स्लेट

पर मैंने लिखा–'गहनकुसुमकुञ्जमाझे'[1]। लिखकर मैं बड़ा खुश हुआ; उसी वक्त मैंने ऐसे व्यक्ति को पढ़कर सुनाया, समझ सकने की आशंका मात्र जिसे छू नहीं सकती। अतः उसने गंभीरभाव से सिर हिलाकर कहा–'अच्छा है, यह तो बहुत अच्छा बना है।'

6

सबसे ऊपर की मंजिल के एक छोटे कमरे में मैं रहता था।[2] रात में भी मैं उसी निर्जन कमरे में सोया रहता था। शुक्ल पक्ष की कितनी निस्तब्ध रातों में मैं उस नदी की ओर की विशाल छत पर अकेला घूमता रहा हूँ। इसी तरह एक रात मैंने अपनी खुशी के अनुसार भग्न छन्द में एक गान की रचना की थी–उसकी प्रथम चार लाइनें यहाँ उद्धृत कर रहा हूँ :

नीरव रजनी देखो मग्न जोछनाय,
धीरे धीरे अति धीरे गाओ गो !
घूमघोर भरा गान विभावरी गाय,
रजनीर कण्ठसाथे सुकण्ठ मिलाओ गो !

इसका बाकी अंश बाद में ठीक छन्द में परिवर्तित कर उस समय की गान की पुस्तक में छपाया था–किन्तु उस परिवर्तन में उस साबरमती नदी के तीर, उस क्षिप्त बालक की निद्राविहीन ग्रीष्मरजनी का कुछ भी नहीं था। 'बलि ओ आमार गोलापबाला' गान भी इसी प्रकार और एक रात में लिखकर उसे बिहाग राग में बिठाकर गुन्-गुन् कर गाते हुए घूमता रहता था। 'शुन नलिनी खोलो गो आँखि', 'आमार शाखा उजल करि' प्रभृति मेरे बाल्यकाल के कई गान यहीं पर लिखे हुए हैं।

7

मेरे घर पर कवि मूर रचित आयरिश मेलॉडीज की पुस्तक थी, जिसका प्रत्येक पन्ना चित्रविचित्र छवियों से अंकित था। उन कविताओं की मुग्धकारी आवृत्ति मैंने अक्षयबाबू के मुख से कई बार सुनी है। छवि के साथ जड़ित उन कविताओं ने मेरे मन में आयरलैण्ड के एक पुरातन मायालोक का सृजन किया था। उस समय मैंने इन कविताओं के सुर सुने नहीं थे, किन्तु वे मेरे कल्पनालोक में ही थे। छवि में वीणा अंकित थी, उस वीणा के सुर मेरे मन में झंकृत होते। मेरी बड़ी इच्छा थी

---

1. प्रकाशित : भारती, अग्रहायण 1284/1877
2. प्रथम विलायत-यात्रा के पूर्व (1878), अहमदाबाद में सत्येन्द्रनाथ टाकुर का निवास शाहीबाग प्रासाद। उल्लिखित गान 'तखनकार गानेर बहि', 'रविच्छाया' (1885) में संकलित।

कि मैं इन आयरिश मेलॉडीज को सुर में सुनूँगा, सीखूँगा और अक्षयबाबू को सुनाऊँगा। दुर्भाग्यवश जीवन की कोई-कोई इच्छा पूर्ण होती है और होते ही वह आत्म-हत्या कर लेती है। विलायत जाकर मैंने कुछ आयरिश मेलॉडीज सुनीं और सीखी, किन्तु सभी गान सम्पूर्ण सीखने की इच्छा नहीं रही। कई सुर मीठे एवं करुण एवं सरल थे, किन्तु फिर भी उनमें आयरलैण्ड की प्राचीन कविसभा की नीरव वीणा का अधिक योग नहीं था।

स्वदेश लौटकर ये सब एवं अन्यान्य विलायती गान स्वजनसमाज में गाकर सुनाए। सभी ने कहा, 'रवि का कण्ठ ऐसा बदल क्यों गया ! जैसे विदेशी ढंग का--मजेदार-सा--हो गया है।' यहाँ तक कि वे कहते--मेरे बात करने के सुर में भी जैसे परिवर्तन आ गया है।

इस देशी और विलायती सुर की चर्चा के साथ ही 'वाल्मीकि प्रतिभा' का जन्म हुआ। इसके अधिकांश सुर देशी हैं, किन्तु इस गीतिनाट्य में उसे उसकी बैठकी मर्यादा से निकालकर अन्य क्षेत्र में लाया गया है; हवा में उड़ना जिसकी प्रकृति है, उसे धरती पर दौड़ लगाने को प्रवृत्त किया गया है। जिन्होंने इस गीतिनाट्य का अभिनय देखा है, आशा करता हूँ, वे सभी यह बात स्वीकार करेंगे कि संगीत को इस प्रकार नाट्यकार्य में लगाना असंगत या निष्फल नहीं हुआ। 'वाल्मीकि प्रतिभा' गीतिनाट्य का यही विशेषत्व है। संगीत को इस प्रकार बन्धन से मुक्त करने और उसे निःसंकोच सभी प्रकार के व्यावहारिक रूप देने का आनन्द मेरे मन पर विशेष रूप से हावी था। 'वाल्मीकि प्रतिभा' के कई गान बैठकी गान के ढाँचे के कुछ शिथिल रूप हैं,[3] कई गान ज्योतिदादा द्वारा रचित गतों के सुर पर बिठाये गये हैं[4] एवं करीब तीन गान विलायती सुर पर[5] आधारित हैं। हमारे बैठकी गान के तिल्लाना अंग के सुरों का सहज ही इस प्रकार नाटक के प्रयोजन के अनुसार व्यवहार किया जा सकता है; इस नाट्य में कई स्थलों पर ऐसा किया गया है। विलायती सुर के दो गीतों का प्रयोग डकैतों की मत्तता के गानों में किया गया है

---

3. यथा–

अहो ! आस्पर्धा एकि तोदेरः दारा द्रिम् ताना ना
एइ-ये हेरि गो देबी : मनूकी कमलदल खोलियाँ
एइ बेला सबे मिले : चतुरंग रस सन
रिम् झिम घन घन रे : रिमि झिमि रिमि झिमि
हा, की दशा हल आमार : हाल में रवे रबा

4. सम्भवतः वाल्मीकि प्रतिभा (फाल्गुन 1802 शक् या ई. 1881) प्रथम संस्करण के अधिकांश गान।

5. यथा–

तबे आय सबे आय। आदर्श अज्ञात
काली काली बलो रे आज : Naney Lee
मरि, ओ काहार बाछा : Go where glory waits thee

एवं एक आयरिश सुर का संयोजन वनदेवी के विलाप-गान में किया गया है। वस्तुतः 'वाल्मीकि प्रतिभा' पठनयोग्य काव्यग्रन्थ नहीं है, संगीत की यह एक नूतन परीक्षा है—अभिनय के साथ कान से सुने बिना इसका रस-आस्वादन सम्भव नहीं। यूरोपीय भाषा में जिसे ऑपेरा कहते हैं, 'वाल्मीकि प्रतिभा' वह नहीं है, यह सुर में सजी नाटिका है; अर्थात् संगीत ही इसमें प्रधान नहीं है, इसके नाट्य विषय को मात्र सुर के माध्यम से अभिनीत किया जाता है, स्वतन्त्र संगीत का माधुर्य इसमें कम स्थलों पर ही है।

मेरे विलायत जाने से पहले से हमारे निवास पर बीच-बीच विद्वज्जनसमागम नाम से साहित्यिकों का सम्मेलन होता था। उस सम्मेलन में गीतवाद्य, कविता-आवृत्ति और आहार का आयोजन होता था। मेरे विलायत से लौट आने के बाद एक बार यह सम्मेलन बुलाया गया था।[6] यही अन्तिम सम्मेलन था। इस सम्मेलन के उपलक्ष्य में ही 'वाल्मीकि प्रतिभा' की रचना हुई। मैंने वाल्मीकि की भूमिका निभाई थी, मेरी भतीजी प्रतिभा ने सरस्वती का अभिनय किया था; 'वाल्मीकि प्रतिभा' के पीछे यही इतिहास है।

हर्बर्ट स्पेंसर के एक लेख में मैंने पढ़ा था कि शब्दों में जहाँ सचराचर कुछ हृदयावेग का संचार होता है, वहाँ स्वतः कुछ-न-कुछ सुर आ ही जाता है। वस्तुतः हम राग, दुःख, आनन्द, विस्मय केवल शब्दों के द्वारा ही व्यक्त नहीं करते, शब्दों के साथ सुर भी रहता है। इस बातचीत के आनुषंगिक सुर को ही उत्कर्ष दे कर मनुष्य ने संगीत पाया है। स्पेंसर की यह बात मन को छू गयी थी। मैंने सोचा था कि इस मत के अनुसार आद्योपान्त सुर का संयोजन कर विभिन्न भावों को गान के माध्यम से व्यक्त कर अभिनय क्यों नहीं होगा। हमारे देश में कथकता में कुछ ऐसी ही चेष्टा है; उसमें वाक्य बीच-बीच में सुर का आश्रय लेते हैं, किन्तु वह ताल-मान संगत रीति अनुसार संगीत नहीं है। छन्द के हिसाब से जैसे अमित्राक्षर छन्द है, गान के हिसाब से यह भी वैसा ही है; इसमें ताल का कठोर बन्धन नहीं है, लय की मात्रा है; इसका एकमात्र उद्देश्य है—कथा के आन्तरिक भावावेग को परिस्फुट करना, किसी विशेष रागिनी या ताल को विशुद्ध रूप में अभिव्यक्त करना नहीं। 'वाल्मीकि प्रतिभा' में गान के बन्धन को सम्पूर्ण रूप से विच्छिन्न नहीं किया गया है, फिर भी भाव का अनुगमन करते हुए ताल को गौण करना पड़ा है। अभिनय ही मुख्य होने के कारण ताल का व्यतिक्रम श्रोताओं को पीड़ा नहीं देता।

'वाल्मीकि प्रतिभा' के गान के सम्बन्ध में इस नूतन मार्ग से उत्साह अनुभव कर मैंने इस श्रेणी का और एक गीतिनाट्य लिखा, उसका नाम है 'कालमृगया'। दशरथ द्वारा अंधमुनि के पुत्र का वध उसका नाट्यविषय है। तीसरी मंजिल की छत

---

6. शनिवार, 16 फाल्गुन 1287/26 फरवरी 1881

पर स्टेज लगाकर इसका अभिनय हुआ था[7]; इसके करुण रस से श्रोता अत्यन्त विचलित हो गए थे। बाद में, इस गीतिनाट्य के कई अंश 'वाल्मीकि प्रतिभा' के साथ मिला दिए थे···

इसके बहुत दिन बाद 'मायार खेला'[8] नामक और एक गीतिनाट्य लिखा था, किन्तु वह भिन्न जात का था। उसमें नाट्य मुख्य नहीं, गीत ही मुख्य हैं। 'वाल्मीकि प्रतिभा' और 'कालमृगया' जिस प्रकार गान के सूत्र में नाट्य की माला है, 'मायार खेला' उसी प्रकार नाट्य के सूत्र में गान की माला है। घटनास्रोत पर वह निर्भर नहीं है, हृदयावेग ही उसका प्रधान उपकरण है। वस्तुतः, 'मायार खेला' जब मैंने लिखा तब गान के रस में ही पूरा मन अभिषिक्त हो गया था।

'वाल्मीकि प्रतिभा' और 'कालमृगया' मैंने जिस उत्साह से लिखे थे, उस उत्साह से और कोई रचना नहीं की। उन दोनों ग्रन्थों में हमारे उस समय के संगीत की उत्तेजना प्रकट हुई है। उस समय ज्योतिदादा प्रतिदिन प्रायः पूरे दिन उस्तादी गान को पियानो पर बिठाकर उनका मंथन करने में प्रवृत्त थे। उसमें क्षण-क्षण पर रागिनियों की एक-एक अपूर्व मूर्ति और भाव-व्यंजना प्रकट होती थी। जो सब सुर बँधे-बँधाए नियम के अन्तर्गत मन्दगति से दस्तूर को कायम रखकर चलते हैं, उन्हें प्रथा-विरुद्ध तोड़ मरोड़कर द्रुत गति कर देने मात्र से ही उस विप्लव में उन सुरों की प्रकृति में नई-नई अकल्पनीय शक्तियाँ दिखाई देतीं एवं हमारे चित्त को सर्वदा विचलित कर देतीं। हम स्पष्टतः सुना करते थे कि सुर मानो आपस में नानाविध बातें कह रहे हैं। अक्षय बाबू और मैंने कई बार ज्योतिदादा के उस वादन के साथ-साथ सुर में शब्द-संयोजन की चेष्टा की थी। वे शब्द सुपाठ्य होते ऐसा नहीं, वे उन सुरों के वाहन का कार्य करते।

इस प्रकार दस्तूर-भग्न गीतविप्लव के प्रलयानन्द में ये दो नाट्य लिखे गए। इसीलिए उनमें ताल-बेताल का नृत्य है एवं अंग्रेजी-बंगला का विवेकपूर्ण निर्वाचन नहीं है। मेरे अपने कई अभिमत और रचनारीति द्वारा मैंने बंगाल के पाठक-समाज को बारम्बार विरक्त किया है, किन्तु आश्चर्य का विषय यह है कि उक्त दो गीतनाट्यों में संगीत के सम्बन्ध में जैसी दुःसाहसिकता प्रकट हुई है, उस पर किसी ने भी क्षोभ प्रकट नहीं किया और सभी खुश होकर लौटे। 'वाल्मीकि प्रतिभा' में अक्षयबाबू के कुछ गान[9] हैं एवं इसके दो गानों में बिहारी चक्रवर्ती महाशय के सारदामंगलसंगीत के एक-दो स्थानों की भाषा का व्यवहार किया गया है।

---

7. प्रथम अभिनय : 23 दिसम्बर 1882 शनिवार।
   ग्रन्थ प्रकाशन : अग्रहायण 1289/1882
8. प्रकाशन : अग्रहायण 1810 शक् /1888
9. 'रांगापदपद्मयुगे प्रणमि गो भवदारा' और 'एत रंग शिखेछ कोथा'।

इन दो गीतिनाट्यों के अभिनय में मैंने ही प्रधान भूमिका निभाई थी। बाल्यकाल से ही मेरे मन में नाट्याभिनय का शौक था। मेरा दृढ़ विश्वास था कि इस कार्य में मेरी स्वाभाविक निपुणता है। मेरा यह विश्वास आधारहीन नहीं था, यह प्रमाणित हो चुका है। जनसाधारण के समक्ष नाट्यमंच पर उपस्थित होने के पूर्व ज्योतिदादा के प्रहसन 'एमन कर्म आर करब ना' में मैंने अलीकबाबू की भूमिका निभाई थी। वह मेरा पहला अभिनय था।[10] उस समय मेरी उम्र कम थी, गाने में कण्ठ की क्लान्ति या बाधा नहीं थी; उस समय घर पर दिन प्रति दिन, प्रहर-प्रहर तक संगीत का अविराम झरना बहता रहता था और उसके वायुचालित जलबिन्दुओं की वर्षा मन में सुर के इन्द्रधनुष के रंग बिखेर देती; तब नवयौवन में नव-नव उद्यम, नए-नए कौतूहलों के मार्ग पर गतिशील थे, उस समय सभी वस्तुओं की परीक्षा कर देखने की लालसा थी, कुछ कर नहीं सकूँगा ऐसा लगता ही नहीं था; लिखता हूँ, गाता हूँ, अभिनय करता हूँ, सभी दिशाओं में अपने आप को प्रचुर रूप में बहा देता हूँ—इसी तरह से मैंने बीस वर्ष की आयु में प्रवेश किया।

8

गंगातीर के वे मेरे अच्छे दिन [1881] गंगा के जल में उत्सर्गित पूर्ण विकसित पद्मफूल के समान एक-एक कर बीतने लगे। घनघोर वर्षा के दिनों में कभी हारमोनियम के सहयोग से विद्यापति के 'भराबादर माहभादर' पद को इच्छानुसार सुर में बिठाकर वर्षा की रागिनी गाते-गाते वृष्टि से मुखरित, जलधाराच्छन्न मध्याह्न काल उन्मत्त की भाँति काटता। कभी सूर्यास्त के समय हम नौका लेकर निकल पड़ते; ज्योतिदादा वायलिन बजाते, मैं गाता—पूरबी रागिनी से शुरू कर जब बिहाग राग तक पहुँचते तब पश्चिम तट के आकाश में स्वर्णिम आभा का खेल बिल्कुल निःशेष हो जाता और पूर्व वनान्त से चन्द्रमा उदित हो जाता। हम जब बागान के घाट पर लौटकर नदी तीर स्थित घर की छत पर बिस्तर लगाकर बैठते तब जल, स्थल में निस्तब्धता होती, नदी में नौका प्रायः नहीं रहतीं, तीर की वनरेखा पर घना अन्धकार छा जाता, नदी के तरंगहीन प्रवाह पर प्रकाश झिलमिला उठता।

9

कारोबार से लौटते समय [1883] मैंने जहाज पर 'प्रकृतिर प्रतिशोध' के कुछ गान लिखे थे। अपूर्व आनन्द के साथ पहला गीत जहाज के डेक पर बैठकर सुर में गाते-गाते रचा था—

---

10. ईसवी 1877

ह्यादे गो नन्दरानी,
आमादेर श्यामके छेड़े दाओ–
आमरा राखाल बालक गोष्ठे याब,
आमादेर श्याम के दिए जाओ।

प्रभात का सूर्य उठा है, फूल खिले हैं, राखाल (गोपाल) बालक मैदान की ओर जा रहे हैं—वह सूर्योदय, वह फूलों का खिलना, प्रान्तर की ओर वह विहार, वे उसे शून्य रखना नहीं चाहते; वहीं वे अपने श्याम के साथ मिल जाना चाहते हैं, वहीं वे असीम का सुसज्जित रूप देखना चाहते हैं; वहीं मैदान में, घाट पर, वन में, पर्वत पर असीम के साथ आनन्दलीला में वे योग देंगे, इसीलिए वे निकल पड़े हैं; दूर नहीं, ऐश्वर्य में नहीं, उनके उपकरण अत्यन्त सामान्य हैं, पीताम्बर और वनफूलों की माला ही उनकी सजावट के लिए पर्याप्त है—क्योंकि, जिसका आनन्द सर्वत्र ही विकीर्ण है, उसे किसी बड़े स्थान पर खोजना, उसके लिए किसी प्रकार का आयोजन-आडम्बर करना, लक्ष्य को ही खो देना है।

10

मैं जिस समय की बात कर रहा हूँ, उस समय की ओर दृष्टिपात करने पर देखता हूँ कि उस समय शरद् ऋतु सिंहासन पर आसीन है, पूर्ण यौवन पर है। उस समय का जीवन आश्विन के विस्तीर्ण स्वच्छ अवकाश के बीच दिखाई देता है—उस शिशिर में झलमल करती हुई सरस हरियाली पर सुनहरी धूप में, याद आ रहा है, दक्षिण की ओर के बरामदे में गान रचकर उसे जोगिया सुर में गुन्-गुन् कर गाता हुआ घूम रहा हूँ—उस शरद् की सुबह :

आजि शरततपने प्रभातस्वप्ने
की जानि परान की ये चाय।

दिन चढ़ रहा है, घर की घड़ी के अनुसार दोपहर हो गयी है, मध्याह्न के एक गान के आवेश में पूरा मन उद्वेलित हो उठा है, काम-काज के किसी तकाजे की ओर ध्यान नहीं दे रहा हूँ—वह भी शरद् का दिन था—

हेलाफेला साराबेला
ए की खेला आपन-मने।

11

एक बार माघोत्सव [1887] में सुबह और शाम मैंने बहुत से गानों की रचना

की थी। उनमें एक गान है—'नयन तोमारे पाय ना देखिते, रयेछ नयने नयने।' पिता उस समय चुँचुड़ा में थे। मुझे और ज्योतिदादा को वहाँ बुलाया गया। ज्योतिदादा को हारमोनियम पर बिठाकर मुझे सब नए गान एक-एक कर गाने के लिए कहा। कोई-कोई गान दो बार भी गाने पड़े। गाना जब समाप्त हुआ तो उन्होंने कहा, 'देश का राजा यदि देश की भाषा जानता और साहित्य की कद्र समझता, तो वह कवि को पुरस्कार देता। राजा की ओर से जब ऐसी कोई सम्भावना नहीं है, तब यह कार्य मुझे ही करना पड़ेगा।' यह कहकर उन्होंने पाँच सौ रुपए का एक चेक मुझे दिया।

छिन्नपत्रावली
श्रीमती इन्दिरा देवी को लिखित

कलकत्ता। जून 1889

भैरवी सुर की मीड़ कान में पड़ते ही जगत् के प्रति एक प्रकार के विचित्र भाव का उदय होता है···लगता है एक नियम का हाथ ऑर्गन वाद्य की खूँटी अविश्राम घुमा रहा है एवं इस घर्षण-वेदना से समस्त विश्वब्रह्माण्ड के मर्मस्थल से एक गंभीर, कातर, करुण रागिनी उच्छ्वसित हो रही है—प्रभात के सूर्य का समस्त प्रकाश म्लान हो गया है, वृक्ष-पल्लव निस्तब्ध होकर जैसे कुछ सुन रहे हैं, एवं आकाश विश्वव्यापी अश्रु के वाष्प से जैसे आच्छन्न हो गया है—अर्थात्, दूर आकाश की ओर देखने से लगता है जैसे एक अनिमेष नील चक्षु सजल होकर केवल ताक रहा है।

पतिसर। 18 जनवरी 1891

भारतवर्ष में जैसे परिष्कार खुला आकाश, बहुत दूर विस्तृत समतल भूमि है, यूरोप में ऐसा कहीं है या नहीं, इसमें सन्देह है। इसीलिए हमारी जाति जैसे विराट् पृथिवी की उस असीम अनासक्ति का आविष्कार कर सकी है। इसीलिए हमारी पूरबी में किंवा तोड़ी में समस्त विशाल जगत् के अन्तर की हाहाकार ध्वनि जैसे व्यक्त होती है, किसी भी एक परिवार की नहीं। पृथिवी का एक अंश है जो कर्मपटु, स्नेहशील, सीमाबद्ध है, उसका भाव हमारे मन में अधिक प्रभाव विस्तार करने का अवसर नहीं पा सका। पृथिवी का जो भाव निर्जन, विरल, असीम है, उसी ने हमें उदासीन कर दिया है। इसीलिए सितार पर जब भैरवी की मीड़ ली जाती है तो हमारे भारतवर्षीय हृदय में एक प्रकार का खिंचाव जागता है।

शिलाइदह। 6 अक्तूबर 1891

परसों बोट की खिड़की के पास चुपचाप बैठा था कि एक डोंगी में एक माझी

गान गाते-गाते चला गया—वह कोई सुस्वर था, ऐसा नहीं—हठात् याद आया, बहुत दिन पूर्व बाल्यकाल में पिता महाशय के साथ बोट में पद्मा पर जा रहा था—एक दिन रात के प्रायः दो बजे नींद टूट जाने पर बोट की खिड़की उठाकर सिर बाहर कर मैंने देखा कि निस्तरंग नदी पर खिली हुई ज्योत्स्ना चमक रही है, एक छोटी डोंगी पर एक छोकरा अकेला दाँड़ चलाता हुआ जा रहा है, वह ऐसे मधुर कण्ठ से गान गा रहा है—इससे पहले इतना मीठा गान मैंने कभी सुना नहीं था। सहसा ऐसा लगा कि बीता जीवन यदि ठीक उसी दिन से पुनः वापस पा जाऊँ ! तो और एक बार परीक्षा करके देखूँ। इस बार उसे और तृषित, शुष्क, अपरितृप्त रखकर छोड़ न दूँ—कवि का गान गाते-गाते ज्वार के समय लंबी-सी नौका पर पृथिवी की सैर करने निकल जाऊँ, गान गाऊँ एवं वशीभूत करूँ और देख आऊँ कि पृथिवी पर कहाँ क्या है; अपने आपको भी एक बार जान लूँ और अन्यों का भी परिचय प्राप्त कर लूँ; जीवन में, यौवन में उच्छ्वसित होकर हवा के समान एक बार वेग से घूम आऊँ, उसके बाद घर लौट कर अपना परिपूर्ण प्रफुल्ल वार्धक्य कवि के समान बिताऊँ।

साजादपुर। 5 जुलाई 1892

आज प्रातःकाल कोई शहनाई पर भैरवी बजा रहा था, इतनी अधिक मीठी, मधुर लग रही थी कि क्या कहूँ—मेरी आँखों के सामने का शून्य आकाश एवं हवा तक एक अंतरनिरुद्ध क्रन्दन के आवेग से जैसे स्फीत हो उठी थी—अत्यन्त कातर किन्तु खूब सुन्दर—ऐसा सुर गले से इस तरह क्यों नहीं निकलता मैं समझ नहीं सकता। मनुष्य के कण्ठ की अपेक्षा कांस्य नली से इतना अधिक भाव क्यों प्रकट होता है। अब वे मुलतानी बजा रहे हैं—मन को बड़ा उदास कर दिया है—पृथिवी के इस समस्त हरे दृश्य के ऊपर अश्रुवाष्प का एक आवरण खींच दिया है—मुलतानी रागिनी के भीतर से सम्पूर्ण जगत् दिखाई दे रहा है। यदि हर समय इसी प्रकार एक-एक रागिनी के भीतर से जगत् दिखाई देता तो बहुत अच्छा होता। आजकल गान सीखने की इच्छा होती है—बहुत-से भूपाली गान···एवं वर्षा के करुण सुर—कई अच्छे-अच्छे हिन्दुस्थानी गान—

साजादपुर। 10 जुलाई 1893

'बड़ो वेदनार मतो' गान का सुर शायद ठीक मजलिसी या बैठकी नहीं है ···ये सब गान जैसे कुछ एकान्त में गाने के लिए हैं। यह सुर मन्द है, ऐसा मैं नहीं मानता, वरन् अच्छा हुआ है यह कहना अत्युक्ति नहीं होगी। वह गान मैंने स्नानघर में कई दिनों तक थोड़ा-थोड़ा करके सुर के साथ तैयार किया था—स्नानघर में गान रचना करने की कई भारी सुविधाएँ हैं। प्रथमतः एकान्त, द्वितीयतः अन्य

कर्तव्य का तकाजा नहीं रहता–सिर पर एक बाल्टी जल उंडेल कर पाँच मिनट गुन्-गुन् करने पर कर्तव्य ज्ञान को विशेष आघात नहीं लगता–सबसे बड़ी सुविधा यह है कि किसी दर्शक की सम्भावना मात्र न रहने से दिल खोलकर मुखभंगी की जा सकती है। मुखभंगी के बिना गान रचना की पूर्ण अवस्था किसी भी प्रकार अपनाई नहीं जा सकती। यह ठीक युक्तितर्क का काम नहीं, विशुद्ध क्षिप्तभाव है। यह गान मैं अब भी सर्वदा गाता रहता हूँ–आज प्रातः बहुत समय तक मैंने यह गान गुनगुनाया, गाते-गाते एक गभीर भावोन्माद भी जागता है। अतएव यह मेरा एक प्रिय गान है, इसमें कोई सन्देह नहीं।

कलकत्ता। 21 जुलाई 1894

उस दिन अ [भि] जब गा रहा था मैं सोच रहा था कि मनुष्य के सुख के उपकरण अधिक दुर्लभ हैं ऐसा नहीं, पृथिवी पर मधुर कण्ठ का गान नितान्त असम्भव आइडियल के अन्तर्गत नहीं है, फिर भी उससे जो आनन्द मिलता है, वह अत्यन्त गभीर है। किन्तु वस्तु कितनी ही सुलभ क्यों न हो, उसके लिए यथोपयुक्त अवकाश निकालना बहुत कठिन है। इच्छापूर्वक गान गाएँगे और इच्छापूर्वक गान सुनेंगे, पृथिवी पर केवल इन दो श्रेणियों के ही लोग नहीं हैं, चारों ओर अधिकांश लोग ऐसे हैं जो गान गाएँगे भी नहीं और सुनेंगे भी नहीं। इसीलिए कुल मिलाकर कुछ बनता नहीं है।

शिलाइदह। 10 अगस्त 1894

मुझे लगता है कि दिन का जगत् है यूरोपीय संगीत, सुर बेसुर, खण्ड-अंश मिलकर एक गतिशील प्रकाण्ड हार्मनी की भीड़–और रात का जगत् है हमारा भारतवर्षीय संगीत, विशुद्ध, करुण, गम्भीर, अमिश्र रागिनी। दोनों ही हमें विचलित करते हैं, तथापि दोनों ही परस्पर विरोधी हैं।

पतिसर। 10 सितम्बर 1894

रामकली प्रभृति प्रातःकाल के जो सब सुर कलकत्ता में नितान्त अभ्यस्त एवं प्राणहीन लगते हैं, यहाँ उसके आभासमात्र से ही उसका सम्पूर्ण रूप अनायास सजीव हो उठता है। उसमें ऐसा एक अपूर्व सत्य एवं नवीन सौन्दर्य दिखाई देता है, ऐसी एक विश्वव्यापी गभीर करुणा विगलित होकर चारों दिशाओं को वाष्पाकुल कर देती है कि यह रागिनी सम्पूर्ण आकाश एवं सम्पूर्ण पृथिवी का गान प्रतीत होती है यह एक इन्द्रजाल, एक मायामंत्र के समान है। मेरे सुर के साथ कितने पदों को मैं एक-एक कर जोड़ देता हूँ उसकी गणना नहीं है–ऐसे एक लाइन का गान पूरे दिन कितने जमाता हूँ और कितने विसर्जित कर देता हूँ।···आज सुबह के पूरे समय में

बिलकुल सीधीसादी भैरवी रागिनी में कुछ दो-तीन छत्र की क्रमागत आवृत्ति करता रहा, वही याद है एवं नमूना स्वरूप उन्हें उद्धृत किया जा सकता है—

ओगो, तुमि नव नव रूपे एसो प्राणे (आमार नित्यनव !)
एसो गन्ध वरन गाने !

•

कलकत्ता। 21 नवम्बर 1894

कर्मक्लिष्ट, सन्देहपीड़ित, वियोग-शोक कातर संसार का जो आन्तरिक चिरस्थायी, सुगभीर दुःख है, भैरवी रागिनी में वही पूर्ण रूप से विगलित होकर निःसृत होता है। मनुष्य और मनुष्य के सम्पर्क में नित्य शोक, नित्य भय, नित्य विनय का जो भाव है, हमारे हृदय के पट खोलकर भैरवी उस क्रन्दन को मुक्त कर देती है—हमारी वेदना के साथ जगद्व्यापी वेदना का सम्पर्क स्थापित कर देती है। वास्तव में हमारा कुछ भी स्थायी नहीं है, किन्तु प्रकृति न जाने किस एक मंत्र के बल से हमें सर्वदा इस तथ्य से भुलाए रखती है—इसीलिए हम उत्साह के साथ संसार का काम कर सकते हैं। भैरवी में वही चिरसत्य, वही मृत्युवेदना मूर्त होती है; हमें यह बता देती है कि हम जो कुछ जानते हैं उसका कुछ भी नहीं रहेगा एवं जो चिरकाल स्थायी रहेगा, उस बारे में हम कुछ भी नहीं जानते।

शिलाइदह। 22 फरवरी 1895

हमारी मुलतानी रागिनी दिन के चार-पाँच बजे की रागिनी है, उसका ठीक भाव है—'आज कुछ भी तो काम नहीं हुआ।'...आज मैं अपराह्न के झिलमिल प्रकाश में, जल में, स्थल में, शून्य में, सभी स्थानों पर उस मुलतानी रागिनी को उसके करुण भाव को उसके अन्तरे तक मैं प्रत्यक्ष रूप से देख सकता हूँ—न सुख, न दुःख, केवल आलस्य का अवसाद एवं उसके अन्दर की एक मर्मगत वेदना।

शिलाइदह। 1 मार्च 1895

कुछ ऐसे गान हैं जिनके स्थायी बहुत सुन्दर हैं, किन्तु अन्तरा भावशून्य—स्थायी में ही सुर का समस्त स्वरूप पूर्णतया समाप्त होने पर केवल नियमवश अनावश्यक अन्तरा जोड़ दिया जाता है। जैसे मेरा यह गान 'बाजिल काहार वीणा मधुर स्वरे'—उसमें सुर की बात आरम्भ में ही समाप्त हो गयी, किन्तु कवि के मन की बात समाप्त न होने के कारण गान जहाँ समाप्ति चाहता है वहाँ कवि की बात उसे अधिक खींच ले गयी है।

कलकत्ता। 2 मई 1895

हमारे लिए हमारा प्रतिदिन का संसार ठीक सामंजस्यपूर्ण नहीं है—उसका कोई

तुच्छ अंश सम्भवतः बेहद बड़ा है, क्षुधा-तृष्णा, झगड़ा-टंटा, रोग-नीरोग, छोटी-मोटी बातें, खिटपिट, इन सबने आज के प्रत्येक क्षण को कण्टकित कर दिया है, किन्तु संगीत अपने अन्दर के सुन्दर सामंजस्य के द्वारा क्षण भर में ही न जाने किस एक मोहमंत्र से इस समस्त संसार को एक 'परस्पेक्टिव' में लाकर खड़ा कर देता है जहाँ उसका क्षुद्र क्षणस्थायी असामंजस्य नजर ही नहीं आता--एक समग्र, बृहत्, नित्य सामंजस्य द्वारा समस्त पृथिवी छवि के समान हो उठती है एवं मनुष्य के जन्म-मृत्यु, हास्य-रुदन, भूत-भविष्यत्-वर्तमान का पर्याय एक कविता के सकरुण छन्द के समान कान में गूँजने लगता है। इसके साथ हमारी भी अपनी-अपनी व्यक्तिगत प्रबलता-तीव्रताओं का ह्रास हो जाता है, हम काफी हलके हो जाते हैं एवं संगीतमय विस्तीर्णता में हम अत्यन्त सहजभाव से आत्मविसर्जन कर देते हैं। क्षुद्र एवं कृत्रिम सामाजिक बन्धन समाज के लिए विशेष उपयोगी हैं, किन्तु संगीत एवं उच्चांग आर्ट मात्र ही उनकी अकिंचित्करता की उपलब्धि क्षण भर में करा देता है--इसीलिए आर्ट मात्र में ही कुछ समाजनाशकता है—इसीलिए अच्छा गान किंवा कविता सुनने पर हमारे चित्त में चंचलता जाग्रत होती है, समाज की लौकिकता का बन्धन तोड़कर नित्य सौन्दर्य की स्वाधीनता के लिए मन में एक निष्फल संग्राम की सृष्टि होती है--सौन्दर्य मात्र ही हमारे मन में अनित्य के साथ नित्य का विरोध आरम्भ कर अकारण वेदना की सृष्टि करता है।

साजादपुर। 5 जुलाई 1895

कल काफी रात तक नौबत पर कीर्तन का सुर बज रहा था; वह अत्यन्त अद्‌भुत लगता था, और इस छोटे-से गाँव के लिए उपयुक्त था—जैसा सीधासादा, वैसा ही सकरुण···उन दिनों के राजाओं के वैतालिक थे—वे भिन्न-भिन्न समयों पर गान गाकर प्रहर बता देते थे, यह नवाबी मुझे लोभनीय लगती है।

शिलाइदह। 20 सितम्बर 1895

संगीत के समान ऐसी आश्चर्यजनक इन्द्रजालविद्या जगत् में और कुछ नहीं है--यह एक नूतन सृष्टिकर्ता है। मैं तो निर्णय नहीं कर सकता—संगीत एक नवीन मायाजगत् की सृष्टि करता है या पुरातन जगत् का अन्तरतम अपरूप नित्य राज्य उद्‌घाटित कर देता है। गान प्रभृति कुछ ऐसी वस्तुएँ हैं जो मनुष्य को यह बताती हैं कि तुम जगत् की सभी वस्तुओं को कितना ही स्पष्ट रूप से बुद्धिगम्य करने की चेष्टा क्यों न करो, इसकी असल वस्तु अनिर्वचनीय है एवं उसी के साथ हमारे मर्म का मर्मान्तिक योग है—इसीलिए हमारा इतना दुःख, इतना सुख, इतनी व्याकुलता है।

शिलाइदह। 26 सितम्बर 1895

प्रकृति के साथ गान का जितना निकट सम्पर्क है, उतना और किसी का

नहीं—मैं निश्चित रूप से जानता हूँ कि यदि मैं खिड़की के बाहर देखते हुए रामकली आलापना आरम्भ करूँ तो रौद्ररंजित सुदूर विस्तृत श्यामलनील प्रकृति मंत्रमुग्ध हरिणी के समान मेरे मर्म के निकट आकर मुझे अवलेहन करने लगेगी। पद्मा पर जब-जब वर्षा होती है, मैं सोचता हूँ कि मेघमल्हार में एक नए वर्षा-गान की रचना करूँ···बातें तो एक वही हैं—वृष्टि होती है, बादल छाते हैं, बिजली कौंधती है। किन्तु उसमें जो भीतर का नित नवीन आवेग है, अनादि अनन्त विरह वेदना है, वह गान के सुर में ही कुछ-कुछ प्रकट होती है।

शिलाइदह। 15 दिसम्बर 1895

कल शाम जब मैं एक होड़ी में बैठकर स्वर्णाभ अन्धकार के बीच से धीरे-धीरे लौट रहा था, मेरा पूरा अन्तःकरण सान्ध्य-प्रकृति से आप्लावित था, ऐसे समय में दूर के किसी अदृश्य नौका से वायलिन से पहले पूरबी और बाद में यमनकल्याण में आलाप सुनाई दिया—समस्त स्थिर नदी एवं स्तब्ध आकाश मनुष्य के हृदय से छोर-छोर तक परिपूर्ण हो उठा। इसके पूर्व मुझे लगता था कि मानव जगत् में इस सान्ध्य-प्रकृति की तुलना सम्भवतः कहीं नहीं मिलती—जैसे ही पूरबी की तान झंकृत हो उठी, मैंने अनुभव किया कि यह भी एक आश्चर्यजनक, गभीर एवं असीम सुन्दर है, यह भी एक परम सृष्टि है—सन्ध्या के समस्त इन्द्रजाल के साथ यह रागिनी इतने सहज भाव से विस्तीर्ण हो गयी, कहीं भी कुछ भी खंडित नहीं हुआ—मेरा सम्पूर्ण वक्षस्थल भर आया।

अष्टमखण्ड चिट्ठीपत्र :
प्रियनाथ सेन को लिखित

1915 ?

गान के कवित्व के सम्बन्ध में तुमने जो लिखा है वह सब मैं मानता हूँ। केवल एक बात ठीक नहीं है। कविता के सम्बन्ध में कोई थियोरी मेरे दिमाग में नहीं है। गान लिखता हूँ, उसमें सुर-संयोजन कर गाता हूँ—यही मेरी तात्कालिक आवश्यकता है—अब मेरे दिन कवित्व के नहीं हैं। मैंने पहले ही कहा है कि फूल चिरदिन नहीं खिलते—यदि खिलते तो खिलते ही, ताकीद की कोई आवश्यकता नहीं रहती। आज मैं जो गान लिखता हूँ, वे अच्छे हैं या बुरे, यह सोचने का मेरे पास समय ही नहीं है। यदि तुम कहो कि फिर इन्हें छपवाते क्यों हो, उसका कारण यह है कि ये गान मेरे नितान्त अन्तर की अभिव्यंजना है—अतएव अन्य किसी-न-किसी के अन्तर का कोई प्रयोजन उससे मिट सकता है—वह गान जो गाना

चाहे तो गा भी ले तो भी कोई क्षति नहीं, क्योंकि मेरी जो आवश्यकता थी वह पूरी हो गयी है। जो अन्तराल से अपूर्ण प्रयास की पूर्णता साधन करा देता है, उनके ही पादपीठ तले ये गान यदि अर्पण कर सकूँ तो इस जन्म भर की बकसीस तो मुझे मिल गयी; इससे अधिक शक्ति अब मुझमें नहीं है। अब मूल्य अदा कर सकूँ, ऐसा आयोजन कैसे करूँ, बस इसी प्रत्याशा में हूँ कि प्रसाद मिलेगा। तुम लोग मुझे यही आशीर्वाद दो—हाट का व्यापारी जैसे अब द्वार का भिखारी होकर दिन काट सके।

पश्चिम यात्री की डायरी : जहाज पर

7 अक्तूबर 1924

आज प्रायः पन्द्रह-सोलह वर्षों से खूब जोरों से गान लिख रहा हूँ। लोकरंजन के लिए नहीं, क्योंकि पाठक लिखने की क्षमता का परिचय खोजते हैं। छोटे-छोटे, एक-एक गान में क्षमता का कौशल दिखाने जैसी जगह भी नहीं है। यदि बाकायदा पीठ ठोंककर कवित्व दिखाना हो तो अन्ततः बड़े अखाड़े की जरूरत होती है। इसके अलावा गान अधिक बोझा सह नहीं सकता; जो माल के वजन से कीमत जाँचते हैं, वे इस प्रकार की दस-बारह लाइनों की हलकी-फुलकी कविता के बाजार की ओर पाँव बढ़ाना नहीं चाहते। फिर भी इन कुछ वर्षों में मैंने इतने गान लिखे हैं कि अन्ततः संख्या के हिसाब से लम्बी दौड़ की बाजी में मैं सम्भवतः प्रथम पुरस्कार प्राप्त कर सकता हूँ।

और एक बात कह देता हूँ : गान लिखने में मुझे जिस प्रकार परम आनन्द मिलता है, वैसा और किसी चीज में नहीं मिलता। ऐसा नशा चढ़ता है कि उस समय गुरुतर काम का गुरुत्व बिल्कुल समाप्त हो जाता है, बड़े-बड़े दायित्व का गुरुत्वाकर्षण अचानक लुप्त हो जाता है, कर्तव्य के तकाजों को भी मन नामंजूर कर देता है।

गान विशुद्ध सृष्टिलीला है। इन्द्रधनुष जिस प्रकार वृष्टि और रौद्र का जादू है, आकाश के उन दो खामखयाली मिजाज द्वारा गढ़ा तोरण है, उसी तोरण के नीचे से एक अपूर्व मुहूर्तकाल जय-यात्रा करेगा। समाप्त हो गया यह खेल, वह मुहूर्त उसका रंगीन उत्तरीय उड़ाकर चला गया—उससे अधिक और कुछ नहीं। मिजाज का यह रंगीन खेल ही है गीतिकाव्य। उस इन्द्रधनुष के कवि को पकड़ कर यदि पूछा जाता—'इसका अर्थ क्या हुआ', तो उसका साफ जवाब मिलता—'कुछ नहीं'। 'तो ?' 'मेरी खुशी।' रूप में ही खुशी—सृष्टि के सब प्रश्नों का यह शेष उत्तर है।···

सृष्टि की इस अन्तरतम अहैतुक लीला को जब मन पाना चाहता है, तभी शाही बेकार के समान वह गान लिखने बैठता है। चार पंखुड़ियाँ लेकर छोटे जुईफूल के समान छोटा-सा गान जब सम्पूर्ण होता है, तब उस महाक्रीड़ा गृह के फर्श पर ही उसके लिए जगह बनाई जाती है जहाँ युग-युग से ग्रह-नक्षत्र का खेल हो रहा है। वहाँ युग और मुहूर्त समान ही हैं, वहाँ सूर्य और सूर्यमणिफूल अभेदात्मा हैं, वहाँ सुबह-शाम बादलों में जो राग-रागिनी रहती हैं, मेरे गान के साथ उसके अन्तर का मेल है।

7 फरवरी 1925

जो यन्त्र बाहर के व्यवहार के लिए है, उसकी गति के छन्द को चाबी से काफी हद तक बढ़ाया जा सकता है। किन्तु हमारे प्राण, हमारे हृदय के छन्द की अपनी एक स्वाभाविक लय है; उस पर द्रुत प्रयोजन की जबरदस्ती नहीं चलती। ···ग्रामोफोन की गति को यदि तेज कर दिया जाय तो जिस गान को गाने में चार मिनट लगे थे, उसे सुनने में आधा मिनट से अधिक न भी लगे, किन्तु संगीत चीत्कार में परिणत हो जाएगा।

चाबी से यन्त्र की ताल को दूना, चौगुना करना मुश्किल नहीं, उसके साथ अभ्यास की गति भी काफी परिमाण में बढ़ाई जा सकती है। किन्तु ऐसे द्रुत अभ्यास के नैपुण्य से केवल वही काम सम्भव है जो 'वस्तुगत' है। अर्थात्, एक बस्ता बाँधने की जगह दो बस्ते बाँधे जा सके। किन्तु, जो कुछ प्राणगत, भावगत है, वह यन्त्र के छन्द का अनुवर्ती नहीं होना चाहता। जो पहलवानी प्रकृति के लोग हैं, वे संगीत में दूना-चौगुना का वेग देखकर पुलकित हो उठते हैं। किन्तु जो लोग पद्मवन के तरंगान्दोलन में वीणापाणि के माधुर्य पर मुग्ध हैं, प्रति घण्टा साठ मील की गति की मोटरयात्रा के प्रस्ताव पर उनका मन हाय-हाय कर उठता है।···

···आजकल के दिनों में सिनेमा जनसाधारण का एक उत्कट नशा है। बच्चे-बूढ़े सभी को प्रतिदिन इसने मत्त कर रखा है। इसका अर्थ है—सभी विभागों में वर्तमान युग की कला की अपेक्षा करामाती मुख्य हो गयी है। प्रयोजन-साधन की मुग्धदृष्टि करामाती को ही पसन्द करती है।

11 फरवरी 1925

जो गान खुले रास्ते की बंशी पर अचानक हवा, वन की मरमर और नदी के कल्लोल के साथ-साथ बजा है, जो गान भोर के शुकतारा के पीछे-पीछे अरुण प्रकाश के मार्ग से चला गया, शहर की महफिलों में; झूमर के प्रकाश में उन्हें स्थान नहीं मिला; उस्तादों ने कहा, 'यह कुछ भी नहीं,' प्रवीण लोगों ने कहा, 'इसका कोई अर्थ

ही नहीं।' सचमुच कुछ भी तो नहीं, कोई अर्थ नहीं यह बात तो सच है; सोने के समान निकष पर परखा नहीं जा सकता, पाट (पटसन) के बस्ते की तरह वजन-काँटे पर उसे तौला नहीं जा सकता। किन्तु, वैरागी जानता है कि अ-धर रस में ही उसका रस है। कई बार सोचते हैं कि कण्ठ तक गान है, किन्तु उसे सुनाने के शुभ अवसर बना नहीं सकते। कान यदि खुले भी रहें, अनमना का मन कहाँ मिलेगा ! वह मन यदि अपना आसन छोड़ कर रास्ते पर निकल सकता तभी तो जो कहा नहीं जा सकता उसे वह सुनेगा, जो जाना नहीं जाता उसे वह जानेगा।

12 फरवरी 1925

ताल और सा-रे-ग-म जब केवल बाहर के तथ्य के रूप में कान पर, मन पर पड़ते रहते हैं, तब चित्त उससे मुक्ति पाने के लिए व्याकुल हो उठता है; किन्तु जब उस ताल और सा-रे-ग-म के भीतर से ही संगीत को देख सकें, तब मात्रा में अमात्र, सीमा में असीम, प्राप्त में अप्राप्त का अनुभव करते हैं--तब उस आनन्द में ऐसा लगता है कि इसके लिए सब कुछ न्यौछावर कर सकते हैं। किसके लिए ? उस सा-रे-ग-म के लिए ? उस झपताल-चौताल के लिए ? दूना-चौगुना की कसरत के लिए ? नहीं--कुछ ऐसे के लिए जो अनिर्वचनीय है, जो प्राप्त-अप्राप्त में एकरूप है; जो सुर नहीं, ताल नहीं, सुर ताल में व्याप्त होकर भी सुर ताल के जो अतीत है, वही संगीत।

14 फरवरी 1925

गान हो, चित्रकला हो, काव्य हो, उस्तादी पहले सिर झुकाए मुगल दरबार में ईस्ट इण्डिया कम्पनी की तरह उनके पीछे-पीछे रहती है। किन्तु, जिस कारण प्रभु की अपेक्षा सेवक की पगड़ी का रंग उग्र, उसके तमगे की चमक अधिक होती है, इसी कारण वे भीड़ से जितना अधिक उत्साह पाते हैं उतना अधिक आगे आकर जम जाते हैं। यथार्थ आर्ट जब हार मान जाता है, तब उसकी स्वाधीनता चली जाती है। यथार्थ आर्ट में सहज प्राण हैं इसीलिए उसकी वृद्धि है, गति है; किन्तु कारु-नैपुण्य अलंकार है, उसमें प्राणधर्म नहीं है, इसीलिए वह अधिक प्रबल होने पर ही वह आभरण श्रृंखल हो उठता है; तब वह आर्ट की स्वाभाविक वृद्धि को बन्द कर देता है, उसका गतिरोध कर देता है। तब वह जो बहादुरी करता है वह आत्मिक नहीं, वह वैषयिक है; अर्थात् उसमें प्राणगत वृद्धि नहीं, वस्तुगत संचय है। इसीलिए हमारे हिन्दुस्थानी गान में वृद्धि दृष्टिगोचर नहीं होती। तानसेन प्रभृति के अक्षय कमण्डलु से जो धारा प्रवाहित हुई थी, उस्ताद प्रभृति जह्नुमुनि अपनी करामात से उसे निगल कर बैठे हैं। मुख्य बात यह है कि सत्य के रसरूप को सुन्दर और सरल कर प्रकाश करना कलाविद्या का जो काम है, अवान्तर का जंजाल उसका सबसे

बड़ा शत्रु है। महाजंगल महारण्य का श्वास रुद्ध कर देता है।

···मनुष्य बार-बार शिशु रूप में जन्म लेता है, इसीलिए सत्य के संस्कारवर्जित सरल रूप का आदर्श चिरन्तन बना हुआ है; उसी प्रकार आर्ट को भी शिशु रूप में जन्म लेकर अति-अलंकार के बन्धनपाश से बार-बार मुक्ति प्राप्त करनी होगी।

15 फरवरी 1925

कवि हो, चित्रकार हो, अपनी रचना में वह क्या चाहता है। वह विशेष को चाहता है।···हमारे मन में विविध हृदयावेग संचरित होते रहते हैं। छन्द में, सुर में, शब्द में जब वह विशेष हो उठते हैं तब काव्य बनता है, गान बनता है। हृदयावेग को अभिव्यक्त किया गया इसीलिए वह आनन्द है ऐसा नहीं, बल्कि उसे विशिष्टता प्रदान की गयी इसीलिए आनन्द का उद्रेक हुआ है उस विशिष्टता के उत्कर्ष में ही उसका उत्कर्ष है।

एक प्रकार का जबरदस्ती गले पड़ा सौन्दर्य है जो इन्द्रियतृप्ति के सहयोग से अपने अतिलालित्य गुण से हमारे मन को सहज ही में भुलाता है, जिस तरह चोर द्वारपाल को घूस देकर चोरी करने के लिए घर में घुसता है। इसीलिए जो आर्ट आभिजात्य का गौरव करता है वह आर्ट इस सौन्दर्य को प्रश्रय देना ही नहीं चाहता। बाईजी का फूहड़ संगीत सुर-ताल की अपनी हलकी चालों की उत्तेजना से साधारण लोगों के मन में नशा लगा देता है। बड़े उस्ताद इस नशीले, कान को बहकाने वाले धोखे की भारी अवज्ञा करते हैं। उससे वे साधारण लोगों की सस्ती बकसीस से वंचित होने को ही अपना पुरस्कार मान लेते हैं। वे जिस विशिष्टता को आर्ट की सम्पद के रूप में मानते हैं, वह विशिष्टता प्रलोभन-निरपेक्ष उत्कर्ष है। उसे दिखाने के लिए जिस प्रकार की साधना की जरूरत है, उसी प्रकार उसे पाने के लिए भी साधना चाहिए। इसीलिए उसका मूल्य है। निरलंकार होने में उसे भय नहीं है। सरलता के अभाव को, आडम्बर को, वह इतर, हीन बताकर उससे घृणा करती है। सुललित के रूप में अपना परिचय देने में वह लज्जा अनुभव करती है, सुसंगत कहलाने में ही उसका गौरव है।

पथ पर और पथ के किनारे पर : श्रीमती निर्मलकुमारी महालनवीश को लिखित पत्र

[शान्तिनिकेतन] 8 अगस्त 1929

गद्यरचना में आत्मशक्ति का, अतः आत्मप्रकाश का क्षेत्र खूब ही प्रशस्त है। भविष्यत् काल में संगीत भी बन्धनहीन गद्य के गूढ़तर बन्धन का आश्रय लेगा।

कभी-कभी गद्य-रचना में सुर-संयोग करने की इच्छा होती है। क्या तुम सोचती हो कि लिपिका गान में गायी नहीं जा सकती ?

कोपनहेगन। 8 अगस्त 1930

यूरोप का संगीत प्रकाण्ड, प्रबल एवं विचित्र है, मनुष्य के विजयरथ के ऊपर से वह बज रहा है। ध्वनि दिगदिगन्त के वक्षस्थल को प्रकम्पित कर रही है। कहना ही पड़ता है—वाहवा ! किन्तु, हमारी राखाली बंशी पर जो रागिनी बजती है, वह हमारे एकाकी मन को बुलाती है, एकाकी की ओर उस पथ से जिस पथ पर बांशवन की छाया पड़ी है, जल से भरी कलसी लेकर गाँव की युवती जा रही है, आम्रवृक्ष की डाल पर घूघू पक्षी पुकार रहा है, और दूर से माझियों का सारिगान सुनाई दे रहा है—मन को उद्वेलित कर देती है, आँखें अकारण अश्रुजल से धुँधली कर देती है। अत्यन्त सीधी-सादी है, इसीलिए वह अत्यन्त सहज भाव से मन के आँगन में आँचल फैलाकर बैठ जाती है।

श्री अमियनाथ चक्रवर्ती को लिखित पत्र

शान्तिनिकेतन। 14 फरवरी 1939

सुर से लदी तीन नाटिकाओं की नाविकगिरी, निर्देशन-संचालन का काम पूरा किया। नट-नटियों का दल वाद्यादि लेकर कलकत्ता चला गया। दीर्घकाल से मेरा मन गीतगुंजन से मुखरित था। मैं बहुत आनन्द में था। वह आनन्द था विशुद्ध, क्योंकि वह निर्वस्तुक (abstract) है। वाक्य की सृष्टि पर मन में संशय जाग्रत हो गया है। इतने प्रकार के प्रचलित खयालों पर उसका मूल्य जाँचा जाता है कि मैं उसके मूल्य के आदर्श को खोज नहीं पाता।···

इस अस्थिर अवस्था में फिलहाल मैंने अपने वानप्रस्थ के दो निश्चित ठिकाने पा लिए हैं—गान और छवि। इस अंचल में इनके ऊपर बाजार का बस्ता-मार्क अभी तक नहीं पड़ा है। यद्यपि मेरे गान को लेकर विवाद का अन्त नहीं, फिर भी वह मेरे मन को विचलित नहीं करता। उसका एक कारण यह है कि सुर की समग्रता को लेकर काटछाँट करना ठीक नहीं। मन में उसकी जो प्रेरणा है वह व्याख्या के अतीत है। राग-रागिनी की विशुद्धता को लेकर मूल्यांकनकर्ता गान पर जो सब प्रकार से आंगिक विचार करते हैं, गान के इन महाजनों की उस्तादी को किसी दिन मैंने प्रश्रय नहीं दिया। इस सम्बन्ध में जात खोने के कलंक को मैंने अंग के भूषण रूप में मान लिया है। कला के सभी विभागों में मैं व्रात्य हूँ, विशेष रूप से गान के विभाग में। गान

के सम्बन्ध में मुझमें पाण्डित्य नहीं है, यह मैं निश्चित रूप से जानता हूँ—उससे भी अधिक मैंने जाना है गान के माध्यम से अटूट आनन्द का सहज बोध। इस सहज आनन्द की निश्चित उपलब्धि पर बँधे-बँधाए नियम का हस्तक्षेप मुझे थोड़ा भी डिगा नहीं सका। यहाँ मैं अपने आन्तरिक अधिकार के जोर पर उद्धत हूँ, अविनीत हूँ। वाणी के अतीत होने के कारण ही गान की अनिर्वचनीयता स्वयं अपनी महिमा में विराज कर सकती है, यदि उसमें प्रचलित नियमों की अपेक्षा बड़ा नियम हो तो। गान जब मन में सम्पूर्ण रूप से जागता है, तब चित्त अमरावती में जा पहुँचता है। यह जो जागरण की बात कहता हूँ उसका यह अर्थ नहीं कि यह किसी बड़ी अपूर्व सृष्टि के सहयोग से होता है। सम्भवतः देखा जाएगा कि वह सामान्य ही है। किन्तु मेरे समक्ष उसके सत्य की उपलब्धि है उसकी तत्कालीन अकृत्रिम वेदना के वेग से। कुछ दिन बाद उसका तेज म्लान हो सकता है, किन्तु जिस मनुष्य ने यह उपभोग किया है उससे उसका कुछ बनता-बिगड़ता नहीं, यदि वह दूसरों से बकसीस की अपेक्षा न करे। मैं पद-पद पर नवीन रचना का आनन्द उसी तरह भूल जाता हूँ जिस तरह वृक्ष फूल खिलाने की बात भूल जाता है। इसीलिए अन्य लोग जब इसे भूल जाते हैं, तो मुझे पता भी नहीं चलता। अनादिकाल से रूप का जो झरना छन्द-स्रोत लेकर बह रहा है उसी की कोई एक धारा आकर जब चेतना में आवर्तित हो उठती है, भले ही वह क्षणकाल के लिए हो, तब उसके जादू के स्पर्श से 'कुछ नहीं' रूप धारण करता है 'कुछ एक' का, उस जादू का स्पर्श कल्पना में लगता है—जैसे इन्द्रलोक से वाहवा की ध्वनि मेरी मर्त्यसीमा में आ पहुँचती है—उन देवताओं का उत्साह पाता हूँ जो स्वयं सृष्टिकर्ता हैं। उस क्षण सम्भवतः वे कौड़ी मूल्य देते हैं किन्तु है तो वह स्वर्गीय कौड़ी।

…गान में मन में दूरत्व की एक परिप्रेक्षणी, अनुदर्शन का भाव आ जाता है। विषय कितना ही निकट का हो, सुर में उसकी रथयात्रा शुरू होती है; उसे हम देख पाते हैं छन्द के लोकान्तर में, सीमान्तर में, प्रतिदिन के कर स्पर्श से उसका क्षय नहीं होता, उस पर दाग नहीं लगता।

मेरे श्यामा नाटक के लिए मैंने एक गान की रचना भैरवी रागिनी में की है :

जीवने परम लगन कोरो ना हेला
हे गरबिनी

इस गरबिनी (गर्विता) को संसार में हमने बारम्बार देखा है, किन्तु गान का सुर सुनने पर समझ में आएगा कि यह 'बारम्बार' की सीमा से बहुत दूर चली गयी है। जैसे किसी दीर्घकाल की गर्विता के पैरों के पास बैठकर मुग्ध मन अन्तर-अन्तर में साधना करता रहता है। सुरमय, छन्दोमय दूरत्व ही उसका सबसे बड़ा अलंकार है। इस दूरविलासी गायक को यदि अवान्तर का नशाखोर कहकर उसकी अवज्ञा करो,

इस मानिनी को यदि जर्दा खाकर पान की पीक थूकते देखने पर ही उसे यथार्थ मान सको, तो उसे लेकर मैं तर्क नहीं करूँगा—सृष्टि क्षेत्र में उसका भी एक स्थान है, किन्तु उस भूमि-दखल के दस्तावेज को दिखाकर मेरे सुरलोक की गरबिनी को उच्छेद करने आए तो मैं अपने नौकर से कहूँगा, 'उसे भगाने से तो कोई लाभ नहीं, क्योंकि आँचल पर पान की पीक का दाग लगा स्थान प्राप्त कर सके, ऐसी कोई घोर आधुनिक भैरवी रागिनी वर्तमान काल के किसी तानसेन द्वारा आज तक तैयार नहीं हुई है।' शब्द के बाजार में हो सकता है किन्तु सुर की सभा में नहीं। इस सुर से जिस चिरदूरत्व की सृष्टि होती है, वह अमर्त्य लोक का दूरत्व है, उसे अवान्तर कहकर उसकी अवज्ञा करने पर हम वास्तववादी को उसके अधिकार बिना प्रतिवाद छोड़ जाएँगे एवं गिरजे में जाकर प्रार्थना करेंगे कि प्राणकर्ता इन्हें मुक्ति प्रदान करें।

गान में मैंने श्यामा, चण्डालिका की रचना की है। उनका विषय विशुद्ध स्वप्नवस्तु नहीं है। उसका सुख-दुःख, भला-बुरा तीव्र है, उसकी वास्तविकता अकृत्रिम और निविड़ है। किन्तु इन्हें पुलिस-केस की रिपोर्ट के रूप में नहीं बनाया गया है—गान साधना में उन लोगों ने बाधा डाली है—उसके चारों ओर जो दूरत्व विस्तारित है उसे पार कर वहाँ तक नहीं पहुँच सके हैं जो कुछ अवान्तर, जो असंलग्न, जो अनाहूत आकस्मिक है। परन्तु जगत् में सब कुछ में ही है असंलग्न अर्थहीन आवर्जना। उनकी साक्ष्य लेकर ही साहित्य की सत्यता प्रमाणित करनी होगी, ऐसी गैरकानूनी विधि मानने को मन तैयार नहीं। अन्ततः गान के सम्बन्ध में यह बात मैं सोच भी नहीं सकता। आधुनिक यूरोप में सम्भवतः सुर के कन्धे पर बेसुर सवार होकर भूत-नृत्य चला रहा है। हमारी बैठकों में अभी तक भूत-ताण्डव की अवस्था नहीं आयी है—क्योंकि हमारी पाठशालाओं में यूरोपीय संगीत की चर्चा नहीं है। अन्यथा इतने दिनों में बंगाल में नकलची बेतालों के दल ने लोगों के कान बधिर करने में कोई कसर नहीं छोड़ी होती।

जो भी हो, जब वास्तव साहित्य का पहरेदार मेरे पीछे दौड़ता है तो मेरे लिए भागकर आत्मरक्षा का स्थान है मेरा गान। इसे ही आज की 'साइकोलाजी' सम्भवतः कहती है 'एस्केपिज्म'।

विदेशी संगीत

जीवनस्मृति

ब्राइटन में रहते समय [1878] वहाँ की संगीतशाला में एक बार मैं एक विख्यात गायिका का गान सुनने गया था। उसका नाम भूल रहा हूँ–मैडम नील्सन[1] या मैडम अल्बानी[2] होगा। कण्ठस्वर की ऐसी आश्चर्यजनक शक्ति मैंने इसके पूर्व कभी नहीं देखी थी। हमारे देश में बड़े-बड़े उस्ताद गायक भी गाने के प्रयास को ढक नहीं सकते–जो मन्द्र या तार स्वर उनके गले से सहज भाव से निकलता नहीं, उसे किसी-न-किसी प्रकार लगाने में उन्हें लज्जा बोध नहीं होती। कारण, हमारे देश के श्रोताओं में जो रसज्ञ हैं, वे अपनी बोधशक्ति के बल पर ही अपने मन में गान को मूर्त कर खुश होते हैं; इस कारण वे सुकण्ठ गायक के सुललित गान की भंगी की अवज्ञा करते हैं; बाहरी कर्कशता एवं कुछ परिमाण में असम्पूर्णता में ही वास्तविक वस्तु का यथार्थ स्वरूप जैसे बिना आवरण के व्यक्त हो जाता है। यह जैसे महेश्वर के बाह्य दारिद्र्य के समान है, उसमें उनका ऐश्वर्य नग्न होकर दिखाई देता है। यूरोप में यह भाव बिल्कुल नहीं है। वहाँ बाहर का आयोजन बिल्कुल निर्मूल होना चाहिए–वहाँ अनुष्ठान की त्रुटि होने पर लोगों को मुँह दिखाने का उपाय नहीं रहता। महफिल में बैठकर आधा घंटा तानपुरा मिलाने और तबले पर हथोड़ी पीटने को हम बिल्कुल बुरा नहीं मानते। किन्तु, यूरोप में यह सब नेपथ्य में किया जाता है–वहाँ बाहर जो कुछ प्रस्तुत किया जाता है, वह बिल्कुल परिपूर्ण होता है। इसीलिए वहाँ गायक के कण्ठस्वर में कहीं थोड़ी भी दुर्बलता रहने पर काम नहीं चलता। हमारे देश में गान साधना ही मुख्य है, हमारी जो कुछ दुरूहता है उस गान

---

1. Christine Nilsson (1843-1922), Swedish prime donna
2. Dame Albani (1852-1930), Canadian Prima donna

में ही है, यूरोप में गला साधना ही मुख्य है, गले के स्वर से ही वे असाध्य साधन करते हैं। हमारे देश में जो प्रकृत श्रोता हैं, वे गान सुनकर सन्तुष्ट रहते हैं, यूरोप में श्रोता गान के सम्यक् गायन को सुनते हैं। उस दिन ब्राइटन में मैंने वही देखा—उस गायिका का गान गाना अद्‌भुत, आश्चर्यजनक था। मुझे लगा जैसे वह कंठस्वर में सरकस का घोड़ा हाँक रही है। कण्ठनली में सुर की लीला कहीं भी किसी प्रकार की बाधा अनुभव नहीं कर रही है। मन में कितना ही विस्मय बोध क्यों न करूँ, उस दिन गान मुझे बिल्कुल अच्छा नहीं लगा। विशेषतः, उसमें कहीं-कहीं पक्षियों की ध्वनि की नकल थी, वह मुझे अत्यन्त हास्यास्पद लगी थी। कुल मिलाकर मुझे ऐसा लगा कि मनुष्यकण्ठ की प्रकृति का मानो अतिक्रमण हो रहा है। उसके पश्चात् पुरुष-गायकों का गान सुनकर मुझे आराम महसूस होने लगा—विशेषतः जिसे 'टेनर' (पुरुष का उच्च) कण्ठ कहा जाता है वह नितान्त एक पथभूली तूफानी हवा के अशरीरी विलाप के समान नहीं था—उसमें नरकण्ठ के रक्तमांस का परिचय मिलता था।

इसके पश्चात् गान सुनते-सुनते और सीखते-सीखते यूरोपीय संगीत में रस अनुभव करने लगा। किन्तु आज तक मुझे ऐसा ही लगता है कि यूरोप के गान और हमारे गान के महल जैसे भिन्न हैं; ठीक एक ही द्वार से हृदय के एक ही महल में जैसे वे प्रवेश नहीं करते। यूरोप का संगीत जैसे मनुष्य के वास्तव जीवन के साथ विचित्र रूप से जुड़ा हुआ है। इसीलिए हम देखते हैं कि यूरोप में सब प्रकार की घटनाओं और वर्णन का आश्रय लेकर गान के सुर का नियोजन चलता है; हमारे देशी सुर में यदि ऐसा करने जाएँ तो किंभूत हो जाता है, उसमें रस नहीं रहता। हमारा गान जैसे जीवन की प्रतिदिन की परिधि का अतिक्रमण कर जाता है, इसीलिए उसमें इतनी करुणा एवं वैराग्य है; वह जैसे विश्व प्रकृति और मानव-हृदय के एक अन्तरतर और अनिर्वचनीय रहस्य का रूप दिखाने के लिए नियुक्त है; वह रहस्यलोक बड़ा निभृत, निर्जन तथा गभीर है—वहाँ भोगी का आरामकुंज और भक्त का तपोवन रचित है, किन्तु वहाँ कर्मनिरत संसारी के लिए किसी प्रकार की सुव्यवस्था नहीं है।

यह कहना मेरे लिए शोभन नहीं कि यूरोपीय संगीत के मर्म में मैं प्रवेश कर सका हूँ। किन्तु, बाहर से मैंने जो कुछ अपनाया है उसके बल पर मैं कह सकता हूँ कि यूरोप का गान मेरे हृदय को एक दृष्टि से खूब आकृष्ट करता था। मुझे लगता था कि यह संगीत रोमांटिक है। रोमांटिक कहने से ठीक क्या अर्थ निकलता है, विश्लेषण कर कहना कठिन है। किन्तु, मोटे तौर पर कहा जा सकता है कि रोमांटिक की दिशा है विचित्रता की ओर, प्राचुर्य की ओर, वह जीवनसमुद्र की तरंगलीला की दिशा है, वह अविराम गतिचांचल्य पर धूपछाँव के द्वन्द्वसंपात की दिशा है। उसका और एक पक्ष है जो है विस्तार, जो है आकाश नीलिमा की

निर्निमेषता, जो है सुदूर दिगन्तरेखा में असीमता का निस्तब्ध आभास। खैर, बात स्पष्ट न भी हुई हो, किन्तु जब भी मैंने यूरोपीय संगीत का रसास्वादन किया है, मैंने मन ही मन यही बारम्बार कहा है, यह रोमांटिक है—यह मानवजीवन की विचित्रता को गान के सुर में रूप देकर प्रकाश कर रहा है। हमारे संगीत में कहीं-कहीं वैसी प्रचेष्टा नहीं, ऐसा नहीं है, किन्तु वह प्रचेष्टा प्रबल और सफल नहीं हो सकती। हमारा गान भारतवर्ष के नक्षत्रखचित निशीथिनी और नवोन्मेषित अरुणराग को भाषा प्रदान करता है; हमारा गान घनघोर वर्षा की विश्वव्यापी विरहवेदना और नववसन्त के वनान्तप्रसारित गभीर उन्माद की वाक्यविस्मृत विह्वलता है।

यूरोप-यात्री की डायरी

जहाज। 10 अक्तूबर 1890

अभ्यासक्रम से यूरोपीय संगीत का अब इतना आस्वाद मिला है कि जिससे कम से कम इतना समझा गया कि यदि अनुशीलन किया जाय तो यूरोपीय संगीत से परिपूर्ण रस प्राप्त किया जा सकता है। हमारा देशी संगीत हमें अच्छा लगता है उसका विशेष उल्लेख करना अतिरेक होगा। किन्तु दोनों में पूर्ण जातिभेद है, इसमें सन्देह नहीं।

जहाज। 16 अक्तूबर 1890

आज काफी रात तक जहाज का जंगला पकड़ कर एकान्त में अकेला खड़ा समुद्र की ओर देखते हुए अन्यमनस्क भाव से एक देशी रागिनी गुनगुनाने लगा था। तब मैंने अनुभव किया कि कई दिनों तक अंग्रेजी गान गा-गा कर मन जैसे श्रान्त और अतृप्त हो गया था। सहसा यह बंगला सुर पिपासा के जल के समान लगा। मैंने देखा कि वह सुर समुद्र के ऊपर अन्धकार में जिस प्रकार प्रसारित हुआ, ऐसा और कोई सुर कहीं भी मिल सकता है, मुझे नहीं लगता। अंग्रेजी गान के साथ हमारे गान का यही प्रधान प्रभेद लगता है कि अंग्रेजी संगीत लोकालय का संगीत है और हमारा संगीत प्रकाण्ड निर्जन प्रकृति के अनिर्दिष्ट, अनिर्वचनीय विषाद का संगीत है। कान्हड़ा, तोड़ी प्रभृति बड़ी-बड़ी रागिनियों में जो गभीरता एवं कातरता है, वह जैसे किसी व्यक्ति विशेष की नहीं—वह जैसे अकूल, असीम के प्रान्तवर्ती इस संगीहीन विश्वजगत् की है।

यूरोप-यात्री की डायरी : मसौदा

[लन्दन] 19 सितम्बर 1890

ये लोग गान सुनेंगे, इसीलिए सहस्र वाद्य सहस्र तालों की आश्चर्यजनक संगति से ध्वनित हो रहे हैं। कहीं भी तिलमात्र असम्पूर्णता नहीं। असीम यत्न, असीम अभ्यास। नाट्यशाला में क्या अद्‌भुत विचित्र अनुष्ठान, क्रिया; क्या आश्चर्यजनक सौन्दर्य की मरीचिका—कहीं भी सामान्य त्रुटि या अशोभनता नहीं।

जहाज। 16 अक्तूबर 1890

आज रात भी मुझे गाना पड़ा। उसके पश्चात् एकान्त में जहाज का जंगला पकड़ कर समुद्र की ओर देखते हुए अन्धकार में जब मैं एक देशी रागिनी गुनगुना रहा था तब मुझे वह बड़ी मीठी लगी। अंग्रेजी गान गा-गा कर श्रान्त हो गया था, देशी गान से प्राण सहसा व्याकुल हो उठा।

जहाज। 22 अक्तूबर 1890

Mrs. moeller ने मुझे गाने के लिए अनुरोध किया, उसने मेरे साथ पियानो बजाया। Mrs. moeller ने कहा : It is a treat to hear you sing. Webb ने आकर कहा : What would we do without you tagore—there's nobody on board who sings so well. जो भी हो, जहाज पर आकर मेरे गान काफी appreciated हो रहे हैं। असल बात यह है कि इसके पूर्व मैं जो अंग्रेजी गान गाता था उनमें कोई भी tenor pitch में नहीं था, इसीलिए मेरा गला खुलता नहीं था। इस बार ऊँचे pitch का music लिया है, इसीलए इतनी प्रशंसा हो रही है।

जापान-यात्री

जापान। 29 मई—7 सितम्बर 1916

एक दिन जापानी नाच देख आया। लगा कि यह जैसे देह-भंगिमा का संगीत है। यह संगीत हमारे देश की वीणा का आलाप है। अर्थात्, पद-पद पर मीड़; पारस्परिक भंगिमा-वैचित्र्य के बीच कोई विच्छेद नहीं, किंवा कहीं भी जोड़ का चिह्न दिखाई नहीं देता; पूरी देह पुष्पित लता के समान एक साथ झूलते-झूलते सौन्दर्य क़ी पुष्पवृष्टि करती है। विशुद्ध यूरोपीय नाच अर्धनारीश्वर के समान है—आधा व्यायाम, आधा नाच; उसमें उछलकूद, चक्रवत् परिभ्रमण, आकाश की ओर पैर

उछालना है। जापानी नाच परिपूर्ण नाच है। उसकी वेशभूषा में नग्नता का लेशमात्र आभास नहीं है। अन्य देशों के नाच में देह की सौन्दर्यलीला के साथ देह की लालसा मिश्रित है। यहाँ नाच की किसी भी भंगिमा में लालसा का संकेत मात्र भी नहीं दिखाई दिया। मुझे उसका प्रधान कारण यह लगता है कि जापानियों के मन में सौन्दर्यप्रियता इतनी सत्य है कि उसमें किसी प्रकार की मिलावट की उन्हें जरूरत नहीं होती एवं सह्य भी नहीं होता।

किन्तु, मुझे लगा कि इनका संगीत अधिक अग्रसर नहीं हुआ है। शायद आँख और कान इन दोनों का उत्कर्ष एक साथ नहीं होता। यदि मन की शक्ति का स्रोत इसके किसी एक पथ से अत्यधिक आवागमन करे तो दूसरी ओर उसकी धारा छिछली हो जाती है। छवि वस्तु धरती से संश्लिष्ट है, गान वस्तु गगन से। असीम जहाँ सीमा में है वहाँ छवि है, असीम जहाँ सीमाहीनता में विराजमान है वहाँ गान है। रूपराज्य की कला है छवि, अपरूपराज्य की कला है गान। कविता की गति उभय की ओर है—छवि में भी चलती है, गान में भी उड़ती है। क्योंकि कविता का उपकरण है भाषा। भाषा का एक पक्ष है अर्थ और अन्य पक्ष है सुर, इस अर्थ के योग से छवि बनती है, सुर के योग से गान।

जावा-यात्री का पत्र

बाली। 31 अगस्त 1927

यहाँ की प्रकृति बालिनी भाषा में बात नही करती—उस श्यामा की ओर ताकता हूँ और अरसिक मोटरगाड़ी को मन ही मन अभिशाप देता हूँ। याद आया कि कभी-कभी मैंने शुष्कचित्त गायक से गान सुने हैं; रागिनी के दर्द की जो विशेष जगह है, जहाँ मन प्रत्याशा करता है कि गायक का कण्ठ अति उच्च आकाश की चील के समान पंख फैलाकर कुछ क्षण स्थिर रहेगा किंवा मात्र एक-दो मीड़ के झटके देगा, गान के उसी मर्मस्थल पर से जब संगीत का वह पहलवान अपनी तानों को गुटर-घू कबूतर के समान उलट-पलट कर उड़ाता चला था, तब मैं बहुत ही विरक्त हुआ था !

[बाली] 7 सितम्बर 1927

प्रत्येक जाति के आत्मप्रकाश का अपना-अपना विशेष पथ होता है। बंगभूमि का हृदय जिस दिन आन्दोलित हुआ था, उस दिन कीर्तनगान में उसने अपने आवेग-संचार का पथ सहज ही में पा लिया; आज भी वह पूर्णतया लुप्त नहीं हुआ है। यहाँ इनके प्राण जब कुछ कहना चाहते हैं तब उसका अंग-अंग थिरकने लगता

है। युवती नाचती है, पुरुष नाचता है। यहाँ का यात्रा-अभिनय मैंने देखा है; उसके शुरू से अन्त तक चलने-फिरने में, युद्ध-विग्रह में, प्रेम-प्रकाश में, यहाँ तक कि विदूषक के हास-परिहास में, सभी में नाच है।

...विशुद्ध नाच भी है। परसों रात को गियानयार के राजप्रासाद में वह देखा। सुन्दर वेशभूषा से सजी दो छोटी लड़कियाँ—किंचित हिलते ही सिर पर मुकुट के ऊपर लगे पुष्पदण्ड दोलायमान हो जाते हैं। गामेलन वाद्य-वादन के साथ वे दोनों मिलकर नाचने लगीं। यह वाद्यसंगीत हमारे वाद्यसंगीत के साथ मेल नहीं खाता। हमारे देश का जलतरंग वाद्य मुझे संगीत के शिशुखेल-सा लगता है। किन्तु, यही वस्तु इनके वाद्यसंगीत में गभीर, प्रशस्त, सुनिपुण, बहुवाद्यमिश्रित विचित्र आकार में मिलती है। राग-रागिनी के मामले में हमारे साथ कोई मेल नहीं है; जिस अंश में मेल है वह है इनके मृदंग की ध्वनि, साथ में करताल भी। छोटी-बड़ी घण्टियाँ इनके संगीत के प्रधान अंश हैं। हमारे देश की नाट्यशाला में कन्सर्ट-वादन की जो नयी रीति प्रचलित हुई है, यह उस प्रकार की नहीं है; फिर भी यूरोपीय संगीत में विविध वाद्यों की जो हार्मनी है यह वह भी नहीं है। घण्टियों के रणन-सा एक मूल स्वरसमावेश कान में पड़ता है; उसके साथ विविध प्रकार के वाद्यों की बहुविध ध्वनियाँ मानो एक प्रकार के कारुशिल्प में ग्रथित हो जाती हैं। यह समस्त ही हमारे संगीत से बिल्कुल अलग है, फिर भी सुनने में बहुत मीठा लगता है। इस संगीत को पसन्द करने में यूरोपीयों को भी कोई बाधा महसूस नहीं होती।

गामेलन संगीत की बात मैंने पहले ही कही है। इसी बीच मुझे इस सम्बन्ध में चिन्तन करना पड़ा। ये अपनी मौज से सहज आनन्द के साथ नहीं गाते, इसका कारण है उनके कण्ठ संगीत का अभाव। टिंग टिंग टुंग-टांग कर ये लोग जो वाद्य बजाते हैं, उसमें गान नहीं, ताल है। विविध वाद्यों पर ये ताल के ही बोल लेकर चलते हैं। ये बोल बजाने के कोई-कोई वाद्य हमारे ढाक-ढोल के समान होते हैं, उनमें स्वर कम है, शब्द अधिक हैं; कोई-कोई वाद्य धातु-निर्मित हैं, वे स्वरवान हैं। इस धातुवाद्य पर प्रलम्बित सुर का रहना सम्भव नहीं है, रहने की आवश्यकता भी नहीं, क्योंकि दीर्घ सुर गान के लिए ही है—विच्छिन्न सुर ताल के बोल बताते हैं।

जावा। 14 सितम्बर 1927

वाद्य बज उठे, उसके साथ यहाँ का गान भी सुनाई दिया। उस गान में हमारे समान स्थायी-अन्तरा के विभाग नहीं हैं। एक ही मुखड़े की बार-बार आवृत्ति की जाती है, वैचित्र्य केवल वाद्य-वादन में है।...इनका वाद्य-वादन ताल देने के उद्देश्य से है। हमारे देश में जिस सप्तक में गान उठाया जाता है, उसी के 'सा' सुर में बायाँ-तबला प्रभृति तालवाद्य मिलाए जाते हैं; यहाँ गान के सभी सुर ताल वाद्य पर हैं। 'तुमि येयो ना एखनि—एखनो आछे रजनी'—यही एक छत्र यदि कोई बार-बार गाता

रहे और विविध वाद्यों पर भैरवी के सुर में ताल के बोल बजते रहें, और उन बोलों के योग से ही यदि भैरवी रागिनी का विस्तार चले तो जैसा रूप होगा यह ठीक उसी प्रकार का है। परीक्षण करने पर पता चलेगा कि सुनने में अच्छा लगता है, विविध आवाजों के धातुवाद्यों के सुरों के नृत्य से महफिल का रंग खूब जम जाता है।

[जावा] 17 सितम्बर 1927

मनुष्य का जीवन विपद-सम्पद, सुख-दुःख के आवेग से नानाविध रूप, ध्वनि, स्पर्श में लीलायित होकर चलता रहता है; उसका समस्त रूप यदि केवल ध्वनि में प्रकाश किया जाए तो वह एक विचित्र संगीत-सा हो उठता है; उसी प्रकार यदि उसे केवल गति के द्वारा प्रकट किया जाए तो वह होता है नाच। छन्दोमय सुर ही हो या नृत्य ही हो, उसका एक गतिवेग है, वह वेग हमारे चैतन्य में रसचांचल्य संचरित कर उसे प्रबल रूप से जाग्रत रखता है। किसी विषय की घनिष्ठ उपलब्धि के लिए हमारे चैतन्य को इसी प्रकार वेगवान करना होता है।

जावा। 20 सितम्बर 1927

दृष्टि-सुख से परिपूर्ण उनका संगीत है सुर का नाच। छन्द की लीला इनके लिए गीत की धारा से अधिक है। किन्तु, यह छन्द की लीला हमारे देश के भोजपुरियों के कर्कश वाद्य का दुःसह अत्याचार नहीं है। इनका नाच जैसे सुन्दर सज्जित अंग का नाच है, इनके संगीत में छन्द का जो नाच है, वह भी खोल, करताल, मृदंग का कोलाहल नहीं—वह नाच सुश्राव्य सुर से मंडित है। इनके संगीत[1] को स्वरनृत्य कहा जा सकता है, इनके अभिनय को कहा जाता है रूपनाट्य।

पारस्य-यात्री

शिराज। 17 अप्रैल 1932

यहाँ के गायन-वादन के कुछ नमूने देखे। एक के हाथ में कानून, एक के हाथ में सितार-जातीय वाद्य, गायक के हाथ में ताल देने का वाद्य—बायाँ-तबला का एकत्र मिश्रण। संगीत के तीन भाग हैं। प्रथम अंश चटुल, मध्य अंश धीर, मन्द, सकरुण और अन्तिम अंश नाच के ताल में है। हमारे देशी सुर के साथ जगह-जगह पर काफी मेल देख पाते हैं। बंगाल के संगीत के साथ ऐक्य देखता हूँ—यहाँ का संगीत काव्य से विच्छिन्न नहीं है।

---

1. संगीत = नृत्यगीतवाद्य।

तेहरान। 29 अप्रैल 1932

आज शाम को एक सज्जन आए, उनसे मैंने वायलिन पर ईरानी संगीत सुना। उन्होंने एक सुर-रचना बजाई, हमारे भैरव, रामकली के साथ उसका प्रायः कोई प्रभेद नहीं था। उन्होंने उस रचना को इतने दरद के साथ बजाया—तानें पद-पद पर इतनी विचित्र किन्तु संयत और सुपरिमित थीं कि मेरे मन में माधुर्य घनीभूत हो उठा। समझ गया कि ये उस्ताद हैं, किन्तु पेशेदार नहीं। पेशेदारी में नैपुण्य बढ़ता है किन्तु वेदनाबोध कम हो जाता है, कन्दोई जैसे मिष्टान्न की रुचि खो देता है। हमारे देश के गायकवादक किसी प्रकार इसका ध्यान नहीं रखते कि आर्ट का प्रधान तत्त्व है उसकी परिमिति। क्योंकि रूप को सुन्दर ढंग से व्यक्त करना ही उसका काम है। यथोचित सीमा में ही उसका रूप सत्य होता है, उस सीमा का अतिक्रमण करनेवाली अतिकृति ही विकृति है।...हमारे संगीत की बैठक में यह अतिकाय आतिशय्य पद्मवन में मत्त हाथी के समान अवतरित होता है। उसकी तानें कई स्थलों पर अल्प हेरफेर के साथ पुनः-पुनः पुनरावृत्ति मात्र होती हैं। उससे स्थूलता बढ़ती है, रूप नष्ट होता है। यह तन्वी रूपसी को हजार कलियोंवाला घाघरा और ओढ़नी पहनाने के समान है। वह ओढ़नी बहुमूल्य हो सकती है, किन्तु रूप को अतिक्रमण करने की स्पर्धा उसे शोभा नहीं देती। इस प्रकार के अद्भुत रुचि-विकार का कारण यह है कि उस्तादों ने स्थिर कर रखा है कि संगीत का प्रधान उद्देश्य समग्र गान को उसकी अपनी सुषमा में प्रकाश करना नहीं, राग-रागिनी को ही वीर विक्रम, करतब से आलोड़ित-फेनिल करना है—संगीत की इमारत को अपनी नींव पर सुसंयमित रूप से खड़ा करना नहीं, कण्ठ रूपी तोप से ईंट, काष्ठ, चूना, सुरकि की सगर्जन वर्षा करना है। वे भूल जाते हैं कि सुविहित समाप्ति में ही आर्ट की परिपूर्णता है। जो गान रचते हैं और जो गान गाते हैं, दोनों में दरद का योग यदि रहे भी, पर सृष्टि-शक्ति का साम्य रहना प्रायः सम्भव नहीं। विधाता यदि जीवसृष्टि में स्वयं कंकाल का केवल ढाँचा खड़ा कर अपनी इतिश्री समझ लेते, उस कंकाल में इच्छानुसार मेदमांस चढ़ाने का भार किसी एरे-गैरे को सौंपा जाता, तो निश्चय ही उससे अपसृष्टि होती। फिर भी हमारे देश में गायक बात-बात में रचयिता का अधिकार ले लेता है, तब वह सृष्टिकर्ता के सिर पर चढ़कर व्यायामकर्ता की बहादुरी का प्रचार करता है। जवाब में कोई कह सकता है—'अच्छा तो लगता है।' किन्तु पेटुक का अच्छा लगना और रसिक का अच्छा लगना एक नहीं है। क्या अच्छा लगता है उसे लेकर ही तर्क है।

तेहरान। 5 मई 1932

आज एशिया के प्रायः सभी देशों में पाश्चात्य भाव के साथ प्राच्य भाव का मिश्रण चल रहा है। इस मिश्रण में नवसृष्टि की सम्भावना है। इस मिलन की प्रथम

अवस्था में दो धाराओं के रंगों का अन्तर रह जाता है, अनुकरण का जोर मरता नहीं है। किन्तु आन्तरिक मिलन क्रमशः घटित होता है, यदि उस मिलन में प्राणशक्ति रहे;—कलमी पौधे के समान नवीन और पुरातन का भेद लुप्त हो जाता है और फल में रस की विशिष्टता जन्म लेती है। हमारे आधुनिक साहित्य में ऐसा हुआ है, संगीन में भी क्यों नहीं होगा, समझ में नहीं आता। जिस चित्त से यह मिलन सम्भव होता है, हम उसी चित्त की प्रतीक्षा करते हैं। प्राच्य शिक्षित समाज में जिस परिमाण में कई दिनों से यूरोपीय साहित्य की चर्चा व्याप्त है, यदि उसी प्रकार यूरोपीय संगीत की चर्चा भी होती तो प्राच्य संगीत में रस-प्रकाश की एक नूतन शक्ति का संचार निःसन्देह होता। यूरोप की आधुनिक चित्रकला पर प्राच्य चित्रकला का प्रभाव पड़ा है, यह तो देखा गया है। इससे उसका आत्मस्वरूप पराभूत नहीं होता, विचित्रतर, प्रबलतर होता है।

···हमारे राग-रागिनी स्वरसंगति को स्वीकार करते हुए भी आत्मरक्षा बिल्कुल कर ही नहीं सकते, यह बात जोर देकर कौन कह सकता है ? सृष्टि की शक्ति कैसी लीला में समर्थ है, किसी बँधे-बँधाए नियम द्वारा हम पहले से ही उसकी सीमा का निर्णय नहीं कर सकते। किन्तु सृष्टि में नवीन रूप का प्रवर्तन विशेष शक्तिमान प्रतिभा द्वारा ही साध्य है, यह अनाड़ी या बीच की अवस्था के लोगों का काम नहीं है। यूरोपीय साहित्य के समान उसके संगीत में भी बड़ी सम्पदा है। यदि उसे हम समझ न सकें, तो यह हमारी बोधशक्ति का ही दैन्य है; यदि उसे ग्रहण करना हमारे लिए बिल्कुल ही असम्भव हो, तो उससे हमारा आभिजात्य नहीं प्रमाणित होता।

विविध प्रसंग : प्रबन्ध में और पत्र में

विभिन्न प्रबन्धों से

बंगला पढ़ते समय कई पाठक अधिकांश स्वरवर्णों को दीर्घकर, तान कर पढ़ते हैं। अन्यथा सममात्रा ह्रस्व स्वर में हृदय का पूरा आवेग पर्याप्त रूप से प्रकट नहीं होता।···अच्छे अंग्रेज अभिनेता के अभिनय में देखा जाता है कि एक-एक शब्द को जोर देकर बोलने से किस प्रकार प्रचण्ड हृदयावेग उद्दाम गति से उच्छ्वसित हो उठता है।···

बंगला शब्द में ऐसी ध्वनि के अभाव के कारण बंगला में पद्य की अपेक्षा गीत का प्रचलन अधिक है। कारण, गीत सुर की सहायता से प्रत्येक शब्द को मन में पूर्ण रूप से प्रवेश करा देता है। शब्द में जो अभाव है सुर उसे पूर्ण करता है एवं गान में शब्दों को बार-बार दोहराने से क्षति नहीं होती। जब तक चित्त जाग्रत नहीं होता, तब तक संगीत छोड़ता नहीं। इसीलिए कहना होगा कि प्राचीन बंग साहित्य में गान के बिना कविता का अस्तित्व नहीं है।

संस्कृत में इसके विपरीत स्थिति देखी जाती है। वेद को छोड़कर संस्कृत भाषा में इतने महाकाव्य, खण्डकाव्य होते हुए भी गान नहीं हैं। शकुन्तला प्रभृति नाटकों में जो एक-दो प्राकृत गीत मिलते हैं, उन्हें काव्य में स्थान नहीं दिया जा सकता। बंगाली जयदेव का गीतगोविन्द आधुनिक है एवं एक दृष्टि से उसे गान न कहना भी ठीक है। कारण, उसका भाषालालित्य और छन्दोविन्यास इतना सम्पूर्ण है कि वह सुर की अपेक्षा नहीं रखता; वरन् मेरा विश्वास है कि सुर-संयोग से उसके स्वाभाविक शब्द निहित संगीत का लाघव होता है। किन्तु,

मने रैल, सइ, मनेर वेदना।
प्रवासे यखन याय गो से
तारे बलि बलि आर बला हल ना—

काव्यकला की दृष्टि से यह असम्पूर्ण है, अतएव सुर के प्रति इसकी अधिक निर्भरता

है। संस्कृत शब्द एवं छन्द ध्वनिगौरव से परिपूर्ण हैं। अतः संस्कृत में काव्य-रचना की साध गान से मिटाने की आवश्यकता नहीं, वरन् गान की साध काव्य से पूर्ण हुई है। मेघदूत को सुर में बिठाना अतिरेक है।

हिन्दी साहित्य के सम्बन्ध में मैं विशेष कुछ नहीं जानता। किन्तु, यह कह सकता हूँ कि हिन्दी में ध्रुपद, खयाल प्रभृति जो सब पद सुने जाते हैं, उनमें अधिकांश ही मात्र गान हैं, काव्य बिल्कुल नहीं। पद को सामान्य उपलक्ष्य मात्र रखकर सुर सुनाना ही हिन्दी गान का प्रधान उद्देश्य है। किन्तु बंगला में सुर की सहायता से पद के भाव से श्रोताओं को मुग्ध करना ही कवि का उद्देश्य है। कविगान, कीर्तन, रामप्रसादी गान, बाउल गान प्रभृति देखने से ही यह प्रमाणित हो जाएगा। अतएव काव्यरचना ही बंगला गान का मुख्य उद्देश्य है, सुर-संयोग गौण है। इन सब कारणों से बंगला साहित्य भण्डार में जो कुछ रत्न मिलते हैं, वे गान हैं।

बंगला शब्द ओ छन्द, श्रावण 1299 (बंगाब्द)

2

जो गान के समझदार हैं वे इसीलिए भारी उपेक्षा प्रकट कर कहते हैं—'फलाँ व्यक्ति मधुर गाता है।' भाव यह है कि मधुर गायक गान को हमारी इन्द्रियसभा में लाकर सुलभ प्रशंसा द्वारा उसे अपमानित करता है, परिमार्जित रुचि और शिक्षित मन के दरबार में वह प्रवेश नहीं करता।···

जो सहज ही मधुर है, वह शीघ्र ही मन में अलसभाव लाता है, मनोयोग अधिक समय तक नहीं टिकता। मन शीघ्र ही सीमा से अतीत जाकर बोल उठता है—'और क्यों, बस ! बहुत हो गया।'

इसीलिए जिस व्यक्ति ने जिस विषय में विशेष शिक्षा प्राप्त की है, वह उसके आरम्भ के नितान्त सहज और ललित अंश की अधिक खातिर नहीं करता। कारण, उसकी सीमा उसने जान ली है; वह समझता है कि इस आरम्भिक अंश की दौड़ अधिक दूर नहीं है; इसीलिए उससे उसका अन्तःकरण जाग्रत नहीं होता। अशिक्षित व्यक्ति उस सहज अंश को ही समझ सकता है, किन्तु तब भी वह उसकी सीमा नहीं पा सकता, इसीलिए उस अगभीर अंश में ही उसका आनन्द है। समझदार के आनन्द को वह किम्भूत मानता है; अक्सर वह उसे कपटता के आडम्बर के रूप में भी गण्य करता है।

इसीलिए सभी प्रकार की कलाविद्याओं के सम्बन्ध में शिक्षित और अशिक्षित का आनन्द भिन्न-भिन्न मार्गों पर चलता है। तब एक पक्ष कहता है, 'तुम क्या समझोगे !' दूसरा पक्ष क्रुद्ध होकर कहता है, 'जो कुछ समझने का है वह केवल तुम ही समझते हो, संसार में शायद और कोई नहीं समझता !'

एक सुगभीर सामंजस्य का आनन्द, संस्थान-समावेश का आनन्द, दूरवर्ती के साथ योग-संयोग का आनन्द, पार्श्ववर्ती के साथ वैचित्र्य-साधन का आनन्द—ये सब मानसिक आनन्द हैं। अन्तर में प्रवेश किए बिना, समझे बिना, इस आनन्द का भोग करने का उपाय नहीं है। ऊपर-ऊपर से, झट से जो सुख मिलता है, उसकी अपेक्षा यह आनन्द स्थायी और गभीर है।

एक हिसाब से वह अपेक्षाकृत व्यापक है। जो गभीर नहीं, शिक्षा-विस्तार के साथ, अभ्यास के साथ क्रमशः क्षय हो कर उसकी रिक्तता सामने आ जाती है। जो गभीर है, वह फिलहाल अधिक लोगों के लिए गम्य, साध्य न होते हुए भी दीर्घायु होता है, उसमें जो एक श्रेष्ठता का आदर्श है, वह सहज ही में जीर्ण नहीं होता।

—केकाध्वनि, भाद्र 1308 (बंगाब्द)

3

कलाविद्या जहाँ एकेश्वरी है, वहीं उसका पूर्ण गौरव है। सौत के साथ गृहस्थी बसाने पर उसे हेय होना ही पड़ेगा, विशेषतः सौत यदि प्रबल हो। यदि रामायण को सुर संयोग से पढ़ना हो, तो आदिकाण्ड से उत्तरकाण्ड पर्यन्त उस सुर को लगातार एक ही ढर्रे का होकर रहना पड़ता है; रागिनी की हैसियत से उस बिचारे की कभी पदोन्नति नहीं होती। जो उच्च स्तर का काव्य है, वह अपना संगीत अपने नियम से जुटा लेता है, बाहर के संगीत की सहायता की वह अवज्ञा के साथ उपेक्षा करता है। जो उच्च अंग का संगीत है, वह अपनी बात अपने नियम से ही कहता है, वह अपनी बात के लिए कालिदास-मिल्टन का मुखापेक्षी नहीं—वह नितान्त तुच्छ 'तोम्-ताना-नाना' लेकर ही अद्भुत कार्य कर दिखाता है।

—रंगमञ्च, पौष 1309 (बंगाब्द)

4

छन्द में, शब्द में, वाक्यविन्यास में साहित्य को संगीत का आश्रय तो लेना ही पड़ता है। जिसे शब्दों में किसी प्रकार व्यक्त नहीं किया जा सकता, वह संगीत के माध्यम से कहा जा सकता है। अर्थ विश्लेषण करके देखने पर जो बात बिल्कुल सामान्य लगती है, वह इस संगीत के द्वारा ही असामान्य हो उठती है। शब्द में वेदना का संचार यह संगीत ही करता है।

अतएव चित्र एवं संगीत ही साहित्य के प्रधान उपकरण हैं। चित्र भावों को

आकार देता है और संगीत भावों को गति प्रदान करता है। चित्र देह है एवं संगीत प्राण।

—साहित्येर तात्पर्य, अग्रहायण 1310 (बंगाब्द)

5

कलावान् गुणी जहाँ वस्तुतः गुणी हैं, वहाँ वे तपस्वी हैं; वहाँ यथेच्छाचार नहीं चल सकता, वहाँ चित्त का साधन और संयम है ही।

···कई ऐसे गुणी देखे जाते हैं, जो बाहर के क्षुद्र लालित्य की ओर ध्यान देना नहीं चाहते, उनकी सृष्टि में जैसे एक प्रकार की कठोरता है। उनके ध्रुपद में ख्याल की तानें नहीं हैं। सहसा उसकी बाहरी रिक्तता देखकर सामान्य लोग उसका परित्याग करना चाहते हैं; किन्तु उस निर्मल रिक्तता का गभीरतर ऐश्वर्य ही विशिष्ट लोगों के चित्त को महत् आनन्द प्रदान करता है।

—सौन्दर्यबोध, पौष 1313 (बंगाब्द)

6

मिथिला के विद्यापति के गान किस प्रकार बंगला पदावली हो उठे हैं, उन्हें देखते ही समझ में आ ज़ाएगा—स्वभाव के नियमानुसार किस प्रकार एक रूप अन्य रूप धारण कर लेता है। बंगाल में प्रचलित विद्यापति-पदावली को विद्यापति की नहीं कहा जा सकता। उसके अधिकांश पदों में मूल कवि का प्रायः कुछ भी नहीं है। बंगाली गायकों और बंगाली श्रोताओं के योग से उसकी भाषा, उसका अर्थ, यहाँ तक कि उसका रस भी परिवर्तित हो गया है एवं क्रमशः वह एक नवीन वस्तु बन गयी है। ग्रियर्सन ने विद्यापति के जो सब मूल पद प्रकाशित किए हैं, बंगला पदावली में उनके दो-चार पद मिलते हैं, अधिकतर मिलाये नहीं जा सकते। किन्तु नाना काल और नाना लोगों द्वारा परिवर्तन किए जाने पर भी वे पद विशृंखल प्रलाप नहीं बन गये हैं। कारण, एक मूल सुर उसमें कायम है और वह सभी प्रकार के परिवर्तनों को अपना बनाने के लिए सर्वदा सतर्क है। उस सुर के जोर से ही हम इन पदों को विद्यापति के पद कहते हैं, और साथ ही सम्पूर्ण परिवर्तन के बल पर उन्हें बंगाली का साहित्य कहने में कुंठित होने का कारण नहीं है।

—साहित्यसृष्टि, आषाढ़ 1314 (बंगाब्द)

7

जैसे गान की तान है; यह बात स्वीकार करनी ही होगी कि तान एक नियमहीन विशृंखलता नहीं है; उसमें ताल, मान, लय है, उसमें स्वर-विन्यास का अति कठिन नियम है; उस नियम के मूल में स्वरतत्त्व का गणितशास्त्रसम्मत एक दुरूह वैज्ञानिक तत्त्व है; इतना ही नहीं, जिस कण्ठ या वाद्य का आश्रय लेकर यह तान चलती है, उसके भी नियम का अन्त नहीं--ये नियम कार्य-कारण की विश्वव्यापी शृंखला का आश्रय लेकर किस असीम में चले गए हैं उसका छोर किसी को नहीं मिलता। अतएव, बाह्य दृष्टि से यदि कोई कहे कि ये तानें अन्तहीन नियम-शृंखला का आश्रय लेकर विस्तीर्ण हो रही हैं तो यह बात एक प्रकार से निःसन्देह कही जा सकती है, किन्तु इससे असल बात छूट जाती है। मूल मुद्दे की बात यह है कि गायक के चित्त से गान का आनन्द ही विचित्र तानों के माध्यम से विस्तृत हो रहा है। जहाँ वह आनन्द दुर्बल है, वहाँ शक्ति भी क्षीण है।

गान की ये तानें जिस प्रकार गान के आनन्द से विविध धाराओं में उत्सारित होती रहती हैं, उसी प्रकार लौटकर वे उस आनन्द में ही समाहित हो जाती हैं। वस्तुतः ये तानें बाहर की ओर प्रवाहित होती हैं, किन्तु गान के अन्तर के ही आनन्द को भर देती हैं। वे मूल से बाहर अवश्य होती हैं किन्तु उनसे मूल का क्षय नहीं होता, मूल का मूल्य बढ़ ही जाता है।

किन्तु यदि इस आनन्द के साथ तानों का योग विच्छिन्न हो जाए, तो उलटा ही होता है। ऐसा होने पर तानों के द्वारा गान दुर्बल ही होता जाता है। उन तानों में नियम कितने ही जटिल और विशुद्ध क्यों न हों, वे गान को कुछ भी रस प्रदान नहीं करतीं, वरन् उसे क्षय करती ही चलती हैं।

जो गायक अपने अन्तर में गान के इस मूल आनन्द तक पहुँच गया है, गान के सम्बन्ध में उसने मुक्ति प्राप्त कर ली है, वह समाप्ति, चरम स्थिति पर पहुँच गया है। तब उसके गले में जो तान खेलती है उसमें अब न चिन्तन है, न चेष्टा, न भय। जो दुःसाध्य है वह स्वतः घटता है। उसे अब नियम का अनुसरण नहीं करना पड़ता, नियम स्वयं ही उसका अनुगत होकर चलता है। तानसेन ने अपने अन्तर में गान के उस आनन्दलोक को पा लिया था। यही ऐश्वर्यलोक है; यहाँ अभाव पूर्ण होता है—भिक्षा से नहीं, आहरण से नहीं, अपने अन्तर से ही। तानसेन ने इस स्थिति में पहुँचकर गान के सम्बन्ध में मुक्ति प्राप्त की थी। मुक्ति प्राप्त की थी, कहने का अर्थ यह नहीं कि उनके गान में उसके बाद से नियम का और बन्धन नहीं था। वह सम्पूर्ण ही था, उसमें लेशमात्र त्रुटि नहीं थी, किन्तु उन्होंने समस्त नियम के मूल में अपना अधिकार स्थापित किया था, अतः नियम के वे प्रभु हो गये थे—उन्होंने मूलभूत

एक को पा लिया था इसीलिए असंख्य बहु ने उनके समक्ष स्वतः आत्मसमर्पण कर दिया था।

—धर्मेर अर्थ, आश्विन-कार्तिक 1318 (बंगाब्द)

8

भारतवर्ष की प्रत्येक ऋतु का ही एक-न-एक उत्सव है। किन्तु यदि यह देखना चाहते हो कि किस ऋतु ने नितान्त बिना कारण हृदय पर अधिकार जमा लिया है तो संगीत में खोजो, क्योंकि संगीत में ही हृदय की भीतरी बात प्रकट हो जाती है।

वास्तव में ऋतुओं की राग-रागिनियाँ केवल वर्षा ऋतु की हैं और वसन्त की। संगीतशास्त्र में सभी ऋतुओं के लिए कुछ-कुछ सुर निर्धारित रहना सम्भव है, किन्तु वह केवल शास्त्रगत है। व्यवहार में देखा जाता है कि वसन्त ऋतु के लिए है वसन्त और बहार; और वर्षा के लिए मेघ, मल्हार, देश एवं और भी अनेक। संगीत के क्षेत्र में वोट लेने पर वर्षा की ही जीत होती है।

—आषाढ़, आषाढ़ 1321 (बंगाब्द)

9

पृथिवी के समस्त प्रयोजन धूलि, जमीन पर हैं; किन्तु पृथिवी का समस्त संगीत उस शून्य में है, जहाँ उसका अपरिच्छिन्न अवकाश है।

मनुष्य के चित्त के चारों ओर भी एक विशाल अवकाश का वायुमण्डल है। वहीं पर उसके विविध रंगों के ख्याल संचरित होते रहते हैं; वहीं पर अनन्त उसके हाथ पर आलोक की राखी बाँधने आता है।···वहाँ की भाषा ही संगीत है। इस संगीत के वास्तवलोक में विशेष क्या काम होता है, मैं नहीं जानता, किन्तु इसी के कम्पमान पंख के आघात-वेग से अति चैतन्य लोक का सिंहद्वार खुल जाता है।

—आषाढ़, आषाढ़ 1321 (बंगाब्द)

10

सुर पदार्थ ही एक वेग है। वह अपने में स्वयं ही स्पन्दित होता है। शब्द जिस प्रकार अर्थ की मुखतारी करने के लिए है, सुर वैसा नहीं है, वह अपने को

स्वयं ही प्रकाश करता है। विशेष सुर के साथ विशेष सुर के संयोग से ध्वनि-वेग का एक समवाय उत्पन्न होता है। ताल उस समवेत वेग को गति प्रदान करता है। ध्वनि के इस गतिवेग से हमारे हृदय में जिस गति का संचार होता है वह एक विशुद्ध आवेग मात्र है, उसका जैसे कोई अवलम्बन नहीं है। साधारणतः संसार में कुछ विशेष घटनाओं के कारण हम सुख, दुःख से विचलित होते हैं। वह घटना सत्य भी हो सकती है, काल्पनिक भी हो सकती है, अर्थात् हमारे समक्ष सत्य के समान प्रतिभात हो सकती है। उसके ही आघात से हमारी चेतना विविध प्रकार से आन्दोलित होती है, उस आन्दोलन के प्रकार भेद से हमारे आवेग का प्रकृति भेद होता है। किन्तु गान के सुर से हमारी चेतना जिस प्रकार आन्दोलित होती है, वह किसी घटना को उपलक्ष्य कर नहीं, वह बिल्कुल अव्यवहित रूप से, निर्बाध होती है। अतः उससे जो आवेग उत्पन्न होता है वह अहैतुक आवेग है। उससे हमारा चित्त अपने स्पन्दन-वेग से ही अपने को जान पाता है, बाहर के साथ किसी व्यवहार के योग से नहीं।

···गान का स्पन्दन हमारे चित्त में जिस आवेग को जन्म देता है, वह कोई सांसारिक घटनामूलक आवेग नहीं है। इसीलिए लगता है कि सृष्टि की गभीरता में जो एक विश्वव्यापी प्राणकम्पन चलता है, गान सुनकर हम जैसे उसी का वेदनावेग चित्त में अनुभव करते हैं। भैरवी जैसे समस्त सृष्टि की अन्तरतम विरह व्याकुलता है, देश मल्हार जैसे अश्रुगंगोत्री का कोई आदि निर्झर कलकल्लोल है। इससे हमारी चेतना देशकाल की सीमा पार कर अपनी चंचल प्राणधारा की उपलब्धि विराट् में करती है।

—छन्देर अर्थ, चैत्र 1324 (बंगाब्द)

विश्वविद्यालय में संगीत-शिक्षा

विश्वविद्यालय में संगीत-शिक्षा की व्यवस्था के सम्बन्ध में जो प्रस्ताव रखा गया है उसे लेकर वाद-प्रतिवाद चल रहा है। इच्छा नहीं थी कि इस विवाद में पड़ूँ। पहला कारण, मेरे शरीर की अक्षमता; दूसरा कारण, शान्तिनिकेतन विद्यालय की शिक्षा प्रभृति का समस्त भार सम्प्रति मैंने अपने ऊपर लिया है। शरीर जब दुर्बल है तब अकेले मेरे तात्कालिक कर्तव्य के बाहर अन्य कर्तव्य के साथ अपने को सम्बद्ध करना शक्ति की अमितव्ययिता होगी, उससे व्यर्थता की सृष्टि होती है। किन्तु वृथा कार्य को आगे बढ़ ग्रहण न करने पर भी बाहर से वह सिर पर आ पड़ता है, तब उसे अस्वीकार करने से जटिलता और भी बढ़ जाती है।

कुछ दिन पूर्व शिक्षा-विभाग से एक पत्र मिला था, उसमें संगीत-शिक्षा के प्रवर्तन के सम्बन्ध में मेरा परामर्श माँगा गया था। विषय के गुरुत्व पर विचार कर मैं चुप नहीं रह सका। उत्तर में मैंने लिखा था—विश्वविद्यालय में संगीत-शिक्षा की व्यवस्था का ढाँचा तैयार करने के लिए प्राध्यापक भातखण्डे ही योग्यतम हैं। आशा थी कि यहीं मेरे कार्य की इतिश्री हो गयी। पर कर्मफल की परम्परा अभी समाप्त नहीं हुई। पत्राचार के माध्यम से मैं तर्क-वितर्क के जाल में फँस गया हूँ। मैंने वर्तमान काल में बंगाल में श्रीयुक्त गोपेश्वर बन्द्योपाध्याय को श्रेष्ठ गायक कहा है, इसी कारण कुछ गलतफहमी हुई है; उसे स्पष्ट कर देना ठीक होगा।

साधारणतः हम जिन्हें उस्ताद कहते हैं, पुरातन विद्या की धारा की रक्षा करने के सम्बन्ध में उनकी एक विशेष उपयोगिता है। वे संग्रह करते हैं, संचय करते हैं, संगीत-व्याकरण की विशुद्धता बचाए रखते हैं। उन्हें चिरप्रचलित राग-रागिनी को चिरप्रचलित प्रथा के ढाँचे में श्रेणीबद्ध रूप में रखने के कार्य में अक्लान्त अध्यवसाय से प्रवृत्त होना पड़ता है। बाल्यकाल से ही उनका देह, मन एवं प्राण मात्र इसी काम में लीन है। उनके लिए सुमधुर कण्ठस्वर अति आवश्यक नहीं; कइयों का ऐसा कण्ठ है भी नहीं, कई उसकी अवज्ञा भी करते हैं। गान के सम्बन्ध में उनकी प्रतिभा की स्वकीयता भी अनावश्यक है, यहाँ तक कि उससे उनके काम में सम्भवतः व्याघात हो सकता है। वे नितान्त अविकृत भाव से प्राचीन धारा का अनुसरण करते चलते हैं यही उनके लिए गर्व का विषय है। इस प्रकार की रक्षणशीलता का मूल्य है। समाज यदि वह मूल्य उन्हें न दे तो वह उनके प्रति भी अन्याय करता है, अपनी भी क्षति करता है।

हिन्दुस्थानी संगीत ऐसी एक कलाविद्या है जिसकी रचना के नियम बहुत समय पूर्व ही समाप्त हो गए हैं। बहुत समय पूर्व के उस आदर्श के साथ मिलाकर ही उसका विचार चलता है। जिन्होंने उस आदर्श के अनुसार ही काफी परिश्रम कर इस जातीय संगीत की साधना की है, हिन्दुस्थानी संगीत के सम्बन्ध में उनके साक्ष्य को ही प्रमाण रूप में ग्रहण करना पड़ता है।

इस उस्ताद-सम्प्रदाय में भी गुण का तारतम्य निश्चय ही है। किसी का गान-संग्रह अन्य की अपेक्षा सम्भवतः बहुलतर है; राग-रागिनी के रूप का परिचय एक उस्ताद की अपेक्षा अन्य उस्ताद का सम्भवतः अधिकतर विशुद्ध है; ताल, तान के प्रयोग के सम्बन्ध में किसी-किसी की कसरत अन्यों की अपेक्षा विस्मयकारी है।

उस्तादी की अपेक्षा बड़ी वस्तु है दरद। वह बाहर की वस्तु नहीं, भीतर की है। बाहर की वस्तु का परिमाप है, आदर्श की दृष्टि से उस सम्बन्ध में तुलादण्ड का विचार चल सकता है। उसकी अपेक्षा जो बड़ा है, उसे किसी बाहर के आदर्श से मापा नहीं जा सकता; वह है 'सहृदय हृदयवेद्य'। कौन सहृदय है और कौन नहीं, बाहर से इसका भी तल नहीं मिल सकता, उसकी शेष निष्पत्ति करने की व्यर्थ चेष्टा

सिर फुटव्वल तक पहुँच जाती है—अर्थात् जिसे हिंस्र दुःसहयोग कहते हैं।

बाल्यकाल में यदुभट्ट को जानता था। वे उस्ताद श्रेणी से बहुत ऊपर थे। गायक के रूप में उनका वर्णन करना उन्हें छोटा करना होगा। उनकी प्रतिभा थी, अर्थात् संगीत उनके चित्त में रूप धारण करता था। उनके द्वारा रचित गान में जो विशिष्टता थी वह अन्य किसी हिन्दुस्थानी गान में नहीं मिलती। सम्भवतः उस समय हिन्दुस्थान में उनकी अपेक्षा कई बड़े उस्ताद थे, अर्थात् उनके गानों का संग्रह और भी विशाल था, उनकी कसरत भी बहुसाधना साध्य थी, किन्तु यदुभट्ट के समान संगीत भावुक आधुनिक भारत में और कोई जन्मा है, इसमें सन्देह है। इस बात को अस्वीकार करने का अधिकार सभी को जरूर है। कारण, कलाविद्या के यथार्थ गुण का प्रमाण तर्क द्वारा स्थिर नहीं होता, लाठी से भी नहीं। जो भी हो, उस्ताद साँचे में ढल कर तैयार हो सकते हैं, किन्तु यदुभट्ट को विधाता ने अपने हाथ से गढ़ा था। अतएव चालू काम में यदुभट्ट से कुछ प्रत्याशा करना वृथा है। बात यह है कि हिन्दुस्थानी संगीत के समान एक स्थावर पदार्थ के आधार को जब खोजते हैं तब सहज ही उस्ताद को सामने पाते हैं। जब विशुद्ध राग-रागिनी सुनना या सीखना चाहते हैं तब उस्ताद को ही ढूँढ़ते हैं। जिस प्रकार पूजाविधि मंत्र और अनुष्ठानों में बिल्कुल अचल रूप में बँधी हुई है, उसके लिए पुरोहित की जरूरत होती है—तब ऐसे व्यक्ति को ले आते हैं जो समस्त क्रियाकलाप में अक्षरशः अभ्यस्त हो। उसका अर्थ समझ सकने तक का संस्कृत-ज्ञान इस पुरोहित के लिए अनावश्यक है, क्योंकि इन सकल क्रियाकलापों का बाहरी रूप ही प्रधान हो गया है; वह यदि विशुद्ध है तो काम निष्पन्न हो सकता है। जो पंडित हैं, वे अर्थबोध द्वारा इन सब मंत्रों में सम्भवतः प्राण संचार कर सकते हैं, किन्तु एकनिष्ठ अनुशीलन के अभाव में बाहरी आनुष्ठानिक रूपों में उनका पतन हो सकता है—अन्ततः उनके लिए यह काम बेधड़क सहज न भी हो सके। जहाँ दृढ़ रूप से बँधा-बँधाया बाह्य रूप ही प्रधान है, वहाँ श्रमसाध्य अभ्यास ही अधिक काम में आता है, वहाँ प्रतिभा लज्जित होती है। ऑफिस का अभिज्ञ क्लर्क उसके अपने स्थान पर ऊपर के अध्यक्ष की अपेक्षा अधिक योग्य है, किन्तु वह योग्यता उस सीमा में ही पर्याप्त है।

हिन्दुस्थानी गान पर हम जिस कारण अतीत काल की निर्दिष्ट विधि द्वारा विचार करते हैं, इसीलिए उसका ऐसा वाहन चाहिए जिसका अनुशीलन है, प्रतिभा जिसके लिए अतिरेक है—जो आविष्कारक नहीं, जो व्याख्याकार है—संगीत में जो जगदीशचन्द्र बसु नहीं, जो विज्ञानपाठशाला में डिमांस्ट्रेटर है—संक्षेप में जो उस्ताद है।

हमारी आयु जब कम थी तब हमने कलकत्ता में धनिकों के घरों पर इस प्रकार के उस्तादों का समागम सर्वदा ही देखा है। उसी कारण अन्ततः संगीत का अलंकारशास्त्र-बोध धनी समाज में प्रचलित था। उन सब अभिजात परिवारों में गान

का यह अलंकारशास्त्रबोध न होना लज्जा का विषय था। ठीक किस स्थल पर सुर या ताल का कितना स्खलन हो रहा है, यह उनमें से अनेक ही जानते थे, उस ओर ध्यान रखकर ही वे गान सुनते थे। निर्धारित आदर्श के साथ तान-मान-लय पूर्णतया मेल खाते हैं, यह देखते ही वे पुलकित हो उठते थे। रागिनी के जिन स्थलों पर दुरूह ग्रंथि है, जो गायक उस स्थल के संकट को अनायास पार कर जाते वे ही वरमाला पाते थे।

कारण जो भी हो, काफी अर्से से शहर में गायक-समागम विरल हो गया है। इसीलिए शिक्षित सम्प्रदाय में हिन्दुस्थानी गान के अलंकारशास्त्र सम्बन्धी ज्ञान की चर्चा बहुत दिनों से प्रायः नहीं है। किन्तु हिन्दुस्थानी संगीत में अलंकारशास्त्र-बोध प्रधान है। इसी कारण जब हम हिन्दुस्थानी संगीत की विशेष रूप से आलोचना करना चाहते हैं तब उस्ताद की खोज करते हैं। उसे पाना भी दुर्लभ हो गया है।

हमारे निवास पर एक समय नाना प्रयोजनों के कारण इस प्रकार के उस्तादों की खोज हम प्रायः करते थे। अन्त में जो मिले, वे थे प्रख्यात राधिका गोस्वामी। अन्यान्य गायकों के अलावा उन्होंने यदुभट्ट से भी शिक्षा पायी थी। जिनके साथ उनका परिचय था वे सभी जानते हैं कि राधिका गोस्वामी के पास केवल गान-संग्रह और राग-रागिनी का रूपज्ञान ही नहीं था, बल्कि वे गान में एक विशेष रस का संचार भी कर सकते थे। वह उस्तादी की अपेक्षा कुछ अधिक था। वह यदि न भी रहता तो भी हम उन्हें उस्ताद रूप में ही गण्य करते, एवं उस्ताद से जो कुछ लेना है वह हम लेते—हमने संग्रह किया भी था। इन बातों को सभी नहीं जानते।

उनकी मृत्यु के बाद भी उस्ताद की खोज करने की आवश्यकता पड़ी थी। शान्तिनिकेतन में हिन्दुस्थानी गान की शिक्षा देने की आवश्यकता महसूस की। स्वयं भी प्रयास किया, बन्धु-बान्धवों से भी अनुरोध किया, स्वयं दिलीपकुमार को भी इस अभाव के सम्बन्ध में अवगत कराया। तभी पता चला कि बंगाल में हिन्दुस्थानी गान के एकमात्र उस्ताद हैं श्रीयुक्त गोपेश्वर। और अन्य जो हैं, उनमें से कोई भी उनके समकक्ष नहीं एवं कई तो उनके ही आत्मीय हैं। शान्तिनिकेतन में शिक्षण-कार्य के लिए उन्हें पाने की मेरी इच्छा थी। किन्तु कलकत्ता में वे इतने कार्य-व्यस्त थे कि कलकत्ता से उन्हें लाना सम्भव नहीं हुआ। दिलीपकुमार उनकी अपेक्षा योग्यतर किसी उस्ताद की जानकारी मुझे नहीं दे सके। आजकल कलकत्ता में जहाँ भी संगीत-शिक्षा की आवश्यकता हुई, वहाँ उन्हें ही बुलाया गया है। और जो भी हो, साधारण लोगों के मत से आज के दिनों में वे ही बड़े उस्ताद के रूप में स्वीकृत हैं।

जो संगीत-व्यवसायी नहीं हैं, बंगाल के ऐसे लोगों में गोपेश्वर बाबू की अपेक्षा बड़ा उस्ताद कोई है या नहीं, कहना कठिन है। जो संगीत-व्यवसायी हैं वे बचपन से ही निष्ठा के साथ गान-शिक्षा में प्रवृत्त हैं, उनके वंश में अधिकतर गान-अनुशीलन

की धारा प्रवहमान है। अतएव गान-संग्रह और साधना के सम्बन्ध में उन पर निर्भर रहा जा सकता है। एक समय मैंने होमियोपैथी चिकित्सा का काफी परिमाण में अनुशीलन किया था। मेरी चिकित्सा से दैवात् जिन्हें लाभ हुआ, वे व्यवसायी चिकित्सक को छोड़कर मेरे पास ही आते थे। इससे मेरे प्रति विशेष अनुरक्त दल यदि यह सोचते कि मैं सचमुच बड़ा डॉक्टर हूँ तो उनके इस विश्वास मात्र के बल पर मेरी डॉक्टरी विद्या प्रमाणित नहीं होती। अन्यान्य शिक्षा या काम-काज के बीच जो किसी अन्य विद्या का अभ्यास करते हैं, साधारणतः उनकी तुलना ऐसे दल के साथ करना ठीक नहीं जिन्होंने एकनिष्ठ भाव से उस विद्या का अनुशीलन-अभ्यास किया है। अव्यवसायियों में प्रतिभासम्पन्न लोग हो सकते हैं, किन्तु जैसा कि मैंने पहले ही कहा है, हिन्दुस्थानी संगीत के समान प्राचीन अलंकारशास्त्र द्वारा प्रायः अचल ढंग से दी जानेवाली नियमित विद्या से केवल प्रतिभा द्वारा उस्तादी प्राप्त नहीं की जा सकती, बहुल शिक्षा और अनुशीलन द्वारा ही ऐसा सम्भव है।

और एक विषय को लेकर तर्क चल रहा है—गोपेश्वर बाबू के गान का 'स्टाइल' विष्णुपुरी बताकर कुछ लोग उनकी उस्तादी को बदनाम करते हैं। संस्कृत अलंकारशास्त्र में देखा जाता है कि प्रदेशभेद से साहित्य का स्वाभाविक रीतिभेद स्वीकार किया गया है। वैदर्भी रीति, गौड़ीय रीति प्रभृति रीतियों की विशिष्टता तिरस्कृत नहीं हुई है। भारतीय स्थापत्य में देखा जाता है कि दक्षिण भारत की स्थापत्य कला के साथ उड़ीसा और उत्तरभारत की स्थापत्य कला का काफी पार्थक्य है। मदुराई की मन्दिर-रचना के स्थापत्य में पद-पद पर जो तान, विस्तार लगाए गए हैं उनके अंश-अंश में अलंकार है—वैचित्र्य का अति बाहुल्य है, जो किसी-किसी को अच्छा नहीं लगता। उसकी तुलना में सिकन्द्रा के स्थापत्य की तानविहीनता और अलंकारविरलता किसी-किसी की रुचि के अनुसार अच्छी लग सकती है। फिर भी भारतीय स्थापत्य में दक्षिणी रीति को अस्वीकार नहीं किया जा सकता। उसी प्रकार बंगाल में हिन्दुस्थानी गान यदि किसी विशेष रीति का अवलम्बन करता है तो उसके स्वातंत्र्य को मानना होगा। उस रीति में उत्कर्ष का स्थान नहीं, यह कहना उचित नहीं। यदुभट्ट की प्रतिभा की प्रथम भूमिका इस विष्णुपुरी रीति में ही थी; राधिका गोस्वामी के सम्बन्ध में भी यही बात कही जा सकती है। पश्चिम अंचल के श्रोता इस रीति का गान पसन्द न भी करें, तो उसे चरम निष्कर्ष नहीं माना जा सकता। रस-बोध के सम्बन्ध में मतभेद अभ्यास के पार्थक्य पर कम निर्भर नहीं करता। यदि ऐसा हो कि किसी विशेष गायक से विष्णुपुरी रीति का गान वास्तव में प्रशंसायोग्य न बन पड़े, तो उस आधार पर विष्णुपुरी रीति की निन्दा करना उचित नहीं ठहरता। सैकड़ों गायक हैं जो हिन्दुस्थानी दस्तूर के अनुसार ही गान गाकर श्रोताओं को कष्ट पहुँचाते हैं, इसके लिए कोई हिन्दुस्थानी रीति को तो दायी नहीं ठहराता।

वर्तमान आलोचना-प्रसंग में हमारे देश के किसी ख्यातिप्राप्त उस्ताद या विष्णुपुरी रीति की मैं निन्दा क्यों नहीं करना चाहता, उसका कारण मैंने पहले ही बता दिया है। जो तर्क उपस्थित हुआ है उसकी मीमांसा का प्रधान विषय यह है कि विश्वविद्यालय में संगीत-शिक्षा, विभाग गठित करने के काम में सबसे योग्य व्यक्ति कौन है। मेरे मन में सन्देह मात्र नहीं कि भातखण्डे ही वह व्यक्ति हैं। भारतीय संगीत विद्या के सम्बन्ध में उनकी जो दूरदर्शिता है वैसी और किसी की नहीं है, इसके अलावा उनके द्वारा उद्‌भावित शिक्षादान-प्रणाली का असाधारण नैपुण्य सभी को स्वीकार करना होगा। वे गायक नहीं, वे गानशास्त्र के महामहोपाध्याय हैं। उन्होंने हिन्दुस्थानी गानशिक्षा की जैसी नींव अन्यत्र डाली है, बंगाल में भी उसी प्रकार की नींव-रचना का सुयोग यदि उन्हें दिया जाए तो विश्वविद्यालय को यथार्थतः सफलता की प्राप्ति होगी; यह कार्य उनके अलावा अन्य किसी से भी सुसम्पूर्ण नहीं हो सकता।

अग्रहायण 1335 (बंगाब्द)

श्री दिलीपकुमार राय को लिखित

18 अक्तूबर 1929

गीतांजलि के कुछ गानों के छन्द के सम्बन्ध में तुमने कैफियत माँगी है। पहले ही यह बता देना आवश्यक है–गीतांजलि में ऐसी कई कविताएँ हैं जिनमें छन्द-रक्षा का भार गान के सुर पर डाला गया है। अतएव, जो पाठक छन्द के अभ्यस्त हैं वे गान की खातिर इसकी मात्रा कम-अधिक स्वयं ही दुरस्त कर पढ़ सकते हैं, जिनके कान इतने परिपक्व नहीं, उन्हें धैर्य रखना होगा।

(1) 'नव नव रूपे एसो प्राणे'–इस गान के अन्तिम पदों के केवल अन्तिम दो अक्षरों के दीर्घ-ह्रस्व स्वर का सम्मान स्वीकृत हुआ है। यथा–'प्राणे' 'गाने' इत्यादि। मात्र एक पद में इसका व्यतिक्रम है। 'एसो दुःखे सुखे एसो मर्मे'–यहाँ 'सुखे' के ए-कार को अ-बंगला रीति से दीर्घ किया गया है। 'सौख्ये' शब्द रखने पर आपत्ति का कोई कारण नहीं रहता, किन्तु उस पर मैं राजी नहीं हुआ। मनुष्य को कुचलने के बजाय मोटर का टूटना अच्छा है।

(2) 'अमल धवल पा–ले लेगेछे मन्द-मधुर हावा'–इस गान में गान ही मुख्य है, काव्य गौण। अतएव ताल को सलाम कर छन्द को पीछे रहना पड़ा। यदि कहो कि पाठक तो श्रोता नहीं, वे माफ क्यों करेंगे। शायद वे माफ नहीं करेंगे–कवि हाथ जोड़कर कहेगा, 'ताल द्वारा छन्द सम्हाला है, त्रुटि के लिए क्षमा कीजिए।'

(3) 34 नम्बर का गान।[1] फिर भी इसके सम्बन्ध में विशेष वक्तव्य यह है कि जो छन्द बंगला के प्राकृत छन्द हैं, अक्षर-गणना से उनकी मात्रा का निर्णय नहीं होता।···

(4) 'निभृत प्राणेर देवता'—इस गान का छन्द तुम किस नियम से पढ़ते हो, मैं ठीक समझ नहीं पा रहा हूँ। 'देवता' शब्द के बाद एक दीर्घ यति है, उसे क्या नहीं रखते ? यदि उस यति को मान्य करते हो, तो देखोगे कि 'देवता' एवं 'खोलो द्वार' मात्रा की दृष्टि से असमान नहीं होते। इन सब ध्वनिगत तर्क की मीमांसा आमने-सामने ही करना सहज है। लिखित वाक्य द्वारा इस सम्बन्ध में अन्तिम सिद्धान्त पर पहुँचना सम्भव होगा या नहीं, नहीं जानता। छापाखाना द्वारा शासित साहित्य में छन्दोविलासी कवि के लिए यही एक मुश्किल है—उसका अपना कण्ठ स्तब्ध है, उसे अन्यों के कण्ठों की करुणा पर निर्भर रहना पड़ता है। इसीलिए सम्प्रति मुझे ऐसी बातें सुननी पड़ती हैं कि मैं छन्द तोड़ता हूँ···आकाश की ओर देखकर कहता हूँ—'हे चतुरानन, किन श्रवणेन्द्रिय-विशिष्ट लोगों पर इसके निर्णय का भार है।'

(5) 'आजि गन्धविधुर समीरणे'—यह कविता सहज नियम के अनुसार ही पढ़ना उचित है। इसके पठित छन्द में और गीत छन्द में प्रभेद है।

(6) 'जनगणमन अधिनायक' गान में मात्रा-आधिक्य की बात तुमने कही है, वह गलत नहीं है। इस बाहुल्य के कारण 'पंजाब' शब्द के प्रथम 'सिलेबल' को द्वितीय पद के गेट के बाहर खड़ा करता हूँ—

पन्। जाब सिन्धु गुजराट मराठा इत्यादि।

'पंजाब' को 'पञ्जब' कर नाम के आकार को खर्व करने का साहस नहीं हुआ—वह दीर्घकाय लोगों का प्रदेश है। छन्द के अतिरिक्त अंश के लिए कुछ अन्तर पर आसन देना रीति या गीति के विरुद्ध नहीं है।

2

10 नवम्बर 1929

(1) 'आबार एरा घिरेछे मोर मन'—इस पंक्ति के छन्द की मात्रा के साथ 'दाह आबार बेड़े ओठे क्रमे' की मात्रा का असाम्य हुआ है, ऐसा तुम्हारा मत है। 'क्रमे' शब्द के 'क्र' के ऊपर यदि यथोचित जोर दो, तो हिसाब की गड़बड़ी नहीं रहती। शब्द के प्रथम वर्ण स्थित 'र' कार अर्थात् 'क' 'र' युक्त को दो मात्रा मानने में कृपणता करते हैं। 'आक्रमण' शब्द के 'क्र' को उसकी प्राप्य मात्रा देते हैं, किन्तु

1. 'आमार मिलन लागि तुमि आसछ कबे थेके'।

'ओठे क्रमे' के 'क्र' को ह्रस्व मात्रा में खर्व करते हैं। सुयोग के अनुसार मैं विकल्प से दोनों प्रकार के नियम चलाता हूँ।

(2) भक्‌त। सेथाय। खोलो द्वा।···र्।–इस प्रकार के विभाजन में कोई दोष नहीं है। किन्तु तुमने जो विभाजन किया– । र··· ।–यह नहीं चलता; जिस कारण 'र' हसन्त वर्ण है, उसके बाद स्वर वर्ण नहीं है, अतएव खिंचाव किसका होगा।

(3) 'जनगण' गान जब मैंने लिखा था, तब 'माराठा' अक्षरविन्यास नहीं किया था। मराठी भी प्रथम वर्ण को आकारयुक्त नहीं करते। मेरा शब्द था 'मराठा'। उसके पश्चात् जिन्होंने शोधन किया है उन्होंने ही निराकार को साकार बना दिया है, मेरे ध्यान में नहीं आया।

3

जहाँ आर्ट का उत्कर्ष है वहाँ गुणियों और गुणज्ञों के भाव का उच्च शिखर है। वहाँ सभी अनायास पहुँच जाएँगे, ऐसी आशा नहीं की जा सकती–वहीं नाना रंग के, रस के मेघ एकत्र होते हैं–उस दुर्गम उच्चता पर मेघ का जमाव है इसी कारण उनके वर्षण से नीचे की मिट्टी उर्वरा हो उठती है। असाधारण के साथ साधारण का योग इसी तरह होता है, ऊपर को नीचे की ओर बाँध देने से नहीं। जो रस के सृष्टिकर्ता हैं उन पर यदि हाट की फरमाइश चलाई जाए तभी सर्वनाश हो जाता है। उनके लिए फरमाइश अन्तर्यामी से आती है। इस फरमाइश के अनुसार यदि वे चिरन्तन वस्तु तैयार कर सकें, तो स्वतः ही उस पर सर्वलोक का अधिकार होगा। किन्तु सभी का अधिकार होने पर सभी लोग हाथों-हाथ अधिकार प्राप्त कर सकते हैं, अच्छी वस्तु इतनी सस्ती नहीं होती। वसंत में जो फूल खिलता है वह तो सभी के लिए है, किन्तु यह कैसे कहा जा सकता है कि सभी उसकी मर्यादा समान रूप से समझते हैं ? वसन्त में आम के मुकुल के प्रति बहुतों का मन आकृष्ट नहीं होता तो क्या उसे दोष देंगे ? कहेंगे–'तुम कद्दू क्यों नहीं हुए ?' यह कहेंगे क्या–गरीब के देश में बकुल फूल खिलाना विडम्बना है–सब फूलों को ही बैंगन के खेत हो जाना नैतिक कर्तव्य है ? बकुल फूल के प्रति अरसिक आँख उठाकर भी नहीं देखता, उसी के लिए युग युगान्तर से बकुल फूल प्रतीक्षा करता रहता है; मन के खेद और लोक हितैषियों के उत्पीड़न से वह कहीं अरवी का खेत होने की चेष्टा न करे। यूनान में कुछ विशिष्ट लोगों के लिए ही नहीं, बल्कि जनसाधारण के लिए सोफोक्लीस का एस्किलस नाटक रचित और अभिनीत हुआ था। वहाँ के जनसाधारण का सौभाग्य है कि उन्हें किसी सर्वसाधारण उपभोग्य यूनानी 'दाशुराय' की शरण में नहीं जाना पड़ा। जनसाधारण को श्रद्धापूर्वक अच्छी वस्तु का परिवेशन करते रहने पर क्रमशः उनका मन अच्छी वस्तु ग्रहण करने के लिए

उपयुक्त हो जाता है। कवि को हम यही बात कहें—'तुम्हारा, जो सर्वश्रेष्ठ है, उसी की तुम बस निःसंकोच रचना कर सको।' कवि यदि सफल होता है, तो हम जनसाधारण से कहेंगे—'जो वस्तु श्रेष्ठ है, तुम उसे ग्रहण करने लायक बनो। जो रूपकार हैं, जो रसस्रष्टा हैं, वे आर्ट की सृष्टि के सम्बन्ध में सत्य और असत्य, अच्छा और बुरा, मात्र इन दोनों का श्रेणीभेद जानते हैं; कुछ विशिष्ट लोगों का पथ्य और साधारण लोगों का पथ्य, ऐसा कोई भेद उनके सामने नहीं है। ऐसी जनश्रुति प्रचलित है कि शेक्सपीयर सर्वसाधारण का कवि था, किन्तु मैं पूछता हूँ कि क्या हैमलेट सर्वसाधारण का नाटक है ? मैं नहीं जानता कि कालिदास किस श्रेणी के कवि थे, किन्तु उन्हें उच्च-नीच सभी कवि कहकर उनकी प्रशंसा करते रहते हैं। मैं पूछता हूँ—यदि मेघदूत गाँव के दस जनों को बुलाकर सुनाया जाय, तो क्या वह अत्याचार फौजदारी दण्डविधि के अन्तर्गत नहीं आ सकता ? सर्वसाधारण का मुखतार यदि कालिदास के समय में विक्रमादित्य का सिंहासन बेदखल कर कालिदास को फरमाइश पूरी करने पर बाध्य करते, तो मेघदूत के स्थान पर जो पद्यपाठ तैयार होता, महाकाल क्या उसे सहन करता ? मुझे यदि पूछो कि इस समस्या की मीमांसा क्या है, तो मैं कहूँगा—मेघदूत गाँव के दस जनों के लिए ही है, किन्तु वे दस जन मेघदूत पर अपने अधिकार की उपलब्धि कर सकें तब उसका दायित्व असाधारण गुणी लोगों का है। जो दस जन मेघदूत समझते नहीं, उनकी खातिर मेघदूत के बदले पद्म-भ्रमर की पांचाली से सस्ते अनुप्रास की चकाचौंध दर्शाना कवि का दायित्व नहीं है। कृत्रिमता सभी कवियों, सभी आर्टिस्टों के लिए दूषणीय है, किन्तु जिसे सभी अनायास ही समझते हैं वही अकृत्रिम है और जिसे समझने के लिए चित्तवृत्ति का उत्कर्ष-साधन आवश्यक है वह कृत्रिम है, इस प्रकार की बात अश्रद्धेय है।

4

29 जुलाई 1936

कीर्तन संगीत मुझे बहुत समय से पसन्द है। सहजभाव से भावाभिव्यक्ति की जितनी घनिष्ठ और गभीर नाट्यशक्ति इसमें है, वैसी अन्य किसी संगीत में है, मैं नहीं जानता। साहित्य की भूमि से इसकी उत्पत्ति है, उसी में इसकी जड़ें हैं, किन्तु शाखा-प्रशाखाओं में पल्लवित-पुष्पित होकर उसने संगीत के आकाश में स्वकीय महिमा स्थापित की है। कीर्तन संगीत में बंगाली की इस मौलिक प्रतिभा से मैं गौरव अनुभव करता हूँ।···कभी-कभी कीर्तन में भैरव प्रभृति भोर के 'सुरों' का भी आभास मिलता है, किन्तु उसका मिजाज बदल गया है—राग-रागिनी के रूप के प्रति उसका मनोयोग नहीं, भाव-रस के प्रति ही उसका झुकाव है। मैं कल्पना नहीं कर सकता कि हिन्दुस्थानी गायक कीर्तन गा रहा है, यहाँ बंगाली का कण्ठ और भावार्द्रता की

आवश्यकता है। किन्तु, फिर भी क्या ऐसा नहीं कहा जाता कि इसमें सुर-समवाय की पद्धति हिन्दुस्थानी पद्धति की सीमा का लंघन नहीं करती ? अर्थात्, यूरोपीय संगीत की सुरश्रेणी जिस प्रकार नितांत विदेशी है, कीर्तन तो वैसा नहीं है। उसकी राग-रागिनियों को विशेष नाम देकर हिन्दुस्थानी संगीत की संख्या-वृद्धि करने से अत्याचार नहीं होगा। फिर भी उसके प्राण, उसकी गति, उसकी भंगिमा सम्पूर्ण स्वतन्त्र है

5

29 अक्तूबर 1937

'छन्दा' में तुम्हारे 'कथा बनाम सुर' प्रबन्ध में तुम्हारा तर्क बहुत वजनदार बन पड़ा है। किन्तु, तर्क से विज्ञान या गणित के अलावा और किसी की मीमांसा नहीं हो सकती। यदि कोई स्पर्धापूर्वक कहे कि विशुद्ध संस्कृत भाषा में मात्र फजली को आम्र कहा जा सकता है—उसका आयतन, उसका वजन, उसकी गुठली की विशालता यदि वह प्रमाण रूप में व्यवहार करे—यदि कहे कि महत्त्वहीन अन्य सभी आमों को संस्कृत नाम से अभिहित करना नहीं चलेगा, अधिक से अधिक उनका परिचय ग्राम्य भाषा में 'आँव' नाम से दिया जा सकता है—तो 'जामाइ षष्ठी' (ज्येष्ठ शुक्ल षष्ठी को जामाता को भोजन के लिए आमंत्रित करने का विशेष पर्व) के दिन जामाता को फजली आम खिलाकर श्वसुर के लिए अपने सम्मान की रक्षा करना निरापद होगा, किन्तु साधारणजन विचित्र आमों के विचित्र रस का सम्भोग कर रसज्ञ नाम खोने में कुण्ठित नहीं होंगे। उस्तादगण युग-युगान्तर से फजली संगीत के कलमी पौधे भले ही बनाते रहें, फिर भी मनुष्य के हृदयपद्म स्थित सृष्टिकर्ता सुप्त नहीं होंगे।

सुर के साथ शब्द के मिलन को कोई रोक नहीं सकेगा। वे एक-दूसरे को चाहते हैं, इस चाह में जो प्रबल शक्ति है, उस शक्ति में ही सृष्टि का प्रवर्तन है। श्रेणी की सीमा के अन्तर्गत पाँव की बेड़ी की झंकार देकर घूमने को जो उस्ताद साधना मानता है, उसके साथ तर्क मत करो; श्रेणी का वह उपासक है, वह शास्त्र-कथन का वाहक है, पृथिवी की विभिन्न विपदाओं में वह भी एक विशेष जातीय है—कलाविभाग में वह फासिस्ट है।

6

6 फरवरी 1938

मैंने अपना मत बदला है। 'जीवनस्मृति' बहुत दिन पूर्व लिखी गयी। उसके बाद आयु भी बढ़ी है, अभिज्ञता भी। बृहत् जगत् की चिन्ताधारा और कर्मचक्र जहाँ

चलता है, वहाँ का परिचय भी अधिक प्रशस्त हुआ है। देखा है चित्त जहाँ प्राणवान है वहाँ वह ज्ञानलोक में, भावलोक में और कर्मलोक में नित्य नवीन प्रवर्तन के माध्यम से यह प्रमाणित करता है कि मनुष्य सृष्टिकर्ता है, कीटपतंग के समान वह एक शिल्प-पैटर्न की पुनरावृत्ति नहीं करता। आज मेरे मन में सन्देह मात्र नहीं कि कोल्हू के बैल की तरह आँखों पर ढकनी बाँधकर निश्चित घेरे में निरन्तर घूमते रहना संगीत, साहित्य किंवा अन्य किसी ललित कला की चरम सद्गति नहीं है। हिन्दुस्थानी कलावन्त के कण्ठ-व्यायाम की तारीफ करने को मैं राजी हूँ, यहाँ तक कि उसके रसभोग से भी मैं वंचित होना नहीं चाहता। किन्तु, यदि वह रस चित्त को मादकता से अभिभूत कर रखे, अग्रगामी काल के नव-नव सृष्टि-वैचित्र्य के पीछे हमें विह्वल भाव से अवश कर रखे, पिंजरे के पंछी के समान जो बोली सीखी है उसी को रटते रहें एवं अविकल पुनरावृत्ति के लिए वाहवा की अपेक्षा करें, तो इस नकलनवीशी विधान को दूर से ही सलाम—नूतन साधना के पथ पर लंगड़ाते चलें, यही अधिक अच्छा है, किन्तु पुराने रास्ते पर हजार वर्ष शृंखलबद्ध शागिर्दी नहीं कर सकेंगे। भूल, भ्रान्ति, असम्पूर्णता आदि से गुजरते हुए नवयुग विधाता की पुकार सुनकर नवसृष्टि की कामना संजोए चलते रहेंगे। बँधे-बँधाए अभिमत के प्रवीण व्यक्तियों से गाली सुनूँगा—जीवन में कई बार तो गालियाँ खायी हैं—किन्तु आत्मप्रकाश के क्षेत्र में मैं कदापि नहीं मानूँगा कि मुझ पर भूतकाल का भूत सवार है। यूरोपीय गुणियों में आज ऐसा कोई नहीं जो नहीं कहता कि अजन्ता की छवि श्रेष्ठ आदर्श की छवि है, किन्तु उनमें ऐसा बेवकूफ कोई नहीं जो उस अजन्ता की छवि की केवल नकल करने, उस आकृति की रेखाओं पर ही ब्रश चलाने को ही शिल्प-साधना का चरम लक्ष्य माने। तानसेन को सलाम कर कहूँगा,—'उस्तादजी, तुम्हारा जो पथ है, मेरा भी वही पथ है।' अर्थात्, नवसृष्टि का पथ। बंगाल एक समय संगीत के क्षेत्र में घेराबन्दी तोड़कर नवजीवन के पथ पर चला था। उसकी पदावली ने उसकी गीतकला को जगाया था, उसमें प्राण संचार किया था दासी बनकर नहीं, सखी बनकर, उसके गौरव की रक्षा करते हुए। उसी बंगाल में आज जब नवयुग की पुकार उठी है, डंका बजा है, तब वह हिन्दुस्थानी अन्तःपुर में प्राचीर की आड़ में कुलरक्षा करते हुए नहीं बैठ सकेगा—तब वह जटिला के शासन की उपेक्षा कर युगल मिलन के पथ पर चरम सार्थकता प्राप्त करेगा। इसके कारण निन्दा भले ही हो, किन्तु शर्माने से काम नहीं चलेगा।

मैंने अपना मत बदला है; कितनी बार बदला है, उसका कोई ठिकाना नहीं। सृष्टिकर्ता यदि बार-बार मत नहीं बदलते तो आज की संगीत सभा 'डाइनोसरस' के ध्रुपदी गर्जन से मुखरित होती एवं वहाँ चतुर्दन्त 'मैमथ' का चतुष्पदी नृत्य इतना भीषण होता कि आज नृत्यकला की पहलवानी के जो पक्षपाती हैं वे भी भाग जाते। अन्तिम दिन तक मत बदलने की मेरी शक्ति यदि अकुण्ठित रहे तो समझूँगा कि

अभी जीने की आशा है; अन्यथा गंगायात्रा का आयोजन करना चाहिए। हमारे देश में उस पक्के घाट पर ही जनसंख्या सर्वाधिक है।

श्री धूर्जटिप्रसाद मुखोपाध्याय को लिखित

खड़दह। दिवाली 1339/1932

संगीत के साथ काव्य का एक स्थान पर मेल नहीं है। संगीत का समस्त रूप ही अनिर्वचनीय है। काव्य में वचनीयता है, यह कहने की आवश्यकता नहीं; अनिर्वचनीयता उसी का वेष्टन करते हुए हिल्लोलित होती रहती है, पृथिवी के चारों ओर के वायुमण्डल की तरह। यहाँ तक छन्द ने वचन के साथ अनिर्वचन का, विषय के साथ रस का गठबन्धन कर दिया है। परस्पर को कहा है—'यदेतद् हृदयं मम तदस्तु हृदयं तव'। वाक् एवं अवाक् छन्द के माल्य बन्धन में बँधे हैं।

2

शान्तिनिकेतन। 8 अक्तूबर 1937

गान में शब्द और सुर के स्थान को लेकर कुछ दिनों से वाद-विवाद चल रहा है। मैं उस्ताद नहीं हूँ, मेरी सहज बुद्धि से मुझे लगता है कि यह पूर्णतया तर्क का विषय नहीं है; यह सृष्टि के अर्थात् लीला के अधिकार के अन्तर्गत है। जप-तप कर, मंत्र-तंत्र की आवृत्ति कर सम्भवतः कृच्छ्रसाधक यथानियम भवसमुद्र पार हो सकता है, किन्तु सरल भक्ति का मनुष्य कहता है—'भजन-पूजन नहीं जानता, माँ, मैं तुम्हें ही जानता हूँ', शायद वही जीत जाता है। वह आचार-नियम से ऊपर उठकर लीला को, इच्छा को मानता है—वह कहता है—'न मेधया न बहुना श्रुतेन' [कठ उपनिषद-1/2/23]। वह कहता है सबके ऊपर जो हैं, वे स्वयं ही जिसे चुन लेते हैं, उसे और कोई चिन्ता नहीं। जिस विषय को लेकर आलोचना चल रही है, यहाँ वह सबसे ऊपरवाला है सृष्टि का आनन्द। यह आनन्द जब रूप लेता है तब उस रूप से ही उसकी सत्यता का प्रमाण मिलता है, नियमकर्ता की दण्डविधि से नहीं। उड्डक्षु पक्षी के पालकयुक्त पंख रहते हैं जानता हूँ, किन्तु सृष्टि के खामखयाली की मर्जी के अनुसार चमगादड़ के पालक नहीं होते—श्रेणी विभाग करनेवाला उसे किसी भी श्रेणी में रखकर जो भी नाम दें वह उड़ेगा ही। प्राणी विज्ञान के श्रेणी-विभाजन के अनुसार व्हेल को मछली रूप में न भी लिया गया हो, असल बात यह है कि वह जल में गोते लगाते हुए संतरण करती ही रहेगी। अन्यान्य लक्षणों के अनुसार उसका तटभूमि पर रहना ही उचित था, पर वह नहीं रही, वह जल में

ही रही। सृष्टि में अनेक अचिन्तनीय घटनाएँ घटती रहती हैं, घटती नहीं केवल जड़ग्रस्त कारखानों में। शब्द और सुर के मिलन से यदि एक सुसम्पूर्ण सृष्टि होती है तो ऐसा होने के कारण ही उसका आदर है, उस होने के गौरव में ही सृष्टि का गौरव है। इस मिलित सृष्टि में जो रस मिलता है, तर्क के द्वारा कोई कुछ भी कहे, वह विषयबाह्य है, किन्तु सृष्टि की उपेक्षा कर तर्क की खातिर कोई कह बैठे 'रस ही नहीं मिला', ऐसे अभ्यासग्रस्त जड़ता बोध सम्पन्न लोगों का अभाव नहीं, क्या साहित्य में, क्या संगीत में, क्या शिल्पकला में। अभ्यास के मोह से, नियम के पीड़न से वे मुक्ति पाएँ, यही मैं कामना करता हूँ—किन्तु वह मुक्ति होगी—'न मेधया न बहुना श्रुतेन।'

तेल और जल जैसे मिलते नहीं, शब्द और सुर वैसे अमिलनसार नहीं हैं—मनुष्य के इतिहास के शुरू से ही उसका परिचय चला आया है। उनके स्वातंत्र्य को कोई अस्वीकार नहीं करता, किन्तु परस्पर के प्रति उनकी सुगभीर, स्वाभाविक आसक्ति छिपी हुई नहीं है। यह आसक्ति एक शक्ति विशेष है, विश्वविधाता के दृष्टान्त में गुणीजन भी इस प्रबल शक्ति को सृष्टि के काम में लगाते हैं—इस सृष्टि के भीतर से वह शक्ति मन को विचलित कर देती है। इससे ही विश्व का सर्वाधिक प्रबल रस उद्भूत होता है, जिसे कहते हैं आदिरस। यह युगलमिलन-जातीय सृष्टि उच्च श्रेणी की है या नहीं, हिन्दुस्थानी कायदे के अनुसार इसका विचार करना ठीक नहीं, उसका विचार, मूल्यांकन उसके अपने अन्तरगूढ़ विशेष आदर्श पर निर्भर है। मदुराई मन्दिर में स्थापत्य और भास्कर्य के प्रभूत तानमान सम्पन्न जिस ऐश्वर्य का परिचय मिलता है, उसकी ही निरन्तर पुनरावृत्ति से स्थापत्य-साधना का चरम उत्कर्ष होगा, ऐसा हम नहीं कह सकते, उसकी अपेक्षा बहुत सहज, सरल, शुचि आदर्श है जिसका बाहुल्यवर्जित शुभ्र संयत रूप गीतिकाव्य के समान हृदय में सहज ही प्रवेश करता है; जैसे चिस्ती का श्वेत संगमरमर का समाधिमन्दिर। मदुराई के समान उसमें तान, विस्तार का बारम्बार उत्क्षेप-विक्षेप नहीं, इसी कारण उसे निम्न श्रेणी में नहीं रख सकते। आनन्द का भोग करने के उपयुक्त सहज मन लेकर, कृत्रिम कौलीन्य की वर्गनिर्मिति को न मानते हुए सृष्टि के रसवैचित्र्य को स्वीकार करने में दोष क्या है ?

रससृष्टि के राज्य में जिनके मन का विहार है उनकी मुश्किल यह है कि 'रसस्य निवेदन' रुचि पर निर्भर करता है, वह रुचि व्यक्तिगत या श्रेणीगत अभ्यास से तैयार होती है। इस कारण श्रेणी-विचार सहज है, रस-विचार सहज नहीं।

नियति नियम के रक्षण हेतु बँधे-बँधाए पथ पर सावधानी से बारम्बार स्टीम रॉलर चलाती है, इसी दरम्यान सृष्टिकर्ता सृष्टि रूपी झरने को उसके अपने ही गतिवेग की विचित्र शाखायित नहर में बहा देते हैं—इस पथ पर शब्द, वाणी रूपी धारा अकेली यात्रा करती है, सुर की धारा भी अपना बहाव लेकर चलती है, सुर

और शब्द के स्रोत फिर मिल भी जाते हैं। इस मिलाप और न मिलने दोनों में ही रस का प्रवाह है—इनमें जो 'कॉम्युनल' विच्छेद का प्रचार करते हैं श्रेणीमाहात्म्य के उन ध्वजाधारियों से सृष्टिबाधाजनक शान्तिभंग के उत्पात से निरस्त होने का अनुरोध करता हूँ।

पुनश्च इतनी बड़ी चिट्ठी लिखकर मैंने अपने अस्वस्थ शरीर पर काफी अत्याचार किया है। किन्तु रोग-दौर्बल्य के आघात से और भी बड़े आघात हैं, इसीलिए मैं अपने को रोक नहीं सका। शब्द भी सुर को वेग, गति देते हैं, और सुर भी शब्दों को, दोनों में आदान-प्रदान का स्वाभाविक सम्बन्ध है, रससृष्टि में इनके परिणय को हेय मानना होगा क्योंकि सांगीतिक मनुसंहिता में इसे असवर्ण विवाह कहा गया है, मेरे जैसा मुक्तिकामी इसे सहन नहीं कर सकता। संगीत में चिरकुमारों का मैं सम्मान करता हूँ जहाँ वे सम्मान के योग्य हैं, किन्तु कुमार-कुमारियों के सुन्दर मिलन घटित होने पर आनन्द अनुभव करने में मुझे कोई आपत्ति नहीं। यह बात सत्य हो सकती है और नहीं भी कि विवाह से व्यक्तिगत स्वाधीनता नष्ट होती है, शक्ति का ह्रास होता है, किन्तु ऐसा भी हो सकता है कि एक प्रकार की शक्ति को संयत कर और एक प्रकार की शक्ति को पूर्णता प्रदान करे।

श्रीमती इन्दिरा देवी को लिखित पत्र

13 जनवरी 1935

गान के कागज पर राग-रागिनी के नाम-निर्देश न रहना ही उचित है। नाम तर्क का कारण हो सकता है, रूप नहीं। कौन-सी रागिनी गायी जा रही है, यह कहने की कोई आवश्यकता नहीं है। क्या गाया जा रहा है वही मुख्य है, क्योंकि उसकी सत्यता उसी में ही चरम है। नाम की सत्यता दस जनों के मुख पर है, उन दस जनों में मत का मेल नहीं भी हो सकता है। सुना है कलियुग में नाम से ही मुक्ति है, किन्तु गान चिरकाल ही सत्ययुग में विराजमान है।

2

[?] 2 जून 1936

मेरे आधुनिक गान में राग-ताल का उल्लेख न रहने का आरोप लगा रही हो। सावधान रहने से विनाश नहीं होता। उस्ताद जानते हैं कि मेरे गानों में रूप का दोष है, उसके ऊपर यदि नाम की भी भूल हो तो फिर टिकने की जगह कहाँ मिलेगी ? धूर्जटि से नामकरण करा लेना।

श्री पुलिनबिहारी सेन को लिखित 'जनगणमनअधिनायक'

20 नवम्बर 1937

तुमने पूछा है कि 'जनगणमनअधिनायक' गान मैंने किसी उपलक्ष्य-निरपेक्ष भाव से लिखा या नहीं। मैं समझ रहा हूँ कि इस गान को लेकर देश के किसी-किसी अंचल में कटूक्ति की जा रही है, इसी से यह प्रश्न तुम्हारे मन में उठा है।...तुम्हारी चिट्ठी का जवाब देता हूँ कलह की आग बढ़ाने के लिए नहीं, बल्कि इस गान की रचना के सम्बन्ध में तुम्हारा कौतूहल मिटाने के लिए।

एक दिन मेरे स्वर्गीय बन्धु हेमचन्द्र मल्लिक विपिन पाल महाशय को साथ लेकर एक अनुरोध करने के लिए मेरे पास आए थे। उनका कहना यह था कि दुर्गा मूर्ति के साथ विशेष रूप से मातृभूमि का देवीरूप मिलाकर शारदीय पूजा के अनुष्ठान को देश में नए रूप में प्रवर्तित करना चाहते हैं, उसके उपयुक्त भक्ति और उद्दीपन मिश्रित स्तर के गान की रचना करने के लिए उनका विशेष अनुरोध था। मैंने इस अनुरोध को अस्वीकार करते हुए कहा था कि यह भक्ति मेरी आन्तरिक नहीं हो सकती; अतः यह अपराध का कारण बनेगा। विषय यदि केवल साहित्य-क्षेत्र के अधिकारगत होता, तो मेरा धार्मिक विश्वास जो भी हो, मेरे लिए उसमें संकोच का कारण नहीं रहता; किन्तु भक्ति के क्षेत्र में, पूजा के क्षेत्र में अनधिकार प्रवेश निन्दनीय है। मेरे बन्धु सन्तुष्ट नहीं हुए। मैंने रचना की थी—'भुवनमनोमोहिनी', यह गान पूजा-मण्डप के योग्य नहीं था, कहने की आवश्यकता नहीं। दूसरी ओर यह बात भी स्वीकार करनी होगी कि यह गान सर्वजनीन भारतराष्ट्रसभा में गाने के उपयुक्त नहीं है, क्योंकि यह गान नितान्त रूप से हिन्दू संस्कृति के आश्रय में रचित है। अहिन्दू इसे सुपरिचित रूप से हृदयंगम नहीं करेंगे।

मेरे भाग्य में ऐसी घटना और एक बार घटी है। उस वर्ष भारत-सम्राट् के आगमन का आयोजन चल रहा था। राज-सरकार में प्रतिष्ठावान मेरे किसी बन्धु ने मुझे सम्राट् के जयगान की रचना के लिए विशेष अनुरोध किया था। यह सुनकर मैं विस्मित हुआ था, उस विस्मय के साथ मन में उत्ताप का संचार हुआ था। उसी की प्रबल प्रतिक्रिया के आवेग से मैंने 'जनगणमनअधिनायक' गान में उस भारत भाग्यविधाता की जयघोषणा की है, पतन अभ्युदय में सहचरों के मार्ग पर युग-युग से चलनेवाले यात्रियों के जो चिरसारथी हैं, जो जनगण के अन्तर्यामी पथपरिचायक हैं—उसी युग युगान्तर के मानव-भाग्यरथ-चालक पंचम, या षष्ठ या और कोई जार्ज किसी प्रकार नहीं हो सकते, यह बात मेरे राजभक्त बन्धु ने भी अनुभव की थी, क्योंकि उनकी भक्ति भले कितनी ही प्रबल क्यों न हो, उनमें बुद्धि का अभाव नहीं था। आज मतभेद के कारण मेरे प्रति क्रुद्ध भाव दुश्चिन्ता का विषय नहीं है, किन्तु

यह बुद्धिभ्रंश तो दुर्लक्षण ही है।

इस प्रसंग में और एक दिन की घटना याद आयी। यह बहुत दिन पहले की बात है। उन दिनों हमारे राष्ट्रनायकों की अंजलि राजप्रासाद के दुर्गम उच्च शिखर से प्रसादकण की प्रत्याशा में प्रसारित रहती थी। एक बार उनमें से कुछ लोगों की सायंकालीन बैठक किसी जगह होने की बात थी। उनके दूत थे मेरे एक परिचित व्यक्ति। मेरी प्रबल असम्मति के बावजूद वह बार-बार कहते रहे कि मेरे बिना बैठक जमेगी नहीं। अन्ततः न्याय्य असम्मति पर बलपूर्वक अटल रहने की शक्ति विधाता ने मुझे नहीं दी। मुझे जाना पड़ा। ठीक जाने के कुछ क्षण पूर्व ही मैंने निम्न उद्धृत गान की रचना की थी–'आमाय बोलो ना गाहिते' इत्यादि। इस गान के बाद बैठक और जम न सकी। सभा में शामिल लोग खुश नहीं हुए।

श्रीमती सुधाराणी देवी को लिखित

20 मार्च 1939

शाश्वत मानव-इतिहास के युग-युगधावित पथिकों की रथयात्रा के चिरसारथी के रूप में मैं चतुर्थ या पंचम जार्ज की स्तुति कर सकता हूँ, मेरे सम्बन्ध में इस प्रकार की अपरिमित मूढ़ता का जो लोग सन्देह कर सकते हैं उनके प्रश्न का उत्तर देना आत्मावमानना है।

श्रीमती साहानादेवी को लिखित पत्र

कालिम्पोंग। 29 अप्रैल 1938

विश्वसृष्टि में रस-वैचित्र्य की सीमा नहीं है, कवि का मन अपने सभी ओर के स्पर्श से सचेतन है–मात्र एक प्रेरणा में ही, चाहे वह कितनी ही बड़ी हो, जैसे उसकी राग-रागिनी निःशेष नहीं होती।···

इसी बीच मण्टु (दिलीपकुमार राय) मुझे गान सुनाने के लिए विख्यात गायिका केसरबाई को ले आया। उनकी साधना अद्भुत है, कण्ठ में माधुर्य है, सुर की लीला के साथ किसी प्रकार खेलने, सुर में रमने और सुर में मीड-गमक का प्रदर्शन करने में उनकी असामान्य निपुणता है।

इसे अच्छा कहने को बाध्य हूँ, किन्तु पसन्द करने अर्थात् 'अच्छा लगा' कहने के लिए नहीं। संगीत जब रूपघनिष्ठ प्राणवान देह धारण करता है तब उसे इच्छानुसार खींचकर बढ़ाना, काटछाँट कर कम करना, उसे वेग से निक्षेप करना,

उमेठना आदि कलातत्त्व-विरोधी है। पुरुभुज जातीय आदिम जीव अवयवहीन है, अंग्रेजी में जिसे amorphous कहते हैं, उसे दो टुकड़े करने पर जैसा होता है, सात टुकड़े करने पर भी वैसा ही होता है। पूर्ण अभिव्यक्त जीव पर यह अत्याचार नहीं चलता। उसके स्वभाव की सीमा का कुछ हद तक अतिक्रमण चलता है, किन्तु अधिक नहीं। इसीलिए केसरबाई का गान कर्णमधुर अवश्य लगता था, किन्तु मन स्वीकार नहीं करता था। जो उस्तादी नशे से ग्रस्त हैं, उन्हें कलातत्त्व की यह सहज बात समझा देना कठिन है। क्योंकि नशे की सीमा नहीं, भोज की है। 'ढाल् ढाल् सुरा आरो ढाल्' इसे मत्तता कह कर हम हँस सकते हैं, किन्तु दही, क्षीर, सन्देश के समय यथास्थान रुक कर ही उसे सम्मान दिया जाता है—न रुकने पर वह बीभत्स हो उठता है। केसरबाई जिस जाति के गान गाती हैं, शारीरिक क्लान्ति के अलावा उसके रुकने की ऐसी कोई सुविहित प्रेरणा नहीं जो उसमें अन्तर्निहित हो। उसके लिए मैं केसरबाई को अपराधी नहीं ठहराता, इस जाति के संगीत को ही दोष देता हूँ। केसरबाई के गाने में केवल साधना का ही परिचय नहीं है, विधि-प्रदत्त क्षमता का भी परिचय है—जो अधिकांश उस्तादों में नहीं है। किन्तु 'ततः किम्' ! यह शक्ति गलत वाहन लेकर व्यर्थ हुई है, नन्दनवन में जिस अप्सरा का योग्यस्थान था, सुन्दरवन में उसकी मानरक्षा सहज नहीं होती।

श्री जानकीनाथ बसु को लिखित

शान्तिनिकेतन। 20 दिसम्बर 1938

×××मेरे गान उनकी इच्छानुसार भंगिमा से गाते हैं, उससे उनका स्वरूप नष्ट होता है, इसमें सन्देह नहीं। गायक के कण्ठ पर रचयिता का जोर नहीं चलता, अतः धीरज रखने के अलावा अन्य कोई रास्ता नहीं है। आजकल के कई रेडियो-गायक भी अहंकार से कहते रहते हैं कि उन्होंने मेरे गान को उन्नत किया है। मैं मन ही मन कहता हूँ कि अन्यों के गान को उन्नत करने में प्रतिभा का अपव्यय न कर अपने गान की रचना में मन लगाने पर वे धन्य हो सकते हैं। विश्व में उपद्रव ही यदि करना हो, तो हिटलर प्रभृति के समान अपने नाम के बल पर करना ही अच्छा है।

अभिभाषण

'संगीतसंघ'

17 मार्च [1922] को यूनिवर्सिटी इंस्टीट्यूट हाल में संगीतसंघ की पुरस्कार-वितरण सभा में प्रदत्त।

इस संगीतसंघ की अधिष्ठात्री थीं, वह प्रतिभा आज परलोकगत हैं। बाल्यकाल में प्रतिभा और मैं एक साथ बड़े हुए। उस समय हमारे निवास पर संगीत का उत्स निरन्तर प्रवाहित होता था। प्रतिभा का जीवनारम्भ-काल संगीत के उस अभिषेक से अभिषिक्त हुआ था। वह संगीत केवल उनके कण्ठ में ही मुखरित नहीं था, बल्कि उनके प्राणों को भी उसने परिपूर्ण किया था। इसके ही माधुर्य-प्रवाह ने उनके जीवन के समस्त कर्म को आप्लावित कर दिया। उनके चरित्र में जो धैर्य था, शान्ति थी, नम्रता थी, संयम का जो गाम्भीर्य था, उसका सुर, लय जैसे उस संगीत में ही था। उस संगीत का माधुर्य ही उनकी स्वाभाविक भगवद् भक्ति में नियत भाव से प्रकट होता था एवं इस संगीत के प्रभाव ने साध्वी स्त्री के सम्पूर्ण कर्तव्य को सुन्दर कर रखा था।

मेरा विश्वास है कि संगीत केवल चितरंजन का उपकरण नहीं है; वह हमारे मन में सुर निविष्ट कर देता है, जीवन को एक अचिन्तनीय सौन्दर्य प्रदान करता है। इसीलिए मैं मानता हूँ कि इस संगीतसंघ की प्रतिष्ठा प्रतिभा के जीवन का श्रेष्ठ अवदान है। अपनी आजीवन साधना को वे इस संघ में प्रतिष्ठित कर गयी हैं। यहाँ संगीत का जो सोता निकलेगा, वह बंगाल के विभिन्न घरों में प्रवाहित होकर हमारे देश के प्राणों में मधु का संचार करेगा। इस प्रकार गान का यह प्रवाह ही उनके जीवन की स्मृति वहन करता रहेगा। उनकी स्मृति-रक्षा का इसकी अपेक्षा श्रेष्ठतर उपाय हो नहीं सकता। देश के हृदय में अपने जीवन की इस वाणी को उन्होंने स्वयं स्थापित किया है।

आज संगीत एवं वाद्य-वादन से जिन्होंने हमें आनन्द दिया, उन्हें मैं आशीर्वाद देता हूँ। संगीत की अधिष्ठात्री देवी वीणापाणि के पद्मवन में वे मधु आहरण करने आए हैं—उनकी साधना सार्थक हो, माधुर्य के अमृतरस के द्वारा वे देश के चित्त में शक्ति का संचार करें। अधिकांश लोगों की धारणा है कि शायद लड़ाई कर द्वन्द्व-संघर्ष से ही शक्ति प्रकट होती है। वे यह बात स्वीकार नहीं करते कि सौन्दर्य मनुष्य के वीर्य का प्रधान-पोषक है। वसन्तकाल में वृक्ष पल्लवों पर जो नवकिशलय फूटते हैं, वह उनकी अनावश्यक विलासिता नहीं है, वास्तव में वह जैसे उनकी बड़ी सृष्टि की एक प्रक्रिया है, वैसे ही बड़ी-बड़ी जातियों के जीवन में रस-सौन्दर्य का जो विस्तार हुआ है उसने उनकी परिपुष्टि के ही उपकरण जुटाए हैं। ये सब रस ही जाति के जीवन को नित्य नवीन बना रखते हैं, उसे जरा के आक्रमण से बचाते हैं, अमरावती के साथ मर्त्यलोक का योग स्थापित करते हैं, यह रस सौन्दर्य ही मानवचित्त में आध्यात्मिक पूर्णता में विकसित होता है। पीने का पानी लाने और अन्न वितरण करने का भार नारियों पर ही है। उसी प्रकार हमारे मन में संगीत की जो रस-पिपासा है, उसे भी परितृप्त करने का भार यदि नारियाँ ग्रहण करें तो यह शोभन होगा। जीव के जीवन का भार नारियों पर है। किन्तु, केवल देह का नहीं, मन का भी जीवन है; यह संगीत उसी की तृष्णा का पानीय है—इस पानीय द्वारा मन की प्राणशक्ति सतेज हो उठती है।

जीवन नीरस होने के साथ-साथ वह निर्वीर्य हो जाता है। किन्तु, हमारे देश में ऐसी बात प्रायः सुनी जाती है कि शुष्कता की कठोरता ही वीर्य है। यह ठीक है कि वीर्य का जो बाह्य प्रकाश है, उस प्रकाश में एक कठोर पहलू है, किन्तु अन्तर की जो पूर्णता है वही काठिन्य की रक्षा करती है, उस पूर्णता की परिपुष्टि कहाँ से है ? वह है आनन्द रस से। वह चूँकि आँखों से दिखाई नहीं देता इसलिए उसे हम अग्राह्य करते हैं, उसकी अवज्ञा करते हैं, उसकी कल्पना हम विलास के अंग के रूप में करते हैं।

वृक्ष के तने के काष्ठ अंश से ही तो वृक्ष की शक्ति और सम्पद का हिसाब नहीं करना चाहिए। इसे अति स्थूल रूप में स्पष्ट भाव से देखा जाता है इसमें सन्देह नहीं और गूढ़ रूप से उसके अणु-अणु में जो रस संचारित होता है, यह रस-संचार ही वृक्ष की यथार्थ प्राणशक्ति है, वह स्थूल नहीं है, कठिन नहीं है, बाहर सुस्पष्ट रूप से प्रत्यक्ष न होने के कारण ही उसे महत्त्वहीन मानना सत्यदृष्टि के अभाव का ही फल है। तने का सत्य रस के सत्य की अपेक्षा बड़ा नहीं है, तने का सत्य रस के सत्य के ऊपर ही निर्भर करता है—यह बात हमें ध्यान में रखनी होगी।

जब हम देख सकेंगे कि हमारे देश में संगीत और साहित्य की धारा रुक गयी है, तब समझेंगे कि देश में प्राणशक्ति का स्रोत भी अवरुद्ध हो गया है। उस प्राणशक्ति को नाना शाखा-प्रशाखा में पूर्ण रूप से प्रवहमान रखने के लिए ही विश्व

के गभीर केन्द्र से जो अमृतरस धारा उत्सारित हो रही है उसे हमें आवाहन करके लाना होगा। भगीरथ जिस प्रकार भस्मीभूत सगर-सन्तानों को बचाने के लिए पुण्यतोया गंगा मर्त्यलोक में ले आए थे, उसी प्रकार मानसलोक के भगीरथगण प्राणहीनता में अमृतत्त्व संचारित करने के लिए आनन्दरस की विचित्र धारा को वहन कर ले आएँगे।

सभी बड़ी-बड़ी जातियों में यही काम चल रहा है। चल रहा है इसीलिए वे बड़ी हैं। पार्लियामेंट में, वाणिज्य-हाट में, युद्ध के मैदान में छाती फुलाकर, ताल ठोंककर घूमती हैं इसीलिए वे जातियाँ बड़ी नहीं हैं। साहित्य में, संगीत में, कलाविद्या में सभी देशों के मनुष्यों के लिए वे सर्वकालीन रसस्रोत नित्य प्रवहमान कर रही हैं, इसीलिए वे बड़ी हैं।

ज्येष्ठ 1329 (बंगाब्द)

छात्रों के प्रति सम्भाषण

विदेश-यात्रा के पूर्व प्रेसिडेंसी कालेज के छात्रों द्वारा अभिनन्दन के अवसर पर प्रदत्त भाषण का एक अंश।

बंगाल में नवीन भाव ग्रहण करने का साहस और शक्ति है एवं हम उसे सहज भाव से समझते भी हैं। क्योंकि अभ्यास की जड़ता की बाधा हम अनुभव नहीं करते। यह हमारे लिए गर्व का विषय है। नवीन भाव ग्रहण करने के सम्बन्ध में बुद्धि की दृष्टि से बाधा होने पर कुछ क्षति नहीं है, किन्तु जड़ अभ्यास की बाधा बड़े दुर्भाग्य का विषय है। मैं मानता हूँ कि जड़ अभ्यास की बाधा अन्य प्रदेशों की अपेक्षा बंगाल में कम है। प्राचीन इतिहास में भी वैसा ही है। बंगाल में जितने धर्मविप्लव हुए हैं उनमें भी बंगाल ने अपने महात्म्य का विशिष्ट रूप दिखाया है। यहाँ के बौद्ध धर्म, वैष्णव धर्म ने बंगाल का जो विशेष रूप है गौड़ीय रूप, उसी को प्रकाशित किया है। यहाँ एक और विस्मयकारक बात देखी जाती है—हिन्दुस्थानी गान ने बंगाल में कोई विशिष्ट अधिकार नहीं पाया। यह हमारा दैन्य हो सकता है। ग्वालियर, पश्चिम प्रदेश, दक्षिण प्रदेश से ऐसे कई उस्ताद यहाँ अवश्य आए, जो हमें गायन-वादन सिखा सकें, किन्तु हमने वह सब ग्रहण नहीं किया, क्योंकि हमारे जीवन के स्रोत के साथ उसका मेल नहीं है। अकबर शाह की सभा में तानसेन जो गान गाते थे, साम्राज्य-मद गर्वित सम्राट् के लिए वह उपभोग की वस्तु हो सकती है, किन्तु वह हमारी अपनी नहीं हो सकती। उसमें जो कारुनैपुण्य और आश्चर्यजनक शक्तिमत्ता है, उसका हम परित्याग नहीं कर सके, किन्तु उसे

आत्मसात कर हमारे साथ मेल बिठाना कठिन है। अपना दैन्य लिए बंगाल चुप अवश्य नहीं रहा। बंगाल ने क्या गान नहीं गाया ? बंगाल ने ऐसा गान गाया जिसे हम कीर्तन कहते हैं। बंगाल के संगीत ने समस्त प्रथा—संगीत सम्बन्धी चिरप्रचलित प्रथा की शृंखला छिन्न की थी। दस, बीस मात्राओं के कितने ही विशेष तालों का प्रचलन हुआ, हिन्दुस्थानी ताल के साथ उनका कोई योग नहीं है। खोल का प्रचलन हुआ, जिसके साथ पखावज का कोई मेल नहीं। किन्तु, किसी ने यह नहीं कहा कि यह ग्राम्य या असाधु है। सभी एकदम मत्त हो उठे—नाच कर, कूद कर हँसी का स्रोत बहा दिया। कितनी बड़ी बात है। अन्य प्रदेशों में तो ऐसा नहीं हुआ। वहाँ हजार वर्षों पूर्व के प्रस्तर निर्मित कीर्तिसमूह ने जिस प्रकार आकाश के आलोक को अवरुद्ध कर रखा है, उसी प्रकार संगीत के सम्बन्ध में भी सजीव प्रचेष्टा प्रतिहत हुई है। बंगाल में साहस है, उसने चिरागत प्रथा को नहीं माना। उसने कहा है, 'अपने गान मैं गाऊँगा।' साहित्य में भी वैसा ही है। यहाँ शायद अत्युक्ति की इच्छा हो सकती है, क्योंकि मैं स्वयं साहित्यिक होने के नाते गर्व अनुभव कर सकता हूँ। हमारे गीतिकाव्य ने छन्द और भाव के सम्बन्ध में जैसी स्वतन्त्रता और साहसिकता दिखाई है, वैसी अन्य प्रदेशों में नहीं है। मेरी अज्ञता के कारण शायद मैं भूल भी कर सकता हूँ—ऐसे कुछ-कुछ हिन्दीगान मैंने सुने हैं, जिनमें अद्‌भुत गभीरता और काव्यकला है, किन्तु मेरा विश्वास है कि हमारे वैष्णव कवियों ने छन्द और भाव के सम्बन्ध में भारी दुःसाहसिकता दिखाई है। प्रचलित शब्दों को तोड़-मरोड़ कर या बिल्कुल अग्राह्य कर उन्होंने ऐसे शब्द बनाए हैं—जिनसे कि उनका संगीत ध्वनित हो, भावों का स्रोत उद्वेलित हो उठे। मैं तुलना नहीं करूँगा, क्योंकि मैं सभी प्रदेशों के साहित्य की बात नहीं जानता। किन्तु, गान के सम्बन्ध में मेरे मन में इस पर सन्देह नहीं कि बंगाल ने अपना गान स्वयं गाया है। भारतवर्ष में अन्यत्र जो सम्पद है, उसे हम निश्चय ही ग्रहण करेंगे, किन्तु तुलना द्वारा मूल्यवान का सही मूल्य जाँच कर। अतः हिन्दुस्थानी संगीत शिक्षा का मैं पक्षपाती हूँ, किन्तु मैं यह नहीं कहूँगा कि—'जो हुआ है, वह फिर नहीं होगा।' शायद उसे ही उत्कृष्ट मानकर हम कुछ दिन उसका अनुसरण कर सकते हैं, किन्तु वह टिकेगा नहीं। उसे अपना बनाकर, जीवन के स्रोत की कलध्वनि के साथ सुर मिलाकर उसका व्यवहार करना होगा—अन्यथा वह टिकेगा नहीं। पहले भी हिन्दुस्थानी गान का अनुशीलन तो हुआ है, किन्तु अपेक्षित रूप में नहीं। हमारे प्रदेश में शौकीन धनी लोग हिन्दुस्थानी गायकों को बुलाकर लाते थे, किन्तु वह गान बंगाल के हृदय के अन्तःपुर में प्रवेश नहीं कर सका—जैसा कि बाउल और कीर्तन ने इस प्रदेश को आप्लावित कर दिया था।

आश्विन 1331 (बंगाब्द)

निखिलबंगसंगीतसम्मेलन

27 दिसम्बर 1934, 11 पौष 1341 को कलकत्ता सीनेट हाउस में आल बंगाल म्यूजिक कान्फ्रेंस का उद्‌बोधन भाषण[1]

आज यहाँ आकर मैं केवल इतना ही कहूँगा कि यहाँ भाषण करने की मेरी योग्यता क्या है। वस्तुतः जिसे ध्रुवपद्धति संगीत कहा जाता है, मुझे यह स्वीकार करना ही होगा कि उस सम्बन्ध में मेरी व्यक्तिगत अभिज्ञता संकीर्ण है—इसीलिए आज इस सभा में अवतरणिका के कर्तव्य का जो भार मैंने ग्रहण किया है, उसका दायित्व उन पर है जिन्होंने यह भार सौंपा है।

इस सभा में प्रवेश करते समय मेरे एक तरुण बन्धु ने मुझसे अनुरोध किया है कि संगीत के सम्बन्ध में मेरा जो अभिमत है उसकी मैं इस अवसर पर विस्तृत व्याख्या करूँ। उनके अनुरोध का पालन करना मेरे लिए विभिन्न कारणों से असाध्य होगा। आज सवेरे ही मैं और एक कर्तव्य-पालन कर आया हूँ—प्रवासी बंग साहित्य सम्मेलन का उद्‌बोधन; वहाँ मैंने वैसी कुण्ठा अनुभव नहीं की थी, क्योंकि उससे मैं अभ्यस्त हूँ। उस क्षेत्र की सभा का जितना सुख, जितना दुःख, जितनी ख्याति, जितनी अख्याति है, गत पचास वर्षों से मैं उसका वरण करता आया हूँ। वहाँ मुझे भाषण पढ़ना पड़ा, जिससे दुर्बल श्वासतंत्र के प्रति अत्याचार हुआ है। अधिक अत्याचार करने पर हड़ताल की आशंका है।

दूसरी बात यह है कि संगीत एक ऐसा विषय है जिसे लेकर विश्व में प्रायः ही पण्डित-पण्डित में ऐसा द्वन्द्व छिड़ जाता है जिसकी परिणति अपघात में होती है। अक्सर तानपुरा गदा का काम करता है—सुरासुर में ऐसा युद्ध छिड़ता है जो प्रायः यूरोप के महायुद्ध के समान होता है। प्राचीन काल में संगीत विषय में जिसने जो कुछ कहा है उस सम्बन्ध में ज्ञान की गभीरता मेरी नहीं है, अतः उस समस्या को मैं यहाँ नहीं उठाऊँगा। मेरे बाद के वक्ता इस सम्बन्ध में बोलेंगे। सामान्य रूप से मैं जो कुछ कहूँगा वह सबके लिए ग्राह्य होगा या नहीं, मैं नहीं जानता, किन्तु प्राचीन शास्त्र के प्रति अश्रद्धा व्यक्त न करते हुए मैं अपना मन्तव्य सरल भाषा में व्यक्त करूँगा।

संगीत एक प्राणधर्मी विषय है एवं प्राण का प्रकाश उसमें है, यह कहने की आवश्यकता नहीं। चारों ओर के (पारिपार्श्विक के) क्रियाशील प्रत्युत्तर एवं [उसने]

---

1. अनुलेखन विशुद्ध नहीं लगता। संकलन के समय कई स्थलों पर निरर्थक शब्द निकालने पड़े हैं या इस प्रकार के आनुमानिक शब्द कोष्ठक में रखे गए हैं, जो कवि के वक्तव्य और वाचनशैली सम्मत है। 'परिश्रम' के स्थल पर 'पारिपार्श्विकेर', 'ये' के स्थान पर 'से', 'पारिपार्श्विक' के स्थान पर 'पारिपार्श्विकेर', 'बर्धन' के स्थान पर 'सर्जनेर' (सृजनेर), 'कपे' के स्थान पर 'रूपे' एवं 'दृष्टि' के स्थान पर 'सृष्टि'—सम्भाव्य पाठ समझना आश्चर्यजनक नहीं।

जो पाया है उससे अधिक कुछ पाने के लिए अन्तर का तकाजा, प्रेरणा—इन दो लक्षणों को मिलाकर संगीत के तत्त्व के प्रयोग की मैं कामना करता हूँ। हर क्षण हमें जो स्पर्श लग रहा है उसी के प्रत्युत्तर रूप हमारे चित्त से वह अभिव्यक्ति प्राप्त कर रहा है। प्राण का जो धर्म है, संगीत का भी वही धर्म है। यदि ऐसा होता है तो हमें यह विचार करना ही होगा कि क्रमशः परिवर्तन के साथ प्राण की जो गति प्रतिनियत अग्रसर हो रही है, उसका कल्लोल, उसकी ध्वनि किसी एक निर्दिष्ट सीमा में आबद्ध नहीं रह सकती। एक समय मुगल शासनकाल में जब राज-ऐश्वर्य उच्छ्वसित था—उस समय तानसेन प्रभृति सुधीगण ने संगीत को जो रूप दिया था वह तत्कालीन साम्राज्य के साथ जुड़ा हुआ था। उस समय के श्रोताओं को जो गान यथार्थ, उनके अपने अंतर की वस्तु थी, उन्होंने वे ही गान उपहार स्वरूप दिए। वह तत्कालीन पारिपार्श्विक [का] क्रियावान प्रत्युत्तर था। वह Surroundings आज नहीं है, यह बात निःसन्देह है। वैदिक युग में एक प्रकार का संगीत था—सामगान। वह सामगान निःसन्देह उस समय के साधकों के हृदय से उच्छ्वसित हुआ था—उस समय के क्रियाकर्म, यज्ञ में विशेष रूप लेकर उसने रसरूप पाया है और पूर्णता प्राप्त की है। परवर्तीकाल में वह इतना दूर हो गया है कि हम निःसंशय कह नहीं सकते कि उस समय का वह सामगान किस प्रकार का था। उसके पश्चात् कालिदास, विक्रमादित्य का युग आया। तत्कालीन संगीत, नृत्य, गीत ने उस समय के गभीर साम्राज्य गौरव एवं परिवेश के जरिये विशेषत्व प्राप्त किया था। आनन्द जब अभ्रभेदी हो उठा था तब उसके ही अनुरूप संगीत ने जन्म लिया था, इसमें सन्देह नहीं।

किन्तु, बंगाल का एक विशेषत्व है; बंगाली भावप्रवण जाति है। भाव का उच्छ्वास जब प्रबल हो उठता है, तब वे अपने को प्रकाश करते हैं। उनकी प्रकृति में जब उभार आता है तब वह शक्ति [सर्जन] की ओर प्रवृत्त होती है। जब वह परिमित रूप में रहती है तब वह अपने को प्रकाश करने की सम्पद प्राप्त नहीं करती। वह हृदयावेग जब तटबंध पार कर लेता है तब वह उच्छ्वास को गान, नृत्य में उच्छ्वसित करता है। वैष्णव संगीत देखिए—समस्त हिन्दुस्थानी संगीत को पीछे रखकर बंगाली के प्राणों ने अपने संगीत को उद्भासित किया है, क्योंकि उसके अन्तर का हृदयावेग सहज सीमा लाँघ गया था, अपने को प्रकाश किए बिना वह रह नहीं सकता। जो कीर्तन बंगाली ने गाया था वह तत्कालीन पारिपार्श्विक [का] क्रियाचंचल प्रत्युत्तर था। उसने अपने प्राण का धर्म प्रकट किया है एवं और भी पाने की माँग की है। इसे मैं गौरव का विषय मानता हूँ। बाहर के स्पर्श से जैसे ही किसी उद्दीपन ने उसे जगाया है, वैसे ही वह सृष्टि के लिए व्यग्र हुआ है। साहित्य उसका प्रमाण है। आज के बंगाली—जिन बंगालियों ने एक दिन कीर्तन में, लोकसंगीत में विशेषत्व का प्रकाश किया है—वे क्या आज कुछ नया नहीं देंगे ? वे क्या केवल पुनरावृत्ति ही करेंगे ?

क्लासिकल संगीत हमसे विशुद्ध पुनरावृत्ति की माँग करता है। तानसेन ने क्या गाया है मैं नहीं जानता, किन्तु आज यदि कुछ लोग उनके गान से पुलकित होते हैं, तो मैं कहूँगा कि उन्होंने इस काल में जन्म ग्रहण क्यों किया ? हम तो तानसेन के युग के लोग नहीं हैं, हम क्या जड़ पदार्थ हैं ? हमारा क्या कुछ भी नूतनत्व नहीं रहेगा ? केवल पुनरावृत्ति ही करेंगे ?

देशवासियों के समक्ष मेरा निवेदन यह है कि पुनरावृत्ति के पथ पर चलना हमारी आदत नहीं है। नूतन के पथ पर भूलकर भी जाना अच्छा है–उससे मरण में भी परिपूर्णता आती है।

मैं स्वीकार करूँगा कि क्लासिकल संगीत के सौन्दर्य की सीमा नहीं है, जैसे अजन्ता के समान कारुकार्य और कहीं भी है या नहीं, इसमें सन्देह है। किन्तु, छोटे बच्चे के समान उसकी आकृति की रेखा पर ब्रश चलाकर नकल करना, चित्रित करना, क्या वही हमारा धर्म है ? क्या वही हमारा आदर्श है ? जिस पूर्णता ने पूर्वतन [रूप में] अपने को प्रकाश किया है उस पूर्णता से ऊपर उठकर अपने को यदि हम प्रकाश न कर सकें, तो हमारी शिक्षा व्यर्थ है। बड़े-बड़े लोगों ने···शिक्षा दी है–'तुम अनुप्रेरणा प्राप्त करो–उस अनुप्रेरणा को तुम्हारी शक्ति से प्रकाश करो।' तानसेन ने अनुकरण की बात नहीं कही है एवं किसी गुणी ने भी ऐसा नहीं कहा है, कह भी नहीं सकते।

आज यूरोप अद्‌भुत दुःसाहस के साथ नव-नव मार्गों पर अपने को उन्मुक्त करने चला है। उनके अन्तर में यह कैसी व्याकुलता है ! उनकी यह अभिव्यंजना रूढ़ हो सकती है, कुश्री हो सकती है, किन्तु वह युग की अभिव्यंजना है–वह प्लावन का प्रकाश है। हमारे लिए भी वैसी ही जरूरत है। यदि दिखाई दे कि ऐसा हुआ नहीं तो समझूँगा कि प्राण जागे नहीं हैं। आज तक हम [स्वकीय] भाषा में स्वकीय भाव से सोच नहीं सके हैं। धिक्कार है हम पर। उनके द्वारा प्रदर्शित पथ पर चलकर हम मोक्ष प्राप्त करेंगे ? नहीं–कभी नहीं। यह गतानुगतिकता पूर्णतया अश्रद्धेय है। सब प्रकार के प्रकाश में युग का प्रकाश, आत्मप्रकाश होना चाहिए। युग की कितनी विविध वाणियाँ, कितने दुःख, कितने आघात हम पर पड़े हैं। उसका कुछ भी क्या हम रख नहीं जाएँगे ? सौ वर्ष बाद हमारे भावी वंशजों को हमारे नवजागरण का चित्र क्या दिखाएँगे ? उन्हें क्या हम हजार वर्षों की पुरानी वस्तु ही दिखाएँगे ? अंग्रेजों की अपनी प्रकृतिगत राष्ट्रनीति को दूर देश से लाकर उसका प्रतिष्ठापन करेंगे और यही बात भावी पीढ़ी को बताएँगे ? आज नूतन के सन्धान की आवश्यकता है। उसका गान, उसका रूप, उसका काव्य, उसका छन्द हमारे अन्तर से उद्‌बुद्ध होगा। यदि यह होता है तो बंगाली धन्य होगा। नकल से काम नहीं चलेगा। हमारा संगीत, हमारी चित्रकला, हमारी राष्ट्रनीति हमारी अपनी हो, यही मेरे कहने का आशय है।

मैं कहूँगा मैं किसी को जानता नहीं, किसी को मानता नहीं—हम जो कुछ भी [सृष्टि] क्यों न करें, उसमें भारतीय धारा स्वतः [आ] जाएगी। हमारी···वह भारतीय प्रकृति वैसी ही है जैसी कि पूर्वकाल में कीर्तन गान में, बाउल में थी। उसी प्रकार आज यदि बंगाली संगीत में, चित्रकला में अपने को अभिव्यक्त, प्रकाश करना चाहें, तो वह उस प्रकृति का लंघन नहीं कर सकेगा, बशर्ते उसका एकमात्र लक्ष्य रहे कि वह जो कुछ करेगा अपने को मुक्त करके,—नकल करके नहीं।

12 पौष 1341 (बंगाब्द)

गीतालि

30 जून 1940, 16 आषाढ़ 1347 (बंगाब्द) को दिए गए वक्तव्य का अनुलेखन[1]

आज इस अनुष्ठान में तुम लोगों को गान के सम्बन्ध में कुछ समझाने का भार मुझ पर पड़ा है। गान सीखना अच्छा है यह कहना सहज है, जैसे यह कहना सहज है कि चोरी करना अच्छा नहीं। नारी-कण्ठ से गान सुनना कानों को अच्छा लगता है—यह तो सीधी बात है, मानी हुई बात है—इससे वातावरण काफी कुछ सुमधुर हो जाता है।

गान की बात मैं गाने में ही कहता हूँ, गान की बात मुझे यदि पुनः भाषा में कहनी पड़े तो यह क्या मुझ पर जुल्म नहीं होगा ? पुराने पूँथीपत्र खोजने पर समझोगे कि रवीन्द्रनाथ ने गान के सम्बन्ध में जो कहा है—पर्याप्त कहा है।

आज बंगाल में गान में एक प्रकार का हलका भाव आ गया है। कारण, गान को लेकर दूकानदारी प्रबल हो उठी है। मैं तो डर गया हूँ। तोड़-मरोड़कर, रस-कष दबोचकर दूकान के माप और दर के अनुसार मेरे ही गान चल रहे हैं।

एक समय था जबकि जो उस्ताद थे गान का व्यवसाय उन्हीं का था। उस समय गान का जो मूल्य था उसे वे ही समझते थे। उस समय टैक्नीकल गान प्रचलित थे उसका सुर, तान-मान ठीक हुआ या नहीं, वे ही समझते थे।

किन्तु जो मजदूरी-मेहनत करके पेट भरते हैं, आफिस जाते हैं, उनके लिए ये सब गान आयत्त करना सम्भव नहीं; उनके लिए उस्तादों की तरह गला साधना कठिन है। इसीलिए आज के गान को व्यवसाय से दूर रखना ही अच्छा है। मेरे गान अपने अन्तर के गान हैं—उससे आनन्द पाता हूँ, सुनकर आनन्द होता है। गान ऐसे होने चाहिए जिनसे आसपास रहनेवाले खुश हों; आत्मीय स्वजन जो आफिस से आते हैं, दूर से सुन पाने पर भी उनके लिए अच्छा हो। घर में कभी-कभी झगड़ा

1. 'याँरा बुझत' 'ताँरा खुशि हय' ऐसे कुछ 'पाठ' वर्तमान संकलन में संशोधित हैं।

भी तो होता है–गान घर में माधुरी पाने के लिए है, बाहर तालियाँ लेने के लिए नहीं। जो उस्ताद हैं उनके लिए चिन्ता नहीं, किन्तु जो गान को सरल रूप में मन के आनन्द के लिए पाना चाहते हैं, चिन्ता उनके बारे में है। जैसे तुम्हारी टी-पार्टी, वहाँ साहबी मिजाज के जो लोग आते हैं, उन्हें क्या अच्छा लगेगा ? यहाँ रवीन्द्रनाथ के हलके-फुलके गान, सहज सुर शायद अच्छे लगेंगे। इसीलिए कहता हूँ कि यदि मेरे गान सीखना चाहते हो तो एकान्त में, स्वगत, स्नानघर में किंवा ऐसे सब स्थानों पर गला खोलकर गाओ। मेरी आकांक्षा की दौड़ यहीं तक है–इससे···अधिक ambition मन में न ही रखी।

बाल्यकाल में मेरे निवास पर उस्तादों का अभाव नहीं था; दूर-दूर से, अयोध्या, ग्वालियर और मुरादाबाद से, उस्ताद आते थे। इसके अलावा बड़े-बड़े उस्ताद मेरे निवास पर भी नियुक्त थे। किन्तु, मेरा एक गुण है–तब भी मैंने कुछ सीखा नहीं, मास्टरी दिखाते ही मैंने दौड़ लगायी है। यदुभट्ट हमारे गान-मास्टर थे, मुझे पकड़कर बिठाने की चेष्टा करते थे। मैं उनके कमरे के सामने से ही दौड़ लगाता। वे हमें कान्हड़ा गान सिखाना चाहते थे। बंगाल में ऐसा उस्ताद और पैदा नहीं हुआ। उनके प्रत्येक गान में एक Originality थी, जिसे मैं कहता हूँ स्वकीयता। मैं अत्यन्त भगोड़ा था इसीलिए मैंने कुछ सीखा नहीं, नहीं तो तुम लोगों के सामने क्या कम खातिर होती ? यह भूल यदि नहीं करता, भागता नहीं फिरता, तो आज तुम लोगों के समाज में क्या नाम नहीं होता ? ऐसा नहीं हो सका इसीलिए मैंने चतुराई की है–कविता के अनुरूप सुर संयोजन किया है। लोगों के मन में उलझन-सी जागती है; कोई कहता है सुर अच्छा है, कोई कहता है शब्द। सुर के साथ शब्द, कवि जो ठहरा। कवि रचित गान, इसमें उस्तादी नहीं है। भारतीय संगीत रूप में जो एक प्रकाण्ड अनुष्ठान है, कहते हैं कि मेरे जन्म के बाद उसकी क्षति हुई है–अपमान हुआ है। उसका कारण है मेरी अक्षमता। बाल्यकाल में मैंने गान सीखा नहीं–इतने सहज रूप से सीखा नहीं जा सकता, सीखने में कष्ट उठाना पड़ता है, वह कष्ट मैंने नहीं उठाया। 'सेजदादा' (तृतीय बड़े भ्राता–हेमेंद्रनाथ) निश्चय ही सीखते थे–सुर का आलाप करते तो करते ही रहते, गला साधते तो साधते ही रहते, सुबह से शाम तक। सम्भवतः वर्षा काल था–बादल छाए हुए थे–उस समय मेरे मन में कुछ कवित्व [जागा]। तथापि जो सुनता वह शायद याद रहता था।

[यहाँ रवीन्द्रनाथ ने एक गान गाया]

वह दिन बहुत याद है जिस दिन मैंने यह गान सीखा। बड़े भ्राता, तृतीय बड़े भ्राता द्वार बन्द कर गान सीखते थे। मैं छोटा था, मेरा वहाँ प्रवेश नहीं था। कारण, उन दिनों इस लड़के के कई अपराध थे। तानपुरे के कान मैंने कभी मरोड़े नहीं। फिर भी दरवाजे पर कान लगाकर मैंने सुना है, शायद वही याद रह गया। इसी तरह छू-छूकर जो कुछ सीखा है उसी को मैंने तुम लोगों के सामने दोहराया

है। तुम लोगों को मैंने जो दिया है वह इसी प्रकार छू-छू कर, अन्दाज-अनुमान से जो सीखा है वही दिया है।

मेरे गान तुम लोग उसी रूप में गाओ जिससे वे मेरे गान लगें। शायद और भी हजारों गान हैं–उन्हें बिगाड़ो, मुझे दुःख नहीं। किन्तु तुम लोगों के समक्ष मेरी यह विनती है–तुम्हारे गान जैसे मेरे गान के बिल्कुल सन्निकट, प्रायः समान रहें, उन्हें सुनकर मैं भी अपने गान को पहचान सकूँ। आज ऐसा होता है कि मेरे गान सुनकर मैं समझ नहीं पाता कि ये मेरे गान हैं या नहीं। लगता है जैसे शब्द मेरे हैं, सुर जैसे नहीं। मैंने रचना की, दूसरे के मुख से वह नष्ट हो रहा है, यह असह्य है। कन्या अपात्र के हाथों देकर जैसे सब कुछ सहना पड़ता है, यह स्थिति भी मेरे लिए वैसी ही है।

बुलाबाबू[2], तुमसे मेरा सानुनय अनुरोध है–इन्हें कुछ दरद के साथ, कुछ रस के साथ गान सिखाना–यही मेरे गानों का विशेषत्व है। उस पर तुम यदि स्टीम-रॉलर चला दो, तो मेरे गान चिपटे हो जाएँगे। मेरे गान में रस रहे, तान रहे, दरद रहे और मीड़ रहे, इसकी कोशिश तुम करो।

---

2. 'बुलाबाबू': गीतालि के अन्यतम आयोजक प्रफुल्लचन्द्र महलानवीश।

परिशिष्ट–1 : ग्रन्थ-समालोचना

बाउल के गान

संगीत संग्रह। .बाउल की गाथा : प्रथम खण्ड

कुछ ऐसे कवियों के बारे में सुना गया है, जिन्होंने जीवन के आरम्भिक काल में दूसरों का अनुकरण कर लिखना शुरू किया है–बहुत कविताएँ लिखी हैं, कई अच्छी-अच्छी कविताएँ लिखी हैं, किन्तु सुनने पर ऐसा लगता है कि वे किसी एक बँधी-बँधाई रागिनी के गान हैं, मीठे लगते हैं, किन्तु नए नहीं लगते। इस प्रकार लिखते-लिखते, चारों ओर टटोलते, अनुमान लगाते-लगाते सहसा अपने मर्मस्थान का आविष्कार कर बैठते हैं। अब उनका विनाश नहीं है। इस बार उन्होंने जो गान गाया, उसे सुनते ही हमने कहा, "वाह, यह मैंने क्या सुना ! यह किसने गाया ! यह कौन-सी रागिनी है !" इतने दिनों तक वे दूसरों की वंशी उधार लेकर अपने गान गाते थे, उसमें उनके प्राण के सब सुर का समावेश नहीं हो पाता था। वे सोच नहीं पाते थे–जो बजाना चाहता हूँ वह बजता क्यों नहीं ! यह वंशी का दोष है ! व्याकुल होकर चारों ओर खोजते-खोजते सहसा देखा कि उनके प्राणों में ही एक वाद्य है। बजाने पर वे उल्लास से नाच उठे; कहा, 'यह क्या हुआ ! मेरा गान दूसरों के गान-सा सुनाई क्यों नहीं देता ? इतने दिनों के बाद मेरे प्राण के सभी सुर बज कैसे उठे ? मैं जो व्यक्त करना चाहता हूँ वही बात मुख से निकल रही है !' जो व्यक्ति अपनी भाषा आविष्कार कर सका है, जिस व्यक्ति ने अपनी भाषा में स्वयं बात कहना सीख लिया है, उसके आनन्द की सीमा नहीं है। वह बात कहकर कितना सुखी होता है ! उसकी एक-एक बात उसकी एक-एक जीवित सन्तान है। घर के पास ही एक उदाहरण है। बंकिमबाबू ने जब 'दुर्गेशनन्दिनी' लिखा तब वे स्वयं को यथार्थ रूप में आविष्कार नहीं कर पाए थे। लिखा अच्छा गया है किन्तु उक्त ग्रन्थ में सर्वत्र वे अपने स्वयं का सुर अच्छी तरह बिठा नहीं पाए हैं। यदि कोई यह प्रमाणित करे कि किसी एक क्षमताशाली लेखक के अन्य एक उपन्यास का अनुवाद या रूपान्तरण कर दुर्गेशनन्दिनी की रचना की है, तो वह सुनकर हमें

अधिक आश्चर्य नहीं होगा। किन्तु कोई यदि कहे कि 'विषवृक्ष', 'चन्द्रशेखर' या बंकिम बाबू के जीवन के अन्तिम काल की रचनाएँ अनुकरण हैं तो उस पर हम ध्यान ही नहीं देंगे।

व्यक्ति विशेष के सम्बन्ध में जो उपयुक्त है, जाति के सम्बन्ध में भी वही उपयुक्त है। चारों ओर देख-सुनकर हमें लगता है कि बंगाली जाति की यथार्थ भाषा क्या है यह हम सभी ठीक समझ नहीं सके हैं—बंगाली जाति के प्राणों में भाव किस आकार में अवस्थान करते हैं, यह हम ठीक नहीं जानते। इसी कारण आधुनिक बंगला भाषा में प्रायशः जो कुछ लिखा जाता है उसमें जैसे सटीक (प्रकृत) विशेषत्व देख नहीं पाते। पढ़कर ऐसा नहीं लगता कि यह एकमात्र बंगला में ही लिखा गया है, बंगला में यह लिखा जाना सम्भव है एवं अन्य जाति की भाषा में अनुवाद करने पर वह जाति बंगाली की हृदयजात एक नूतन वस्तु बन सकेगी। अच्छी हो या बुरी, आज जो रचनाएँ प्रकाशित होती रहती हैं, उन्हें पढ़कर लगता है, जैसे ऐसी रचनाएँ अंग्रेजी या अन्यान्य भाषाओं में प्रायशः लिखी जाती हैं या लिखा जाना सम्भव है। इसका प्रधान कारण है—अब भी हम बंगाली जाति के उपयुक्त भाव तथा उपयुक्त भाषा को पकड़ नहीं सके हैं। संस्कृतवागीश कहेंगे,—'ठीक ही कहा है—आजकल की रचनाओं में समास दिखाई नहीं देते, विशुद्ध संस्कृत शब्दों का आदर नहीं है, यह क्या बंगला है।' हम उन्हें कहते हैं, 'तुम लोगों की भाषा भी बंगला नहीं है, और अंग्रेजी वालों की भाषा भी बंगला नहीं है। संस्कृत व्याकरण में भी बंगला नहीं है, और अंग्रेजी व्याकरण में भी बंगला नहीं है। बंगला भाषा बंगालियों के हृदय में है। 'गोद में छोरा, नगर ढिंढोरा' की भाँति ही है, तुम लोगों का व्यवहार। तुम लोग 'बंगला-बंगला' कहते हुए सर्वत्र ढूँढ़ते फिरते हो, संस्कृत, अंग्रेजी छान मारते हो, किन्तु एक बार भी हृदय टटोल कर नहीं देखते।' हमारे समालोच्य ग्रंथ में एक गान है :

आमि के ताइ आमि जानलेम ना,
आमि आमि करि किन्तु, आमि आमार ठिक हइल ना।
कड़ाय कड़ाय कड़ि गणि,
चार कड़ाय एक गण्डा गणि,
कोथा हइते एलाम आमि तारे कइ गणि !

हमारे भाव, हमारी भाषा को यदि हम आयत्त करना चाहते हैं, तो बंगाली ने जहाँ हृदय की बात कही है, वहीं सन्धान करना होगा।

जिनके प्राण विदेशी हो गए हैं, वे बात-बात में कहते हैं—भाव सर्वत्र ही समान हैं, जातिविशेष की विशेष सम्पद् जैसी कोई वस्तु नहीं है। बात सुनने में काफी उदार, प्रशस्त लगती है, किन्तु हमारे मन में एक सन्देह है। हमें लगता है

कि जिसका अपना कुछ नहीं होता वह अन्यों के स्वत्व का लोप करना चाहता है। ऊपर जो मत प्रकट किया गया है वह चौर्यवृत्ति का एक सुश्राव्य बहाना मात्र लगता है। जो लोग अंग्रेजी भाषा से दोनों हाथों लूटते रहते हैं, बंगला को कुछ ऐसी बना देते हैं कि वह अपने घर की भाषा नहीं लगती, वे ही कहते हैं कि किसी भाषा विशेष का अपना कुछ नहीं होता, वे ही दूसरों के स्वर्णालंकार पहनकर बेधड़क घूमते हैं। ऐसा नहीं कि मेरे पास भी अपना सोना है, किन्तु इसी कारण किसी एक मत की दुहाई देकर सोने को अपना बताकर समारोह करता नहीं फिरता। भिक्षा माँगता फिरता हूँ, इसी से मन में धिक्कार जागता है; किन्तु ऐसा करना तो खुलेआम चोरी ही है।

साम्य एवं वैषम्य, दोनों को ही हिसाब में लाना चाहिए। वैषम्य न होने पर जगत् टिक ही नहीं सकता। सब मनुष्य समान हैं, फिर भी सब मनुष्य अलग हैं। दो मनुष्य ठीक एक ही गढ़न के, एक ही भाव के मिलना असम्भव है, इसे कोई अस्वीकार नहीं कर सकता। उसी प्रकार दो स्वतंत्र जातियों में मनुष्य स्वभाव का साम्य भी है, वैषम्य भी है। ऐसा है इसी में सबकी रक्षा है, इसीलिए साहित्य में आदान-प्रदान, वाणिज्य, व्यवसाय चलता है। उत्ताप यदि सर्वत्र एकाकार हो जाए, तो हवा चलेगी नहीं, नदी बहेगी नहीं, प्राण टिकेंगे नहीं। एकाकार हो जाने का अर्थ ही पंचत्व प्राप्त करना है। अतएव हमारा साहित्य यदि जीना चाहता है, तो वह बंगला से अच्छी तरह से सीखे।

भाव की भाषा में अनुवाद नहीं चलता; साँचे में ढाल कर शुष्क ज्ञान की भाषा का प्रतिरूप निर्मित किया जा सकता है। किंतु भाव की भाषा हृदय का स्तन-पान कर, हृदय के सुख-दुःख के झूले में झूलकर पनपती रहती है। अतः उसका जीवन है। साँचे में ढालकर उसकी एक निर्जीव प्रतिमा का निर्माण किया जा सकता है, किन्तु वह चल-फिर नहीं सकती और हृदय में पाषाण-भार की तरह चिपकी पड़ी रहती है। force of gravitation को माध्याकर्षण शक्ति कहने से कुछ फर्क नहीं पड़ता। किन्तु अंग्रेजी में liberty और freedom शब्दों से जो भाव मन में जाग्रत होता है, बंगला में स्वाधीनता और स्वातन्त्र्य शब्दों से ठीक वैसा ही भाव जाग्रत नहीं होता—कहीं कुछ अन्तर रह जाता है। अंग्रेजी में जहाँ कहते हैं—'free as mountain air', वहाँ यदि हम 'पर्वत की हवा के समान स्वाधीन' कहें, तो क्या यह अभिव्यंजना अन्तर में प्रवेश करती है ? आजकल हम अंग्रेजी के भाव की भाषा का बंगला में अनुवाद कर रहे हैं, हम सोचते हैं कि हमने अंग्रेजी भाव को ठीक बचाए रखा है—किन्तु उसका प्रमाण क्या है ? हमारे साहित्य में आज अंग्रेजीवाले जो कुछ लिखते हैं, अंग्रेजीवाले ही उसे पढ़ते हैं, भाव का मन ही मन अंग्रेजी में अनुवाद कर लेते हैं—उन्हें जो कुछ अच्छा लगता है वह यह मानकर कि वह अंग्रेजी के साथ मिलता है। किन्तु, जो व्यक्ति अंग्रेजी नहीं समझता उस व्यक्ति को वही

रचना पढ़ने को दो; बात यदि उसके अन्तर में प्रवेश कर सके तभी समझेंगे कि हाँ, अंग्रेजी भाव ने बंगला रूप ले लिया है। अन्यथा अनुवाद करने से ही अंग्रेजी बंगला हो जाएगी, ऐसी कोई बात नहीं है।

अतएव, बंगला भाव और भाव की भाषा का जितना ही संग्रह किया जाएगा, उतना ही हमारे साहित्य का उपकार होगा, इसमें सन्देह नहीं। इसी कारण संगीत संग्रह के प्रकाशक सभी बंग साहित्य-अनुरागियों की कृतज्ञता के पात्र सिद्ध हुए हैं।

आधुनिक अंग्रेजी कविता में 'मनेर मानुष' (मन के मीत) के लिए प्राण की व्याकुलता प्रायः ही पढ़ने को मिलता है। हमने भी उस आदर्श से उक्त भाव की कविता लिखना आरम्भ किया है। हमारे समालोच्य ग्रन्थ में एक गान है, वह भी उसी भाव का है। वह गान आधुनिक हो, या पुरातन, इसकी बंगला कितनी सहज, भाव कितने सरल हैं, इसे देखते ही यह आत्मीय-सा लगता है, बिना किसी सोच-विचार के हम इसे प्राण के अन्तःपुर में प्रवेश करने देते हैं :

देखेछि रूप-सागरे मनेर मानुष काँचा सोना।
तारे धरि धरि मने करि धरते गेलेम आर पेलेम ना।
बहुदिन भाव-तरंगे भेसेछि कतइ रंगे
सुजनेर संगे हबे देखाशुना।
तारे आमार आमार मने करि, आमार हये आर हइल ना।
से मानुष चेये चेये फिरतेछि पागल हये,
मरमे ज्वलचे आगुन—आर निबे ना !
आमाय बले बलूक लोके मन्द, विरहे तार प्राण बाँचे ना।
पथिक कय भेबो ना रे, डुबे याओ रूप-सागरे,
विरले ब'से करो योग-साधना।
एकबार धरते पेले मनेर मानुष, छेड़े येते आर दियो ना।

Universal love प्रभृति बड़ी-बड़ी बातें विदेशियों के मुख से बहुत अच्छी लगती हैं, किन्तु भिखारी यही बात हमारे द्वार-द्वार गाते फिरते हैं तो हमारे कानों तक क्यों नहीं पहुँचती ?

आय रे आय, जगाइ माधाइ—आय !
हरिसंकीर्तने नाचबि यदि आय।
ओरे मार खेयेचि, नाहय आरो खाब—
ओरे तबु हरिर नामटि दिब—आय !
ओरे मेरेछे कलसीर काना,
ताइ बले कि प्रेम दिब ना—आय !

बाउल कहता है :

से प्रेम करते गेले मरते हय।
आत्मसुखीर मिछे से प्रेमेर आशय।

पहले मरना चाहिए। आत्महत्या के बिना प्रेम नहीं किया जाता। पहले ही और एक गान में कहा गया है :

यार आमि मरेछे, तार साधन हयेछे।
कोटि जन्मेर पुण्येर फल तार उदय हयेछे।)

उसके बाद कहता है :

जे प्राण क'रे पण परे प्रेमरतन
तार थाके ना यमेर भय।

जो मरता है, उसे मरने का और भय नहीं रहता। जगत् को वह चाहता है, इसीलिए वह विश्वमय हो जाता है, वह अति क्षुद्र 'मैं' मात्र नहीं, जो यम से डरेगा—वह समस्त विश्वचराचर में रूपान्तरित है।

अप्रेमिक कहेगा कि इस प्रेम से क्या लाभ ? फूल से क्यों नहीं पूछते, 'सुगन्ध दान करने में तुम्हारा लाभ क्या है ?' वह कहेगा, 'सुगन्ध दान किए बिना मेरे जीने का उपाय नहीं है यही मेरा धर्म है। इसीलिए गन्ध, सुवास न दे सकने पर तो मेरा जीवन वृथा लगता है।' इसी प्रकार प्रेमिक कहेगा, 'मरण ही मेरा धर्म है, मरे बिना मुझे चैन, नहीं।'—

लोभी लोभे गणिबे प्रमाद,
एकेर जन्य कि हय आरेर मरते साध।

बाउल ने उत्तर दिया :

यार ये धर्म सेइ पाबे से कर्म।
प्रेमेर मर्म कि अप्रेमिके पाय ?

बाउल कहता है कि समस्त जगत् का गान सुनने का एक यन्त्र है :

भावेर आजगबि कल गौरचाँदेर घरे
से ये अनन्त ब्रह्माण्डेर खबर, आनछे एकतारे,
गो सखि, प्रेम तारे।

प्रेम के तार में अनन्त ब्रह्माण्ड की विद्युत खेलती रहती है, विश्व ब्रह्माण्ड की खबर निमेष में ही प्राणों के भीतर आ पहुँचती है। जिससे तुम प्रेम करते हो, उसके पास बैठे रहते हो, अदृश्य प्रेम के तार द्वारा उसके प्राणों से तुम्हारे प्राणों में विद्युत संचरित होती है, निमेष-निमेष में उसके प्राणों की खबर तुम्हारे प्राणों में पहुँचती

रहती है। उसी प्रकार जगत् के प्राणों के साथ यदि तुम्हारे प्राण प्रेम के तार से बँधे हों, तो जगत् के अन्तरतम की समस्त बात तुम सुन सकते हो। प्रेम की इस प्रकार की महिमा और किसने गायी है !

जगत् के प्रेम में हम डूबना क्यों नहीं चाहते ? इसलिए कि हम अपने को बचाए रखना चाहते हैं। हम चाहते हैं कि 'मैं' रूपी व्यक्ति को स्वतन्त्र कर रखेंगे, उसे किसी प्रकार खोएँगे नहीं। जगत् के चारों ओर प्रेम का जाल फैला हुआ है। तुम्हें उसके साथ एक कर लेने के लिए जगत् अहर्निश प्रयत्नशील है। जगत् नहीं चाहता कि उसका कोई एक अंश, कोई एक तरंग स्वातंत्र्य का अवलम्बन कर जगत् के स्रोत से हट कर झट से प्रतिकूल दिशा में बह जाए। वह चाहता है कि सभी तरंगें एक स्रोत में बहें, एक ही गान गाएँ, तभी सम्पूर्ण जगत् का एक सामंजस्य रहता है—जगत् के महागीत में कहीं भी बेसुरा न लगे। इसी कारण जो व्यक्ति 'मैं-मैं' कर जगत् की धारा के प्रतिकूल खड़ा रहना चाहता है, वह व्यक्ति अधिक दिन टिक नहीं सकता। क्षुद्र स्वर्ग में स्वयं का अभाव पूर्ण नहीं होता। अन्त में वह दुःख, शोक, सन्ताप से जीर्ण होकर जगत् का आश्रय लेकर शान्त होता है, दम लेता है। चुल्लू भर पानी में मछली कितने समय तक टिक सकती है ? कुछ दिनों में ही उसकी खुराक खत्म हो जाती है, जल दूषित हो जाता है, समुद्र के लिए उसके प्राण छटपट करने लगते हैं। तब यदि वह समुद्र में न जा सके, तो बड़ी मछली शीघ्र मर जाती है और छोटी मछली मात्र कुछ दिन टिकी रहती है। उसी प्रकार जिनके प्राण विराट् हैं, वे अधिक दिन अपने में आबद्ध नहीं रह सकते, जगत् में व्याप्त होना चाहते हैं। चैतन्यदेव इसके प्रमाण हैं। जिनके प्राण क्षुद्र हैं वे कई दिनों तक 'स्वयं' को लेकर 'मैं'—पन में टिक सकते हैं, किन्तु चिरकाल तक नहीं। अनन्त काल की खुराक हममें नहीं है। दुर्भिक्ष से पीड़ित होकर वे बाहर निकल पड़ते हैं। मैंने जो इतनी बात कही वह निम्नलिखित गान में है :

ओरे मन पाखि, चातुरी करबे बलो कत आर !
विधातार प्रेमेर जाले पड़बे ना कि एक बार !
सावधाने घुरे फिरे
थाको बाहिरे बाहिरे,
जाल केटे पालाओ उड़े फाँकि दिये बार बार।
तोमाय एकदिन फाँदे पड़ते हबे,
सब चालाकि घुचे याबे—
अन्न जल बिने यखन करबे दुःखे हाहाकार।

ग्रन्थ में प्रेम के गान इतने हैं एवं एक-एक गानों को सुनकर इतनी बातें याद आती हैं कि सभी गानों को लेकर सभी बातें कहने पर पूँथी का कलेवर बढ़ जाएगा।

केवल एक विषय पर प्रकाशक के साथ मेरा विवाद है। उन्होंने ब्रह्मसंगीत और आधुनिक अंग्रेजीवालों की रचनाओं को इसमें स्थान क्यों दिया ? हम तो 'अच्छे गान' सुनने के लिए यह पुस्तक खरीदना नहीं चाहते। हम अशिक्षित, अकृत्रिम हृदय के गान सुनना चाहते हैं। प्रकाशक ने जगह-जगह इसमें बड़ा व्याघात डाला है।

वैशाख 1290 (बंगाब्द)

द्वितीय खण्ड

...हम प्राचीन और अशिक्षित लोगों द्वारा रचित संगीत को विशेष मनोयोग से क्यों देखना चाहते हैं, उसका कारण है। आधुनिक शिक्षित लोगों की अवस्था परस्पर प्रायः समान है। हम सभी इकट्ठे शिक्षा प्राप्त करते हैं। हम सभी का हृदय प्रायः एक साँचे में ढला हुआ है। इस कारण आधुनिक हृदय से हमारे हृदय की प्रतिध्वनि पाकर हम चकित नहीं होते। किन्तु, प्राचीन साहित्य में यदि हम अपने प्राणों के गान का कुछ मेल खोज पाते हैं, तो हमें क्या विस्मय होता है ! क्या आनन्द मिलता है ! आनन्द क्यों होता है ? इसलिए कि तत्काल सहसा क्षण भर के लिए हम विद्युत आलोक में हमारे हृदय की अति विपुल स्थायी प्रतिष्ठाभूमि देख पाते हैं। हम देख पाते हैं कि हमारा यह हृदय डूबी नौका के हतभागे की तरह क्षणस्थायी युगविशेष के अभ्यास और शिक्षा नामक खरस्रोत में बहते हुए विच्छिन्न काष्ठखण्ड का आश्रय लेकर तैर नहीं रहा है, असीम मानवहृदय में इसका नीड़ प्रतिष्ठित है। हमारे हृदय के प्रति हमारा जितना ही विश्वास उत्पन्न होता है—हम उतना ही बल प्राप्त करते रहते हैं। तब हम युग के साथ युगान्तर का ग्रन्थनसूत्र देख सकते हैं। मेरे हृदय का यह पानीय—यह क्या मेरे अपने ही हृदयस्थित संकीर्ण कूप के पंक से उत्थित है, या अभ्रभेदी मानवहृदय के गंगोत्री शिखर से निःसृत, सुदीर्घ अतीत काल के श्यामल क्षेत्र के बीच से प्रवाहित, विश्वसाधारण के लिए सेवनीय स्रोतस्विनी का जल है ! यदि किसी सुयोग से जान सकूँ कि यह शेषोक्ति ही सत्य है, तो हृदय कितना प्रसन्न होता है ! प्राचीन कविता में हमारे हृदय का ऐक्य देख पाने पर हमारे हृदय में वैसी ही प्रसन्नता का संचार होता है। अतीतकाल की प्रवाहधारा जिस हृदय में आकर सूख जाती है, वह हृदय क्या मरुभूमि है !

ग्रन्थ से एक गान उद्धृत कर अपने वक्तव्य का उपसंहार करता हूँ :

ऐ बुझि एसेछि वृन्दावन।
आमाय बले दे रे निताइधन !
ओरे, वृन्दावनेर पशुपाखिर रव शुनि ना की कारण !
ओरे, वंशीवट अक्षयवट कोथा रे तमालवन !

ओरे, वृन्दावनेर तरुलता शुकायेछे की कारण !
ओरे, श्यामकुञ्ज राधाकुञ्ज कोथा गिरि गोवर्धन ![1]

यह विलाप क्यों ! इस वृन्दावन में वह वृन्दावन नहीं है इसलिए। वर्तमान के साथ अतीत का बिल्कुल विच्छेद हुआ है इसलिए। यदि ऐसा नहीं होता, आज यदि उस कुंज की एक लता भी दैवात् दिखाई देती, तो उस क्षीण लतापाश के द्वारा पुरातन वृन्दावन की कितनी माधुरी, शोभा आवेष्टित है, देख सकते। हमारे हृदय को कितनी तृप्ति मिलती !

आश्विन 1291 (बंगाब्द)

कविसंगीत

गुप्तरत्नोद्धार या प्राचीन कवि संगीत संग्रह
श्री केदारनाथ बन्द्योपाध्याय कर्तृक संगृहीत और प्रकाशित

बंगाल के प्राचीन काव्यसाहित्य एवं आधुनिक काव्य साहित्य के मध्यकाल के हैं कविवालों के गान। यह एक नवीन सामग्री है और अधिकांश नवीन पदार्थ के समान इसकी आयु भी अत्यन्त अल्प थी। एक दिन जैसे गोधूलि के समय सहसा आकाश पतंगों से आच्छन्न हो जाता है, मध्याह्न के आलोक में भी उन्हें देखा नहीं जा सकता एवं अन्धकार घनीभूत होने के पूर्व ही वे अदृश्य हो जाते हैं--ये 'कवि के गान' भी उसी तरह एक समय बंग साहित्य के स्वल्पक्षणस्थायी गोधूलि आकाश में अचानक दिखाई दिए थे, उसके पहले भी उनका कोई परिचय नहीं था, आज भी उनका कोई अस्तित्व नहीं मिलता।

बंगाल में गीतिकविता का बहुत समय से प्रचलन है एवं गीतिकविता ही बंगसाहित्य का प्रधान गौरवस्थल है। वैष्णव कवियों की पदावली वसन्तकाल की असीम पुष्पमंजरी के समान है, जैसा उनके भाव का सौरभ है, वैसा ही उसके गठन का सौन्दर्य है। राजसभाकवि रायगुणाकर के अन्नदामंगल गान राजकण्ठ की मणिमाला के समान हैं, जैसी उनकी उज्ज्वलता है वैसा ही उनका कारुकार्य है। हमारे वर्तमान समालोच्य कविगान भी गान हैं, किन्तु इनमें वह भावगाम्भीर्य नहीं है, एवं गठन में सुविन्यास, नैपुण्य भी नहीं है।

---

1. लगता है संकलित गान मुद्रण-भूल से भारती पत्र में उलटा-सुलटा छपा है। समालोचना ग्रन्थ में 'श्यामकुण्ड राधाकुण्ड' पाठ मिलता है।

इसके कुछ कारण भी हैं। पूर्वकाल के गान या तो देवता के सम्मुख या राजा के सम्मुख गाए जाते थे, अतः कवि का आदर्श स्वतः ही अत्यन्त उच्च था। इसीलिए रचना के किसी अंश में भी अवहेलना के लक्षण नहीं थे, भाव, भाषा, छन्द, रागिनी सभी में सौन्दर्य और नैपुण्य था। उस समय कवि के लिए रचना करने और श्रोताओं के लिए सुनने का अव्याहत अवकाश था। उस समय गुणीसभा में गुणाकर कवि का गुण-प्रकाश सार्थक होता था।

किन्तु अंग्रेजों की नवसृष्ट राजधानी में पुरातन राजसभा नहीं थी, पुरातन आदर्श नहीं था। तब कवि का आश्रयदाता बना सर्वसाधारण नामक एक अपरिणत स्थूलायतन व्यक्ति, एवं सहसा बने उस राजा की सभा के लिए उपयुक्त सिद्ध हुए कवि-दल के गान। उस समय साहित्यरस की यथार्थ आलोचना का अवसर, योग्यता और इच्छा कितने लोगों के पास थी ? उस समय नवीन राजधानी के नवसमृद्ध, कर्मश्रान्त वणिकसम्प्रदाय शाम की बैठक में कुछ क्षण आमोद की उत्तेजना चाहता था, साहित्य-रस नहीं।

कवि-दल उनके इस अभाव की पूर्ति करने के लिए सभा में अवतीर्ण हुआ। वे पूर्ववर्ती गुणियों के गानों में काफी परिमाण में पानी एवं कुछ परिमाण में चटक मिलाकर, उनका समस्त छन्दोबद्ध सौन्दर्य विच्छिन्न कर एवं उसे नितान्त सुलभ बनाकर अत्यन्त लघु सुर में चार जोड़ी ढोल और चार झाँझ के सहयोग से उच्च स्वरों से सदल-बल चीत्कार कर आकाश विदीर्ण करने लगे। केवल गान सुनने और उसके भाव-रस के सम्भोग का जो सुख है, उस समय के सभासद उससे ही सन्तुष्ट नहीं थे—उसमें लड़न्त एवं हार-जीत की उत्तेजना होना आवश्यक था। सरस्वती की वीणा के तारों पर भी झन्-झन् झंकार देनी होगी, और साथ-साथ वीणा का काष्ठदण्ड लेकर भी ठक्-ठक् शब्द के साथ लाठी खेलनी होगी। सहसा बने नए राजा के मनोरंजन के लिए इस एक अपूर्व नए अनुष्ठान की सृष्टि हुई। पहले नियम था कि दो प्रतिपक्षी दल एक-दूसरे को पूछकर उत्तर-प्रत्युत्तर लिखकर ले आते, अन्त में उससे भी तृप्ति नहीं हुई—सभा में बैठकर स्वतःस्फूर्त वाग्युद्ध होने लगा। ऐसी अवस्था में प्रतिपक्ष को केवल आहत किया जाता है, ऐसा नहीं, भाषा, भाव, छन्द समस्त ही भ्रष्ट होते हैं। श्रोता भी अधिक प्रत्याशा नहीं करते—शब्द का कौशल, अनुप्रास की छटा एवं हाजिरजवाबी से ही सभा जम जाती एवं वाहवा मिलने लगती है; उसके ऊपर फिर चार जोड़ी ढोल, चार झाँझ एवं समूह कण्ठ की पुरजोर चीत्कार—विजनविलासिनी सरस्वती ऐसी सभा में अधिक समय तक टिक नहीं सकती।

सौन्दर्य की सरलता से जिनकी दृष्टि आकृष्ट नहीं होती, भाव की गंभीरता में निमग्न होने का जिन्हें अवसर नहीं, पुनः-पुनः अनुप्रास से उनका मन शीघ्र ही उत्तेजित हो जाता है। संगीत जब बर्बर अवस्था में होता है तब उसमें राग-रागिनी का

जितना भी अभाव हो, ताल-प्रयोग का उग्र कोलाहल पर्याप्त रहता है। सुर की अपेक्षा उस बारम्बार सशब्द आघात से अशिक्षित चित्त सहज ही मत्त हो उठता है। एक श्रेणी की कविता में अनुप्रास उसी प्रकार क्षणिक, त्वरित सहज उत्तेजना का उद्रेक करता है। साधारण लोगों के कान अतिशीघ्र आकृष्ट करने के लिए ऐसे सुलभ उपाय कम ही हैं। अनुप्रास जब भाव, भाषा और छन्द का अनुगामी होता है तब उससे काव्य के सौन्दर्य में वृद्धि होती है, किन्तु वह इन सबको लाँघकर जब मूढ़ लोगों से वाहवा पाने के लिए अग्रसर होता है तब उससे पूरी कविता घटिया बन जाती है। कविदल के गान अनेक स्थलों पर अनुप्रास—भाव, भाषा यहाँ तक कि व्याकरण को पीछे ढकेलते हुए श्रोताओं के समक्ष प्रगल्भता प्रकट करने के लिए अग्रसर होते हैं। किन्तु उसमें कोई वास्तविक नैपुण्य नहीं है, क्योंकि उसे छन्दोबद्ध अथवा अन्य किसी नियम का पालन नहीं करना होता। किन्तु जो श्रोता केवल क्षणिक आमोद से मत्त होना चाहता है वह इतना विचार नहीं करता, एवं ऐसी वस्तु भी नहीं चाहता जिसमें विचार करना आवश्यक हो।

गेल गेल कुल कुल, याक कुल—
ताहे नइ आकुल।
लयेछि याहार कूल, से आमारे प्रतिकूल।
यदि कुलकुण्डलिनी अनुकूला हन आमाय
अकूलेर तरी कूल पाब पुनराय।
एमन व्याकुल हये कि दुकूल हाराब सइ !
ताहे विपक्ष हासिबे यत रिपुचय।

पाठक देख रहे हैं कि ऊपर उद्धृत गीतांश में एक कुल शब्द का कूल पाना दुष्कर हुआ है। किन्तु, इसमें किसी प्रकार की गुणवत्ता नहीं है; क्योंकि इनके अधिकांश ही एक ही शब्द की पुनरावृत्ति मात्र है। किन्तु, श्रोताओं को किसी प्रकार का आचार-विचार नहीं, वे अति सुलभ चातुरी पर मुग्ध होने के लिए प्रस्तुत हैं। यहाँ तक कि अनुप्रास-छटा की खातिर यदि कवि व्याकरण एवं शब्दशास्त्र का पूर्णतया उल्लंघन करता है तो उस पर भी किसी को कोई आपत्ति नहीं। दृष्टान्त—देखिए—

एके नवीन वयस, ताते सुसभ्य,
काव्यरसे रसिके,
माधुर्य गाम्भीर्य ताते 'दाम्भीर्य' नाइ,
आर आर बउ येमनधारा व्यापिके।
अधैर्य हेरे तोरे, सजनी, धैर्य धरा नाहि जाय।
यदि सिद्ध हय सेइ कार्य करब साहाय्य
बलि, ताइ बले या आमाय।

एक तो बंगला शब्दों का कोई वजन नहीं है, अंग्रेजी प्रथा के समान उनमें 'एक्सेण्ट' नहीं है, संस्कृत प्रथा के समान उनमें ह्रस्व-दीर्घ सम्हाला नहीं जाता, परन्तु समालोच्य कवि-गान में सुनियमित छन्द का बन्धन न रहने से अयत्नकृत इन सब रचनाओं को श्रोताओं के मन पर अंकित करने के लिए बारम्बार अनुप्रास का प्रयोग विशेष रूप से आवश्यक होता है। सीधी दीवार पर लता चढ़ाने के लिए जिस प्रकार बीच-बीच में कीलें लगा कर उसके अवलम्बन तैयार किए जाते हैं, ये अनुप्रास भी उसी प्रकार श्रोताओं के मन पर घन-घन कीलें मारते जाना है; कई निर्जीव रचनाएँ भी इस कृत्रिम उपाय से बहुत जल्दी मनोयोग को आच्छन्न कर देती हैं। बंगला पाँचाली में भी इस कारण ही अनुप्रास की इतनी घटा है।

प्रत्युत्पन्नमति से जनसाधारण का मनोरंजन करने का भार लिया है कविदल के गान ने--छन्दोबन्ध एवं भाषा की विशुद्धि और नैपुण्य का विसर्जन कर केवल सुलभ अनुप्रास एवं कृत्रिम अलंकार लेकर काम चला लिया है; भाव के कवित्व के सम्बन्ध में भी उसमें कोई विशेष उत्कर्ष दिखाई नहीं देता। पूर्ववर्ती शाक्त और वैष्णव महाजनों के भावों को अत्यन्त तरल और फीका कर इन कवियों ने शहर के श्रोताओं को सुलभ मूल्य पर उपलब्ध कराया है। उनके लिए जो संयत था, वह यहाँ शिथिल और विकीर्ण है। उनके कुंजवन में जो पुष्प-आकार में प्रफुल्लित था, वह यहाँ बासी व्यंजन के आकार में सम्मिश्रित है।

ऐसी कई वस्तुएँ हैं, जिन्हें अपने स्थान से विच्युत करने पर वे विकृत और दूषणीय हो जाती हैं। कवि-गान में भी इसी प्रकार कई भाव अपने यथास्थान से परिभ्रष्ट होकर कलुषित हुए हैं। यह बात स्वीकार करनी होगी कि वैष्णव कवियों की पदावली में ऐसे अंश हैं, जो निर्मल नहीं हैं, किन्तु समग्रता में उन अंशों की भी शोभा है। कविवाला उसी को उसके सजीव आश्रय से, उसके सौन्दर्य-परिवेष्ठन से विच्छिन्न कर हलकी भाषा और शिथिल छन्द के सहयोग से स्वतन्त्र रूप में जब हमारे सम्मुख प्रस्तुत करता है, तब वह गलित पदार्थ के समान कुत्सित रूप धारण करता है।

वैष्णव काव्य में प्रेम के विविध वैचित्र्य में राधा की खण्डिता अवस्था का वर्णन है। आध्यात्मिक अर्थ से इसका कोई विशेष गौरव है या नहीं, मैं नहीं जानता, किन्तु इसमें सन्देह नहीं कि साहित्य की दृष्टि से श्रीकृष्ण की इस कामुक छलना के द्वारा कृष्ण-राधा के प्रेमकाव्य का सौन्दर्य खण्डित हुआ है। राधिका की इस अवमानना से काव्यश्री भी अवमानित हुई है।

हम यह नहीं कहते कि खण्डिता नायिका काव्य का विषय नहीं है, काव्य में यथोचित स्थल पर और यथोचित भाव में उसका भी अधिकार है। प्रकृति की रंगभूमि पर जिस प्रकार मात्र ज्योत्स्ना एवं मलय समीरण का सुखाभिनय नहीं होता, बीच-बीच में वज्र, विद्युत्, आँधी का समागम है, उसी प्रकार प्रेमकाव्य में केवल

मिलन का स्मित हास्य एवं विरह का मृदु दीर्घनिश्वास नहीं है, छलना, वंचना, रोष एवं विच्छेद की आँधी भी चलती है। किन्तु उसमें आँधी का यथार्थ रौद्रभाव होना चाहिए। वह नितान्त खेल नहीं है, उसमें एक मर्मभेदी कठोरता है। जहाँ उच्चतम आदर्श के साथ निम्नतम भ्रष्टता का विरोध होता है, वहाँ उस संघर्ष में यदि प्रलय न हो, तो वह आदर्श एक धोखा-सा लगता है। राधिका के साथ जहाँ श्याम ने प्रवंचना की है वहाँ खेल-कौतुक से अधिक कुछ नहीं हुआ है—यह सही है कि वहाँ राधिका ने दुर्जय अभिमान किया है एवं श्याम ने भारी व्याकुलता प्रकट की है, किन्तु उसमें क्षुब्ध आदर्श की रौद्रमूर्ति नहीं है। जो अल्पमान-अभिमान और साध्य-साधना है, वह परवर्ती मिलन को मात्र अधिक उपभोग्य बनाता है।

किन्तु, प्रचुर रूप सौन्दर्य में यह विकृति हमें नजर नहीं आती—जो अधिक सुन्दर तत्त्व हैं वे ही हमारे मन पर छा जाते हैं। कुल मिलाकर ऐसा एक सौन्दर्य राज्य हम अपने सामने प्रसारित देखते हैं कि उसके अंश विशेष का दोष पकड़ने की प्रवृत्ति ही नहीं होती एवं उसका अंश विशेष दूषित होते हुए भी समग्र के सौन्दर्य के प्रभाव से उसकी दूषणीयता काफी कुछ दूर हो जाती है। व्यावहारिक दृष्टि से देखने पर लगेगा कि वैष्णव काव्य में प्रेम का आदर्श कई स्थलों पर स्खलित हुआ है तथापि समग्र पाठ के बाद जिसके मन में एक सुन्दर और उन्नत भाव की सृष्टि न हो, तो लगेगा कि या तो उसने समग्र पाठ अच्छी तरह से पढ़ा नहीं, या वह काव्यरस का यथार्थ रसिक नहीं है।

किन्तु, हमारे कविवालों ने वैष्णव काव्य के सौन्दर्य और गभीरता को अपनी और श्रोताओं की समझ के बाहर जानकर प्रधानतः जिन अंशों का निर्वाचन किया है, वे अत्यन्त अयोग्य हैं। कलंक एवं छलना, ये ही कविवालों के गान के प्रधान विषय हैं। राधिका एवं राधिका की सखियाँ कुब्जा अथवा अपरा को लक्ष्य कर तीव्र सरस परिहास से श्याम की बारम्बार भर्त्सना करती हैं। उनकी रचना का और एक विषय है, स्त्रीपक्ष और पुरुषपक्ष का एक-दूसरे के प्रति अविश्वास प्रकट कर दोषारोपण करना—वह शौकियाना कलह सुन-सुनकर मन में तिरस्कार का भाव जाग्रत होता है।

बंगला प्रेमकाव्य में एवं बंगाली की प्रकृति में मान-अभिमान नामक एक विशेष अंग है, जो पश्चिमी अंचल अथवा प्राचीन संस्कृत साहित्य में कम ही देखा जाता है। बंगाली स्वभावतः अभिमानी हैं। जिनका प्रकृत आत्मसम्मान-ज्ञान सुदृढ़ है, वे अभिमान प्रकट करने में सर्वदा संकोच करते हैं। उनके मान को आघात लगने पर या तो वे स्पष्ट रूप से उसका प्रतिकार करते हैं या वे चुपचाप उसकी उपेक्षा करते हैं। प्रियजन से प्रेम में आघात लगने पर या तो वे उसे चुपचाप सह लेते हैं अन्यथा वे आमने-सामने ही उसकी पूर्ण मीमांसा कर लेते हैं। हमारे देश में ऐसा सर्वदा ही देखा जाता है कि पराधीनता जिसका अवलम्बन है, वही अभिमानी है, जो

एक ओर भिक्षुक है दूसरी ओर उसके अभिमान का अन्त नहीं है, जो सभी प्रकार से अक्षम है वह बात-बात पर अभिमान प्रकट करता है। यह अभिमान वस्तु बंगाली प्रकृति की मज्जागत निर्लज्ज दुर्बलता का परिचायक है।

दुर्बलता स्थल विशेष पर एवं परिमाण विशेष में अच्छी लगती है। स्वल्प उपलक्ष्य में अभिमान करना कभी-कभी स्त्रियों को शोभा देता है। जब तक नायक के प्रेम पर नायिका का यथार्थ अधिकार रहता है तब तक बीच-बीच में क्रीड़ा के छल में अथवा स्वल्प अपराध के दंण्ड के छल में पुरुष के प्रेमावेग को किंचित् काल के लिए प्रतिहत करने पर उस अभिमान में एक प्रकार का माधुर्य दिखाई देता है। किन्तु, जब नायक गुरुतर अपराध अथवा विश्वासघात के द्वारा उस प्रेम पर ही कुठाराघात करता है, तब यथारीति अभिमान प्रकट करना अपने प्रति नितान्त अवमानना प्रकट करना मात्र है। इसीलिए उसमें किसी प्रकार का सौन्दर्य नहीं है और वह काव्य में स्थान पाने के योग्य नहीं है।

दुर्भाग्यवश हमारे देश में स्वामी के सब प्रकार के असम्मान एवं अन्याय स्त्री को निरुपाय होकर सहने और क्षमा करने पड़ते हैं; किंचित् अश्रुजलसिक्त वक्रवाक्यबाण अथवा कुछ समय अवगुण्ठन-आवृत्त विमुख मौन अवस्था के सिवाय उसके पास और कोई अस्त्र नहीं है। अतएव हमारे समाज में नारीअभिमान सर्वदा सत्य है, इसमें सन्देह नहीं, किन्तु वह सर्वत्र सुन्दर नहीं, यह भी निश्चित है—कारण, जिससे किसी की विशुद्ध स्थायी हीनता प्रकट होती है वह कभी सुन्दर नहीं हो सकता।

कविदल के गान में राधिका का जो अभिमान प्रकट हुआ है वह बहुधा इसी प्रकार का अयोग्य अभिमान है :

साध करे करेछिलेम दुर्जय मान,
श्यामेर ताय हल अपमान।
श्याम के साधलेम ना, फिरे चाइलेम ना,
कथा कइलेम ना रेखे मान।
कृष्ण सेइ रागेर अनुरागे, रागे रागे गो,
पड़े पाछे चन्द्रावलीर नवरागे।
छिल पूर्वेर ये पूर्वराग, आबार एकि अपूर्व राग,
पाछे रागे श्याम राधार आदर भूले जाय।
जार मानेर माने आमाय माने, से ना माने
तबे की करबे ए माने।
माधवेर कत मान ना हय तार परिमाण—
मानिनी हयेछि जार माने।

ये पक्षे यखन बाड़े अभिमान
सेइ पक्षे राखते हय सम्मान।
राखते श्यामेर मान गेल गेल मान,
आमार किसेर मान अपमान।

इन कुछ पंक्तियों में प्रेम का जितना इतिहास जिस रूप में लिपिबद्ध हुआ है, उससे कृष्ण के प्रति भी श्रद्धा नहीं जागती, राधिका के प्रति भी नहीं, एवं चन्द्रावली के प्रति अवज्ञा का भाव उदित होता है।

कविदल के गानों में केवल नायक-नायिका का अभिमान ही नहीं, बल्कि पिता-माता के प्रति कन्या का अभिमान भी सर्वदा देखने को मिलता है। गिरिराजमहिषी के प्रति उमा का जो अभिमान-कलह है, उससे पाठक के मन में विरक्ति का उद्रेक नहीं होता—वह सर्वत्र ही सुमधुर प्रतीत होता है। उसका कारण यह है कि मातृस्नेह पर उमा का निःसन्देह यथार्थ अधिकार है; कन्या और माता के बीच यह जो आघात-प्रतिघात है, उसमें स्नेह-समुद्र सुन्दर रूप से तरंगित हो उठता है।

माता-कन्या एवं नायक-नायिका का मान-अभिमान कविदल के गान का प्रधान बिषय है, जैसा कि मैंने पहले ही कहा है इसका एक कारण यह है कि बंगाली की प्रकृति में अभिमान कुछ अधिक है। अर्थात्, अन्य के प्रेम के प्रति उसका दावा स्वभावतः अत्यन्त अधिक है; यहाँ तक कि प्रेम अप्रमाणित होने पर भी वह रो-धो कर, रोष प्रकट कर अपना अधिकार किसी प्रकार नहीं छोड़ता। और एक कारण है, इस मान-अभिमान में उत्तर-प्रत्युत्तर की तीव्रता एवं जय-पराजय की उत्तेजना कायम रहती है। कविवालों के गान में साहित्य-रस की सृष्टि की अपेक्षा क्षणिक उत्तेजना का उद्रेक ही प्रधान लक्ष्य है।

धर्मभाव के उद्दीपन से भी नहीं, राजा के सन्तोष के लिए भी नहीं, केवल जनसाधारण के अवसर-रंजन के लिए गान-रचना का प्रथम प्रवर्तन किया वर्तमान बंगला कविवालों ने। आज भी साहित्य पर उस जनसाधारण का ही आधिपत्य है, किन्तु इसी बीच जनसाधारण की प्रकृति में परिवर्तन हुआ है एवं उस परिवर्तन के साथ-साथ साहित्य ने गभीरता प्राप्त की है। उसकी सम्यक् आलोचना करने के लिए स्वतन्त्र प्रबन्ध की अवतारणा करनी होगी, अतएव अभी उसका प्रयोजन नहीं है।

किन्तु, जनसाधारण की रुचि का कितना ही उत्कर्ष क्यों न हो और शिक्षा का कितना ही विस्तार क्यों न हो, उनके आनन्द-विधान के लिए स्थायी साहित्य एवं आवश्यक साधन और अवसर-रंजन के लिए क्षणिक साहित्य का प्रयोजन चिरकाल ही रहेगा। आज के दिनों में समाचार-पत्र एवं नाट्यशालाएँ शेषोक्त प्रयोजन की पूर्ति कर रही हैं। कविदल के गान में उच्च आदर्श का जिस प्रकार का शैथिल्य

एवं सुलभ अलंकारों का बाहुल्य दिखाई दिया है, आधुनिक समाचार-पत्रों एवं अभिनय के लिए रचित नाटकों में भी किंचित् परिवर्तित आकार में वही देखा जाता है। इन सब क्षणकालजात क्षणस्थायी साहित्य में भाषा और भाव की हीनता, सत्य एवं साहित्यनीति का व्यभिचार एवं सभी विषयों में रूढ़ता और असंयम दिखाई देता है। कुछ ही समय में जनसाधारण की ऐसी उन्नति होगी कि उनके अवसर-विनोदन में भी भद्रोचित संयम, गभीरतर सत्य एवं दुरूहतर आदर्श की प्रतिष्ठा देखी जा सकेगी, इसमें सन्देह नहीं।

हमने साधारण तौर पर और समग्र भाव से कविदल के गान की समालोचना की है। कहीं-कहीं पर इन सब गानों में सौन्दर्य एवं भाव की उच्चता भी है; किन्तु कुल मिलाकर इन गानों में क्षण स्थायित्व, रस की तरलता एवं काव्यकला के प्रति अवहेलना ही परिलक्षित होती है—एवं ऐसा होने का प्रधान कारण यह है कि ये गान क्षणिक उत्तेजना के लिए प्रत्युत्पन्नमति से रचित हैं।

तथापि इस कविदल के, जिनका जीवनकाल समाप्त हो चुका है, गान हमारे साहित्य एवं समाज के इतिहास के अंग हैं—एवं अंग्रेज राज्य के अभ्युदय पर जिस आधुनिक साहित्य ने राजसभा त्याग कर पौरजन-सभा का आतिथ्य ग्रहण किया है, ये गान उसी के प्रथम पथप्रदर्शक हैं।

ज्येष्ठ 1302 (बंगाब्द)

बाउल-गान

मुहम्मद मंसूरउद्दीन के हारामणि ग्रंन्थ की भूमिका

मुहम्मद मंसूरउद्दीन बाउल-संगीत के संग्रह में प्रवृत्त हुए हैं। पहले भी इस सम्बन्ध में बीच-बीच में उनके साथ बातचीत हुई थी, मैंने भी उन्हें हृदय से उत्साहित किया था। जिन्होंने मेरा साहित्य पढ़ा है वे जानते हैं कि मैंने अपने अनेक प्रबन्धों में बाउल पदावली के प्रति अपना अनुराग प्रकट किया है। जब मैं शिलाइदह में था, बाउल-दल के साथ सर्वदा ही मेरी मुलाकात और विचार-विमर्श होता था। मैंने अपने कई गानों में बाउल का सुर ग्रहण किया है एवं कई गानों में अन्य राग-रागिनियों के साथ जाने-अनजाने बाउल-सुर का मिश्रण हुआ है। इससे पता चलेगा कि बाउल के सुर और वाणी किसी समय मेरे मन में सहज भाव से मिल गयी हैं। मुझे याद है, उस समय मेरी उम्र कम थी, शिलाइदह अंचल के ही एक बाउल ने कलकत्ता में एकतारा बजाकर गाया था :

कोथाय पाब तारे
आमार मनेर मानुष ये रे !
हाराये सेइ मानुषे तार उद्देशे
देश-विदेशे बेड़ाइ घूरे।

बात नितान्त सहज है, किन्तु सुर के योग से उसका अर्थ अपूर्व ज्योति से उज्ज्वल हो उठा था। यही बात उपनिषद की भाषा में सुनी गयी है : 'तं वेद्यं पुरुषं वेद यथा मा वो मृत्युःपरिव्यथा इति' (प्रश्न उपनिषद–6/6)। जो ज्ञातव्य है उस पुरुष को जानो, जिसके फलस्वरूप मृत्यु तुम्हें व्यथा न दे सके। अपण्डित के मुख से यही बात सुनी उसके ग्राम्य सुर में, सहज भाषा में–जिन्हें सबकी अपेक्षा अधिक जानना है, उन्हें ही सबकी अपेक्षा न जानने की वेदना–जो शिशु अन्धकार में माता को देख नहीं पा रहा है उसी के रोने का सुर–उसके कण्ठ से बज उठा है। 'अन्तरतरं यदयमात्मा'–(बृहदारण्यक) उपनिषद (1/4/8) की यह वाणी इनके मुख से जब 'मनेर मानुष' (आत्मज्ञ पुरुष, मन के मीत, अन्तर्यामी) रूप में सुनी, तो मेरे मन में बड़ा विस्मय जागा था। इसके बहुत समय बाद क्षितिमोहन सेन महाशय के अमूल्य संचय से बाउल के ऐसे गान सुने हैं, भाषा की सरलता, भाव की गभीरता, सुर के दरद में जिनकी तुलना नहीं मिलती–उसमें ज्ञान का जैसा तत्त्व है वैसी ही काव्यरचना है, वैसा ही भक्ति का रस ओतप्रोत है। लोकसाहित्य में ऐसी अपूर्वता और कहीं मिलती है, विश्वास नहीं होता।

जिस प्रकार सभी प्रकार के साहित्य में अच्छे-बुरे का भेद है, वैसा लोक साहित्य में भी है। कवि की प्रतिभा से मन्दाकिनी के समान जो रसधारा बहती है, वह अलक्ष्य लोक से ही अवतीर्ण होती है; उसके बाद कुछ लोग आते है जो नहर-नाला खोदकर उस जल को खेत में ले जाने को लग जाते हैं। वे मजूरी करते हैं; उनके हाथों इस धारा की गभीरता, इसकी विशुद्धता नष्ट हो जाती है–कृत्रिमता से यह विभिन्न ढंग से विकृत होती रहती है। अधिकांश आधुनिक बाउल के गान की अमूल्यता समाप्त हो गयी है, वे चालू बाजार के सस्ते मूल्य की वस्तु बनकर मार्गों पर बिक रहे हैं। वे गान कई स्थलों पर बँधे-बँधाए बोलों की पुनरावृत्ति हैं एवं हास्यास्पद उपमा, तुलना से लदे हैं–उनमें से अनेक गान मनुष्य को मृत्यु-भय का सन्ताप दिखाकर उन्हें बैरागीदल में आकृष्ट करने की प्रचारकगिरी है। कोई चारा नहीं है, प्रकृत वस्तु का परिमाण अधिक होना असम्भव है–प्रकृत के लिए अपेक्षा करने और उसे गभीर रूप में पहचानने के लिए जिस धैर्य का प्रयोजन है वह संसार में विरल है। इसीलिए कृत्रिम नकल की प्रचुरता चलती रहती है। इसी कारण साधारणतः बाउल के जो सब गान इधर-उधर मिलते हैं, साधना या साहित्य की दृष्टि से उनका मूल्य अधिक नहीं है।

फिर भी उनका ऐतिहासिक मूल्य है; अर्थात्, इससे स्वदेश के चित्त का ऐतिहासिक परिचय मिलता है। अपेक्षाकृत आधुनिक काल में भारतवर्षीय चित्त में जो एक बड़ा आन्दोलन जागा था, वह मुसलमान-अभ्यागम के आघात से। विदेशी अस्त्र लेकर आए, उनके साथ देश के लोगों का मेल कठिन हो गया। प्रथम असामंजस्य वैषयिक था, अर्थात् विषय-सम्पत्ति के अधिकार को लेकर, स्वदेश की सम्पद् के उपभोग को लेकर। राजा विदेशी हो, तो यह वैषयिक विरुद्धता अनिवार्य हो उठती है। किन्तु, मुसलमान-शासन में उस विरुद्धता की तीव्रता क्रमशः कम हो गयी थी, क्योंकि उन्होंने इस देश को ही अपना देश बना लिया था—अतः देश के उपभोग में परस्पर अंशीदार हो गए। इसके अलावा संख्या की गणना करने पर पता चलेगा कि इस देश के अधिकांश मुसलमान ही वंशगत जाति से हिन्दू, धर्मगत जाति से मुसलमान हैं। अतः देश का उपभोग करने का अधिकार दोनों का ही समान है। किन्तु धर्म को लेकर तीव्रतर विरुद्धता रह गयी। मुसलमान शासन के आरम्भ काल से ही भारत के दोनों सम्प्रदायों के जो महात्मा हुए हैं, वे ही अपने जीवन और वाक्य-प्रचार से इस विरुद्धता के समन्वय के लिए प्रवृत्त हुए हैं। समस्या जितनी कठिन है, उतना ही परम आश्चर्यकारी उसका प्रकाश है। विधाता इसी तरह दुरूह परीक्षा से मनुष्य के अन्तर के श्रेष्ठत्व को उद्घाटित कर देता है। भारतवर्ष में धारावाहिक रूप से ही वह श्रेष्ठत्व प्रकट हुआ है, आशा है कि आज भी उसका अवसान नहीं हुआ है। जिन उदार चित्तों में हिन्दू-मुसलमान की विरोधी धाराएँ मिल सकी हैं, उन्हीं चित्तों से उन धर्मसंगमों में भारतवर्ष के यथार्थ मानसतीर्थ स्थापित हुए हैं। वे सब तीर्थ देश की सीमा में आबद्ध नहीं हैं, वे अन्तहीन काल में प्रतिष्ठित हैं। रामानन्द, कबीर, दादू, रविदास, नानक प्रभृति के चरित में ये सब तीर्थ चिरप्रतिष्ठित हो गए हैं। सर्वविरोध, सर्ववैचित्र्य के बीच एक की जयवार्ता सम्मिलित कण्ठों से उनमें उद्घोषित हुई हैं।

हमारे देश में जो अपने को शिक्षित कहते हैं, वे प्रयोजन के तकाजे से हिन्दू-मुसलमान के मेल के विविध कौशल ढूँढ़ते फिरते हैं। उनकी शिक्षा अन्य देशों के ऐतिहासिक स्कूल में हुई है। किन्तु, हमारे देश का इतिहास आज तक प्रयोजन के तकाजे से नहीं, परन्तु मनुष्य के अन्तरतर गभीर सत्य के साथ मिलन की साधना को वहन करता आ रहा है। बाउल-साहित्य में बाउल-सम्प्रदाय की वही साधना देखते हैं—यह हिन्दू, मुसलमान दोनों की है; एकत्र हुए हैं किन्तु कोई किसी को आघात नहीं पहुँचाता। इस मिलन से सभा-समिति की स्थापना नहीं हुई; इस मिलन से गान जागे हैं, उन गानों की भाषा और सुर अशिक्षित माधुर्य से सरस हैं। इस गान की भाषा और सुर में हिन्दू-मुसलमान के कण्ठ मिले हैं, कुरान-पुराण में झगड़ा नहीं लगा है। इस मिलन में ही भारत की सभ्यता का सच्चा परिचय है; विवाद में, विरोध में बर्बरता है। बंगाल के ग्राम के गभीर चित्त में उच्च सभ्यता की प्रेरणा

स्कूल-कालेज के अगोचर स्वतः किस प्रकार संचरित होतीं आयी है, हिन्दू मुसलमान के लिए एक ही आसन की रचना का प्रयास किया है, इस बाउल-गान में उसका ही परिचय मिलता है। इसीलिए मुहम्मद मंसूरउद्दीन महाशय ने बाउल-संगीत का संग्रह कर उसे प्रकाशित करने का जो उद्योग किया है, मैं उसका अभिनन्दन करता हूँ—साहित्य के उत्कर्ष का विचार कर नहीं, किन्तु स्वदेश के उपेक्षित जनसाधारण में मानवचित्त की जो तपस्या सुदीर्घकाल से अपना यथार्थ, सत्य सुरक्षित रखती आ रही है, उसका परिचय प्राप्त करूँगा, इसी आशा के साथ।

पौप संक्रान्ति 1334 (बंगाब्द)
चैत्र 1334 (बंगाब्द)

FOREWORD[1]

When I was given an opportunity of hearing Ratan Devi sing some Indian songs, I felt uneasy in my mind. I never could believe it possible for an English woman to give us any music that could be hailed as Indian. I was almost certain that it was going to be something that defies all definitions, and that I was expected to sit listening to some of those contemptible tunes that a foreigner, without the power to discriminate and patience to learn, usually picks up in India.

I remembered the unlucky day in my early boyhood, when I was asked by some English ladies to sing. I happened to know a tune of a non-descript kind which had the reputation, with us, of being of Italian origin, and I confidently selected that one in the hope of its being readily appreciated by my audience. I produced an outburst of merriment, quite unexpected in its irrepressible suddenness, and I was emphatically assured that it might be anything but Italian.

Since then, if asked to sing before Europeans, I boldly took my chance and dealt with Indian songs of unexceptionable character. The result used to be less disastrous, but hardly more satisfactory. So I came to the conclusion that mere tunes cannot stand by themselves, and unless given with some idea of the

1. foreword to *Thirty songs from the punjab and kashmir* recorded by Ratan Devi with introduction and translations by Anand K. Coomaraswamy : four hundred and five copies printed for the authors at the Old Bourne Press; published, February 1913.

musical system to which they belong, lack all their lustre and meaning. In recent times the attention of Europe has been drawn to all branches of oriental arts, and I have witnessed the sight of Europeans listening to Indian music with deep interest. But all the same, it is always difficult to know if their appreciation is not altogether fantastic, and until you hear then sing or play, and thus come into the touch of their heart, you cannot realise their true feeling.

It is a well-known fact that history is pronc to repeat its jokes; and while I was dreading lest it should again be my turn to be the victim of its second perpetration of the one I was subjected to years ago, only with slight variations this time, Ratan devi began by singing a few European folk-songs with the piano accompaniment. They were delightful, and I prayed in my mind that she should end the evening as she had begun, with the music familiar to her. But fortunately for me, my prayer was not granted.

Ratan Devi left her piano and sat on the floor, squatting down in Indian fashion, and took up the *tambura* on her lap. After the first few notes my misgivings were completely dispelled. The tunes she sang were not of the cheap kind that can easily adapt itself to the uninformed taste of any hasty foreign traveller, satisfying his shallow curiosity, they were Behag, Kandra, Malkaus,—sung with all their richness of details, depth of modulations and exquisite feeling. The times that she observed were the usual difficult ones in Indian music, the cadence which is never too obvious or the division of beats too emphatic. Neither tunes nor times were the least modified to make them simpler or to suit them to the European training of the singer.

Though the music was immaculately Indian, yet Ratan Devi's voice was her own, and it could not possibly be mistaken for that of any Indian *ustad*. In our country the execution of a song is considered to be of minor importance. India goes to the extreme of almost holding with contempt any finesse in singing, and our master singers never take the least trouble to make their voice and manner attractive. They are not ashamed if their gestures are violent, their top notes cracked and their bass notes unnatural. They take it to be their sole function to display their perfect mastery over all the intricacies of times and tunes, forms and formalities of the classic traditions. Those of the audience who have the human weakness to demand something more, who are not content with the presentation of a music with its richness of forms and play of power, but whose senses have to be satisfied as well, are held to be beneath the notice of any self-respecting artists. They think it to be the duty of the hireling musicians of dancing parties to cater for the enjoyment of fastidious of dandies whose eyes and ears are apt to take offence at the least touch of roughness. Anyhow, the cultivation of the flawless perfection of the exterior has been severely neglected in India.

The ideal is otherwise in Europe. A stupendously vast amount of energy is constantly occupied in this country in perfecting outward details in everything, the least deviation from which takes away from the value of a thing much more than it deserves. Here the stage arrangement must be extravagantly perfect and the artist in the pride of the intrinsic merit of his art cannot afford to pay his respect to the public by appearing careless in the least detail of execution. As Europe is willing to pay a very high price for this, perhaps she has got her reward.

I at once realised this when I heard Ratan Devi sing. There was not a sign of effort in her beautiful voice, and not the least suggestion of the uncouthness we are accustomed to in our singers. The casket was as perfect as the gem.

Sometimes the meaning of a poem is better understood in a translation, not necessarily because it is more beautiful than the original, but as in the new setting the poem has to undergo a trial, it shines more brilliantly if it comes out triumphant. So it seemed to me that in Ratan Devi's singing our songs gained something in feeling and truth. Listening to her I felt more clearly than ever that our music is the music of cosmic emotion. It deals not primarily with the drama of the vicissitudes of human life. It does not give emphasis to the social enjoyment of men. In fact, in all our festivities the business of our music seems to me to bring to the heart of the crowded gathering the sense of the solitude and vastness that surrounds us on all sides. It is never its function to provide fuel for the flame of our gaiety, but to temper it and add to it a quality of depth and detachment. The truth of this becomes evident when one considers that *sāhānā* is the *rāginī* specially used for the occasion of wedding fastivals. It is not at all gay or frolicsome, but almost sad in its solemnity. Our rāginīs of springtide and rains, of midnight and daybreak, have the profound pathos of the all-pervading intimacy, yet immense aloofness of Nature.

Ratan Devi sang an *ālāp* in Kandra, and I forgot for a moment that I was in a London drawing-room. My mind got itself transported in the magnificence of an eastern night, with its darkness, transparent, yet unfathomable, like the eyes of an Indian maiden, and I seemed to be standing alone in the depth of its stillness and stars.

CONVERSATIONS

TAGORE AND ROLLAND

Villeneuve, 24 June, 1926

ROLLAND : Have you heard anything of Gluck ? He lived in the 18th century. Among modern European composers he has the largest amount of what I may call the greek feeling, retaining in music only what was serene and beautiful, and eliminating with austere severity everything that was superfluous. Before him European music was something like medieval Gothic architecture. It possessed great exuberance of spirit, but was apt to get lost in a mass of details. The reform accomplished by Gluck at the end of the 18th century, just before the outbreak of the French Revolution, was coming back to pure line and pure form. He was a German, or rather a Bohemian, who lived much in France where he was well appreciated.

TAGORE : I have always felt the immense power of your European music. I love Beethoven and also Bach. I must confess, it takes a good deal of time to understand and thoroughly appreciate the idiom of your music. As a young boy I heard European music being played on the piano; much of it I found attractive, but I could not enter fully into the spirit of the thing. Do the different countries of Europe have peculiar features of their own in their music ? For example, has Italian music any special characteristics ? Is the general spirit different from that of German music ?

ROLLAND : Very different indeed. A good deal of modern European music had originally come from Italy but became completely changed in its development. In the south the music has more beauty, but as you go to the north it becomes more and more complex. In the old Italian music of the 16th century you find delicate lines and shades, and the beauty of melody is prominent; in the north there is more emotion. Among modern composers Puccini has great gifts but lacks in taste, and I think modern Italian music is rather spoiled and extravagant. In old Italy the composer and poet were both seeking for purity.

after some more discussion about music.

TAGORE : I want to ask you a question. The purpose of art is not to give expression to emotion but to use it for the creation of significant form. Literature is not the direct expression of any emotion. Emotion only supplies the occasion which makes it possible to bring forth the creative art. A Grecian urn is not the representation of any particular emotion which is at all important; but it gives form to some definite urge of the artist's mind. In European music I find, however, that an attempt is sometimes made to give expression to particular emotions. Is this desirable ? Should not music also use emotion as material only, and not as an end in itself ?

ROLLAND : A great musician must always use emotion as substance out of which beautiful forms are created. But in Europe musicians have had such an abundance of good material that they tended to overemphasise the emotional aspects. A great musician must have poise, for without it his work perishes.

TAGORE : Take the opera *Il Traviata*. Is it not too definite ? Does it not try to describe everything in too definite terms ?

ROLLAND : Yes, it is a defect of our music, especially since the beginning of the 19th century, after the romantic work of Beethoven was written and particularly after Wagner.

TAGORE : In India we have the other extreme. The singer often takes too much liberty with the music. In pictures and in literature the outward form is fixed, but music requires for its interpretation the human voice; even in instrumental music you have the human hand which is very flexible. The singer must therefore be a true artist and not merely an artisan. In India the composer has to depend a great deal on the singer to make the music complete by his rendering but unfortunately the singer often overshadows the composer by his own variations.

ROLLAND : This was also the state of affairs in Europe at the time of Handel. In old Italian music, interpretation was left to the singers, the composers always leaving many things indefinite. In the popular comedies of Italy the music given by the composer was simply a kind of sketch. The player improvised, filled in, and often sang extempore, sometimes to the accompaniment of the composer. Every time both songs and music were different, and a good deal has naturally vanished.

TAGORE : That is a characteristic of music, much of it vanishes. A good deal depends on the singer; its medium is a living channel.

ROLLAND : In those days singers were terrible tyrants; especially in the south. In the north we had greater precision; the northern tradition is to have things as definite as possible.

TAGORE : Yes, that also is necessary. Your modern music is now well organised and harmony keeps the music pure, free from adulteration and counterfeits, as the currency of a country is kept pure by the mints.

ROLLAND : But don't you think it is only music which is petrified that can be kept pure in this way ? Music which is living cannot be kept completely unchanged.

After some time

TAGORE : You know, I am not merely a writer of verse; I am keenly interested in music and I myself compose songs. I have always felt puzzled why there are such great differences in musical form in different countries. Surely music should be more universal than other forms of art, for its vehicle is easy to reproduce and transmit from one country to another.

ROLLAND : In every country music passes through several stages. The differences observed at any particular time may possibly be due to a difference of the particular stage of development. Music has its childhood, growth and decay. The first song of emotion finds expression through a form which is scarcely adequate, then comes a perfect harmony between emotion and external form, and finally a certain formalisation, a stereotyping and decay. If life continues, a new overflow and a new cycle begins again.

TAGORE : It is the same in every form of art; in literature also we find that a new urge creates its own form. After some time a form which was once new becomes old and worn through constant usage and is no longer adequate.

ROLLAND : Yes, and so with life also. We have the eternal flow from form to form.

TAGORE : Master-minds create new forms. Then come men without gift who imprison art in rusty fetters, and a time comes for breaking through bonds again.

ROLLAND : In Europe we are in the last phase; we feel we are imprisoned in a cage.

TAGORE : Yes, perhaps you have become too intellectualised; everything which is vital and humane is getting killed.

ROLLAND : There is a tendency for our whole life to degenerate into a huge mechanical organisation.

TAGORE : Its signs are appearing everywhere over the face of your beautiful old Europe. We find everywhere the same mask, monotonous and devoid of beauty. The Italian cities which I visited are all becoming too modern in their appearance. But Florence was beautiful; the people there retained a certain detachment of mind which appealed to me very strongly. Without this detachment the life of art cannot exist.

ROLLAND : Yes, they still have a more rustic side to their life. Lately, Florentines have been looking back to their ancestors. This is probably the secret of Florence being a great artistic centre.

TAGORE : I first heard European songs when I was 17-year old, during my first visit to London. The artist was Madame Nilsson.[1], who used to have a great reputation in

---

1. Christine Nilsson (1843-1922), Swedish prima donna.

those days. She sang nature songs, giving imitation of birds' cries, a kind of mimicry, which appeared extremely ludicrous to me. Music should capture the delight of birds' songs, giving human form to the joy with which a bird sings. But it would not try to be a representation of such songs. Take the Indian rain songs. They do not try to imitate the sound of falling raindrops. They rekindle the joy of rain-festivals, and convey something of the feeling associated with the rainy season. Somehow the songs of springtime do not have the same depth; I do not know why.

ROLLAND : When are your spring festivals held ?

TAGORE : In Bengal towards the end of February and in early March when the southern spring-breeze begins to blow; the days are hot while nights are cool and pleasant. This is also the season for the peasant to start work in the field. Is it purely association which gives beauty to the rain-songs ? Or is it something which is really inherent in them ? It is true that we get accustomed to hear rain-melodies more frequently in the rainy season; it is possible, these tunes bring back to our mind the joy and delight of the rainy season itself. But then the spring and summer melodies possess equally strong associations and yet they do not stir us so profoundly.

ROLLAND : Perhaps the melodies themselves have peculiar differences.

TAGORE : In poetry a particular work possesses a subtle atmosphere of its own literary associations. The peculiar value of such words will never be intelligible to foreigners; they cannot be appreciated as being supremely beautiful by merely listening to them, or even by merely understanding their literal meaning, for the association will be lacking.

In English take the following lines from Keats :

> ...magic casement opening on the foam
> of perilous seas, in faery lands forlorn.

If I translate it into Bengali, it would become meaningless; it would have no significance for Bengali readers : '...magic casement, opening on the foam of perilous seas, in faery lands forlorn.' The phrases lack in living association to our people. Similarly it is possible that a certain clause, a certain grouping of notes, gradually acquires a value through growth of association. We may have musical phrases acquiring new values like words in literature through long continued usage.

ROLLAND :This kind of image formation occurs in European music, for example, in Bach whose careful phrasings have been carefully studied. Much of the beauty of his music is to the use of certain musical forms which he borrowed from the earlier music of the 17th and 18th centuries and which he used effectively with the instinct of a genius. In pastoral music, certian groupings are used continually which are even now in vogue. If these particular groupings are used in non-pastoral music, even then they would create an atmosphere of pastoral life. It is probable that your associations of rain-songs are also brought about in the same way.

Rolland was much interested in Indian music and asked many questions.

ROLLAND : What are your chief instruments ?

TAGORE : The *Vina* which gives extremely pure notes : it has not the flexibility of the violin, but preserves the purity of our melodies in a characteristic way.

He was still thinking about the suggestiveness of literature and came back to Keats.

TAGORE : Although Keats cannot be translated into Bengali, I can understand the beauty of his poems. We lack the proper associations to start with, but after some familiarity with the ideals and with some knowledge of the surroundings in which these poems were written, we also can acquire the facility of appreciating them. So inspite of individual or geographical peculiarities of form, there is something which is universal in poetry. It requires education and also the growth of familiarity, but, given these things, poetry can be appreciated by every one. Similarly, what is pleasant to the European ear must have something in it which is universal. Indian music also must have an appeal to foreigners who have the necessary training.

ROLLAND : Yes, after getting away from the part which is merely superficial or fashionable. Certain peculiarities belong only to the surface which reflect the passing fancy of a particular time.

TAGORE : In pictures, or in plastic art, the material consists of the representation of things which are in a way familiar to most people and can easily be apprehended by every one. But phrases in music are not familiar; so when we build up an architecture of music the whole thing appears fantastic to a foreigner. This is why it is much more difficult for a foreigner to understand foreign music than to appreciate foreign art.

After a little while, the poet went on to speak about sources of inspiration in art and literature.

TAGORE : The starting point for all arts, poetry, painting or music, is the breath, the rhythm which is inherent in the human body and which is the same everywhere, and is therefore universal. I believe musicians must often be inspired by the rhythm of the circulation of blood or breath. A very interesting study would be a comparison of four tunes of different countries. With more developed music things become more complex, and the underlying similarities cannot be systematically traced.

TAGORE AND EINSTEIN

August 1930.

TAGORE : I was discussing with Dr. Mendel today the new mathematical discoveries which tell us that in the realm of infinitesimal atoms chance has its play : the drama of existence is not absolutely predestined in character.

EINSTEIN : The facts that make science tend toward this view do not say good-bye to causality.

TAGORE : Maybe, not; but it appears that the idea of causality is not in the elements, that some other force builds up with them an organized universe.

EINSTEIN : One tries to understand in the higher plane how the order is. The order is there, where the big elements combine and guide existence; but in the minute elements this order is not perceptible.

contradiction of free impulse and the directive will which works upon it and evolves an orderly scheme of things.

EINSTEIN : Modern physics would not say they are contradictory. Clouds look one from a distance, but, if you see them near, they show themselves in disorderly drops of water.

TAGORE : I find a parallel in human psychology. Our passions and desires are unruly, but our character subdues these elements into a harmonious whole.Does something similar to this happen in the physical world ? Are the elements rebellious, dynamic with individual impulse ? And is there a principle in the physical world which dominates them and puts them into an orderly organization ?

EINSTEIN : Even the elements are not without statistical order; elements of radium will always maintain their specific order, now and ever onward, just as they have done all along. There is, then, a statistical order in the elements.

TAGORE : Otherwise the drama of existence would be too desultory. It is the constant harmony of chance and determination which makes it eternally new and living.

EINSTEIN : I believe that whatever we do or live for has its causality; it is good, however, that we cannot look through it.

TAGORE : There is in human affairs an element of elasticity also–some freedom within a small range, which is for the expression of our personlity. It is like the musical system in India, which is not so rigidly fixed as is the western music. Our composers give a certain definite outline, a system of melody and rhythmic arrangement; and within a certain limit the player can improvise upon it. He must be one with the law of that particular melody, and then he can give spontaneous expression to his musical feeling within the prescribed regulation. We praise the composer for his genius in creating a foundation along with a superstructure of melodies, but we expect from the player his own skill in the creation of variations of melodic flourish and ornamentation. In creation we follow the central law of existence, but, if we do not cut ourselves adrift from it, we can have sufficient freedom within the limits of our personality for have sufficient freedom within the limits of our personality for the fullest self-expression.

EINSTEIN : That is only possible where there is a strong artistic tradition in music to guide the people's mind. In Europe, music has come too far away from popular art and popular feeling and has become something like a secret art with conventions and traditions of its own.

TAGORE : So you have to be absolutely obedient to this too complicated music. In India the measure of a singer's freedom is in his own creative personality. He can sing the composer's song as his own, if he has the power creatively to assert himself in his interpretation of the general law of the melody which he is given to interpret.

EINSTEIN : It requires a very high standard of art fully to realize the great idea in the original music, so that one can make variations upon it. In our country the variations are often prescribed.

TAGORE : If in our conduct we can follow the law of goodness, we can have real liberty of self-expression. The principle of conduct is there, but the character which makes it true and individual is our own creation. In our music there is a duality of freedom and prescribed order.

EINSTEIN :Are the words of a song also free ? I mean to say, is the singer at liberty to add his own words to the song which he is singing ?

TAGORE : Yes, In Bengal we have a kind of song–*Kirtan* we call it–which gives freedom to the singer to introduce parenthetical comments, phrases not in original song. This occasions great enthusiasm, since the audience is constantly thrilled by some beautiful, spontaneous sentiment added by the singer.

EINSTEIN : Is the metrical form quite severe ?

TAGORE : Yes, quite. You cannot exceed the limits of versification; the singer in all his variations must keep the rhythm and the time, which is fixed. In European music you have a comparative liberty about time, but not about melody. But in India we have freedom of melody with no freedom of time.

EINSTEIN : Can the Indian music be sung without words? Can one understand a song without words ?

TAGORE : Yes, we have songs with unmeaning words, sounds which just help to act as carriers of the notes. In North India music is an idependent art, not the interpretation of words and thoughts, as in Bengal. The music is very intricate and subtle and is a complete world of melody by itself.

EINSTEIN : It is not polyphonic ?

TAGORE : Instruments are used, not for harmony, but for keeping time and for adding to the volume and depth. Has melody suffered in your music by the imposition of harmony ?

EINSTEIN : Sometimes it does suffer very much. Sometimes the harmony swallows up the melody altogether.

TAGORE : Melody and harmony are like lines and colours in pictures. A simple linear picture may be completely beautiful; the introduction of colour may make it vogue and insignificant. Yet colour may, by combination with lines, create great pictures, so long as it does not smother and destroy their value.

EINSTEIN : It is a beautiful comparison; line is also much older than colour. It seems that your melody is much richer in structure than ours. Japanese music seems to be so.

TAGORE : It is difficult to analyze the effect of eastern and western music on our minds. I am deeply moved by the western music–I feel that it is great, that it is vast in its structure and grand in its composition. Our own music touches me more deeply by its fundamental lyrical appeal. European music is epic in character; it has a broad background and is Gothic in its structure.

EINSTEIN : Yes, yes, that is very true. When did you first hear European music.

TAGORE : At seventeen, when I first came to Europe, I came to know it intimately, but even before that time I had heard European music in our own household. I had heard the music of Chopin and others at an early age.

EINSTEIN : There is a question we Europeans cannot properly answer, we are so used to our own music. We want to know whether our own music is a conventional or a fundamental human feeling; whether to feel consonance and dissonance is natural or a convention which we accept.

TAGORE : Somehow the piano confounds me. The violin pleases me much more.

EINSTEIN : It would be interesting to study the effects of European music on an Indian who had never heard it when he was young.

TAGORE : Once I asked an English musician to analyze for me some classical music and explain to me what elements make for the beauty of a piece.

EINSTEIN : The difficulty is that the really good music, whether of the East or of the West, cannot be analyzed.

TAGORE : Yes, and what deeply affects the hearer is beyond himself.

EINSTEIN : The same uncertainty will always be there about everything fundamental in our experience, in our reaction to art, whether in Europe or in Asia. Even the red flower I see before me on your table may not be the same to you and me.

TAGORE : And yet there is always going on the process of reconciliation between them, the individual taste conforming to the universal standard.

TAGORE AND H.G. WELLS

Geneva, June 1930.

TAGORE : Music of different nations has a common psychological foundation, and yet that does not mean that national music should not exist. The same thing is, in my opinion, probably true for literature.

WELLS : Modern music is going from one country to another without loss–from Purcell to Bach, then Brahms, then Russian music, then oriental. Music is of all things in the world the most international.

TAGORE : You see the point. I have composed more than three hundred pieces of music. They are all sealed to the West notation.

WELLS : The West may get used to the music.

TAGORE : Certain forms of tunes and melodies which move us profoundly seem to baffle Western listeners; yet, as you say, perhaps closer acquaintance with them may gradually lead to their appreciation in the West.

WELLS : Artistic expression in the future, will probably be quite different from what it is today; the medium will be the same and comprehensible to all. Take radio, which links together the world. And we cannot prevent further invention. Perhaps in the future, when the present clamour for dialects and national languages in broadcasting subsides and new discoveries in science are made, we shall be conversing with one another through a common medium of speech yet undreamt-of.

TAGORE : We have to create the new psychology needed for this age. We have to adjust ourselves to the new necessities and conditions of civilization.

ग्रन्थ परिचय

रवीन्द्रनाथ के संगीत सम्बन्धी प्रबन्ध, भाषण, आलोचना, चिट्ठीपत्र प्रभृति विभिन्न सामयिक पत्र और पुस्तक से इस ग्रन्थ में संकलित हुए हैं। प्रधान प्रबन्धों और भाषणों में जो सामयिक पत्र आदि में प्रकाशित हैं, उनकी सूची[1] नीचे दी गयी है :

संगीत और भाव	भारती, ज्येष्ठ 1288
संगीत की उत्पत्ति और उपयोगिता	भारती, आषाढ़ 1288
संगीत और कविता	भारती, माघ 1288/समालोचना।
गान के सम्बन्ध में प्रबन्ध	प्रवासी, वैशाख 1319/जीवनस्मृति
अन्तर-बाहर	भारती, श्रावण 1319/पथेर संचय
संगीत	भारती, अग्रहायण 1319/पथेर संचय
सोने की छड़ी	सबूज पत्र, ज्येष्ठ 1322/परिचय
संगीत की मुक्ति	सबूज पत्र, भाद्र 1324/छंद,
प्रथम	संस्करण
हमारा संगीत	सबूज पत्र, भाद्र 1328
शिक्षा और संस्कृति में संगीत का स्थान	प्रवासी, फाल्गुन 1342
शब्द और सुर-1	विचित्रा, अग्रहायण 1344
शब्द और सुर-2	प्रवासी, आषाढ़ 1346[2]
आलाप-आलोचना-1	बंगवाणी, ज्येष्ठ 1332[3]

1. कुछ प्रबन्ध पहले रवीन्द्रनाथ के विभिन्न ग्रन्थों में प्रकाशित हुए थे; सामयिक पत्र के उल्लेख के बाद उन सब ग्रन्थों के नाम उल्लिखित हुए हैं।
   विविध ग्रन्थों या रचनाओं से संगीत-प्रसंग में आलोचनांश संकलित हुए हैं, इस प्रकार के स्थलों में उद्धृत रचनाओं के साथ ही मूल ग्रन्थादि का उल्लेख किया गया है।
   कुछ चिट्ठीपत्र या आलोचना दूसरों द्वारा लिखित ग्रन्थों में प्रकाशित हुई थीं; प्रासंगिक रचना के विवरण में उन सब ग्रन्थों का नामोल्लेख किया गया है।
2. 'रूपशिल्प' नाम से। प्रबन्ध का प्रासंगिक अंश इस ग्रन्थ में संकलित है।
3. 'रवीन्द्रनाथ, साहित्य और संगीत (कथोपकथन)' नाम से मुद्रित।

आलाप-आलोचना-2	बंगवाणी, ज्येष्ठ1332
आलाप-आलोचना-3	प्रवासी, कार्तिक 1334
आलाप-आलोचना-4	विचित्रा, फाल्गुन 1344[1]
विश्वविद्यालय में संगीत-शिक्षा	प्रवासी, अग्रहायण 1335
'जनगणमन अधिनायक'-1	विचित्रा, पौष 1344
'जनगणमन अधिनायक'-2	पूर्वाशा, फाल्गुन 1354
अभिभाषण-1	नव्यभारत, ज्येष्ठ 1329
अभिभाषण-2	नव्यभारत, आश्विन 1331
अभिभाषण-3	आनन्द बाजार पत्रिका, 12 पौष 1341
अभिभाषण-4	आनन्द बाजार पत्रिका, 17 आषाढ़ 1347
बाउल के गान-1	भारती, वैशाख 1290/समालोचना
बाउल के गान-2	भारती, आश्विन 1291/ समालोचना
कविसंगीत	साधना, ज्येष्ठ 1302[2]/ लोकसाहित्य
बाउल-गान	प्रवासी, चैत्र 1334

Conversations :
Tagore and Einstein
Tagore and H.G. wells Asia, March 1931

संगीत की मुक्ति (पृष्ठ 51) "मुख्यतः यह लेख संगीत सम्बन्धी है। ताल की आलोचना के समय इसके अंत में स्वतः छन्द की बात आ गयी है। इसी कारण इसे 'छन्द' ग्रंथ में शामिल किया गया"—इस सूचना के साथ 'संगीत की मुक्ति' प्रबन्ध पूर्णतया 'छन्द' ग्रन्थ के प्रथम संस्करण में मुद्रित हुआ।

रवीन्द्र-रचनावली के अन्तर्गत 'छन्द' ग्रन्थ में और 'छन्द' के द्वितीय संस्करण (1369 बंगाब्द) में इसका प्रासंगिक अंश 'संगीत और छन्द' नाम से संकलित है।

वर्तमान ग्रंथ में यह प्रबंध पूर्ण रूप से संकलित किया गया है।

'छन्द' ग्रन्थ के प्रथम संस्करण में संकलन के समय इसे साधु (साहित्यिक) भाषा से बोलचाल की भाषा में रूपान्तरित किया गया था। इसी प्रकार 'पथेर संचय'

---

1. 'महात्मा ओ महाकवि' नाम से।
2. 'गुप्तरत्नोद्धार' नाम से।

ग्रन्थ में एवं आलोच्य प्रबन्ध के मामले में 'छन्द' ग्रन्थ के परवर्ती संस्करण में अनुसृत नीति का अनुसरण कर वर्तमान ग्रन्थ में इसका 'सबूज पत्र'—सम्मत पाठ मुद्रित किया गया। पत्रिका में प्रकाशित कोई-कोई अंश 'छन्द' ग्रन्थ (1343 बंगाब्द) से वर्जित किये गये थे; वे सभी अंश[1] वर्तमान ग्रन्थ में शामिल किये गये हैं।

7 दिसम्बर 1917 को कलकत्ता प्रेसिडेंसी रंगमंच पर मतिलाल घोष महाशय के सभापतित्व में संगीत-परिषद की ओर से अनुष्ठित एक सभा में कृष्णचन्द्र घोष वेदान्तचिन्तामणि ने एक प्रबन्ध पाठ कर 'संगीत और मुक्ति' प्रबन्ध के प्रतिपाद्य विषय का प्रतिवाद किया, यह प्रबन्ध 'हिन्दू संगीत और कविवर सर रवीन्द्रनाथ' नामक पुस्तिका-आकार में प्रकाशित हुआ (1325 बंगाब्द); इसकी एक प्रति बंगीय साहित्य परिषद ग्रन्थागार में है। उससे ही पता चलता है—'संगीत की मुक्ति' प्रबन्ध सर आशुतोष चौधुरी महाशय के सभापतित्व में कलकत्ता की राममोहन लाइब्रेरी में रवीन्द्रनाथ द्वारा पढ़ा गया। यह प्रबन्ध 'विचित्रा' सभा में पढ़े जाने की सम्भावना की बात 'छन्द' ग्रन्थ के द्वितीय संस्करण के पाठ-परिचय में आलोचित हुई है।

शिक्षा और संस्कृति में संगीत का स्थान (पृष्ठ 75) न्यू एजुकेशन फेलोशिप या नवशिक्षासंघ (1915 में इंग्लैंड में प्रतिष्ठित) की नवप्रतिष्ठित बंगीय शाखा के प्रयास से अनुष्ठित सम्मेलन या कान्फ्रेंस (31 जनवरी-6 फरवरी 1936) की आलोचना-सभा में पढ़ने के उद्देश्य से लिखित। सम्मेलन की विज्ञप्ति से पता चलता है कि इन्दिरा देवी चौधुरानी द्वारा यह प्रबन्ध पढ़ा गया। उक्त फैलोशिप द्वारा प्रकाशित 'शिक्षा की धारा' नामक प्रबन्ध-संग्रह (भाद्र 1343 बंगाब्द) में यह प्रबन्ध मुद्रित हुआ था। रवीन्द्रनाथ इस संघ के सभापति थे, इस सम्मेलन में उन्होंने 'शिक्षा का स्वांगीकरण' नामक प्रबन्ध पढ़ा।

शब्द और सुर-1 (पृष्ठ 82) प्रबन्ध के आरम्भ में ही जिस परस्पर खण्डन-मण्डन के विषय का उल्लेख है वह प्रधानतः मासिक पत्र 'विचित्रा' में चला था; यह रचना विचित्रा में प्रकाशित 'शब्द और सुर' प्रबन्धमाला का पंचम प्रबन्ध है। अन्य पत्रिका में भी इसी समय इस विषय में आलोचना चली थी, इस प्रसंग में द्रष्टव्य : इस ग्रंथ में अन्यत्र मुद्रित धूर्जटि प्रसाद मुखोपाध्याय को लिखित रवीन्द्रनाथ का 8-10-

---

1. पृष्ठ 52 षोडश छत्र में, पृष्ठ 54 अष्टादश छत्र में, पृष्ठ 70 त्रयोदश छत्र में एवं पृष्ठ 71 पंचम छत्र में जिन अनुच्छेदों या पैराग्राफों की सूचना है, उनके अलावा पृष्ठ 68 अष्टादश छत्र में नये वाक्य से चतुर्विंश छत्र में नये वाक्य के पूर्व तक एवं पृष्ठ 69 एकविंश छत्र से एक के बाद एक तीन वाक्य।

1937 का पत्र (पृष्ठ 208) एवं दिलीपकुमार राय को लिखित 29-10-1937 का पत्र (पृष्ठ 206)। यह प्रबन्ध इसके पूर्व दिलीपकुमार राय के 'सांगीतिकी' ग्रंथ (1938) में मुद्रित हुआ है।

शब्द और सुर-2 (पृष्ठ 84) यह 'रूपशिल्प' प्रबन्ध का एक अंश है। सम्पूर्ण प्रबन्ध 'साहित्य के पथ से' ग्रन्थ के चैत्र 1365 (बंगाब्द) संस्करण में संयोजित हुआ है; वर्तमान ग्रन्थ में प्रासंगिक अंश संकलित हुआ है। यह प्रबन्ध अर्धेन्द्र कुमार गंगोपाध्याय के 'रूपशिल्प' ग्रन्थ की आलोचना के प्रसंग में लिखित है।

आलाप-आलोचना (पृष्ठ 88) दिलीपकुमार राय ने कवि के साथ विभिन्न विषयों पर, विशेषतः संगीत-विषय पर विभिन्न अवसरों पर उनकी आलोचना के कई विवरण लिपिबद्ध किये थे; रवीन्द्रनाथ कर्तृक पुनर्लिखित या उनके अनुमोदन से वे सामयिक पत्रों एवं/या दिलीपकुमार के ग्रंथ 'सांगीतिकी' (1938) और 'तीर्थंकर' (1346 बंगाब्द) ग्रन्थ में मुद्रित हुए हैं। इस आलाप-आलोचना के प्रासंगिक छः विवरण इस ग्रंथ में संकलित हुए हैं; पंचम विवरण (पृष्ठ 115, 26 मार्च 1938)

श्री नारायण चौधुरी कर्तृक लिखित है। इस आलोचना में कुछ का सामयिक पत्र में प्रकाशन-विवरण ग्रन्थ परिचय की सूचना की स्वतंत्र सूची में संकलन हुआ है।

प्रथम और द्वितीय (पृष्ठ 88, 100) आलोचना के सामयिक पत्र में प्रकाशन के समय दिलीपकुमार ने कहा—"कविवर ने अपना यह वक्तव्य प्रायः समस्त ही आद्यन्त लिख कर दिया है।" तृतीय आलोचना (पृष्ठ 102) सामयिक पत्र में प्रकाशन की सूचना में कवि ने कहा है—"आलोच्य प्रसंग प्रधानतः मेरा ही है।...मेरी बात सम्पूर्ण रूप से मुझे ही लिखनी पड़ी।...संगीत के संबंध में अपने मत की अभिव्यक्ति का भार इस लेख में पूर्णतया मैंने स्वयं अपने हाथ में लिया है। चतुर्थ आलोचना (पृष्ठ 113) अनुलेखक की इस टीका के साथ सामयिक पत्र में छपी—"लेख आद्यन्त पढ़कर कवि को सुनाया गया है। कवि ने अपने वक्तव्य की अनुलिपि का अनुमोदन किया है।" पंचम आलोचना (पृष्ठ 115) 'कवि द्वारा अनुमोदित', ऐसा उल्लेख 'तीर्थंकर' ग्रंथ (1346 बंगाब्द संस्करण पृष्ठ 229) में है। षष्ठ आलोचना (पृष्ठ 118) के प्रसंग में दिलीपकुमार राय को 29-6-1938 को लिखित रवीन्द्रनाथ का पत्र 'तीर्थंकर' ग्रन्थ (1346 बंगाब्द, पृष्ठ 232) में मुद्रित है—"मैंने जो बात कही है उसका ठीक यंत्रकृत प्रतिलिखन असम्पूर्ण है—तुम्हारे मन में जिस प्रकार के चिंतन का उद्रेक हुआ है, उसके योग से यह समस्त रूप सजीव और सम्पूर्ण है।...खुलासा कर पूरी बात छापना, उससे पाठकों को तृप्ति होगी।"

इन आलोचनाओं को इस ग्रन्थ में प्रकाशित करते समय किसी-किसी

वर्णनामूलक अंश का परित्याग किया गया है। इस बात का ध्यान रखा गया कि रवीन्द्रनाथ के वक्तव्य, विशेषतः वर्तमान ग्रन्थ के प्रासंगिक वक्तव्य या आलोच्य विषय के अनुधावन का सुयोग क्षुण्ण न हो।

दिलीपकुमार राय के साथ रवीन्द्रनाथ की आलाप-आलोचना का विशद विवरण जो लोग जानना चाहते हैं, उन्हें वह विवरण दिलीपकुमार के ग्रन्थों में मिलेगा।

सुर और संगति (पृष्ठ 121) संगीत विषय पर रवीन्द्रनाथ और धूर्जटिप्रसाद के कुछ पत्र 'सुर और संगति' नाम से ग्रंथाकार में 1935 में प्रकाशित हुए, इस ग्रन्थ में उन्हें पुनः मुद्रित किया गया है। धूर्जटिप्रसाद ने 'सुर और संगति' ग्रन्थ के अन्त में उसका इस प्रकार 'इतिहास' दिया है :

"1934 के बड़े दिनों की छुट्टियों में 'All-Bengal music competition and conference' का प्रथम अधिवेशन हुआ, रवीन्द्रनाथ ने उसका उद्‌बोधन किया।···यह सुनकर कि रवीन्द्रनाथ आ रहे हैं, मैंने उन्हें एक दीर्घ वक्तव्य देने का अनुरोध किया। उन्होंने उस अनुरोध का पालन किया। उन्होंने दो वक्तव्य दिये; संगीत और जीवन घनिष्ठ रूप से जुड़े हुए हैं, अतएव, जीवन का विकास जिस प्रकार रूपवैचित्र्य में संसाधित होता है, उसी प्रकार संगीत की भी उसी की अनुयायी अभिव्यक्ति नितान्त वांछनीय है। हिन्दुस्थानी संगीत पद्धति का युगोपयोगी रूप-परिवर्तन यदि कल्पना के अतिरिक्त हो तो समझना होगा कि उसकी मृत्यु हो गयी है। संगीत के इतिहास में जो युग प्रवर्तक रूप में विवेचित होते हैं उन्होंने कभी अपनी सृजनशक्ति को गतानुगतिक एवं आनुष्ठानिक प्रक्रिया में आबद्ध नहीं रखा। उनका द्वितीय वक्तव्य बंगला गान के विशेष रूप के सम्बन्ध में था। बंगला गान की एक स्वकीयता है—वह सुर की नहीं, शब्द की भी नहीं, सुर और शब्द के प्रकृष्ट मिलन की है।[1] उसका रस भिन्न है, क्योंकि उसका रूप पृथक् है। अतः, बंगला गान का भविष्य उस्ताद के मुख की हिन्दुस्थानी राग-रागिनी के अनुकरण पर निर्भर नहीं करता, पुनरावृत्ति पर भी नहीं। ये दो वक्तव्य उन्होंने अपनी अननुकरणीय भाषा में दिये।

---

1. चतुर्थ वर्ष (भाद्र-कार्तिक 1302 बंगाब्द) साधना का पृष्ठ 459 द्रष्टव्य। 'अपूर्व कलाविद्या' नामक आलोचना के लेखक रवीन्द्रनाथ नहीं, यह निश्चित रूप से नहीं कहा जा सकता; इस प्रबन्ध में प्रसंगक्रम से कहा गया है—"क्रमशः सम्भवतः चित्रांकन रंग का परित्याग कर स्वतंत्र उन्नति-पथ पर चलेगा, एवं दूसरी ओर रंग बन्धन-मुक्त होकर एक स्वतंत्र, आनन्ददायक एवं भावोद्दीपक ललित कला की सृष्टि करेगा।" इसकी ही पादटीका का कुछ अंश रवीन्द्र-संगीत चिन्तन के अपरिवर्तनीय परिप्रेक्ष्य में विशेष रूप से उल्लेख योग्य है :
"बीच में एक स्थान चिरकाल ही अवश्य रहेगा जहाँ चित्रांकन और वर्णविन्यास संयुक्त रहेगा। संगीत में जैसे गान हैं। यद्यपि गान में शब्द और सुर किसी की भी सम्पूर्ण मर्यादा की रक्षा नहीं होती, तथापि इस प्रकार के संयोग से एक सम्पूर्ण स्वतंत्रजातीय आनन्द मिलता है, वह शब्द अथवा सुर की पृथक् उन्नति द्वारा सम्भव नहीं होता।"

दुःख की बात यह है कि ये वक्तव्य यथायथ रूप में लिपिबद्ध नहीं हुए।[1]

''जनवरी माह में लखनऊ लौटते ही मैंने उन्हें संगीत के सम्बन्ध में अन्ततः एक पुस्तिका लिखने की ताकीद करनी शुरू की। स्वास्थ्य और समयाभाव के कारण वे पुस्तिका नहीं लिख सके। वे मुझे पत्र लिखते, मैं भी उत्तर देता, प्रश्न करता। मैंने अपनी सभी चिट्ठियों की नकल नहीं रखी। उसके बाद लाहौर से लौटते समय मार्च माह के प्रथम सप्ताह में वे लखनऊ में तीन दिनों तक प्राध्यापक निर्मल सिद्धांत एवं श्रीयुक्ता चित्रलेखा देवी के अतिथि रहे। उस समय उनके साथ मौखिक आलोचना का भी सुयोग मिला। एक दिन सन्ध्या के समय गान का जलसा हुआ। उस समय उन्हें 102 डिग्री ज्वर था। श्रीकृष्ण रातनजंकर ने छायानट, जयजयन्ती और परज में ख्याल गाये थे--रात को ग्यारह बजे तक प्रायः ध्यानस्थ होकर उन्होंने गान सुने। श्रीकृष्ण के गान उन्हें बहुत अच्छे लगे थे। जलसा समाप्त होने के बाद उन्होंने मुझसे कहा, 'गान मुझे बहुत अच्छा लगा। किंतु उस अच्छा लगने के साथ-साथ मेरे मन में कुछ प्रश्न उठे हैं--तुम्हें उनका उत्तर देना ही होगा। गायक के मुख का गान रुकेगा कब ? प्रत्येक रस-सृष्टि में ही रुकने का एक इंगित रहता है, ध्रुपद में है, बंगला गान में है, यदुभट्ट के--गोसाईं के गले में था, किंतु ख्याल में क्यों नहीं रहेगा ? एक ही गान में गायक अपना समग्र कृतित्त्व, अपना समस्त ऐश्वर्य उँडेल क्यों देगा ? एक छायानट के स्थान पर दस प्रकार के चलन के दस छायानट गाओ, मुझे बहुत अच्छा लगेगा, किन्तु एक रचना में छायानट के सभी रूप दिखाने, उसका समग्र वैभव भर देने से रचना की मर्यादा, उसकी संगति और सौष्ठव की रक्षा हो सकती है क्या ?' रात के बारह बजे तक उन्होंने मेरे साथ बातचीत की। उस समय मैं उत्तर नहीं दे सका, मेरे लम्बे पत्र में उत्तर देने का प्रयास है। यह है 'सुर और संगति' का इतिहास।''

धूर्जटिप्रसाद मुखोपाध्याय को लिखित संगीत विषयक अन्य कुछ पत्र इस ग्रंथ के अन्य विभाग में संकलित हुए हैं।

विविध प्रसंग (पत्र से) दिलीपकुमार राय को लिखित (पृष्ठ 202) चिट्ठियाँ मूलतः उनके अनामी (1340 बंगाब्द), सांगीतिकी (1938) और तीर्थंकर (1346 बंगाब्द) ग्रन्थों में मिलेंगी। रवीन्द्रनाथ के ग्रन्थ 'छन्द' (1369 बंगाब्द) में प्रथम और द्वितीय पत्र संकलित हैं; प्रथम पत्र का जो पाठ अनामी ग्रंथ में है, उसे संक्षिप्ततर कहा जा सकता है।

धूर्जटिप्रसाद मुखोपाध्याय को लिखित 'दिवाली 1339 बंगाब्द' का पत्रांश (पृष्ठ 208) 'साहित्य का स्वरूप' ग्रन्थ में 'काव्य में गद्यरीति' नाम से मुद्रित रचना

1. इसकी पूर्वमुद्रित प्रतिलिपि ग्रन्थ में अन्यत्र (पृष्ठ 218) संकलित।

से गृहीत है। 8 अक्तूबर 1937 का पत्र (पृष्ठ 209) 'शब्द और सुर' नाम से 1344 फाल्गुन के परिचय पत्र में प्रकाशित हुआ था।

अमियचन्द्र चक्रवर्ती को लिखित पत्र (पृष्ठ 179) रवीन्द्रनाथ कर्तृक संशोधित किया गया एवं वह 1345 चैत्र (बंगाब्द) के 'प्रवासी' में एवं बिना परिवर्तन 'गान और छवि' नाम से 1351 (बंगाब्द) 'वैशाखी' वार्षिक पत्र में मुद्रित; उसका प्रासंगिक अंश संकलित करने में मुख्यतः प्रवासी का पाठ गृहीत किया गया।

इन्दिरादेवी चौधुरानी को लिखित दो चिट्ठियों के अंश (पृष्ठ 210) चिट्ठी पत्र के पंचम खंड से और निर्मलकुमारी महालनवीश को लिखित चिट्ठी (पृष्ठ 178) 'पथ पर और पथ के किनारे पर' ग्रन्थ से संकलित। प्रियनाथ सेन को लिखित पत्र (पृष्ठ 174) चिट्ठीपत्र अष्टम खण्ड के अन्तर्गत है। शेष दो पत्रों की प्रतिलिपियाँ शान्तिनिकेतन-रवीन्द्रसदन से संगृहीत हैं।

'जनगणमनअधिनायक' (पृष्ठ 211) इस गान के सम्बन्ध में विशद आलोचना प्रबोधचन्द्र सेन लिखित 'भारतवर्ष का जातीय संगीत' (1356 बंगाब्द) पुस्तिका द्रष्टव्य।

अभिभाषण-1 (पृष्ठ 214) इस अभिभाषण का उपलक्ष्य संकलन की सूचना में विज्ञापित है। चित्तरंजन बन्धोपाध्याय महाशय ने इस पूर्वमुद्रित भाषण के प्रति हमारा ध्यान आकृष्ट किया।

अभिभाषण-2 (पृष्ठ 216) छात्रों के प्रति सम्भाषण। इस वक्तव्य का उपलक्ष्य रचना-शीर्ष में उल्लिखित है। सुधेन्दुरंजन राय ने इस वक्तव्य का अनुलिखन किया।

अभिभाषण-3 (पृष्ठ 218) इस वक्तव्य के विषय में ग्रन्थ परिचय के अन्तर्गत अन्यत्र (पृष्ठ 259) विशेष उल्लेख है। ग्रन्थ के (पृष्ठ 265) पर भी 'बकुनि'[1]* के छल में इसका भी उल्लेख है। लगता है कि यह वक्तव्य कवि द्वारा संशोधित नहीं है। इसके पूर्व यह आनन्द बाजार पत्रिका और म्यूजिक कान्फ्रेंस के प्रतिवेदन-पुस्तक में मुद्रित हुआ था।

अभिभाषण-4 (पृष्ठ 221) अनुमान किया जा सकता है कि गीतालि नाम से एक

* 'बकुनि' शब्द पर 1 अंक चिह्न रहते हुए भी, यथास्थान पर उसकी व्याख्या नहीं की गयी है।

1. वर्तमान ग्रन्थ (पृष्ठ 227) के शेष अनुच्छेद से उसके बाद के पृष्ठ पर नवम छत्र तक एवं पृष्ठ 231 के चतुर्थ छत्र समालोचना ग्रन्थ में इसी प्रकार प्रबन्ध समाप्त होता है : वृन्दावन की कितनी माधुरी, शोभा आवेष्टित है, देखता था !

रवीन्द्रसंगीत शिक्षण-प्रतिष्ठान के उद्‌बोधन में दिये गये इस भाषण की प्रतिलिपि कवि द्वारा संशोधित नहीं है। 'गीतालि' का उद्देश्य इस ओर ध्यान रखना है कि रवीन्द्रनाथ का संगीत समाज में विशुद्ध रूप में गाया जाय। इन्दिरादेवी चौधुरानी इस प्रतिष्ठान की सभानेत्री थीं, सम्पादिका थीं नलिनी बसु। संयुक्त सम्पादक प्रफुल्ल महलानवीश, बुला नाम से परिचित और इस अभिभाषण में उल्लिखित हैं। 'मेरे गान पर स्टीमरॉलर नहीं चलाना' शीर्षक से यह अभिभाषण आनन्दबाजार पत्रिका में प्रकाशित हुआ।

परिशिष्ट-1

बाउल के गान 11 कवि संगीत 11 बाउल-गान 11—ये तीन संकलित प्रबन्ध तीन लोकसाहित्य निदर्शन-संग्रह की आलोचना, समालोचना या भूमिका ('आशीर्वाद') हैं। आलोच्य ग्रन्थों के नाम प्रबन्ध के शीर्षक के साथ-साथ उल्लिखित हैं।

बाउल के गान (पृष्ठ 224) इस प्रबन्ध का प्रधान अंश (पृष्ठ 224) संगीत संग्रह-प्रथम खण्ड की आलोचना के उपलक्ष्य में लिखित, शेषांश (पृष्ठ 230) द्वितीय खण्ड की 'समालोचना' है; दोनों प्रबन्ध क्रमशः भारती पत्रिका के वैशाख 1290 बंगाब्द और आश्विन 1291 बंगाब्द के अंकों में प्रकाशित। 'बाउल के गान' प्रबन्ध के 'समालोचना' ग्रन्थ में संकलन के समय जो अंश वर्जित हुए, उनमें से कुछ अंश[1] वर्तमान ग्रन्थ में उक्त प्रबन्ध के यथास्थान पर सन्निविष्ट हुए हैं। भारती में प्रबन्ध की परिसमाप्ति भी अलग थी; उससे रवीन्द्रनाथ के लोक-साहित्यनिदर्शन संग्रह के प्रयास की प्राचीनता का आभास मिलता है, इसलिए यहाँ वह संकलित किया गया है :

---

1. "रवीन्द्र-संग्रह में जो नये 89 गान मिले हैं वे 'लालन-गीतिका' में पृथक् रूप से मुद्रित हुए हैं।" 'खाँचार भितर अचिन पाखि'—जिस गान के दो छत्र रवीन्द्रनाथ ने गोरा उपन्यास के शुरू में उद्धृत किये हैं, वह गान सम्पूर्ण रूप से 'बांगलार बाउल ओ बाउल गान' ग्रन्थ में प्रकाशित और 'लालन गीतिका' में पुनर्मुद्रित हुआ है।
   रवीन्द्रनाथ ने विभिन्न रचनाओं में बाउल गान और बाउल तत्त्व के सम्बन्ध में आलोचना की है, जैसे—
   'An Indian Folk Religion', Creative unity (1922);
   'The Philosophy of our people', Presidential Address, The Indian Philosophical congress, first session 1925, in the Modern Review, January 1926; The Religion of Man (1931).
   सम्प्रति प्रकाशित 'बांगलार बाउल : काव्य ओ दर्शन' (1964) ग्रन्थ में लेखक श्री सोमेन्द्रनाथ बन्द्योपाध्याय ने बाउल गान के सम्बन्ध में 'तुलनामूलक आलोचना' पूर्वक रवीन्द्र संग्रह (रवीन्द्रसदन) से दो बाउल गान संकलित किये हैं।

संगीत संग्रह के अन्यान्य खण्डों के लिए उत्सुक हूँ। यदि आप ग्राम्य गाथा और प्रचलित गीत समूह (किसी भी विषय और किसी भी सम्प्रदाय के भले ही हों) सभी को मिलाकर संग्रह करें, तो बंगभाषा और साहित्य का बड़ा उपकार होगा। हम अपने प्रदेश के लोगों को अच्छी तरह पहचान सकें, उनका सुख-दुःख, आशा-आकांक्षा हमारे लिए नितान्त अपरिचित न रहें। भिक्षुक, माझी जो गान गाते हैं उन्हें लिखने में अधिक परिश्रम नहीं है। हमने इसी प्रकार के एक-दो गान लिखे थे, उन्हें ही प्रकाशित कर प्रस्ताव का उपसंहार करता हूँ। यहाँ यह उल्लेख करना चाहता हूँ कि पाठक यदि अपने सामर्थ्य के अनुसार प्रचलित ग्राम्य गीतों का संग्रह कर हमें भेजें तो उन्हें भारती में प्रकाशित किया जायेगा।

1

कत कँदेछे, ओ काँदाये गेछे
याबार बेलाय हाते ध'रे !
यार बँधु विदेशे याय से कि कान्ना सय,
काँदते श्यामेर कान्ना-मुख मने पड़ेछे !
आसब ब'ले काल गेछे कत काल,
काल कि हय नाइ मथुराते ?
(आसब ब'ले गेल, एल ना केन ?)
ब्रजेर श्याम यतदिन छिल, सुख ततदिन छिल—
दुखेर दिन कि याय ना शीघ्र क'रे ?
दिन लिखि लिखि नख क्षय हल—
आमाय आसब बले गेल अक्रूरेर रथे !

2

ओ कथा बोलो ना, प्राणे बाँचिब ना श्याम !
सय ना कथा पराने !
आमि केने एमन करिलाम, तोमारे काँदालेम,
आपनि काँदिलाम किसेर कारणे !
आमि यदि मरि, आमार मतो नारी
कत मिलबे तव श्रीचरणे !
आमि म'रे याइ तोमार बालाइ लये,
तुमि सुखे थाको हे,
तोमार सुखेर सुखी आछे यत गोपीगणे !

3

नीलमणि, तोरे करि रे माना—कोथाओ जेयो ना।
डाकिनीदेर पाड़ाते बास, कथा सइते पारब ना !
मा बलो रे चाँदमुखे, शुनुक रे गोकुलेर लोके—
नन्द गोकुलेर राजा कारो कथा मानबे ना !
आंगिनाते खेलो तुमि, या चाइ ताइ दिब आमि—
(ओरे वाछा, ओ यादुमणि)
नन्दराजेर दुलाल तुमि, राजधने तोरे किसेर कमि—
चौरशि क्रोश ब्रजभूमि, कारो जमि चषि ना !
आमार गोपाल खेलते गेले, धुला देय कालो बले !
छाड़ब ना तार देखा पेले—वरं ब्रजे रब ना।

—भारती, वैशाख 1290, पृष्ठ 80-81

इस प्रबन्ध का वर्तमान परिसमाप्ति-अंश 'संगीत संग्रह' द्वितीय खण्ड की समालोचना है, यह भी 'समालोचना' ग्रन्थ से गृहीत है, यह पहले कहा गया है; भारती पत्र में प्रकाशित इस रचना का वर्जित प्रथमांश नीचे मुद्रित है :

संगीत संग्रह। (बाउल की गाथा)। द्वितीय खण्ड। इस ग्रन्थ के प्रथम खण्ड की समालोचना के समय हमने ग्रन्थ में आधुनिक शिक्षित लोगों द्वारा रचित कुछ संगीत देखकर क्षोभ प्रकट किया था। उस उपलक्ष्य में संग्रहकार का कहना है, ''जब आधुनिक अशिक्षित बाउल के और वैष्णव के गान संग्रह करूँगा –क्योंकि आधुनिक और प्राचीन गान में प्रभेद कर पाने का कोई उपाय नहीं है—तब सुशिक्षित, सुभावुक लोगों के सुन्दर-सुन्दर सुभावपूर्ण संगीत का संग्रह क्यों नहीं करूँगा, मैं समझ नहीं पाता। इस संग्रह के लक्ष्य और भाव का विरोधी न होना ही मेरे लिए यथेष्ट है।'' इस सम्बन्ध में हमारा जो कहना है, वह निवेदन करते हैं। प्रथमतः ग्रन्थ के नाम से ग्रन्थ का उद्देश्य समझा जाता है। इस ग्रन्थ का नाम सुनकर लगता है कि बाउल सम्प्रदाय रचित गान अथवा बाउल के अनुकरण से रचित गान का संग्रह ही इसका लक्ष्य है। फिर इसमें शंकराचार्य रचित 'मूढ़ जहीहि धनागमतृष्णां' इत्यादि संस्कृत गान क्यों निविष्ट हुए ? मुंशी जलालउद्दीन रचित 'आहे वन्दे खुदा, यूवरा छुच्चा कारो' इत्यादि दुर्बोध उर्दू गान इसमें क्यों मिलते हैं ! ग्रन्थ के उद्देश्य-बहिर्भूत और भी कई गान इस ग्रन्थ में मिलते हैं। एक नियम, एक सीमा रखना तो आवश्यक है। अन्यथा, विश्व में जितने गान हैं वे सभी तो इस ग्रन्थ में स्थान पाने के लिए नालिश कर सकते हैं। द्वितीय बात—

—भारती, आषाढ़ 1291 (बंगाब्द) पृ. 278

भारती 1290 (बंगाब्द) वैशाख में रवीन्द्रनाथ के अनुरोध के फलस्वरूप जो चार गान मिलते हैं, वे परवर्ती ज्येष्ठ संख्या में 'गीत संग्रह' नाम से मुद्रित हुए।–'हमने 'बाउल के गान' नामक प्रबंध में पाठकों से···अनुरोध किया था, उसके अनुसार निम्नलिखित गान प्राप्त हुए हैं।'

लोकसंगीत-संग्रह के प्रसंग में उल्लेखनीय है कि इस विषय में रवीन्द्रनाथ का प्रयास-उत्साह यहीं परिसमाप्त नहीं होता। 1322 (बंगाब्द) वैशाख के प्रवासी अंक में 'हारामणि' नाम से एक विभाग प्रवर्तित हुआ, इसका श्रीगणेश था रवीन्द्रनाथ द्वारा संगृहीत गगन हरकरा के गान 'आमि कोथाय पाब तारे' से। आश्विन, अग्रहायण, पौष और माघ के अंकों में उनके द्वारा संगृहीत लालन फकीर के बीस गान प्रकाशित हुए। इनके अलावा उन्होंने लालन फकीर के और भी कई गान संग्रह किये थे, ये गान शान्तिनिकेतन-रवीन्द्रसदन में सुरक्षित हैं–"इस संग्रह में कुल 298 गान हैं।" वर्तमान प्रसंग में द्रष्टव्य उपेन्द्रनाथ भट्टाचार्य प्रणीत 'बांगलार बाउल ओ बाउल गान' (1364 बंगाब्द); श्रीमतिलाल दाश और श्री पीयूषकान्ति महापात्र-सम्पादित 'लालन-गीतिका'[1] (1958); श्री विनय घोष-रचित 'रवीन्द्रनाथ ओ बांगलार लोकसंस्कृति' प्रबन्ध (1368 बंगाब्द) रवीन्द्रनाथ ने 'हारामणि' ग्रन्थ की भूमिका में जो लिखा है, "मेरे कई गानों में ही मैंने बाउल का सुर ग्रहण किया है एवं कई गानों में अन्य रागरागिनी के साथ जाने-अनजाने बाउल के सुर मिल गये हैं"–इस विषय में श्री शान्तिदेव घोष ने अपने ग्रन्थ रवीन्द्रसंगीत (परिवर्धित संस्करण 1369 बंगाब्द) में 'देशी संगीतेर प्रभाव' के अंतर्गत विशेष रूप से आलोचना की है।

कविसंगीत (पृष्ठ 231) गुप्तरत्नोद्धार ग्रन्थ की आलोचना के उपलक्ष्य में लिखित इस प्रबन्ध का एक दीर्घ अंश लोकसाहित्य ग्रन्थ में प्रबन्ध के संकलन के समय वर्जित है; उसे वर्तमान ग्रन्थ में प्रबन्ध के अन्तर्गत लिया गया है। प्रारम्भ में पादटीका में आलोच्य पुस्तक का उल्लेख और अन्त में संकलयिता के प्रति साधुवाद[2] का वर्जन कर लोकसाहित्य ग्रन्थ में इसे स्वतंत्र प्रबन्ध का रूप दिया गया।

परिशिष्ट-2

FOREWORD : इस निबन्ध-रचना के उपलक्ष्य के सम्बन्ध में सभी तथ्य रचना

---

1. वर्तमान ग्रंथ पृष्ठ 234 के में अष्टम छत्र में जिस अनुच्छेद की सूचना है, उसके अलावा पृष्ठ 235 एकादश छत्र में सूचित अनुच्छेद के प्रथम और द्वितीय वाक्य।
2. अतएव केदारनाथ बन्द्योपाध्याय महाशय गुप्तरत्नोद्धार नाम देकर कविदल के गान का यह जो संग्रह किया है, उसके लिए वे प्रत्येक बंगसाहित्य-हितैषी की कृतज्ञता के पात्र हुए हैं।

और पादटीका (पृष्ठ 242) से ज्ञात हो जायेंगे। चित्तरंजन बन्द्योपाध्याय ने इसके प्रति सम्पादक का ध्यान आकृष्ट किया एवं लन्दन-प्रवासी शशधर सिंह महाशय ने इस पाठ के उद्धार में विशेष सहायता की।

CONVERSATIONS : इस विभाग में तीन यूरोपीय मनीषियों के साथ संगीत के सम्बन्ध में रवीन्द्रनाथ की आलाप-आलोचना मुद्रित है—रोम्याँ रोलाँ (पृष्ठ 245), अल्बर्ट आइन्स्टाइन (पृष्ठ 251) और एच. जी. वेल्स (पृष्ठ 255), प्रत्येक के साथ आलाप-आलोचना का स्थान-समय, जहाँ तक पता चला, प्रत्येक रचना के आरम्भ में उल्लिखित है। एलेक्स एरन्सन और श्री कृष्ण कृपलानी कर्तृक सम्पादित Rolland and Tagore (Visva-Bharati, 1945) ग्रन्थ से रोम्याँ रोलाँ के साथ यह आलोचना गृहीत है।[1] आइन्स्टाइन और एच. जी. वेल्स के साथ आलोचना, रोम्याँ रोलाँ के साथ समसामयिक एक आलोचना के साथ अमरीका के सामयिक पत्र Asia के मार्च 1931 के अंक[2] में मुद्रित हुई थी। मार्च 1937 के अंक में ये आलाप-आलोचनाएँ कुछ संक्षिप्त रूप में पुनर्मुद्रित हैं।[3] एच. जी. वेल्स के साथ आलाप-आलोचना का प्रासंगिक अंश ही इस ग्रन्थ में मुद्रित है।

देखा जाता है कि शेषोक्त प्रबंध में रवीन्द्रनाथ ने कहा है : I have composed more than three hundred pieces of music। जहाँ तक पता चला है, रवीन्द्रनाथ ने अपने सम्पूर्ण जीवन में दो हजार से कुछ कम गानों की रचना की। उद्धृत उक्ति जून 1930 की है; उस समय तक रचित गानों की संख्या अवश्य ही हजार की संख्या पार कर गयी थी। इसलिए पाश्चात्य मत से जिसे 'कम्पोजिशन' (सुर-ताल का विशेष-विशेष समवाय और संगति) कहा जाता है, रवीन्द्रनाथ की उक्ति में उसी की आनुमानिक संख्या का उल्लेख हुआ है, इसमें सन्देह नहीं।

---

1. इस ग्रन्थ में रवीन्द्रनाथ और रोम्याँ रोलाँ के योग के कई विवरण हैं, एवं और भी दो आलाप-आलोचना (25 जून 1926 और अगस्त 1930) की प्रतिलिपि मुद्रित है। इस प्रसंग में यह उल्लेखनीय है कि रवीन्द्रनाथ ने पहली बार विलायत-प्रवास के समय जिस यूरोपीय गीत शिल्पी का गान सुनने की बात कही है, उसमें उनका नाम Milson रूप में उल्लिखित था; सम्भवतः Madame Nilsson होगा; इस प्रसंग में द्रष्टव्य जीवनस्मृति, 'विलाति संगीत' अध्याय,—वहाँ मेडम नीलसन की बात ही है। Rolland and Tagore ग्रन्थ के अन्यतर सम्पादक श्रीयुक्त कृष्ण कृपलानी के साथ विचार-विमर्श से इस ग्रन्थ में Milson के बदले Madame Nilsson छापा गया है।
2. इस आलोचना-संग्रह की भूमिका स्वरूप रवीन्द्रनाथ ने इस अंक में आइन्स्टाइन के साथ उनकी पहले की दो आलाप-आलोचनाओं का संक्षिप्त विवरण भी दिया है। इनमें से एक की (14 जुलाई 1930) विशद प्रतिलिपि रवीन्द्रनाथ के ग्रन्थ The Religion of Man (Allen & Unwin, London, 1931) के अंत में मुद्रित है।
3. 1930 की ये तीन आलोचनाएँ ही श्री अमियचन्द्र चक्रवर्ती द्वारा सम्पादित रवीन्द्ररचना-संकलन A Tagore Reader (Macmillon, New York, 1961) ग्रन्थ में संगृहीत हैं।

विज्ञप्ति

विश्वभारती सोसाइटी की संगीत समिति के प्रयास से यह ग्रन्थ संकलित हुआ। समिति ने श्री पुलिनबिहारी सेन को संकलन-कार्य का भार सौंपा; सामग्री-निर्वाचन में श्री कानाई सामन्त के परामर्श और सामग्री-संग्रह में श्री प्रफुल्लकुमार दास की सहायता से वे विशेष उपकृत हुए हैं। श्री चित्तरंजन बन्द्योपाध्याय ने दो विस्मृतप्राय रचनाओं के प्रति सम्पादक का ध्यान आकृष्ट किया है। श्री शोभन लाल गंगोपाध्याय से भी सहायता मिली है। जिन सब ग्रन्थादि से सामग्री संगृहीत हुई है, यथास्थान उनका उल्लेख किया गया है। श्री शान्तिदेव घोष के ग्रन्थ 'रवीन्द्रसंगीत' से कई विषयों के बारे में इंगित और सहायता मिली है।

❑❑

अनुवादक मदनलाल व्यास

जोधपुर (राजस्थान) में 12 दिसंबर 1922 को जन्म। राजस्थान विश्वविद्यालय से बी. ए., प्रयाग हिन्दी साहित्य सम्मेलन से 'साहित्यरत्न' एवं विश्वभारती से बंगला साहित्य में 'साहित्यतीर्थ। पं. रविशंकर द्वारा संचालित किन्नर स्कूल में सितार-शिक्षा और मास्टर नवरंग से गायन-शिक्षा। 1953 से 1983 तक पत्रकारिता–दैनिक विश्वमित्र और नवभारत टाइम्स बम्बई में उप-सम्पादक। 1962 से नवभारत टाइम्स के लिए संगीत समीक्षा–लेखन। हाथरस से प्रकाशित 'संगीत' के लिए नियमित लेखन। 1985 में मेवाड़ महाराणा फाउण्डेशन की ओर से डागर घराना पुरस्कार।

अनूदित ग्रंथ : भारतीय संगीत कोश, राग व्याकरण, वैष्णव संगीत शास्त्र, श्रीकृष्ण रस संगीत संग्रह, वैदिक परम्परा में सामगान, आर्य भारत का संगीत चिंतन, मुगल भारत का संगीत चिंतन, भारतीय संगीत का इतिहास, राग और रूप, हिन्दुस्थानी संगीत में तानसेन का स्थान, संगीत रत्नाकर : एक अध्ययन, रवीन्द्र संगीत, भीमसेन जोशी, बृहद्देशी आदि।

"...इस महत्त्वपूर्ण ग्रंथ के प्रकाशन का दायित्व प्रतिष्ठित प्रकाशन-संस्था 'वाणी प्रकाशन' के श्री अरुण माहेश्वरी ने ग्रहण किया है। मैं श्री अरुण माहेश्वरी का हृदय से आभारी हूँ।"

निवास : 19, पत्रकार, बान्द्रा (पूर्व), मुम्बई-400051